공유
경제

공유 경제

텐센트가 공식 인정한
유일한 공유 경제 교과서

마화텅 · 텐센트 연구원 지음 | **양성희** 옮김

分享经济 FEN XIANG JING JI
by 马化腾 MA HUA TENG, 张孝荣 ZHANG XIAO RONG, 孙怡 SUN YI, 蔡雄山 CAI XIONG SHAN

일러두기

· 이 책에서 인용된 자료들은 대부분 2014년과 2015년 사이에 수집된 것이다. 중국어 원서가 출간된 2016년 6월과 한국어로 번역 출간되는 2018년 1월 사이, 이 책에 등장하는 수많은 기업들 중 일부가 폐업, 인수 합병 등의 이유로 사라졌다. CEO를 포함한 경영진의 인사이동 및 퇴사 여부나, 실효성과 검증 등의 이유로 중단 및 폐기된 정부 정책 또한 원문 내용 그대로 실려 있다. 기업의 내·외부 상황은 시시각각 변화하기 때문에 기업의 존폐 여부와 인사 관련 사실 관계를 일일이 확인하는 것이 무의미하다 판단했다. 각국 정부 정책의 시행 여부도 같은 이유로 원서에서 기술된 바를 그대로 두었다.

· 별도의 표기가 없는 한 모든 각주는 저자주다.

이 책은 실로 꿰매어 제본하는 정통적인 사철 방식으로 만들어졌습니다.
사철 방식으로 제본된 책은 오랫동안 보관해도 손상되지 않습니다.

추천글 1
공유 경제 흐름을 따르는 참여자의 꿈

이 추천글을 의뢰받은 날, 마침 2016년 양회 폐막식이 있었다. 이날 리커창(李克强) 총리는 정부 업무 보고에서 〈공유 경제 발전 촉진〉, 〈공유 경제 발전 지지〉를 연이어 언급했다. 이전 중앙 문건[1]에도 몇 차례 언급됐던 공유 경제 발전이 이번 양회에까지 이어진 것을 보면 공유 경제가 중국 전체 경제 구도에 미치는 영향력이 점점 커지고 있음을 알 수 있다. 공유 경제는 공동 소비, 효율성 높은 자원 배분, 사용자 경험 극대화가 가장 큰 특징이다. 소유하지 않고 사용에만 목적을 둔 이 새로운 경제 활동은 공급 측의 구조 개혁 요구에 부합하는 동시에 소비자의 잠재 수요를 만족시키며 중국 경제 발전의 새로운 성장 동력으로 떠올랐다.

디디추싱(滴滴出行)[2]이 전대미문의 공유 경제 물결에서 선발 주자로

1 중국 공산당 중앙 위원회와 국무원이 발표하는 정책. 발표 순서대로 번호를 매긴다. 중앙 1호 문건은 매년 연초에 발표하는 중앙 정부의 첫 방침으로 1년간의 정책 방향을 보여 주는 상징적인 의미가 있다 — 옮긴이주.

2 중국 최대 차량 공유 서비스로서 중국판 우버로 일컬어진다. 텐센트가 출자한 디디다처(滴滴打车)로 시작해 2015년 2월에 알리바바가 만든 콰이디다처(快的打车)를 인수했고 2016년에 우버 차이나를 인수함으로써 사실상 독점 체제를 구축했다 — 옮긴이주.

나설 수 있었던 것은 확실히 큰 행운이다.

3년 전 우리는 여러 정보와 자료를 수집하고 분석해서 택시와 승객을 연결하는 서비스를 만들었다. 얼마 뒤 택시 기사의 80퍼센트가 디디에 가입했지만 승객이 몰리는 시간에는 여전히 차가 부족했다. 그래서 좐처와 콰이처[3] 서비스를 출시했다.

그러나 우리는 아무리 많은 직업 기사를 끌어모은다 해도 러시아워 수요를 감당할 수 없음을 깨달았다. 그래서 B2C와 C2C 방식을 결합해 비직업 운전자의 유휴 자원과 시간을 공유하기 시작했다. 필요한 사람끼리 서로 돕는 공유 경제 방식으로 러시아워와 특별한 날의 수요 폭발 문제를 해결했다. 우리는 콰이처 출시 이후 콰이처핀처, 순펑처,[4] 장거리 순펑처를 잇따라 선보였다.

현재 디디는 응답률 90퍼센트, 거래 성사율 60퍼센트 이상을 기록하며 폭발하는 택시 수요 문제를 해결하고 있다. 또한 중국 400여 도시, 2억 5000만 중국인에게 공유 경제 개념과 방식을 전파해 그 편의성을 확실히 체험하도록 했다.

디디의 운송 이상은 다음과 같다. 네트워크로 이용 가능한 모든 교통수단을 인터넷상에 모은 후, 나날이 강력해지는 클라우드 교통 시스템과 나날이 똑똑해지는 검색 엔진을 이용해 모든 운송 수요를 조정 및 관리하고, 최적 노선을 안내함으로써 운송의 효율성을 높이고 모든 이용자의 사용자 경험을 극대화한다. 동시에 공유 경제 방식을 실천해 중국 도시 전체에 한 대의 자가용도 증가하지 않도록 한다. 우리의 사명은 언제나

3 디디추싱의 전신인 디디다처는 기존 택시를 공급했고, 좐처와 콰이처는 택시 외의 일반 차량을 공급한다. 좐처는 고급 차, 콰이처는 보통 차 — 옮긴이주.

4 콰이처핀처와 순펑처는 모두 합승의 의미인데, 콰이처핀처는 즉각 수요이고 순펑처는 사전 예약 시스템이다 — 옮긴이주.

〈운송을 더욱 완벽하게〉다. 향후 우리의 목표는 세계 최대 운송 플랫폼을 만드는 것이다.

지난 반년 동안 디디가 급성장하면서 나는 종종 이런 문제를 떠올렸다. 인터넷 시대에 공유 경제가 갑자기 주목받는 이유는 뭘까? 왜 운송업이 특히 주목받았을까? 디디는 왜 공유 경제의 대표가 됐을까? 중국 공유 경제의 발전 전망은 어떨까? 이 문제에 대한 견해를 다음의 네 가지로 정리하고자 한다.

첫째, 공유 경제 출현의 가장 큰 배경은 공업 시대 후반기의 자원 부족 문제다. 공업 시대의 소유권 개념은 물권(物權)[5]의 사유화였다. 산업 혁명 이후 대량 생산으로 상품 공급이 크게 늘어나면서 소유 경제가 발전했다. 그러나 공업 시대가 저물고 최근 10여 년 사이 여러 산업 분야에서 심각한 자원 부족 문제가 대두됐다. 이에 인류는 모두가 원하는 물건을 다 소유할 수 없음을 인정해야 했다. 특히 환경 오염, 교통 혼잡이 심각해지면서 에너지 소비에도 제동이 걸렸다. 한정된 자원은 모든 인간의 무한한 욕망과 수요를 감당할 수 없다.

둘째, 자원 부족이 가장 심각한 분야에서부터 공유 경제 모델이 출현했다. 중국 교통 발전의 최대 장애물은 교통수단과 공간 자원 부족이다. 지난 10년, 중국의 자동차 보유 대수는 크게 증가했지만 도로 발전은 여기에 훨씬 못 미치는 실정이다. 그렇다면 현재 중국의 자동차는 충분히 많을까? 아니다. 결코 많다고 할 수 없다. 중국의 자가용은 약 1억 5000만 대다. 도시 인구 8억을 기준으로 하면 자가용 보유율은 약 18퍼센트에 불과하다. 이는 미국의 4분의 1밖에 안 되는 수치다. 중국의 자가용 보유

5 특정한 물건을 직접 지배하여 배타적 이익을 얻는 권리 — 옮긴이주.

율이 미국과 비슷한 수준으로 올라가 5억 대를 돌파할 수 있을까? 현재 중국의 공간 자원과 도로 상황을 감안하면 절대 불가능하다. 그래서 자동차 대수를 늘리지 않고 공유 방식을 통해 기존 자동차의 사용률을 높이는 대안이 모색됐다.

셋째, 인터넷 발전으로 공유 경제 발전의 기본 요건이 충족됐다. 인터넷 기반 없는 공유 경제 발전은 상상하기 힘들다. 공유 거래는 대부분이 인터넷을 통해 이뤄진다. 인터넷이 없던 시절에 자동차를 공유하려면 지인 중에서 상대를 찾거나 도로변에 팻말을 들고 서 있어야 했다. 지금처럼 공급자와 수요자가 한자리에 모여 있지 않아 거래를 성사시키려면 많은 노력과 수고가 필요했다. 그러나 무선 인터넷과 스마트 기기가 발전하면서 수요 공급 매칭 문제가 간단히 해결됐고 다른 문제도 공유 경제 방식으로 풀어 가면서 운송이 공유 경제의 대표로 떠올랐다.

넷째, 중국의 공유 경제는 시장 규모와 성장률에서 세계 최고를 자랑한다. 중국과 미국은 사회 상황이 크게 다르다. 중국은 자동차 값이 매우 비싸지만 택시비는 상대적으로 저렴하다. 미국은 자동차 값이 저렴하고 도로 사정이 좋지만 택시비는 상대적으로 매우 비싸다. 미국에서는 가난한 사람이 직접 차를 운전하고 돈 있는 사람들이 택시를 탄다. 중국은 정반대다. 사회 초년생 때는 택시를 타다가 몇 년 돈을 모아야 차를 살 수 있다. 그러나 최근에는 뛰어난 가성비 덕분에 수많은 차량 수요자와 공급자가 디디 공유 플랫폼에 모여들고 있다. 공유 경제와 소유 경제의 가성비 격차가 큰 탓에 공유 경제로 옮겨 가는 이동 속도가 매우 빨랐다. 앞으로 중국의 공유 경제 시장은 가장 빠르게 발전하는 세계 최대 시장이 되리라 확신한다.

이제 중국은 〈대중 창업, 만인 혁신〉라는 새로운 발전 단계에 진입했다. 성숙한 자본 시장과 인재 덕분에 창업 문턱이 크게 낮아져 공유 경제에 도전하는 창업 기업이 더욱 늘어날 전망이다. 중국은 내수 규모가 크고 검소함을 미덕으로 여기는 문화이며 앞선 성공 사례가 있는 만큼 향후 중국 공유 경제의 발전 가능성은 무궁할 것이다.

오늘날 중국 인터넷 기업은 세계 인터넷 시장을 선도하고 있다. 이것은 공유 경제 시대를 맞이한 중국인의 혁신 창업 역량과 중국 산업 발전의 자랑스러운 현주소를 보여 준다. 우리는 머지않은 미래에 시장 및 기술 혁신을 주도하고 사용자 이익을 최우선으로 생각하며 기업과 정부가 긴밀히 연결되어 다함께 공유하고 관리하는 인터넷 공동 운명체를 마주하게 될 것이다. 국가와 사회 발전이 〈인터넷 기술〉이라는 날개를 달아 중국이 진정한 세계 일류 인터넷 강국으로 거듭나길 진심으로 소망한다.

공유 경제 시대는 이미 시작됐다. 시대적 기회를 놓치지 말고 세계의 도전에 맞서야 한다. 이것은 모든 인터넷 기업의 사명이다.

청웨이(程維)

디디추싱 창업자 겸 CEO

추천글 2
공유 경제: 경제 잉여[1]의 비밀을 풀다

오늘날 서양 경제 이론에는 〈혁명〉이 필요하다. 애덤 스미스가 『국부론』에서 경제적 〈이기주의〉를 언급한 후로, 경제적 인간[2]이 서양 경제학의 기본 가설로 자리 잡았다. 경제적 인간 개인의 이익을 극대화하는 이기심이 인간의 본성이라고 말한다. 즉, 인간은 본능적으로 타인과 전체의 이익이 아닌 개인의 이익에 몰두한다.

그러나 최근 공유 경제가 서양 경제학의 이기주의 기본 가설을 뒤흔드는 촉매제로 떠올랐다. 특히 인터넷 시대가 열리면서 사람들의 생각이 크게 바뀌었다. 어떤 물건을 이용하기 위한 최선의 방법은 소유권 획득이 아니다. 사람들은 물건이나 서비스를 개별 구매해 소유권을 독점하는 것이 아니라, 잠시만 이용하거나 타인과 함께 이용하는 방법으로 서로 돕고 나누는 사유 방식에 주목하기 시작했다. 공유 경제를 가장 간단하게 표현하면, 소유하지 않고 사용하는 경제 활동이다. 물론 이것이 공유 경제의 전부는 아니다.

1 생산량과 소비량 간의 차이. 미국의 마르크스주의 경제학자 폴 바란의 이론 ― 옮긴이주.
2 인간은 자신을 위해 합리적이고 이성적인 경제 활동을 한다 ― 옮긴이주.

다음으로 주목할 점은 경제학의 근간인 공급과 수요 관계다. 공유 경제는 이전에 생각지 못한 새로운 방법으로 초대형 수요-공급 연결 고리를 만들었다. 이 연결이 기존 경제 시스템과 가장 다른 점은 경제 잉여에 특히 주목했다는 것이다. 경제 잉여를 기업 입장에서 해석하면 유휴 재고와 유휴 생산 능력이고 개인 입장에서 보면 유휴 자금, 유휴 재화, 유휴 시간이다. 시쳇말로 노는 돈, 노는 물건, 노는 시간이다.

경제 잉여 활성화는 사회적 부Social Wealth를 제고하는 새로운 방법이다. 예전에는 경제 잉여가 각 사회 분야에 흩어져 단편적으로 존재했다. 통합 비용이 높은 탓에 사회적 가치가 낮았다. 그러나 지금은 다양하고 혁신적인 공유 경제 방식으로 대규모 경제 잉여가 통합 정리되고 있다. 우리 사회 전체의 수요-공급 연결 구조가 재편되면서 새로운 경제 효과가 발생하기 시작했다.

이로써 공유 경제는 〈사람은 그 재능을 다하고, 물건은 그 쓰임을 다해야 한다〉라는 옛 성현의 가르침을 실현하며 거시 경제 발전의 신성장 동력으로 떠올랐다.

공유 경제는 단순히 개인 자원의 공유만을 의미하는 것이 아니다. 예를 들어 텐센트 대중 창업 공간은 스타트업 기업을 지원하는 방식으로 산업 생태계의 자원을 공유한다. 그 구체적인 내용을 보면 데이터, 기술, 제품, 사무 환경, 각종 소프트웨어 및 하드웨어 설비, 투자, 미디어 등 스타트업 기업 발전에 꼭 필요한 요소를 공유함으로써 창업자가 상품 개발과 기업 운영 등 핵심 업무에 집중하도록 돕고 그동안 뿔뿔이 흩어져 있던 창업 지원 자원의 효율성을 크게 높였다.

공유 경제는 기업 활동뿐 아니라 사회 공공 서비스 영역에도 적용된다. 최근 세계 주요 국가들은 자원 분배 효율성을 극대화시키는 공유 경제의 가치를 인식해 그 발전 추이에 높은 관심을 보이고 있다. 이에 공유 경제를 국가 발전 전략으로 삼고 공유 경제 발전을 촉진하는 정책을 시행하는 국가도 적지 않다. 영국 정부는 2014년 〈세계 공유 경제 허브 구축〉이라는 공유 경제 발전 계획을 세웠고, 한국 정부는 공유 경제 발전을 위한 시범 도시 정책을 내놓았다. 유럽 연합은 공유 경제 발전 지침을 발표했다.

공유 경제는 매우 의미 있는 경제 혁명이다. 세계적인 탈중심화 흐름 속에서 경제 활동의 또 다른 중심으로 떠오른 공유 경제는 사회 전체의 자원, 조직, 수요-공급 구조와 행정 제도까지 큰 영향을 끼치고 있다. 여기에 대해 로빈 체이스[3]는 〈모두 함께 나누는 방법이 산업화 사회를 공유 경제 사회로 변화시키고 있다〉라고 말했다.

지금 중국의 공유 경제는 매우 빠르게 성장하고 있지만 아직 그 가치를 충분히 발휘하지 못한 상태다. 유효 내수 시장 확대와 공급 방식 개혁 촉진은 향후 중국 경제 발전을 이끌 핵심 항목이 될 것이다. 공유 경제는 효율성과 지속성이 강한 새로운 공급 구조를 바탕으로 더 큰 잠재력을 발휘할 것이다.

공유 경제는 모든 개인이 〈공급 방식 개혁〉이라는 위대한 역사 발전에 참여토록 해줬다. 이동 통신 발전과 더불어 스마트 기기와 초고속 무선 인터넷 보급률이 크게 상승하면서 개인의 역할과 존재가 매우 중요해졌다. 한 사람 한 사람이 정보 데이터베이스인 동시에 정보 전파의 주체가 되고, 우리 모두는 고용주인 동시에 고용인이 된다. 공유 경제 스타트업 기업은 상품을 생산하는 것이 아니라 정보와 거래 플랫폼을 제공한다.

3 시간제 렌터카 서비스 업체 짚카Zipcar 공동 창업자 — 옮긴이주.

기업과 기업의 공유는 비용 절감과 효율성 제고에 크게 기여할 것이다. 기존 산업과 인터넷의 결합이 진화하면서 혁신적인 공유 경제 플랫폼이 속속 등장했고, 이들은 대부분 소비자와 시장으로부터 광범위한 호응을 얻어 냈다. 2015년 중국의 공유 경제 시장 규모는 어림잡아 1조 위안(약 174조 원)이 넘는다. 교통 운송과 숙박을 시작으로 더욱 다양한 개인 소비 영역으로 범위를 확대하는 중이며 기업 시장도 점차 형태를 갖춰 가고 있다.

이미 수억 명을 흡수한 중국의 공유 경제 물결은 개인과 개인, 개인과 기업, 기업과 기업의 연결 구조를 개편해 전반적인 사회 경제 운영 효율을 높였다. 나아가 중국 경제의 지속 발전을 위한 신구 성장 동력 교체를 가속화하고 보다 인간적인 사회 분위기를 형성시켜 줄 것이다.

귀카이톈(郭凱天)
텐센트 연구원 원장

차례

6부 관리 편
보이지 않는 손

7부 흐름 편
모든 것을 공유한다

부록 국가별 공유 경제 정책 보고

서론
공유 경제: 경제 발전의 신성장 동력 등극

2015년, 중국의 경제 사회 지표가 역사적인 과반 돌파 기록을 세웠다. 먼저 GDP 중 서비스업 비중이 50.5퍼센트를 기록했고, 인터넷 보급률도 과반을 넘어 50.3퍼센트를 찍었다. 이것은 중국 경제 성장의 견인차 역할이 투자에서 소비로 넘어가고, 인터넷이 대표하는 신경제 시스템이 소비 시장의 주류가 됐다는 의미다.

2015년은 〈인터넷 플러스〉[1] 원년으로 사회 모든 분야에서 적극적으로 인터넷을 도입하고 발전시킨 한 해였다. 덕분에 사물 인터넷, 클라우드 컴퓨팅, 빅데이터를 기반으로 한 스타트업 창업 붐이 일면서 역사적인 과반 돌파를 위한 중요한 고비를 넘길 수 있었다.

나는 2015년 양회에 참석해 「인터넷 플러스 발전 — 경제 혁신 국가 전략으로 제정 건의」를 제안했다. 인터넷을 기반으로 한 각종 플랫폼과 정보 통신 기술이 기존의 전통 산업과 결합함으로써 새로운 산업 생태

1 2015년 리커창 총리가 발표한 중국 정부의 액션 플랜으로 모바일 인터넷, 클라우드 컴퓨팅, 빅데이터, 사물 인터넷을 전통 제조업과 융합해 산업 구조 전환과 업그레이드를 추진하는 전략 — 옮긴이주.

시스템이 안착하길 바랐다. 이듬해 양회에서는 다섯 가지 안건을 제출했는데, 그중 하나가 「공유 경제 발전 촉진 및 새로운 경제 성장 동력에 관한 건의」다. 공유 경제와 인터넷 플러스는 일맥상통하는 부분이 많다. 공유 경제는 인터넷 플러스가 응용 발전하는 과정에서 다양한 업계에 자연스럽게 등장했다. 특히 정보 비대칭 문제를 해결해 거래 비용을 낮추고 노동 생산성을 극대화한 점이 주목받았다. 본격 시행 1년 만에 기본 토대를 완성한 인터넷 플러스는 향후 소비자들이 다양한 기대 포인트를 가지고 있는 교육, 의료, 교통 등 대규모 수직 구조 산업을 발전시킬 것이다. 이렇게 전통 산업과 인터넷 플러스가 결합하는 과정에서 가장 주목받는 사업 및 경영 방식이 바로 공유 경제 모델이다.

현재 공유 경제는 아직 한 시대를 정의하는 대명사가 되지 못했지만 경제 시스템 전환의 핵심 매개체다. 지난 2년간 특히 운송과 임대업계에 집중적으로 창업 붐이 일었고 많은 일자리가 창출됐다. 공유 경제 기업은 다양한 업계에 퍼져 있지만, 그 공통 특징은 매우 뚜렷하다. 사람, 서비스, 상품 등 사회 잉여 자본의 수요-공급 구조를 재편해 전례 없는 새로운 경제 모델을 만들어 냈다. 공유 경제 발전은 이미 세계적인 흐름이다. 2016년 중국 「정부 업무 보고」에서 〈135계획〉[2]까지 빠짐없이 등장했고 영국, 프랑스, 한국 등 세계 주요 정부도 공유 경제 발전을 적극 지지하고 있다.

세계적인 공유 경제 붐은 결코 우연이 아니다. O2O[3] 산업과 인터넷

2 13차 5개년 계획. 2016년부터 2020년까지 향후 5년간 중국 경제·정치·사회의 운용 방안 — 옮긴이주.

3 Online to Offline. 온라인과 오프라인을 연결한 마케팅으로 온라인으로 상품이나 서비스를 주문하면 오프라인으로 제공된다 — 옮긴이주.

산업을 시작으로 중국 경제 전체가 신창타이(新常態)[4]로 전환하는 과정에서 탄생한 새로운 경제 모델이다. 공유 경제는 이제 막 싹을 틔웠지만 폭발적인 성장력을 과시하며 산업과 사회 전반으로 빠르게 뻗어 나가고 있다.

무선 인터넷 발전의 결과물

지난 2년, 에어비앤비와 디디를 필두로 수많은 공유 경제 기업이 빠르게 증가했다. 공식 집계는 아니지만 2015년 공유 경제 세계 시장 거래액은 약 8100억 달러, 중국 시장 규모는 약 1조 위안으로 추산된다. 오랫동안 이론에 머물렀던 경제 개념이 세계 경제 사회를 휩쓸기 시작했다. 공유 경제가 이렇게 폭발적으로 성장할 수 있었던 이유는 공유 경제가 지닌 세 가지 특성 때문이다.

첫째, 공유 경제는 유휴 자원을 사회화해 재사용한다. 사회 개별 구성원이 보유한 시간, 공간, 물품 자원을 다함께 공유함으로써 유휴 자원의 사용률을 높이고 새로운 시장 가치를 창출한다. 소비자는 저렴하고 편리한 소비를 할 수 있고 공급자는 부가 수입을 얻는다. 동시에 사회의 대규모 유휴 자원을 통합한 기업까지 윈윈 할 수 있다.

둘째, 공유 경제는 공유 관계의 범위를 소규모 지인에서 불특정 다수로 확대함으로써 사회 구성원 간 신뢰도를 향상시켰다. 공유 경제는 원래 지인 관계에서 탄생한 비즈니스 모델이었으나 무선 인터넷 기술이 발

4 중국 경제의 새로운 상태. 뉴노멀new-normal과 거의 유사하지만 뉴노멀이 저성장, 저소비, 높은 실업률, 고위험 등을 새로운 표준으로 제시하면서 과거보다 후퇴했다는 부정적인 느낌이 있는 반면 신창타이는 개혁과 구조 재편을 통해 새로운 질서와 표준을 세우고 새로운 성장 방식으로 새로운 패러다임을 세우겠다는 긍정적인 의미로 해석된다 — 옮긴이주.

달하면서 지인 간 신뢰가 비즈니스형 신뢰로 발전했다. 이렇게 탄생한 비즈니스 모델에 인류의 공유 정신, 인터넷의 편리함, 단체 협업 방식이 더해지면서 사회 자원 흐름에 큰 변화가 일어났다. 실질적인 수요에 따른 사회 자원의 재분배, 〈소유하지 않고 사용하는〉 자원 소비의 이상향이 실현됐다.

셋째, 대규모 단일 중심 생산 방식이 탈중심화 및 개성화 주문 제작으로 변해 가고 있다. 과거 산업 혁명에서 태동한 생산 방식은 단일 중심, 대규모, 획일화가 특징이었지만, 공유 경제의 탈중심화 가치망Value Network[5]에서는 개성화한 상품과 서비스 제공을 중시한다. 개인이 소비자인 동시에 생산자가 될 수 있어 창업 및 혁신 활동이 활발해지고 재능을 공유함으로써 〈사람은 그 재능을 다하고, 물건은 그 쓰임을 다해야 한다〉라는 이상을 실현할 수 있다.

이상을 종합하면 공유 경제는 무선 인터넷 기술 발전의 필연적 산물이다. 무선 인터넷 발전과 스마트 단말기 보급으로 참여자 범위가 크게 넓어졌고 모바일 결제와 위치 기반 서비스 덕분에 공유 과정이 빠르고 간편해졌다. 또한 인터넷 및 빅데이터 분석 기술 발전으로 자원의 공급과 수요를 정확하고 효율적으로 매치함으로써 개별 소매 거래 비용이 크게 낮아졌다. 소셜 네트워크와 신용 평가 시스템이 보편화되면서 중국에 새로운 신용 사회가 도래했다. 공유 경제 발전은 사회 유휴 자원을 재사용함으로써 인간과 인간, 인간과 사물, 사물과 사물을 촘촘하게 연결하는 초대형 네트워크를 탄생시켰다.

5 기업 활동의 부가 가치 생성 과정을 의미하는 가치 사슬value chain이 인터넷이라는 매개체를 통해 하나의 망으로 형성된 것이다 — 옮긴이주.

중국 경제의 신구 성장 동력 교체 촉진

현재 중국 경제는 신창타이 단계에 진입했다. 경제는 고도 성장기를 지나 중고속 안정기에 접어들었고 인구 구조 면에서도 고령화 특징이 뚜렷해지고 소비가 경제 성장에 미치는 영향이 크게 증가했다. 그러나 생산 과잉, 수요-공급 불균형 문제는 여전히 심각하다. 이런 상황에서 중국 지도부는 공유 경제 발전을 국가 전략으로 채택했다. 제18기 오중전회(五中全會)[6]에서 발표한 〈135계획〉의 주요 정책으로 공유 경제 발전이 포함됐다.

2015년 11월 15일, 시진핑(習近平) 국가 주석이 G20 정상 회의에 참석해 「혁신 성장 루트를 통한 공동 발전 성과」를 주제로 연설했다. 여기에서 〈새로운 과학 기술과 산업 혁명이 역사적인 기회를 만들고 있다〉라는 말로 공유 경제가 혁신을 이끄는 중요한 패러다임임을 강조했다.[7]

또한 2015년 하계 다보스 포럼에 참석한 리커창 총리도 개막 축사 중에 공유 경제를 언급했다. 〈지금 세계적으로 빠르게 성장하는 공유 경제는 경제 발전을 위한 새로운 길을 개척하고 있다. 공유와 협력을 통해 혁신과 창업을 촉진하고 원가 비용 절감으로 시장 진입 문턱을 낮췄다. 이러한 흐름은 중국 사회에 공유 경제라는 새로운 영역을 개척했고 앞으로 더 많은 대중이 참여하게 될 것이다.〉[8]

실제로 공유 경제는 경제 구조와 성장 동력 전환에 뚜렷한 영향을 끼쳤다.

6 정식 명칭은 〈중앙 위원회 제5차 전체 회의〉. 중앙 위원회 임기는 5년이고 매 기수마다 일곱 번의 전체 회의를 개최한다. 제18기 오중전회는 2015년 10월에 개최되었다 — 옮긴이주.

7 http://news.xinhuanet.com/politics/2015-11/16/c_1117147101.htm 참고.

8 http://news.xinhuanet.com/fortune/2015-09/10/c_128215895.htm 참고.

첫째, 공유 경제는 현재 중국 일부 지역과 일부 생산 부문의 경제 잉여 문제를 해결했다. 부동산 시장을 예로 들어 보자. 국가 정보 센터 통계에 따르면 2010년 말 2억 1600만 제곱미터였던 중국 미분양 주택 면적이 2015년 11월 6억 8600만 제곱미터를 돌파하며 연평균 30퍼센트씩 상승했다. 그 결과 부동산 시장의 재고가 심각한 수준에 이르렀다. 이 문제를 공유 경제 사유법으로 접근하면 최소한 두 가지 방법으로 쉽고 빠르게 재고를 해결할 수 있다. 우선 공유 경제 플랫폼은 부동산 개발 기업과 제휴해 대규모 재고 부동산을 통째로 계약한 후 여기에 부가 가치를 더한다. 즉 중간 관리자가 존재하며 정식 임대차 계약을 맺고 명의 이전이 가능한 부동산을 개인에게 임대한다. 다음은 공유 경제 플랫폼이 임대 중개인이 되어 부동산 개발자, 업주, 소비자를 연결하는 것이다. 이들의 다양한 임대 수요를 만족시킴으로써 장기 유휴 부동산 재고를 해결할 수 있다.

둘째, 공급 방식 개혁의 강력한 추진체로 떠오른 공유 경제는 서비스업 성장의 새로운 에너지원으로서 실질적인 공급 구조 개편을 이끌었다. 먼저 공유 경제는 인터넷 소셜 플랫폼을 통해 사회 유휴 재고 자원을 새로운 공급원으로 탈바꿈시켰다. 개인이 보유한 주택, 차량, 자금, 지식, 경험, 기술 등 다양한 자원이 초대형 사회 수요-공급 네트워크 안에서 아주 저렴한 비용으로 정확한 수요를 찾았다. 또한 공유 경제는 실질 소비 수요 확대에 크게 기여했다. 특히 외식 정보 공유 플랫폼은 개별 소비자의 경험을 공유함으로써 많은 사람의 관심과 소비 욕구를 불러일으켰다. 체험형, 미식가형 외식 소비가 늘어나면서 외식 서비스 전반에 대한 구매 욕구가 높아졌다.

셋째, 공유 경제는 일자리 창출에 크게 기여했고, 〈대중 창업, 만인 혁신〉을 실현시키며 개인 소득을 증가시켰다. 관련 통계 자료에 따르면 현재 온라인 구직·구인, 크라우드 소싱 택배 플랫폼에 등록된 일자리는 3000만 개가 넘는다. 2015년 6월 베이징 대학교 뉴미디어 연구원에서 발표한 조사 연구 결과에 따르면 디디 산하의 택시, 자가용, 시승 차량, 대리 기사 서비스를 통해 창출된 일자리가 약 300만 개였다.

현재 중국의 공유 경제는 교통 운송, 숙박에서 다양한 개인 소비 영역으로 빠르게 확산 중이며 기업 시장에서도 점차 틀을 갖춰 가며 녹색 발전, 지속 가능한 발전을 위한 토대를 만들어 가고 있다. 이미 수억 중국인의 일상에 침투한 공유 경제 물결은 향후 중국 경제 성장의 새로운 성장 동력으로 떠올랐다. 이러한 성장 동력 전환과 함께 앞으로 서비스 산업이 중국 경제 성장을 이끄는 견인차가 될 것이다.

더욱 강력한 네트워크 시대가 다가온다

현재 공유 경제가 무서운 기세로 발전하고 있지만 그 과정에서 관리 감독, 공급 자격, 이익 분배 등 여러 가지 규정상의 문제가 불거졌다.

이는 관리 감독 관련 규정이 시대 흐름을 반영하지 못하기 때문이다. 중국 산업 관리 감독은 기본적으로 지역이나 기관 서열에 따라 철저한 횡적, 종적 관리 체계를 따르고 있어 사전 승인을 통한 시장 진입을 중시한다. 그러나 공유 경제 시대에 등장한 전대미문의 통합형 비즈니스 모델은 세분화된 기존 관리 체계를 적용할 수 없는 경우가 대부분이다. 이 때문에 불법 논란이 끊이지 않고 언제 영업 정지를 당할지 모를 불안을 감수해야 한다. 공유 경제 시대의 신형 비즈니스 모델과 운영 방식은 기존 산업 방식과 전혀 다르다. 따라서 관리 감독 기관은 신문물을 구시대

규정에 억지로 끼워 맞추려 하지 말고 현실에 맞는 적절한 관리 규정을 다시 마련해야 한다. 구체적인 사례를 면밀히 분석해 사업 발전에 장애가 되는 불합리한 규정과 제도를 신속히 정리함으로써 공유 경제 발전을 촉진해야 한다.

혁신 분야의 이익 분배는 통합 조율이 쉽지 않다. 가장 대표적인 운송과 숙박업을 살펴보면, 공유 경제의 강력한 장점인 비용 절감을 내세운 새로운 비즈니스 모델로 각광받고 있지만 이 때문에 기존 운송, 숙박 업체들이 큰 위기감을 느끼고 있다. 이러한 위기의식은 공유 경제 자체에 의문을 제기하거나 부정하는 분위기로 이어질 수 있다. 그러나 다행스럽게도 공유 경제와 기존 전통 기업이 조화를 이룬 사례도 적지 않다. 자동차 회사 링컨은 커스텀메이드CustomMade(전문 디자이너와 소통할 수 있는 온라인 플랫폼)와 제휴해 특별한 고급 세단을 선보였고, 월그린Walgreens(미국 약국 체인)은 태스크래빗TaskRabbit(단기 일자리나 심부름을 중개하는 소셜 플랫폼)과 제휴해 의약품 배달 서비스를 도입했고, 홈데포The Home Depot(미국 가정용 건축 자재 회사)는 우버Uber 차량으로 크리스마스트리 배송 문제를 해결했다. 이러한 전통 기업과 공유 경제의 결합 사례는 앞으로 더욱 늘어날 전망이다.

그동안 기초 설비를 갖출 수 없는 개인은 시장에 진입하거나 참여하기가 어려웠지만 인터넷 발전과 함께 공유 경제가 등장하면서 개인의 공급과 수요가 중국 전역으로 광범위하게 퍼졌다. 그러나 중국의 인터넷 인프라 건설은 아직 가야 할 길이 멀다. 무엇보다 중국 인구의 절반이 여전히 인터넷을 사용하지 못하고 있다. 이들 중 상당수는 장애인, 노년층, 낙후 지역 주민이다. 상대적으로 소외된 이들이 무선 인터넷 세계에 참여해 공유 경제의 혜택을 누릴 수 있도록 해줘야 한다. 이를 위해 하루 빨리 낙후 지역에 3G, 4G 광대역 무선 통신망을 구축해야 한다. 또한 평균 국민 소득에 비해 상대적으로 비싼 인터넷 사용료를 낮추도록 해야 한다.

장기적인 관점에서 보면, 공유 경제는 무선 인터넷 발전과 함께 더욱 성장할 것이다. 과학 기술 발전, 사고방식 변화, 비즈니스 모델 교체에 따라 더 많은 신문물이 등장하고 구시대 산물은 사라져 갈 것이다. 아마도 미래 사회는 지금 우리가 상상하는 것 이상으로 더욱 촘촘하게 연결될지 모른다. 인류 사회의 지속 발전을 위해 우리는 미지에 대한 탐구와 실천을 끊임없이 이어 가야 한다.

1부

이론 편

혁신에 의한 실천

들어가며
공유 경제는 경제를 공유하는 것이 아니다

공유 경제는 어떻게 시작됐을까? 신문물을 접했을 때 인간은 본능적으로 그 기원을 궁금해한다. 지금 전 세계에서 핫이슈로 떠오른 공유 경제는 과거 학계에서 언급했던 공유 경제와 다르다. 무슨 뜻일까?

〈공유 경제〉 개념이 등장한 경제학 연구의 기원은 1980년대로 거슬러 올라간다. 중국 경제학자 리빙옌(李炳炎) 교수가 「사회주의 원가 범위 기초 연구(社会主义/成本范畴初探)」(1981년), 「노동 보수와 상품 원가 구성 요소에 대하여(劳动报酬不构成产品成本的内容)」(1982년) 두 편의 논문에서 사회주의 공유 경제 이론에 대해 처음 언급했다. 비슷한 시기에 미국 경제학자 마틴 와이츠먼도 『공유 경제*The Share Economy*』(1984년)에서 공유 경제 이론을 다뤘다.

두 학자가 제시한 공유 경제 이론은 미시적인 기업 활동에서 출발했다. 이들은 경제 침제의 원인이 이익 분배 문제에 있다고 생각해 새로운 이익 공유 제도와 조세 정책의 필요성을 제기했다. 경제 활성화를 위한 새로운 시스템을 만들어 이익 분배상의 갈등을 해소함으로써 새로운 경제 성장 동력이 탄생하리라 믿었다. 한마디로 이 이론의 핵심은 〈노동자와 자본가가 어떻게 기업 이익을 공유할 것인가〉였다.

현재 전 세계에 유행하는 공유 경제는 위의 두 경제학자가 연구한 공유 경제와 근본적으로 다르다. 지금의 공유 경제는 첨단 인터넷 기술과 결합한 커뮤니티 기반의 비즈니스 모델로 전례 없던 경제 현상이다.

커뮤니티 기반의 공유 경제를 살펴보려면 커뮤니티를 통해 날로 확대되는 지식과 정보 공유 문제를 언급하지 않을 수 없다. 2002년 하버드 대학교 로스쿨 교수이자 〈인터넷과 사회를 위한 버크먼 클라인 센터 Berkman Klein Center for Internet & Society〉 공동 이사인 요차이 벤클러가 그의 저서 『네트워크의 부*The Wealth of Networks*』에서 〈공유재 기반 동료 생산Commons based Peer Production〉을 통해 〈사회적 생산〉이라는 새로운 생산 개념을 설명했다. 벤클러 교수는 네트워크 기술을 통한 사회적 생산이 합리적인 자원 이용을 가능하게 하고, 정보화 시대를 맞아 느슨하게 혹은 긴밀하게 연결된 개인 간 협업을 통해 시장 환경과 배타적 독점권으로부터 자유로운 생산이 더욱 확대될 것이라고 주장했다.

벤클러 교수의 이론은 확실한 〈공유〉 정신을 보여 줬지만 그 대상이 위키피디아, 오픈소스 소프트웨어, 블로그 활동에 그쳤다. 엄밀히 따지자면 이것은 〈공유〉 활동일 뿐, 〈공유 경제〉가 아니다.

이제 다시 공유 경제로 돌아가자.

일단 〈협력 소비Collaborative Consumption〉[1]라는 새로운 경제 개념부터 짚어 보자.

협력 소비는 글자 그대로 개인이 아닌 그룹 소비라는 뜻이다. 다수의 소비자가 모여 그룹을 구성하면 개인일 때보다 가격 흥정에 유리하다. 이

1 협력적 소비, 협업 소비, 협동 소비 등 여러 표현이 있다 — 옮긴이주.

개념은 미국 텍사스 주립 대학교 사회학과 교수 마르커스 펠슨과 일리노이 대학교 사회학 교수 조 L. 스패스가 1978년 발표한 논문「사회 구조와 협력 소비: 일상적인 활동에서의 접근Community Structure and Collaborative Consumption: A Routine Activity Approach」에서 처음 등장했다.

2007년 옥시즌 컨설팅Oxygen Consulting의 경영 컨설턴트 레이 앨가가「협력 소비」라는 제목의 글을 발표했다. 앨가는 협력 소비가 세계적인 추세라고 말하며 여러 가지 사례를 소개했다. 이미 많은 소비자들이 이베이eBay와 검트리Gumtree(영국 최대 정보 커뮤니티 사이트)를 통해 상품과 서비스를 교환한다. 또한 트립 어드바이저Trip Advisor(세계 유명 여행 커뮤니티 사이트)를 통해 숙박 경험을 공유하고 나아가 공동 구매력을 바탕으로 자동차, 부동산, 비행기와 같은 고가 자산을 공유한다. 이 글의 핵심은 역시 〈공유〉였다.

이후 협력 소비는 더욱 다양한 의미로 발전했는데, 바이두(百度) 백과에 그 내용이 잘 나와 있다. 〈협력 소비는 온·오프라인 공동체, 사교 모임, 교육 훈련 등 다양한 루트를 통해 연결된 소비자들이 상호 이익을 위해 협력하는 소비 경제 방식 중 하나다. 여기에는 소유와 임대, 물품과 서비스의 사용 및 교환, 공동 구매 등 다양한 협력 방법이 있다.〉

2011년, 시사 주간지『타임*Time*』이 세상을 변화시킬 10대 아이디어에 〈협력 소비〉를 포함시켰다.

2013~2014년『이코노미스트*The Economist*』가 미국의 공유 경제 발전 상황을 자세히 다룬 기획 연재 기사를 선보였다. 에어비앤비Airbnb와 우버를 중심으로 공유 경제 비즈니스 모델 발전 과정에 불거진 문제점과 기회 등을 자세히 분석했다.

이후 세계 각국 정부가 잇따라 공유 경제 발전을 지지한다고 발표했다. 그중 영국은 가장 적극적으로 거대한 야망을 드러냈다. 2015년 영국 정부는 〈세계에서 창업, 투자, 사업하기 가장 좋은 나라 만들기〉 로드맵을 발표했다. 공유 경제를 경제 발전의 주요 원동력으로 삼고 공유 경제 발전에 힘을 실어 줄 관련 정책을 제정했다.

기원 찾기는 단순한 어원 풀이가 아닌 지난 발전 역사를 총정리하고 올바른 미래 발전 방향을 찾는 데 의미가 있다. 지난 과정을 살펴보면 협력 소비와 공유 경제가 동전의 양면처럼 긴밀한 관계임을 알 수 있다. 공유 경제는 동서양 지역 차이, 사회 문화 차이를 초월하며 나날이 적용 범위를 확대해 가고 있다. 인터넷 기술과 다양한 애플리케이션 개발이 촉발한 이 경제 혁명은 세계 경제 시스템의 변혁을 이끌며 인류의 생활 패턴까지 바꿔 놓으며 새로운 미래를 열어 가고 있다.

1장
공유 경제란?

많은 경제학자와 연구 기관이 공유 경제가 내포하는 의미가 협력 소비, 온디맨드 경제on demand economy,[1] 긱 경제gig economy[2]와 비슷하다고 본다. 그 면면을 자세히 살펴보면 이러한 경제 방식은 공통점이 매우 많다. 일부만 보면 차이점이 거의 없는 것처럼 느껴지지만 전체적으로 보면 확실히 개념이 다르다.

1. 협력 소비란?

레이철 보츠먼[3]은 공동 저서 『내 것이 네 것: 떠오르는 협력 소비*What's Mine Is Yours: The Rise of Collaborative Consumption*』에서 공유 경제와 협력 소비를 거의 같은 개념으로 봤다. 이 책은 중국에서 『공유 경제 시대: 인

1 모바일 및 온라인 네트워크를 통해 소비자의 수요를 즉각적으로 반영하여 재화 및 서비스를 제공하는 경제 활동 — 옮긴이주.

2 산업 현장에서 필요에 따라 사람을 구해 임시로 계약을 맺고 일을 맡기는 형태의 경제 방식 — 옮긴이주.

3 혁신 컨설팅 기업 〈컬래버레이션 랩〉 창립자 — 옮긴이주.

터넷 사유를 기반으로 한 협력 소비 비즈니스 모델』이라는 제목으로 번역 출간됐다.[4] 이 책에서는 협력 소비가 인터넷 환경에서 탄생한 전대미문의 비즈니스 모델이라고 표현했다. 협력 소비 소비자는 타인과 협력하여 상품과 서비스를 공유할 뿐, 소유권은 갖지 않는다. 소비자 관점에서 출발한 이 개념은 〈협력〉을 강조하지만 그 본질은 〈공유〉다. 또한 이 책에서 가장 눈여겨볼 내용은 공유의 대상으로 상품과 서비스를 강조한 부분이다.

보츠먼은 중고 거래도 전형적인 공유 경제 방식으로 간주했다. 중고 거래는 재판매를 통해 유휴 중고 자원을 재사용함으로써 중고 자원의 사용 효율을 높여 준다. 보츠먼은 협력 소비 형태를 다음의 세 가지로 정리했다.

첫 번째 〈상품-서비스 시스템〉는 자동차, 주택 등 개인 소유 물품을 본인이 사용하지 않을 때 필요한 사람에게 임대해 부가 수익을 얻는 방식이다.

두 번째 〈물물 교환〉은 중고 물품을 거래하는 형태다. 금전 거래 없이 무료 기부 혹은 증정 방식으로 운영되는 프리사이클Freecycle(미국 유휴 물품 기부 플랫폼), 이베이와 검트리 같은 중고 마켓, 유휴 물품을 맞교환하는 커뮤니티 등이 여기에 해당한다.

세 번째 〈협력적인 삶의 방식〉은 비슷한 관심과 목적을 가진 사람이 한자리에 모여 시간, 공간, 기술과 같은 잠재적 자원을 교환하고 공유하는 방식이다. 대표적인 사례로 타임뱅크TimeBank[5]가 있다.

4 『위 제너레이션』(2011년, 모멘텀) — 옮긴이주.

5 1988년 영국에서 시작된 이웃 간에 상호 도움을 주고받는 제도. 자신이 남을 도운 시간이 타임뱅크에 저장되고, 도움이 필요할 때 그 시간만큼 꺼내 쓸 수 있다 — 옮긴이주.

이와 관련해 핀란드 탐페레 공과 대학교 유호 하마리 연구팀의 활동을 눈여겨 볼 필요가 있다. 유호 하마리 연구팀은 〈공유 경제에 나타난 협력 소비 연구〉라는 주제로 협력 소비 사이트 254개를 분석해 크게 두 유형으로 나눴다. 첫 번째 소유권 접근 유형은 소유자가 특정 기간 동안 상품 혹은 서비스를 공유하는 방식으로 임대, 대여 등이 여기에 속한다. 두 번째 소유권 이전 유형에는 물물 교환, 기증, 중고 거래 방식이 있다. 이 연구 결과는 「공유 경제: 사람들은 왜 협력 소비에 참여할까?」 논문을 통해 소개됐다.

보츠먼 이론은 독일에서도 광범위한 지지를 얻었다. 「독일의 공유 경제 현상: 협동 소비에 참여하는 소비자의 동기The Phenomenon of the Sharing Economy in Germany: Consumer Motivations for Participating in Collaborative Consumption Schemes」라는 리포트는 공유 경제를 분류 및 정의하는 과정에서 보츠먼 이론에 따랐다. 이 리포트는 공유 경제가 P2P(peer to peer) 서비스뿐 아니라 〈상품-서비스 시스템〉과 〈물물 교환〉 시장 전반을 아우르고 있다고 강조했다. 이 리포트가 언급한 독일 공유 경제의 특징은 다음과 같다. 첫째, 상품 소유자는 소유권을 유지하면서 고객이 상품을 사용하도록 제공한다. 둘째, 신상품 및 중고 상품 시장을 모두 아우른다. 셋째, 다수의 개인을 한자리에 모아 온디맨드 서비스를 추구한다.

세계 경제 포럼 글로벌 청년 리더 회의에서 「순환 경제 혁신과 새로운 비즈니스 모델 구상Circular Economy Innovation & New Business Models Initiative」을 주제로 보고 토론회를 진행했는데, 여기에서도 공유 경제와 협력 소비를 거의 같은 개념으로 인식해 하나로 통합한 후 다시 세 가지 유형으로 분류했다. 첫 번째는 이베이, 크레이그리스트Craigslist(미국 최대 온라인 생활 정보 및 광고 사이트), 스왑닷컴Swap.com(아기 용품 위탁 판매 사이트), 스레드업thredUP(중고 아동복 위탁 판매 사이트), 옐들Yerdle(중고품 공유 사이트)과 같은 중고 물물 교환 유형이다. 두 번째 유형은 짚카(온라인 렌터카 기업), 스냅굿즈SnapGoods(커뮤니티 기반 렌탈 서비스 사이트), 카셰어CarShare(자동차 공유 사이트)와 같은 상품-서비스 시스템이다. 세 번째 유형은 에어비앤비, 스킬셰어Skillshare(기술 지식 공유 사이트), 리퀴드스페이스LiquidSpace(사무 공간 공유 사이트)와 같은 협력적인 삶의 방식이다.

협력 소비에 기초한 짚카의 창업자 로빈 체이스는 직접 『피어스 주식회사: 사람과 플랫폼이 어떻게 협력 경제를 만드는가*Peers Inc: How People and Platforms Are Inventing the Collaborative Economy and Reinventing Capitalism*』[6]라는 책을 저술했다. 중국어 번역서에서는 〈협력 경제〉를 〈공유 경제〉로 번역했다. 로빈 체이스는 이 책의 핵심 사상이 〈협력〉임을 강조하면서 공유는 협력을 위한 필수 과정이라고 말했다. 표현은 조금 다르지만, 공유와 협력이 같은 목표를 지향한다는 사실은 분명하다.

2. 노동 관점

공유 경제는 협력 소비 외에 또 다른 이름으로 불린다. 공유 경제를 바라보는 시각에 따라 조금씩 다른 해석이 존재하는데, 이런 다양한 개념을 통해 공유 경제에 대한 이해를 높일 수 있다.

〈긱 경제〉 개념은 2009년 1월 12일 『데일리 비스트*The Daily Beast*』에

6 『공유 경제의 시대』(2016년, 신밧드프레스) — 옮긴이주.

실린 기사 〈긱 경제The Gig Economy〉에서 처음 등장했다. 단기 일자리를 의미하는 긱은 개인의 유휴 시간을 공유하는 형태로 볼 수 있다. 유휴 시간에 개인의 재능을 발휘해 타인에게 서비스를 제공하거나 주어진 임무를 완수함으로써 수익을 창출할 수 있으니 투잡과 같은 개념이기도 하다. 몇 년 전 미국 민주당 대통령 후보였던 힐러리 클린턴이 경선 연설에서 긱 경제를 공유 경제의 대표적인 모델로 언급하기도 했다. 긱은 광범위한 단기성 임무나 일자리를 포괄하는 표현에서 신개념 경제 모델인 공유 경제의 대표 주자가 됐다. 온라인 구인·구직은 소셜 커뮤니티를 통해 융통성 있게 다양한 조건을 만족시켜 준다. 구직자는 정해진 시간 동안 정해진 서비스를 제공할 뿐, 특정 조직이나 단체에 소속될 필요가 없다.

현재 공유 경제에 대한 공식적인 정의는 없지만, 미국의 대표적인 싱크탱크인 아스펜 연구소The Aspen Institute는 〈다양한 영역에 각기 다른 개체가 소유한 물품, 자산, 서비스를 하나의 기술 플랫폼에 모아 서로 교환하는 것〉이라고 규정했다. 아스펜 연구소는 〈경제 기회: 미국에서 일하기Economic Opportunities: Working in America〉 프로그램의 일환으로 작성한 「공유 경제에 나타난 미래 일자리」 리포트에서 공유 경제 기업을 두 가지 유형으로 분류했다.

첫 번째는 자산이나 공간을 교환하는 유형이다. 집 전체 혹은 방 한 칸을 대여하는 에어비앤비, 자동차를 빌려주는 릴레이라이즈RelayRides와 겟어라운드Getaround, 자전거를 빌려주는 리퀴드Liquid 등이 여기에 속한다.

두 번째 유형은 노동력 제공이다. 택시 서비스를 제공하는 우버와 리프트Lyft, 주문형 서비스를 제공하는 태스크래빗, 주택 청소 및 관리 서비스를 제공하는 핸디Handy, 주문형 배달 서비스를 제공하는 인스타카트Instacart 등이 있다.

사회적 기업 〈공유하는 사람들The People Who Share〉을 세운 공유 경제 실천가 베니타 마토프스카가 말하는 공유 경제의 정의는 훨씬 다채롭다. 마토프스카도 공유 경제를 P2P 경제, 협동 경제, 협력 소비 등으로 표현하지만, 그 해석은 조금 다르다. 그녀는 공유 경제를 〈사람과 물질적 부가 공유를 기반으로 만들어 낸 사회 경제 생태 시스템〉이라고 규정하고, 개인 혹은 단체가 모여 만들어 낸 생산 수단, 상품, 유통 채널, 상품과 서비스의 거래 및 소비 과정 공유를 모두 포함한다고 말했다. 이 시스템은 다양한 형태로 나타나지만 정보 기술을 이용해 개인, 법인, 비영리 조직에게 잉여 물품과 서비스에 대한 공유, 분배, 재사용 정보를 제공한다는 공통점이 있다. 일반적으로 이렇게 물품 정보를 공유하면 물품의 상업적 가치가 커진다.

3. 거시적 관점

MIT 시빅 미디어 센터MIT Center for Civic Media는 2014년에 발표한 「나눔이 진정 배려일까? P2P 경제 탐색」 리포트에서 공유 경제를 다음과 같이 분류했다.

1) P2P 시장: P2P 경제라고도 하며 온라인에서 공급자와 소비자의 거래를 성사시키는 유형이다. 에어비앤비, 엣시Etsy, 겟어라운드, 셰이프웨이스Shapeways, 우버, 리프트 등이 있다.

2) 선물 경제: 공간을 서비스하는 선물 경제 조직은 선물 행위를 〈상품 및 서비스의 이동〉이라고 표현한다. 닌텐도 소프트웨어 개발자가 게임 참여자에게 무료로 소스 코드를 제공하는 것, 툴 라이브러리, 팬 픽션 등

이 여기에 해당한다.

3) 공유재 기반 동료 생산: 수많은 자발적 지원자가 생산한 소규모 생산품으로 위키피디아가 대표적이다. 이들의 참여 동기는 대부분 사회적 인정과 자아 만족이다. 오픈소스 소프트웨어와 해커 단체도 여기에 해당한다.

4) 연대 경제/민주적 부: 지역 사회 커뮤니티를 통해 가사를 관리하고, 부를 이용한 상부상조가 일상화된다. 부와 자본의 개념이 돈의 한계를 뛰어넘는 타임뱅크가 대표적인 사례다.

5) 협력 소비: 지속 가능한 생산과 소비 패턴을 목표로 하는 경제 사회. 짚카, 커뮤니티 가든, 자전거 공유 사이트가 여기에 해당한다.

6) P2P 대여: 소액 대출 및 채무 자산 거래를 중개하는 랜딩 클럽Lending club, 네이버리neighborly 등이 있다.

7) 크라우드 펀딩: 도너스추즈DonorsChoose, 패트레온Patreon, 킥스타터Kickstarter, 인디고고IndieGoGo 등 다양한 크라우드 펀딩 사이트가 있다.

8) 라이드 셰어링ride sharing.

4. 소유권과 사용권

이번에는 조금 더 전문적인 관점에서 살펴보자. 미국 경제학자 제러미 리프킨은 『접근의 시대*The Age of Access*』[7]에서 〈접근 경제access economy〉를 심도 있게 다뤘다. 리프킨이 말하는 접근 경제는 소유권보다 사용권

7 『소유의 종말』(2001년, 민음사) — 옮긴이주.

을 중시하는 공유 경제의 핵심에 기초한 개념이다. 앞으로 사람들은 물품이나 자산을 소유하는 방법이 아니라 사용하는 방법을 모색할 것이다. 예를 들면, 〈나는 꼭 차를 소유해야 할 이유가 없다. 가끔 여행 갈 때 차가 필요할 뿐, 일 년 내내 소유할 필요는 없다〉라는 생각이 보편화될 것이다.

중국에도 리프킨과 같은 견해를 가진 경제학자가 많다. 리프킨 이론은 이미 오래전부터 중국 경제학계에 많은 영향력을 끼쳐 왔다. 경제 사회 평론가, 연설가, 경제 동향 연구 재단the Foundation on Economic Trends 이사장인 리프킨은 공유 경제 업계에 우버, 에어비앤비와 같은 유니콘 기업[8]이 탄생할 수 있는 기초를 마련했다. 그가 쓴 『3차 산업 혁명』, 『한계 비용 제로 사회』 등은 세계 각국에 소개되어 큰 방향을 일으켰다. 특히 『한계 비용 제로 사회』에서 언급한 미래 사회에 대한 세 가지 예측이 주목받았다. 첫째, 협력적 공유 경제로 인해 수많은 다국적 대기업의 운영 방식이 무너질 것이다. 둘째, 기존 에너지 시스템 구조가 에너지 인터넷[9]으로 대체될 것이다. 셋째, 기계 혁명 시대가 열려 현존하는 일자리가 대부분 사라질 것이다. 이 책은 『접근의 시대』의 핵심 개념을 한 단계 심화 발전시켰으나, 공유 경제 자체를 바라보는 관점에는 변화가 없다.

5. 경제 모델 이론

일부 경제학자와 연구 기관은 오늘날 공유 경제 현상을 〈공급과 수요

8 실리콘 밸리에서 유래한 표현으로, 큰 성공을 거둔 스타트업 기업을 일컫는 말. 보통 창업 10년 이하, 기업 가치 10억 달러 이상을 기준으로 한다 — 옮긴이주.

9 현재 인터넷으로 정보를 창출하고 교환하듯 에너지를 인터넷을 통해 주고받게 된다는 개념 — 옮긴이주.

를 재배합하는 경제 모델〉이라고 정의한다. 예를 들어 PwC[10]는 「소비자 인식 시리즈: 공유 경제 편Consumer Intelligence Series: The Sharing Economy」 리포트에서 〈공유 경제는 경제 모델의 하나로 단순한 공유 행위와 확실히 구별된다〉고 강조했다. 첫째, 디지털 플랫폼이 생산력과 수요를 연결한다. 둘째, 거래 범위는 소유권 이외에 다양한 선택이 가능하고 거래 비용이 매우 저렴하다. 셋째, 다양한 협력 소비 형태가 존재한다. 넷째, 브랜드 체험을 교류하며 유대 관계를 형성한다. 다섯째, 신용을 기반으로 거래가 이뤄진다. PwC는 특히 개인과 단체가 사용률이 낮은 자산을 활용해 수익을 창출한다는 점에 주목했다. 즉 공유 경제 방식을 이용하면 실물 자산으로 서비스 수익을 올릴 수 있다. 예를 들어, 유휴 차량 소유자가 다른 사람에게 차를 빌려주거나 주택 소유자가 휴가 기간 동안 빈 집을 빌려주고 대가를 받는 방식이다.

한국형 숙박 공유 플랫폼 코자자Kozaza를 만든 조산구는 「공유 경제」 리포트에서 공유 경제를 〈소유 개념을 떠나 공유, 교환, 거래, 임대 방식으로 상품을 이용하는 경제 모델〉이라고 정의했다. 그는 공유 경제가 상당히 광범위한 개념이지만 대략 〈시간, 지식, 자금, 자연 자원과 같은 물질 및 비물질 자원을 공유함으로써 사회, 경제, 환경, 정치, 정신적 이익을 얻는 것〉이라고 정리했다.

독일 프라운호퍼 연구소는 「도시 환경에서의 공유 경제Sharing Economy in Urban Environments」 리포트에서 공유 경제를 〈기술과 커뮤니티를 통해 개인과 기업이 상품, 서비스, 체험을 공유하는 경제 모델〉이라고 정의했다.

10 Pricewaterhouse Coopers. 영국 런던에 본사를 둔 다국적 회계 컨설팅 기업 — 옮긴이주.

프라이버시 미래 포럼Future of Privacy Forum이 발표한 「사용자 평판: 공유 경제의 신뢰 구축과 개인 정보 보호User Reputation: Building Trust and Addressing Privacy Issues in the Sharing Economy」에서 공유 경제를 〈인류와 물리 자원이 만들어 낸 경제 모델, 개인 대 개인의 교환, 어떤 상품이나 서비스가 필요한 개인이 다른 사람에게 빌리는 것〉이라고 표현했다.

중국 사회 과학원 정보화 연구 센터 사무장 장치핑(姜奇平)은 미래 인터넷 경제가 A2A(App to App)라는 신개념 경제 모델을 탄생시킬 것이라고 예측했다. 장치핑은 〈A2A의 핵심을 한마디로 정리하면 P2P App, 즉 애플리케이션 간의 직접 협력이다. A2A는 중앙 플랫폼 컨트롤을 거치지 않고 웹 애플리케이션끼리 스스로 거래하고 협력하고 대응하는 복잡하고 유기적인 스마트 비즈니스다〉라고 말했다. A2A는 비즈니스 생태 구조 요건을 더욱 강화해 원래 완전한 플랫폼에서 제공하던 공공 상품을 간단한 웹페이지에서 서비스할 수 있게 됐다. 최종적으로 모든 경제가 이처럼 소유하지 않는 공유 경제 모델로 발전할 것이다.

6. 순환 경제 관점

이번에는 순환 경제 관점에서 본 공유 경제 이론이다. 세계 경제 포럼 글로벌 청년 리더 회의는 「순환 경제 혁신과 새로운 비즈니스 모델 구상」 리포트에서 〈공유 경제는 순환 경제의 단점을 보완하다. 공유 경제와 협력 소비는 미개발된 사회, 경제, 환경 가치와 충분히 사용하지 못한 자산 등 유휴 생산력을 활성화시키고 기술 플랫폼을 통해 이를 재분배한다〉라고 설명했다.

경제학자이자 사회학 교수인 줄리엣 쇼는 「공유 경제에 대한 논쟁Debating the Sharing Economy」 리포트에서 공유 경제 유형을 아래의 네 가지로 분류했다.

첫 번째는 재순환 유형으로 이베이와 크레이그리스트를 시작으로 2010년 이후 스레드업, 스레드플립Threadflip(중고 명품 의류 거래), 프리사이클, 옐들, 스왑스타일Swapstyle 등이 있다.

두 번째는 내구재와 물질 자산을 한데 모아 재사용함으로써 이용률을 높이는 유형이다. 주로 짚카, 릴레이라이즈, 짐라이드Zimride, 우버, 우버X, 리프트, 허브웨이Hubway, 디비바이크Divvy Bikes 등 운송 부문과 카우치서핑Couchsurfing, 에어비앤비 등 숙박 부문에서 활발하다.

세 번째는 타임뱅크에서 시작된 서비스 교환 유형으로 태스크래빗, 잘리Zaarly 등이 있다.

네 번째는 생산재 공유 유형이다. 이 방식은 소비가 아닌 생산이 목적이다. 해커스페이스hackerspace, 메이커스페이스Makerspaces, 스킬셰어, P2P 대학 등이 있다.

7. 공유 경제 4대 요소

이처럼 의견이 분분한 관계로 아직 공유 경제에 대한 공인된 정의는 없다. 그렇다면 현재 상황에서 공유 경제를 이해하는 가장 직관적인 방법은 무엇일까? 일단 여러 경제학자와 관련 기관에서 발표한 연구 내용을 검토해 〈개인, 유휴(잉여), 네트워크, 이익〉이라는 네 가지 공통 키워드를 뽑았다.

영국 상무부에서 발표한 「영국의 공유 경제The Sharing Economy in the

UK」 리포트 중에 〈공유 경제는 많은 사람들이 모인 거래 플랫폼을 통해 이뤄진다. 이들 플랫폼은 수요와 공급을 이상적으로 연결한다〉라고 언급했다. 공유 경제의 초기 참여 동기는 소비보다 협력을 통한 잠재 이익(사회적, 환경적 가치 포함)이었다. 여기에는 개인, 네트워크, 이익이 언급됐다.

하버드 경영 대학원 낸시 코엔 교수는 〈공유 경제는 개인끼리 상품이나 서비스를 직접 교환하는 경제 활동이다. 차량 및 주택 공유, 유휴 물품 교환은 모두 네트워크를 통해 이뤄진다〉라고 말했다. 여기에는 개인, 유휴, 네트워크가 언급됐다.

로빈 체이스는 『피어스 주식회사』에서 〈잉여 생산력, 공유 플랫폼, 개인 참여가 결합해 대중 공유라는 새로운 경제 모델이 탄생했다. 조직의 장점(규모, 자원 확보)과 개인의 장점(현지화, 전문화, 맞춤형)이 더해진 공유 경제는 희소성에 가치를 부여하던 세상을 풍요롭게 만들었다〉라고 설명했다. 여기에서는 잉여(유휴), 개인, 네트워크를 강조했다.

마이클 J. 올슨과 새뮤얼 J. 켐프은 공동 저술한 『공유 경제: 산업 전반의 변화 발전에 대한 심층 조사*Sharing Economy: An In-Depth Look at Its Evolution & Trajectory Across Industries*』에서 〈공유 경제 현상은 비용을 낮추고 이윤을 극대화하려는 개인 생산자로부터 비롯됐다〉라고 말했다. 이 책에서는 공유 경제를 새로운 시장 형태로 봤다. 일단 시장의 주체는 개인, 기업, 기관이다. 이들이 유휴 자산 및 기술을 공유함으로써 분배 주체와 이용 주체 모두 경제적 이익을 얻는다. 여기에 네트워크가 더해져 공유를 위한 소통 및 협력 과정이 매우 편리해졌다. 이들의 견해에는 개인, 유휴, 네트워크, 이익이 모두 언급됐다.

중국 푸단 대학교 경영 대학원 박사 연구생 링차오(凌超)와 장짠(張

贊)의 공동 논문 「중국 공유 경제 발전 과정 연구(分享经济在中国的发展路径研究)」에서 〈공유 경제는 대표적인 P2P 모델로 네트워크 플랫폼을 통해 개인이 소유한 물품을 대여 및 교환하는 순수한 개인 간 거래다〉라고 설명했다. 여기에는 개인과 네트워크가 언급됐다.

류궈화(劉國華)와 우보(吳博)는 공동 저술한 『공유 경제 2.0: 개인, 비즈니스, 사회를 뒤흔들 대변혁(分享经济 2.0: 个人, 商业与社会的颠覆性变革)』에서 인터넷 네트워크 요소를 특히 강조하며 〈모바일 단말기+인터넷+효율적인 정보 활성화+대중 참여=공유 경제 2.0〉이라고 표현했다.

이외에도 공유 경제를 바라보는 시각은 매우 다양하다.

텐센트 연구원이 제시한 정의는 훨씬 직관적이다. 〈공유 경제는 대중이 커뮤니티 플랫폼을 통해 타인과 자신의 유휴 자원을 공유하고 나아가 수익을 창출하는 경제 현상이다.〉 여기에는 위에서 언급한 네 가지 요소가 모두 언급됐다. 먼저 〈대중〉은 개인의 집합이다. 이런 집합은 종종 기업 혹은 정부로 발전하기도 하지만, 공유 경제의 대중은 언제나 P2P 방식으로 연결된다. 〈유휴 자원〉의 범위는 자금, 주택, 자동차와 같은 물질 자원을 비롯해 개인의 지식, 기술, 경험까지 아우른다. 〈커뮤니티 플랫폼〉이란 인터넷 기술을 이용해 구축한 대규모 공유 플랫폼을 뜻한다. 〈수익 창출〉은 주로 네트워크를 통한 임대, 중고 거래, 단기 일자리 세 가지 방식으로 실현된다. 현재 우리가 주목하는 공유 경제는 이 네 가지 요소를 모두 갖춘 형태다.

바로 앞에 언급한 〈수익 창출〉의 세 가지 방식은 개인 참여자에 초점이 맞춰져 있다. 그러나 최근 기업과 정부의 참여가 눈에 띄게 늘고 있어 공유 경제의 의미가 더욱 확장될 것으로 보인다.

아직은 공유 경제의 본질을 명확히 규정하기 힘들다. 세계적으로 혁신의 시대가 열리면서 공유 경제의 의미가 지속적으로 확대되고 있기 때문이다.

현재 공유 경제의 정의에 가장 큰 영향을 끼치는 것은 연구자들의 통계와 분석이다. 텐센트 연구원이 규정한 정의는 다소 광범위하긴 하지만 공유 경제의 4대 핵심 요소인 개인, 자원, 네트워크, 수익을 모두 고려해 현실을 최대한 반영했다. 물론 앞으로 더 정확한 정의가 등장하리라 기대한다.

2장
비즈니스 모델의 4대 요소

공유 경제의 공유 범위는 개인 간 공유만을 의미하는 것은 아니다. 지금은 개인 간 공유가 주류를 이루는 단계지만 가까운 시일 안에 기업 간 공유가 크게 늘어나고 공유 방식이 훨씬 다양해질 것이다. 공유 경제 비즈니스 모델은 공급과 수요 주체 유형에 따라 C2C(개인 대 개인), C2B(개인 대 기업), B2B(기업 대 기업), B2C(기업 대 개인) 네 가지로 분류할 수 있다. 이 네 가지 방식은 매우 강한 인터넷 요소를 가지고 있다는 공통점이 있다. 이를 바탕으로 모든 공급자가 직접 거래에 참여하는 P2P 방식이 기본이 되고 분산형, 비중개(非仲介) 요소가 매우 뚜렷하게 나타난다. 이 책은 대략 이런 요소를 바탕으로 하지만, 공유 경제의 요소가 꼭 이것만은 아닐 것이다.

1. C2C

C2C는 가장 전형적인 공유 경제 모델이다. 모든 공급자가 개인 자격으로 커뮤니티 네트워크 플랫폼을 통해 거래한다. 공급자와 수요자가 플

표 2-1. 4대 비즈니스 모델

		수요 측	
		개인	기업
공급 측	기업	B2C	B2B
	개인	C2C	C2B

랫폼에서 만나 가입 등록, 주문, 상품 선택, 서비스 제공, 경험 공유, 사후 서비스까지 모든 과정을 직접 진행한다. 여기에서 플랫폼의 역할은 단지 공급 수요 정보를 연결하는 것뿐이다.

텐센트 연구원 통계에 따르면 2015년 공유 경제를 도입한 산업 부문은 35개이고 이 중 80퍼센트가 C2C 모델이었다. 현재로서는 개인 참여 모델이 공유 경제의 주축인 셈이다.

2. C2B

공급 측은 개인이고 수요 측이 기업인 유형으로 양측이 전문 공유 플랫폼에서 거래한다. C2C와 마찬가지로 공급자와 수요자가 플랫폼을 통해 직접 공유를 진행하며 플랫폼은 정보 연결의 역할만 한다. C2C와 가장 큰 차이는 기업 수요를 지향한다는 점이다.

C2B 모델은 향후 공유 경제 발전의 큰 흐름이 될 것이다. 2016년 1월 27일 국무원 상무 회의에서 리커창 총리가 〈C2B 흐름이 대세가 될 것이다. 앞으로 폐쇄적인 단일 기업 형태는 사라지고 인터넷을 통해 시장과 밀접하게 연결되어 언제든 소비자와 융통성 있게 소통하는 기업이 살아남을 것이다. C2B는 인터넷 시대에 부합하는 새로운 비즈니스 모델로 향후 공유 경제 발전에 중요한 역할을 담당하고 미래 비즈니스 판도에

결정적인 영향을 끼칠 것이다〉라고 언급했다.[1]

3. B2B

B2B는 기업 간 거래 유형으로 공유 플랫폼을 통해 유휴 설비와 자원을 공유한다. 플랫폼의 역할은 역시 공급과 수요 정보를 연결하는 것뿐이다. 유휴 생산 설비를 공유하는 플루브2Floow2와 유휴 의료 설비를 공유하는 코힐로Cohealo가 대표적이다.

현재 공유 경제의 중심 모델은 C2C지만 향후 발전 가능성은 B2B 모델이 더 클 것으로 예상된다. 기업은 개인이 접근할 수 없는, 보다 다양한 자원을 제공할 수 있기 때문이다. 따라서 B2B 모델은 미래 공유 발전의 중요한 흐름이 될 것이다.

4. B2C

B2C는 공급 측이 기업인 유형으로 다시 두 가지 형태로 분류한다.

첫 번째는 유휴 실물 자원을 보유한 기업이 개인 수요자에게 유휴 자원을 공유하는 방식이다. 이때 커뮤니티 플랫폼은 기업으로부터 하청을 받아 대리 공급자 자격으로 개인 수요자와 거래하고 공급가와 수요가의 차익을 얻는다. 사회 유휴 공간을 임대한 후 공간을 분할하고 설비를 갖춰 개인 수요자에게 재임대하는 유플러스YOU+, 위워크WeWork가 대표적인 사례다. 여기에서 대리 공급자는 중개인 역할을 하며 짚카 서비스

1 http://news.xinhuanet.com/politics/2016-01/31/c_128688663.htm 참고.

도 여기에 해당한다.

두 번째는 기업이 커뮤니티 플랫폼을 통해 직접 개인에게 유휴 자원을 공유하는 방식이다. 플랫폼 관리 주체는 정보 공유 매칭의 장을 제공하고 일정한 수수료를 얻는다. 유휴 버스를 보유한 여행사나 버스 임대 회사가 개인에게 버스를 공유하는 디디버스 플랫폼이 대표적인 사례다.

지금까지 발전 과정을 살펴보면, 공유 경제 초기에는 짚카와 같은 B2C 모델이 주를 이뤘으나 최근 몇 년간 탈중심화, 자산의 소규모화, 비용 절감 경향이 뚜렷한 C2C 모델이 크게 발전했다. 그리고 앞으로는 C2B와 B2B 모델의 발전 가능성이 가장 크다. 어떤 모델이든 결국 공유 경제의 목적은 이익 추구가 아니라 유휴 자원 공유와 비용 절감이다.

현재 공유 경제는 아직 공인된 정의가 없기 때문에 학계에서도 논쟁이 계속되고 있다. 대표적인 것이 공유 경제의 영리성에 대한 논쟁이다. 줄리엣 쇼 교수는 「공유 경제에 대한 논쟁」에서 공유 경제의 영리성을 강조하지는 않았지만, 영리와 비영리로 플랫폼 유형을 분류했다.

쇼 교수는 비영리 공공 단체가 운영하는 공유 플랫폼이 사실상 공공재 역할을 수행한다고 간주했다. 공공재 역할은 구조적으로 볼 때 P2P가 아니라 G2P(정부 대 개인)에 해당한다.

일부 학자들은 〈공유 경제는 개인 간에 발생하는 활동이기 때문에 B2C 모델을 공유 경제로 볼 수 없다〉고 주장하지만, 또 다른 전문가와 관련 기관에서는 이 역시 공유 경제의 범위에 해당한다고 말한다.

〈공유하는 사람들〉 창립자 마토프스카는 공유 경제의 주체를 개인과 조직으로 봤다. 영국의 학자이자 언론인인 토머스 스팬더는 「C2C는 공유 경제의 시작일 뿐, 절정은 B2B다」라는 기사에서 〈기업 간 자원 공유는 발전 가능성이 매우 큰 분야다. 특히 비용 부담이 큰 대규모 설비의 공

표 2-2. 영리 플랫폼과 비영리 플랫폼

		공급 측	
		P2P	B2P
플랫폼 포지션	비영리	푸드스왑스 타임뱅크	메이커스페이스
	영리	릴레이라이즈 에어비앤비	짚카

유는 기업 활동에 매우 긍정적인 영향을 끼칠 것이다〉라고 말했다. 스팬더는 공유 경제가 개인 간 공유에서 그치지 않고 기업 간 고비용 자원 공유로 발전할 것이며 B2B가 공유 경제의 중심이 될 것이라고 예측했다.

3장
경제 잉여 해법

1. 경제 잉여, 세상을 바꾸다

2015년, 텐센트 연구원은 〈관광 경제란 여행지에서 일어나는 소비 지출이다. 골든위크 경제는 골든위크 7일간의 소비 활동을 의미한다〉라고 정의한 바 있다. 그렇다면 공유 경제는 경제학 관점에서 어떻게 설명할 수 있을까?

우리는 이 과정에서 〈경제 잉여〉를 생각해 냈고 마침내 해결의 실마리를 찾았다. 특히 공유 경제가 대규모 경제 잉여 활성화를 통해 경제적 효과를 높일 수 있음에 주목했다. 즉 공유 경제는 경제 잉여 문제의 확실한 해법이다.

경제 잉여는 사회 발전에 따른 대량 생산과 과소비의 결과물이다. 농경 시대에는 사회 총생산이 부족했다. 생산력을 높이기 위해 가축을 부렸지만 인간의 수요를 만족시키기는 힘들었다. 공업 시대 이후 각종 기계를 발명해 생산력을 크게 높였지만, 거의 모든 영역에서 잉여 소비 현상이 나타나 여전히 모든 수요를 만족시킬 수 없었다. 예를 들어 보자. 중국은

1980년대 초까지만 해도 텔레비전이 없는 가정이 많았고 텔레비전을 사려면 긴 줄을 서야 했다. 그러나 얼마 지나지 않아 집집마다 텔레비전이 생겼고 지금은 텔레비전이 두세 대인 집도 많다. 이런 상황인데 텔레비전 수요가 계속 존재할까? 그러나 여전히 많은 공장에서 텔레비전을 대량 생산하고 그중 상당수가 창고에 쌓여 있다. 일부 제조사는 창고 재고가 없다고 큰소리치지만 실제로 최종 소비자의 손에 닿지 않은 상품이 매우 많다. 이들 상품은 대부분 유통 업체 창고에 쌓여 있다. 대량 생산 이후 사람들의 주머니가 두둑해져 소비력이 높아졌다. 요즘 사람들은 필요해서 사는 게 아니라 사고 싶어서, 혹은 습관적으로 물건을 산다. 그래서 아직 수명을 다하지 않았음에도 버려지는 물건이 많다. 이것이 잉여 소비다.

경제 잉여는 기업 부문에서 보면 유휴 재고와 유휴 생산력이고 개인 영역에서 보면 유휴 자금, 유휴 물품, 인지 잉여Cognitive Surplus[1]다. 쉽게 말해 노는 돈, 노는 물건, 노는 시간이다.

과거의 경제 잉여는 유리 파편처럼 사회 곳곳에 산산이 흩어져 있어 통합 비용이 높고 합당한 사회적 효과를 발휘하지 못했다. 공유를 하더라도 한정된 지역에서 소규모로 진행됐다.

오늘날 공유 경제는 인터넷 기술을 이용해 수많은 유리 파편을 보다 쉽게 전문 플랫폼에 모으고, 보다 넓은 지역 범위에서 대규모 수요와 공급을 연결함으로써 새로운 경제 효과를 창출했다.

공유 경제는 유리 파편을 모아 온전한 거울을 만드는 것처럼 경제 잉여 문제를 해결했다. 공유 경제의 거울 효과는 다음의 네 가지로 정리할

1 〈전 세계 사람들이 자신의 여가 시간을 모아서 만든 새로운 사회적 자원〉이란 의미로 뉴욕 대학교 교수 클레이 셔키가 제시한 용어. 집단 지성이 대표적인 사례다 — 옮긴이주.

수 있다.

첫째, 모든 잉여는 공유할 수 있다.

둘째, 사람이 있는 곳에 언제나 잉여가 존재한다.

셋째, 모든 공유는 거래된다.

넷째, 모든 거래는 윈윈이다.

첫째 항목은 공유 경제가 경제 잉여에서 탄생했음을 말해 준다. 경제 잉여란 위에서 말했듯 개인의 유휴 자금, 유휴 물품, 인지 잉여, 그리고 기업의 유휴 재고와 유휴 생산력을 가리킨다. 경제 잉여의 존재는 필연적으로 공유 행위를 발생시킨다.

둘째 항목은 경제 잉여가 어디에 존재하는지 말해 준다. 경제 잉여의 원천은 인간이다. 개인으로부터 기업이 생기고, 정부가 생기고, 도시가 생겼다. 그리고 인간이 있는 곳에는 반드시 경제 잉여가 존재한다.

셋째 항목은 공유 경제 발전을 촉진하는 네트워크 플랫폼에 대한 내용을 담았다. 단순한 공유 행위만으로는 공유 경제라고 할 수 없다. 산산이 흩어져 있는 경제 잉여 파편을 공유 경제로 발전시키려면 반드시 규모화가 필요하다. 인터넷이 세계의 수많은 개인을 연결했듯 네트워크 플랫폼을 통해 모든 경제 잉여가 연결돼야 한다. 온라인 세상에서는 거의 모든 상상을 실현하고 불필요한 중간 과정을 생략할 수 있다.

넷째 항목은 공유 경제의 수익 창출을 언급했다. 사람들이 공유 경제에 참여하는 근본 목적은 이익을 얻기 위함이다. 수요자는 비용을 절감하고 공급자는 수익을 창출해 양쪽이 윈윈할 수 있어야 한다. 다시 말해 공유 수요와 공급의 윈윈을 실현하지 못하는 공유 플랫폼은 공유 경제 여부를 의심해 봐야 한다.

이번에는 생산과 소비 관점에서 경제 잉여 문제를 어떻게 해결할 수 있을지 생각해 보자.

우리는 신문과 텔레비전 뉴스를 통해 현재 경제 상황이 얼마나 심각한지 잘 알고 있다. 전 세계가 불황의 늪에 빠진 큰 이유 중 하나가 바로 잉여 소비다. 또한 잉여 소비는 각종 사회 문제의 주범이기도 하다. 도시의 자동차 잉여 소비는 교통 체증을 야기했고 도로 및 골목 곳곳에 주정차 문제도 심각하다. 주택 부문에서는 주택을 여러 채를 소유한 사람이 매우 많아 이미 공급이 수요를 크게 초과한 상황이다. 주택 소유의 목적이 주거가 아닌 투기에 집중되면서 집값이 크게 치솟고 무분별한 개발 건설로 미분양 주택이 속출해 국민 경제 전체를 위협하고 있다.

잉여 소비 문제를 공유 경제 사유 방식으로 풀어 보면, 잉여 자원의 이용률을 높이는 것이 답이다. 요즘 사람들은 불필요한 물건을 너무 많이 사들인다. 이런 미사용 물건을 재유통 경로를 통해 재사용한다면 생산을 늘리지 않고도 삶을 풍요롭게 할 수 있다.

그렇다면 잉여 생산 문제도 공유 경제 사유 방식으로 해결할 수 있을까? 이것은 현실적으로 쉽지 않은 문제다. 잉여 생산은 대량 재고가 되어 창고에 쌓여 있다. 가격 할인 외에 대량 재고를 해결할 방법이 또 있을까? 공유 경제 이론상 대리 임대 방법으로 재고를 해결할 수 있다. 예를 들어 부동산 개발 회사가 대리 임대 방법으로 대량의 부동산 재고를 해결했다. 자동차 제조사도 막 생산한 새 차를 판매하는 대신 임대하기 시작했다.

그러나 우유 잉여 생산은 여전히 해결책이 보이지 않는다. 우유는 신선도가 생명이기 때문에 반강제적으로 염가 할인을 하거나 동물 사료용으로 사용하곤 한다. 이렇게 해도 남는 우유는 결국 버려질 수밖에 없다. 공유 경제가 우유 잉여 생산 문제도 해결할 수 있을까?

조금 더 구체적으로 분석해 보자. 주택 부문에서 판매 대신 임대 방식이 가능한 가장 큰 이유는 중복 사용이 가능하기 때문이다. 주택은 소유권과 사용권을 확실히 분리할 수 있기 때문에 소유권을 그대로 유지하면서 사용권 임대가 가능하다. 그러나 우유는 소비 주기와 유통 기한이 짧은 소모품으로 사용권이 소멸되면 자동적으로 소유권도 사라지기 때문에 임대가 불가능하다.

그러나 경제 잉여 공유 플랫폼이 있으면 상황이 달라진다. 만약 이 플랫폼이 전국을 연결하는 네트워크를 가지고 있다면 전국적으로 소비를 활성화할 수 있다. A지역에 쌓여 있는 잉여 생산 재고를 공급이 부족한 다른 지역으로 이동시킬 수 있지 않을까?

일반적으로 모든 사회에 대량의 잉여 자원이 존재한다. 이는 수요와 공급과 관련한 정보가 제대로 연결되지 않아 잉여 자원이 장기 유휴 상태에 놓인 까닭이다. 수요와 공급을 효율적으로 관리할 플랫폼만 있으면 대량의 사회 유휴 자원을 충분히 활용함으로써 자원의 가치를 더욱 높일 수 있다.

공유 경제는 사회 잉여 자원을 효율적으로 연결하는 데 큰 의의가 있다. 과거 경제 잉여는 사회 곳곳에 파편 형태로 흩어져 있어 통합 비용이 높아 사회적 가치를 발휘할 수 없었다. 공유 경제 출현으로 경제 잉여 문제에 창의적인 해법이 등장했다. 무선 인터넷 기술, 온라인 지불 시스템, 교통, 물류 네트워크, 소셜 미디어의 발달로 경제 잉여가 전문 플랫폼을 통해 매우 빠르고 효율적으로 통합됐다. 전국 범위의 네트워크를 통해 대규모 수요-공급 연결이 실현되면서 새로운 경제적 가치를 창출하고 있다.

2. 세 가지 잉여 공유 모델

지금까지 알아본 경제 잉여의 정의를 토대로 잉여 공유 방식을 다음의 세 가지로 분류했다.

첫째, 잉여 사용권 공유 방식. 소유가 아닌 사용에 중점을 둔다.

둘째, 잉여 시간 공유 방식. 개인이 여러 가지 재능을 중복 발휘해 다양한 일을 경험하도록 한다.

셋째, 잉여 소유권 공유 방식. 중고 물품을 다시 유통시켜 환경 보호를 위한 자원 절약 효과를 거둔다.

1) 잉여 사용권 공유

필요 이상의 물건을 소유한 사람들은 자연스럽게 임대에 관심을 갖기 시작했다. 현재 유행처럼 번지는 개인의 유휴 자원 공유는 크게 두 가지로 나눌 수 있다. 하나는 온라인 임대 플랫폼을 통한 유휴 물품 공유고, 다른 하나는 P2P 대출 플랫폼을 통한 유휴 자금 공유다.

현재 잉여 사용권 공유 방식은 운송, 부동산, 사무 공간, 유휴 자금 등 여러 분야에서 급성장하고 있다.

특히 운송 부문에 혁신적인 공유 경제 방식이 많이 적용됐다. 미국의 우버와 리프트, 중국의 디디가 대표적이며 계속해서 다양한 형태의 서비스가 등장하고 있다. 일대일 프리미엄 MPV[2] 전용 서비스, 이동 노선이 같은 두 사람을 동시에 태우는 1대 2 카풀 서비스, 미리 노선을 정해 두고 온라인으로 좌석을 예약하는 1대 다수 버스 서비스 등이 있다.

2 다목적 차량. 미니밴과 유사하나 조금 더 넓은 개념. 출퇴근, 레저, 쇼핑, 업무 등의 다양한 목적에 이용된다는 의미다 — 옮긴이주.

그림 3-1. 경제 잉여 공유

운송 부문의 공유 경제는 대중의 큰 호응을 얻으며 빠르게 확산되고 있다. 자동차뿐 아니라 선박과 요트, 자전거에서 개인 전용 비행기까지 모든 운송 수단이 공유되기 시작했다.

부동산 부문에서는 에어비앤비가 호텔 업계의 전통 규칙을 완전히 뒤엎어 버렸다. 일반 개인이 자기 집을 호텔보다 저렴한 가격에 빌려주는데 날짜와 손님을 마음대로 선택할 수 있는 등 시장 진입 장벽이 거의 없다. 주택 공유는 실제 거주자가 집이 빌 때만 단기 임대하는 것이 핵심이다. 주택 공유 경제가 확대되면서 세입자 재임대와 대규모 임대업자 문제가 나타났지만 아직까지는 대량의 유휴 공간 자원을 활성화해 그 가치를 높이고 사회 자원 이용률을 높였다는 점에서 매우 긍정적이다.

부동산 공유 경제는 주거용 유휴 주택 공유로 시작해 최근 프리랜서나 창업자를 상대로 한 사무 공간 단기 임대가 크게 성행하면서 공유의 범위가 크게 확대됐다. 유휴 사무 공간을 소유한 개인이 공유 플랫폼을 통해 임차인과 직접 거래하는 방식으로 중국의 마상오피스(马上办公)가 대표적이다. 또 다른 방식으로 기업이 대규모 공간을 임차해 기본 사무 설비를 갖추고 재임대하는 위워크와 같은 사례가 있다.

오늘날 많은 경제학자들이 P2P 온라인 대출과 지분 투자형 크라우드 펀딩을 혁신적인 공유 경제의 일종으로 인정한다. P2P 온라인 대출은 은행 중개 없이 개인 대 개인이 직접 금융 거래를 진행한다. 개인 투자자와 신용 대출자 모두 기존의 금융 기관을 이용할 때보다 비용을 크게 아낄 수 있다.

특히 크라우드 펀딩 프로젝트 진행하는 플랫폼은 처음부터 은행에서 대출하기는 힘들지만 개인 투자자라면 충분히 가능하다. 온라인 크라우드 펀딩은 기존 대출업계의 정보 비대칭 문제를 해결하면서 대출 시장에 활력을 불어넣었다.

임대형 공유 플랫폼의 가장 큰 매력은 임대인과 임차인이 모두 이익을 실현하는 윈윈 구조라는 점이다. 이론상 임대인은 원래 소유한 개인 자원을 이용해 수익을 올리고 임차인은 체계적인 대규모 시스템을 통해 보다 편리하고 경제적인 선택을 할 수 있다. 이런 이유로 남녀노소, 개인과 기업을 불문하고 점점 더 많은 소비자들이 상품 자체를 소유하려는 구매가 아닌 상품의 사용 가치를 구매하기 시작했다.

소유하지 않고 사용하는 소비 형태는 오랫동안 경쟁적, 배타적 속성이 강했던 사유 자원의 개념을 뒤엎고 개인 대 개인 자격으로 다른 소비자와 개인 물품을 공유하는 시대를 열었다. 이것이 공유 경제의 대표 형태인 잉여 사용권 공유다.

2) 잉여 시간 공유

물건 말고 또 무엇을 공유할 수 있을까? 만약 남는 시간이 있다면 개인의 노동력을 공유할 수 있다. 긱 경제, 셀프 고용 등으로 불리는 이 방식은 맞춤형 유료 심부름, 사무실 단기 일자리 등을 제공하며 온라인 구인·구직 시장에 대규모 일자리를 창출했다.

클레이 셔키는 이 방식에 〈인지 잉여〉라는 특별한 이름을 붙였다. 인지 잉여란 전 세계에 누적된 여가 시간을 모아 만든 새로운 사회적 자원으로 누구나 사용할 권리가 있다. 인지 잉여는 최근 커다란 변화를 맞이했다. 세계적으로 교육 수준이 높아지면서 전 세계 전문 인력의 누적 여가 시간이 매년 1조 시간이 넘는다. 여기에 공공 미디어 기술이 발전하고 범위가 확대되면서 평범한 사람들도 여가 시간을 활용해 좋아하고 관심 있는 일에 참여할 수 있게 됐다.

개인 노동력 공유는 인적 자원 시장의 혁명이다.

공유 경제는 그 실천 과정에서 높은 시장 진입 장벽을 허물고 기본 자격만으로 누구나 시장에 참여할 수 있게 함으로써 대규모 생산력을 활성화시켰다. 얼마 전까지 사회 곳곳에 흩어져 있던 이 생산력은 기존의 보수적인 관리 규정에 묶여 사회적 생산에 참여할 수 없었다. 그러나 지금은 차량 공유 운전사, 단기 주택 임대인, 개인 요리사, 프리랜서 택배 기사 등 다양한 분야에서 활동하고 있다. 이것은 전대미문의 소리 없는 혁명이다. 공유 경제는 이미 수백만 명의 투잡족을 탄생시켰고 계속해서 수많은 일자리를 만들어 내고 있다. 미래의 직장은 9시 출근 5시 퇴근, 1인 1직장과 같은 고정 형태에 얽매이지 않을 것이다.

잉여 시간 공유 방법이 다양해지면서 우리는 동시에 여러 역할을 수행할 수 있게 됐다. 예를 들어 전문 의학 지식을 갖춘 의사 중에 운전을 잘하고 요리도 잘하는 사람이 있다면, 여가 시간에 선생님이 되거나 운전 기사가 되거나 요리사가 될 수 있다. 어떤 분야에서 일하느냐는 오롯이 본인의 선택에 달렸다. 그 분야에 진입하도록 도와줄 플랫폼은 이미 준비되어 있다(이 내용은 17장에서 자세히 다루겠다).

먼저 운송 부문에서는 대리운전 플랫폼이 급성장하고 있다. 이것은 차량 공유와 달리 대리 기사의 운전 기술과 잉여 시간을 공유하는 형태이다. 차량 소유주가 직접 운전할 수 없을 때 대리 기사 수요가 발생한다. 차량 소유주가 모바일 앱으로 가장 가까운 곳에 있는 대리 기사를 찾아 서비스를 신청하면 대리 기사는 약속된 장소까지 대신 운전한 후 약속된 비용을 받는다.

현재 대리운전 수요는 주로 음주 후 발생하지만 앞으로 여행, 비즈니스, 장거리 이동 등 다양한 상황에 적용될 것으로 보인다.

외식 분야의 온라인 공유 수요는 주로 요리에서 발생한다. 요리 공유 플랫폼은 개인 요리사에 대한 기존의 정보 비대칭 문제를 해결하는 동시에 더 많은 수요-공급 정보를 발굴하고 있다. 여가 시간과 요리 재능 공유를 통해 사회 유휴 생산력을 활성화시켰다. 이렇게 탄생한 가정식 공유 플랫폼은 여러 가지 서비스를 선보이고 있다. 고정적으로 자주 이용하는 1일 3식 가정식 포장 서비스를 제공하는 후이자츠판(回家吃饭), 사회 곳곳에 숨어 있는 아마추어 개인 요리사 정보를 모아 놓은 미스(觅食), 미식과 서양 사교 문화가 결합되어 특별한 파티형 요리 서비스를 제공하는 잇위드eatwith와 워유판(我有饭), 요리사가 직접 방문해 프리미엄 파티 요리 서비스를 제공하는 아이다추(爱大厨) 등이 있다. 프로 및 아마추어 요리사는 요리 재능과 여가 시간을 공유함으로써 경제적 수입을 얻는 동시에 자존감을 높일 수 있고, 고객은 일반 외식 요리와 차별화된 특별한 미각 체험을 할 수 있다.

이외에 가사 서비스 플랫폼도 주목할 만하다. 미국 가사 서비스 플랫폼 케어닷컴Care.com은 일단 개인이 서비스 정보를 올리면 플랫폼 관리자 승인을 거쳐 온라인 구매가 가능하도록 정보를 공개하는 방식이다. 케어닷컴을 통해 서비스를 공급하는 사람 중 상당수가 투잡족이다.

공유 경제는 교육 업계와 결합해 교육 시장의 수요-공급 불균형 문제를 해결하고 개인의 사회적 생산력을 통합했다. 개인이 전문 기술과 지식을 교육 서비스하는 형태로 누구나 선생님 혹은 학생이 될 수 있다. 이것은 교육 시장의 정보 불균형 문제를 해결하는 동시에 플랫폼 공개 소통을 통해 교사와 학생이 직접 연결되어 비용을 크게 낮출 수 있다. 또한 기존 교육 시장의 높은 정보 장벽을 무너져 기존 교육 기관을 벗어난 개인 혹은 단체 교사 인력이 공유 플랫폼을 통해 교육 서비스를 제공하기 시작했다. 건세이쉐(跟谁学) 등 교육 공유 플랫폼의 가장 혁신적인 장점은 전문가 사회의 강한 폐쇄성을 깨뜨려 일반인이 보다 쉽게 전문가를 접할 기회를 제공한다는 것이다.

교육 업계의 지식 공유는 즈후(知乎), 바이두 지식 등 기존 지식 공유 플랫폼과 달리 일대일 서비스에 집중한다. 특히 특정 주제 혹은 교육 수요를 만족시키기 위해 고급 전문 지식을 제공한다. 전화를 이용한 즈더(自得), 모바일 앱을 통한 방양(榜样), 직접 만나 지식을 제공하는 짜이항(在行) 등은 특정인만을 위한 지극히 사적인 지식 서비스를 제공하며, 이를 통해 깊고 친밀한 인간관계가 형성될 가능성도 매우 높다.

공유 경제는 웨이커(威客)[3]의 등장으로 전문직 시장에서도 큰 빛을 발하고 있다. 웨이커는 〈인터넷을 통해 자신의 지혜, 지식, 능력을 수요자에게 공유하고 실제 수익을 얻는 사람〉이다. 이들은 대부분 여러 가지 일을 동시에 진행한다. 이들의 업무는 건축 설계, 그래픽 디자인, 광고 디

3 영어 표기는 Witkey. The key to open the wisdom을 뜻하는 합성어다 — 옮긴이주.

자인, 웹 디자인 및 개발 등 주로 디자인 중심의 문화 창조 산업에 집중돼 있다.

법률 및 각종 자문 서비스 분야에서도 공유 경제 방식이 크게 주목받고 있다. 법률 서비스 플랫폼 뤼거우(绿狗)는 사회 유휴 생산력을 기반으로 한 대표적인 크라우드 소싱으로 간단한 등록 절차만 거치면 누구나 에이전트로 활동할 수 있다.

최근에는 네일, 미용, 마사지 등 전통적인 오프라인 서비스인 미용 기술 분야에서도 온라인 공유 방식이 급성장하고 있다. 미용 기술 공유 플랫폼은 기존 수요-공급의 정보 불균형 문제를 해소해 거래 효율을 크게 높였다. 또한 수요자와 공급자 모두 탄력적으로 시간을 조정할 수 있다는 것이 큰 장점이다.

온라인 셀프 고용은 C2C 협력 방식으로 발전했다. 태스크래빗은 수요자가 플랫폼에 필요한 서비스 내용을 올려 직접 사람을 구하거나, 공급자가 자신의 기술을 공개하고 일자리를 구한다. C2C 협력 방식은 간병, 택배, 의료 서비스를 중심으로 빠르게 발전하고 있다.

중국 사회는 최근 고령화가 빠르게 진행되면서 사회 양로 시스템에 대한 관심이 높아졌다. 공유 경제 방식을 도입해 가정 양로 분야에 진출한 페이바마(陪爸妈)가 대표적인 사례다. 이 플랫폼에서는 사회 보건 제도를 통해 배출된 간호사와 간병사, 노인 요양학 전공자 등을 통칭하는 보건 관리사들이 서비스를 제공한다. 수요자가 서비스를 예약하면 보건 관리사가 집으로 방문해 노인의 구체적인 요구를 충족시키고 전반적인 의료 건강 서비스를 제공한다. 서취이성(社区医生)은 왕진 서비스와 병원 동행 서비스를 제공한다.

반려동물 돌봄 서비스는 새롭게 떠오르는 시장이다. 명절 귀향이나 장기 여행을 떠나는 사람이 많아지면서 기존 전문 기관의 한계가 뚜렷해졌다. 기존 서비스는 장소, 시간, 비용 등 여러 면에서 반려동물 주인의 수요를 만족시키지 못했다. 충우방(宠物帮, 애완동물 모임)과 로버Rover 등 반려동물 가정 돌봄 플랫폼은 반려동물을 맡겨야 하는 사람이 직접 양육사를 선택할 수 있고, 반려동물을 돌볼 기본 자질과 여가 시간이 있는 사람은 누구나 양육사를 신청해 서비스를 제공하는 방식으로 운영된다.

물류 부문에서는 택배 업계와의 결합이 대량의 사회 유휴 수송력을 활성화시켰다. 물류 공유는 점포의 수요를 접수하면 지리적으로 가장 가까운 프리랜서 택배원 혹은 화물 운송 차량을 효율적으로 연결하고, 점포에서 픽업한 물건을 목적지까지 배송하는 시스템이다. 시내 배송일 경우 기존 택배 시스템보다 훨씬 빠르고 간편하다. 현재 중국에는 런런콰이디(人人快递), 다다페이쑹(达达配送), 징둥중바오(京东众包) 등 여러 협력 물류 플랫폼이 성행하고 있다.

향후 이 혁신적인 물류 모델은 시외 배송으로 발전할 것이다. 제러미 리프킨은 『한계 비용 제로 사회』에서 〈물류 인터넷으로 인해 기존의 점대점Point-to-point, 중심 기점 방사형 운송 시스템이 분산형 연합 운송에 밀려날 것이다〉라고 예측했다. 배송 기사가 생산지에서 물류 센터까지 물건을 싣고 가 내려놓은 후, 다시 다른 물건을 싣고 돌아오는 방법으로 효율성을 극대화한다. 공유 경제 방식을 도입한 물류 시스템을 구체적으로 살펴보면, 일단 첫 번째 기사가 생산지에서 가까운 물류 센터까지 물건을 운반하고 다시 다른 물건을 싣고 돌아간다. 이후 두 번째 기사가 물류 센터에 도착한 물건을 싣고 다른 도시 물류 센터로 이동한다. 이런 방식으로 많은 화물이 항구, 철도역, 비행장 물류 센터를 경유하거나 전 노선을 화물차로 이동해 목적지까지 운반된다.

3) 잉여 소유권 공유

많은 사람들이 〈이것도 경제 잉여인가?〉라고 되묻겠지만, 소유권 이전도 경제 잉여 활성화의 한 종류다. 사회 유휴 자원을 다시 유통시키는 중고 거래가 대표적인 사례다.

온라인 중고 거래는 개인과 개인이 커뮤니티 플랫폼을 통해 중고 물품 소유권을 거래하는 방식이다. 공유를 통해 유휴 상태의 중고 물품을 재사용함으로써 물건의 이용 가치를 높일 수 있다. 이 방법은 잉여 사용권 공유와 달리 물건의 사용권과 소유권이 분리되지 않고 동시에 이전된다. 최근 중고 거래가 유행하는 데는 크게 두 가지 이유가 있다.

첫 번째 이유는 인터넷 쇼핑 활성화로 충동 구매가 늘어나고 과소비가 만연해졌기 때문이다. 최근 몇 년, 대형 인터넷 쇼핑몰마다 가격 전쟁을 전면에 내세우고 소비자의 눈길을 끌어들이기 위해 대박 할인, 타임 세일, 1+1 등 여러 가지 판촉 활동을 벌이고 있다. 정가 대비 할인폭을 강조해 구매욕을 자극하기 때문에 필요한지 아닌지 생각해 보지도 않고 일단 사고 보자는 사람이 많아졌다. 중국 최대 인터넷 쇼핑몰 타오바오의 십일절[4] 매출이 2014년 571억 위안에서 2015년 912억 위안으로 60퍼센트 가까이 증가하는 등 인터넷 쇼핑 규모가 지속적으로 확대되고 있다.

온라인에서 충동 구매한 물건은 대부분 집안 한구석에 방치되는데 이것이 바로 유휴 자산이다. 사놓고 몇 번 안 입었는데 싫증 난 옷, 보기에

4 매년 11월 11일. 광군제(光棍節), 솔로의 날, 독신자의 날이라고도 한다. 우리나라의 빼빼로데이와 유사하다. 타오바오(淘宝)는 알리바바 그룹 산하 중국 최대 온라인 쇼핑몰 — 옮긴이주.

는 예쁘지만 실용성이 떨어지는 살림살이, 너무 사고 싶어 샀는데 막상 사고 보니 쓸모없는 사치품은 제 값어치를 못하고 자리만 차지하는 폐물로 전락한다.

중국은 세계에서 가장 인구가 많은 만큼 자원 공유와 유통 발전의 가능성이 매우 큰 시장이다. 여기에 인터넷 쇼핑이 발전하면서 수많은 쇼퍼홀릭이 양산됐다. 습관적으로 인터넷 쇼핑을 즐기는 이들은 사고 후회하는 일이 대부분이다. 이렇게 쌓여 가는 수많은 유휴 물품이 곧 중국 중고 시장의 잠재력이다.

유휴 물품이 중고 거래 플랫폼을 통해 팔려 나가면, 파는 쪽은 수익을 얻는 동시에 새로운 구매 수요가 발생한다. 또한 집안에 새로운 공간이 확보되어 다음 쇼핑 페스티벌에 더 즐거운 마음으로 쇼핑할 수 있다. 사는 쪽은 양질의 물건을 저렴하게 구입해 가성비 높은 소비를 할 수 있다. 이러한 윈윈 구조 덕분에 유휴 물품 거래 플랫폼은 나날이 발전하고 있다. 업계 관계자의 말에 따르면, 중고 거래 플랫폼이 가장 활성화되는 시기가 십일절 직후다.

두 번째 이유는 상품 교체 주기가 점점 짧아지기 때문이다. 특히 디지털 제품의 교체 주기는 매우 빠르게 단축되고 있다. 58퉁청(58同城)이 진행한 설문 조사 결과에 따르면 〈유휴 물품 판매 — 당신은 온라인에서 중고 물품을 팔아본 적이 있습니까?〉라는 질문에서 응답자의 72.12퍼센트가 휴대폰, 컴퓨터, 카메라 등 디지털 상품을 팔아 본 적이 있다고 대답했다. 딜로이트 컨설팅Deloitte Consulting이 발표한 자료에 따르면, 2015년 세계 스마트폰 판매량 14억 대 중 10억 대가 업그레이드 수요였다. 또한 14개 선진국 스마트폰 사용자 중 70퍼센트가 최근 18개월 이내에 제품을 교체했다고 응답했다.

사회 전반적으로 유휴 물품이 크게 증가하면서 샨위(闲鱼), 58좐좐(58转转), 유샨(有闲) 등 공유 경제 방식을 도입한 온라인 중고 물품 거래 플랫폼이 빠르게 성장하고 있다.

중고 물품 거래 방식은 크게 물물 교환, 매매, 그리고 이 둘이 결합된 형태가 있다. 거래 양측은 대부분 관계성이 약한 타인이며 커뮤니티 네트워크를 통해 연결된다.

먼저 물물 교환 방식은 옐들과 같은 중고품 공유 플랫폼이 대표적이다. 커뮤니티 계정으로 옐들에 가입하면 회원끼리 유휴 물품을 공유할 수 있다. 사용료는 필요 없고 배송비만 지불하면 된다. 현재 옐들 가입자는 약 1만 2,000명이고, 이 중 4분의 1은 매주 1회 이상 옐들에 접속해 필요한 상품을 검색한다.

옐들은 최근 유행하는 혁신적인 〈집단 소비〉의 전형을 보여 준다. 공유 경제를 지지하는 사람들은 환경을 보호하기 위해서는 생산에 관여하는 것보다 기존 제품의 이용률을 높여 원자재 수요를 줄이는 방법이 훨씬 효과적이라고 말한다.

두 번째 매매 방식은 다시 C2C와 C2B2C로 나뉜다.

C2C 모델은 58간지(58赶集)와 텐센트가 합작 개발한 유휴 물품 양도 모바일 앱 58좐좐이 대표적이다. 58좐좐은 모바일 단말기를 통해 빠르게 시장을 장악하며 숨죽여 있던 중고 거래 수요를 되살렸다. 현재 58좐좐은 가입자 10만 명 돌파를 눈앞에 두고 있다. 58좐좐 플랫폼에 업데이트되는 신규 상품 정보는 하루 5,000건 이상이고 1일 거래량도 수천 건에 이른다.

한편 알리바바 그룹은 타오바오 산하의 유휴 물품 거래 커뮤니티 샨위를 독립 사업부로 분리 운영할 계획이라고 발표했다. 이미 세쿼이아 차이나Sequoia Capital China(홍산 캐피탈)와 IDG(International Data Group) 캐피탈 등으로부터 30억 달러 규모를 투자받은 것으로 알려졌다. 샨위는 공식 자료를 통해 샨위의 1일 거래량이 20만 건이라고 발표했다.

4장
공유 그리고 온디맨드

2015년 1월, 『이코노미스트』에 실린 「부르면 바로 달려오는 노동자Workers on Tap」라는 기사는 수도꼭지에서 사람들이 쏟아지는 그림과 함께 기업마다 매일 출근하는 직원 대신 부르면 달려오고 일이 끝나면 사라지는 노동자가 증가하고 있음을 소개했다. 온디맨드 경제가 공유 경제와 결합해 새로운 노동 시장이 탄생했다.

샌프란시스코, 뉴욕 등 미국 대도시는 이미 온디맨드 경제가 성행 중이다. 구글과 페이스북 같은 IT 대기업에 근무하는 젊은이들은 여러 가지 휴대폰 앱을 십분 이용한다. 핸디와 홈조이Homejoy에서 청소 서비스, 인스타카트에서 장보기와 택배 서비스, 워시오Washio에서 세탁 서비스, 블룸댓BloomThat에서 꽃 배달 서비스를 주문한다.

이들 애플리케이션 개발사는 대부분 차량 공유 앱 우버에서 아이디어를 얻었다.

특히 지식 집약형 기업은 이미 아웃소싱을 많이 활용하고 있는데, 이는 비용 절감과 함께 고급 인재 정규 직원이 보다 고부가 가치를 창출할 수 있는 업무에 전념하도록 하기 위함이다. 위의 기사는 이런 고용 형태를 선택한 기업이 많아지면서 새로운 노동 시장이 심화 단계에 접어들었다고 봤다. 현재 세계 곳곳의 수많은 사람들이 다양한 스마트폰 앱을 이용해 온갖 서비스와 일자리를 거래하고 있다. 이는 20세기를 이끌었던 수많은 경제 이론에 도전장을 내밀며 기존의 기업 개념과 직업 가치관까지 변화시키고 있다.

온디맨드 경제하면, 특히 IT 산업 종사자들은 2000년대 초반에 IBM이 내세운 경영 전략을 떠올릴 것이다. 당시는 온디맨드가 경제 용어로 규정되기 전이었기 때문에 〈수요에 즉각 반영하는〉 정도로 풀이했다. 2007년, IBM은 〈e비지니스, 온디맨드〉라는 기치 아래 유연한 기업 운영을 위해 내부 조직을 개편하고 주문에서 최종 생산까지 전 과정을 효율적으로 통합했다. 또한 e비즈니스 방식을 이용해 모든 공급망 프로세스를 실행하고 나아가 외부의 주요 협력 파트너, 공급상, 고객 등을 하나로 연결했다.

이후 온디맨드 경제는 승승장구하며 규모를 확대했다. 그렇다면 온디맨드 경제와 공유 경제는 어떤 차이가 있을까?

온라인 미디어 온디맨드 이코노미The On-Demand Economy는 온디맨드 경제를 〈보다 편리하고 효율적인 일상생활을 위한 비즈니즈 솔루션을 제공하는 집합체〉라고 정의했다. 이 집합체와 참여자들은 지난 10여 년간 만들어 낸 새로운 소비 트랜드가 세상을 바꾸길 바랐다. 이 개념 정의만 보면 온디맨드 경제와 공유 경제는 전혀 관계가 없어 보인다. 그러나 몇 가지 키워드를 뽑아 보면 확실한 연결 고리가 보인다.

온디맨드 이코노미는 온디맨드 관련 기업을 업무 성격에 따라 비즈니스 서비스, 택배, 교육, 가정 돌봄, 건강과 미용, 가사 노동, P2P 상품, 주차장, 애완동물 돌봄, 각종 예약 서비스, 교통과 여행으로 분류했다.

이 분류는 앞서 언급했던 공유 경제 분류와 매우 비슷하다. 또한 각 분야에 속해 있는 기업들이 우버, 에어비앤비, 태스크래빗, 포스트메이츠Postmates 등 대부분 앞서 언급했던 공유 경제 기업들이다.

온디맨드 경제는 유휴 물품 대여와 유휴 노동력 거래에서 착안됐다. 데니스 존슨과 앤드류 심슨은 「공유 경제는 노동자 처우를 어떻게 변화시켰는가How On-Demand Economy Is Changing Workers' Compensation」라는 리포트에서 로버트 하트윅의 의견을 인용해 〈임시 기사, 각종 서비스 노동력, 임대인이 된 주택 소유자, 프리랜서 전문직 종사자를 아우르는 온디맨드 경제가 지금 미국 노동 시장과 보험 업계 구조를 변화시키고 있다〉라고 말했다.

우버 창립자 트래비스 캘러닉은 〈공유 경제는 곧 온디맨드〉라고 말했다. 승객은 필요할 때 바로 우버를 클릭해 택시를 부를 수 있고, 기사는 우버를 통해 온디맨드 경제를 구현한다. 기사 입장에서 보면 시동을 거는 순간이 출근이고 시동을 끄는 순간이 퇴근이다. 이렇게 하루에 몇 번씩 수시로 출퇴근하는 일자리는 많지 않다. 우버는 소비자에게 맞춤 서비스를 제공하고 기사에게 탄력적인 시간 활용이 가능한 일자리를 제공한다.

1. 산업 모델의 종결자

온디맨드 경제는 프레드릭 테일러가 상상조차 할 수 없었던 경제 협력 모델을 탄생시킴으로써 공업 시대의 종말을 예고했다. 20세기 초 과학적 경영 관리 이론을 체계화해 경영학의 시조라 불리는 테일러는 『과학적 관리법*The Principles of Scientific Management*』에서 〈과학적 경영 관리의 목적은 기계가 노동력을 절감했듯 모든 노동 단위의 생산력을 제고시키는 것이다〉라고 말했다. 테일러 시스템을 도입한 공장에서는 모든 노동자가 기계처럼 한순간도 쉬지 않고 일했기 때문에 불필요한 잉여 노동자가 단 한 사람도 없었다고 한다. 곧이어 헨리 포드가 과학적 관리법의 효과를 극대화시켰다. 포드가 개발한 표준화, 컨베이어 시스템은 전형적인 대량 생산 시스템으로 기계 대량 생산의 효율성을 극대화한 최고의 모델로 손꼽혔다.

아마도 이 두 사람은 훗날 노동자들이 컨베이어 시스템에서 벗어나고 공장을 떠나 일하리라고는 상상도 못했을 것이다.

온디맨드 경제는 공업 사회 시스템 모델의 운명에 마침표를 찍었다. 이후 경제 사회는 커다란 변화를 맞았다. 먼저 모든 상품과 서비스가 수요에 따라 발생하는 수요 중심 생산 모델이 등장했다. 다음으로 직업 개념이 크게 바뀌어 거의 모든 분야에 임시직이 보편화됐다. 온디맨드 경제는 자유 직업인을 대중이 필요로 하는 서비스를 제공할 일자리와 연결함으로써 개성적인 주문형 서비스 규모를 확대시켰다.

새로운 시대를 맞이해 직업, 동료, 고용주를 대하는 우리의 마음가짐 역시 새로워져야 한다.

2. 공유주의

쉽고 간단히 말해 공유 경제는 온라인 플랫폼을 통해 사용하지 않는 자신의 돈, 물건, 노동력을 공유하고 수익을 얻는 사업이다.

공유 경제가 단순히 멋진 사업일 뿐일까? 전 세계에 유행처럼 번지고 있는 공유 경제 물결은 어떻게 설명해야 할까? 대중의 환호, 나아가 각국 정부의 열렬한 지지는 어떤 의미일까? 전 세계 학자들이 왜 계속해서 공유 경제를 연구하고 다양한 의견을 쏟아내는 것일까? 이미 수많은 공유 경제 기업이 등장했다. 서비스업뿐 아니라 제조업에서도 공유 경제 방식을 도입하기 시작했다. 이런 흐름에는 분명히 중요한 의미가 숨겨져 있을 것이다.

1) 공유 경제의 기본 개념

공유 경제의 가장 중요한 개념은 에어비앤비 창업자 브라이언 체스키가 언급했던 〈소유하지 않고 사용한다〉이다. 그동안 사람들은 어떤 물건이나 자원에 대한 수요가 발생하면 그것을 구입해서 완전히 소유했다. 그러나 이렇게 구입한 자원이나 물건은 대부분 얼마 지나지 않아 유휴 상태에 놓인다. 그동안 우리는 한순간의 수요를 위해 불필요하게 과한 비용을 지불해 온 셈이다.

공유 경제에 참여한 사람들은 자원이나 상품 그 자체보다는 그 사용 가치에 중점을 두기 때문에 일시적으로 소유권을 갖는 경우는 있지만 완전히 독점하지는 않는다. 이것은 소유권의 변화 없이 자원이나 물건의 사용권을 공유하는 개념으로 여분의 주택이나 공간, 차량과 운전 서비스, 영상과 콘텐츠가 주요 공유 대상이다. 공유 경제 참여자들은 굳이 물건을 구입해 소유권을 가질 필요가 없다고 생각하기 때문에 임대 혹은 대여가 자연스럽다.

공유 경제의 두 번째 중요 개념은 레이첼 보츠먼이 『내 것이 네 것』에서 강조했던 〈충분히 사용한다〉이다. 공유 경제는 협력, 공유, 선택의 자유와 같은 인간의 본질적인 수요에서 비롯됐다. 신용 자본 시대와 함께 대중 협력 소비의 장점이 부각되면서 생산 증대 없이 사회적 부와 가치가 증가하는 새로운 경제 모델이 탄생했다. 공유 경제는 기존 소비 시스템을 뿌리째 뒤흔들었다. 보츠먼은 이러한 변혁이 대량 유휴 자원과 과소비에 무감각해진 인류를 깨어나게 할 것이라고 말했다. 공유 경제는 구시대 비즈니스 모델을 무너뜨리고 인류가 과소비 생활 방식에서 벗어나도록 해줄 것이다. 공유 경제는 우리에게 사회 자원을 충분히 사용하는 법을 가르쳐 줄 것이다.

리사 갠스키는 『메시*The Mesh*』에서 〈소유권 사용〉과 〈사용하지 않는 것은 곧 낭비〉라고 강조하며 공유 경제의 핵심 개념 두 가지를 동시에 언급했다.

2) 신소비 개념 형성

공유 경제가 발전하면서 〈유휴 자원은 곧 낭비다, 사지 않고 사용만 한다〉라는 신소비 개념이 형성됐다. 1인당 자원 소모를 최소화함으로써 더 많은 사람의 수요를 만족시킬 수 있고 녹색 발전, 지속 발전의 발판을 마련할 수 있다.

신소비 개념은 다시 공유 경제 발전에 큰 영향을 끼치며 공유 경제 중심 이념으로 자리 잡았다. 이것은 다시 신소비 개념을 확대 전파시켜 그 영향력을 높였다.

소유권을 중시하는 사회는 개인이 얼마나 많은 물건을 소유했는가에 따라 그 사람의 경제 수준과 사회적 지위를 판단했기 때문에 그동안 많은 사람들이 과소비를 숭상해 왔다. 사람들은 욕망을 충족시키기 위해 끊임없이 물건을 사고 소모하고 폐기한다. 이 중에는 꼭 필요한지 생각조차 해보지 않아 사자마자 유휴 물품으로 쌓여 있는 경우도 많다. 유휴 물품은 개인 입장에서는 단순한 과소비지만 인류 전체로 보면 지구 자원

고갈을 촉진하는 심각한 문제다.

공유 개념이 대중의 삶에 깊이 파고들면서 복잡한 생활을 벗어나 미니멀 라이프를 추구하는 사람이 점점 늘어나고 있다. 요즘 사람들은 일과 일상을 정확히 구분하고 무의미한 활동을 최소화한다. 부분적인 잉여 가치를 최대한 활용해 환경 보호와 자원 절약을 실천한다. 공유 경제는 기존 산업 구조가 만들어 낸 생산 과잉과 모방형 파도식 소비 행태를 변화시켜 새로운 사회 공급 모델과 물건의 쓰임을 최대치로 끌어올리는 지속형 소비 개념을 탄생시켰다.

특히 젊은 세대의 인식 변화가 뚜렷하다. 이들에게 자동차는 신분의 상징이 아니라 자유로운 이동을 가능하게 하는 운송 수단일 뿐이다. 상품의 사용 가치에 따라 비용을 지불할 뿐 상품을 온전히 소유하지 않는 소비 개념은 기존 산업 시대의 중심 가치였던 사유 재산권 개념을 약화시켰다. 이런 변화 속에서 구매 대신 대여, 사용한 만큼 사용료를 지불하는 소비 방식이 빠르게 확산되고 있다.

3) 사회 발전의 원동력

보다 명확한 이해를 위해 〈공유 경제 발전의 원동력〉을 정리해 보자. 공유 경제 발전의 원동력의 거시 경제 주기와 인터넷 기술이라는 두 가지 관점에서 생각해 볼 수 있다.

공유 경제는 어느 날 갑자기 등장한 존재가 아니다. 공유 경제는 거시 경제 사이클 하락 과정에서 등장했는데, 결정적인 계기는 2008년 세계 금융 위기였다.

2007년 4월, 미국 서브 프라임 모기지 대출 업계 2위인 뉴센추리 파이낸셜New Century Financial이 파산하면서 미국 경제에 퍼펙트 스톰[1]이 휘

몰아쳤다. 곧이어 월가가 구제 금융에 실패하자 전 세계 금융 시스템이 위기에 직면했다. 전대미문의 경제 재난이 닥치자 세계 여러 나라가 크고 작은 충격에 휘청거렸다. 미국은 취업 인구가 76만 명 감소하면서 실업률이 대폭 상승해 7퍼센트를 넘어섰다. 2003년 경제 불황 시기에 기록한 6.3퍼센트를 단숨에 뛰어넘었다. 2008년 10월 31일 유럽 연합 통계국이 발표한 자료에 따르면 9월 유로존 실업률이 7.5퍼센트(2007년 9월 실업률 7.3퍼센트)를 기록했다.

그러나 신은 한쪽 문을 닫으면 반드시 다른 한쪽 문을 열어 두는 법이다. 금융 위기로 전 세계가 장기 경기 불황에 빠지자 취업난이 심화되고 실업률이 대폭 상승했다. 수입이 줄어들자 개인은 생활비를 충당하기 위해 주택 임대와 유휴 물품 판매로 눈을 돌리고 기업은 비용을 아끼기 위해 사무실을 나눠 쓰기 시작했다. 이 과정에서 사람들은 공유 경제에 참여하면 지출을 줄이고(비용 절감은 공유 경제에 참여하는 가장 큰 이유다) 유휴 자산을 재사용함으로써 부가 수입을 얻을 수 있음을 경험했다. 이렇게 싹튼 공유 경제 개념은 자연스럽게 널리 퍼져 나갔다.

2007년부터 2013년까지는 공유 경제가 폭발적으로 성장한 시기다. 2008년에 단기 주택 임대 플랫폼 에어비앤비와 크라우드 펀딩의 대표 주자 킥스타터가, 2009년에 차량 공유 서비스 우버와 심부름 플랫폼 태스크래빗이, 2010년에 소셜 다이닝 플랫폼 그럽위드어스Grubwithus가 등장했다. 공유 경제 스타트업 창업은 2010년부터 2013년까지 매년 50퍼센트 가까이 증가했다.

전 세계가 경제 위기의 늪에 빠진 그 순간, 공유 경제는 차량 공유와

1 개별적으로 보면 위력이 크지 않은 태풍이 다른 재해와 동시에 발생해 상상 초월의 파괴력을 지닌 초대형 악재로 발전하는 현상 — 옮긴이주.

주택 임대 등 다양한 영역으로 빠르게 뻗어 나갔고 에어비앤비와 우버라는 거대 기업을 탄생시켰다. 공유 경제 발전은 미국 경제 불황에서 비롯된 비용 절감과 소비 감소 현상, 생활비를 충당하기 위한 투잡의 보편화를 고스란히 반영했다. 결과적으로 미국 금융 위기에서 시작된 세계 경제 불황은 공유 경제의 출발점이자 급성장의 사회적 토대가 됐다.

중국 공유 경제 발전은 이보다 조금 늦은 2011년부터 본격화됐는데, 이 시기 경제 상황이 중국 공유 경제 형태에 큰 영향을 끼쳤다. 지난 몇 년, 중국 경제는 신창타이에 진입했다. 2010년 이후 지속적으로 하락하던 GDP 성장 속도는 2015년 6.9퍼센트로 25년 최저치를 기록했다. 장기 경기 침체로 대중의 소비 개념이 크게 바뀌면서 공유 경제 방식으로 일상을 영위하는 사람이 크게 늘었다. 중국 공유 경제 기업은 대부분 이 시기에 등장해 급성장했다.

2011년에 온라인 단기 임대 플랫폼인 투자(途家)와 마이돤쭈(蚂蚁短租), 중국 최대 P2P 온라인 금융 루진쒀(陆金所), 의료 지식 공유 플랫폼 춘위이성(春雨医生)이 설립됐다. 2012년에는 오늘날 대표 중국 공유 경제 기업인 디디와 개인 차량 공유 플랫폼 PP쭈처(PP租车)가 등장했다. 2013년에 중국 최초 크라우드 배송 기업 런런콰이디, 크라우드 가사 서비스 플랫폼 e다이시(e袋洗)가 탄생했다. 2014년에 디디좐처 서비스가 등장하면서 여러 차량 공유 기업이 줄줄이 창업 대열에 합류하고 요리 서비스 플랫폼인 후이자츠판과 미스, 각종 지식 공유 및 사무 공간 공유 플랫폼, 심부름 서비스 플랫폼 니숴워반(您说我办) 등이 등장했다. 2015년에는 디디가 순펑처, 임대 버스, 대리운전 서비스를 시작하고 샨위, 58좐좐, 징둥파이파이와 같은 온라인 중고 거래 앱이 대거 출시됐다. 이외에 개인 요리사, 버스, 교육, 물류, 의료 등 다양한 분야로 시장이 확대됐다.

두 번째 발전 원동력은 모든 사회 구성원을 이어 준 인터넷 기술이다. 역사적으로 미국의 경제 위기는 한두 번이 아니었다. 그런데 그때는 왜 공유 경제가 발전하지 않았을까? 그래서 우리는 두 번째 원동력인 모바일 인터넷에 주목할 필요가 있다. 모바일 인터넷, 즉 스마트폰의 등장과 함께 인류가 하나로 묶이면서 전 세계에 흩어진 유리 파편이 한데 모여 완전한 거울로 재탄생했다. 이때부터 공유 경제가 폭발적으로 성장하기 시작했다. 그 시작에는 시대의 획을 그은 한 천재의 발명품이 있다.

2007년, 서브 프라임 모기지 사태로 휘청거리던 미국에서 역사의 흐름을 바꾼 혁명적인 제품, 애플의 아이폰이 등장했다. 2007년 1월 9일 애플 CEO 스티브 잡스는 맥월드 컨퍼런스에서 세계를 향해 모바일 인터넷 시대가 시작됐다고 선언했다. 애플은 그해 6월 29일에 아이폰을 정식 출시했다. 곧이어 구글이 대대적으로 안드로이드 시스템을 보급하기 시작했다. 2007년 11월, 구글 주도하에 휴대폰 제조사, 소프트웨어 개발 업체, 이동 통신 서비스 업체 등 세계 84개 관련 업체가 모여 개방형 휴대폰 동맹OHA: Open Handset Alliance을 결성했다. OHA는 공동 협력하여 안드로이드 시스템을 더욱 발전시켰다. 그리고 2008년 10월, 세계 최초 안드로이드 스마트폰이 탄생했다. 이후에도 안드로이드 시스템은 구글의 적극성에 힘입어 휴대폰뿐 아니라 텔레비전, 디지털 카메라, 게임기, 태블릿 PC로 빠르게 영역을 확대했다.

모바일 인터넷은 모든 휴대폰 사용자를 이어 줬다. 구글과 애플의 혁신 덕분에 스마트 단말기 시장도 폭발적으로 성장했다. 구글이 발표한 공식 자료에 따르면, 2011년 1분기 안드로이드의 세계 시장 점유율이 처음으로 심비안Symbian을 제치고 세계 1위 자리에 올랐다. 2013년 4분기 안드로이드 세계 시장 점유율은 78.1퍼센트를 달성했고, 같은 해 9월 24일 안드로이드 기반 모바일 단말기 수가 10억 대를 넘어섰다. 그리고 2년 뒤인 2015년 9월, 안드로이드 이용자는 14억 명을 돌파했다.

공유 경제가 사회 전체로 확산되려면 표준화된 IT 기술 인프라가 꼭 필요하다. 차량 공유 플랫폼을 예로 들면, 외출하려는 사람이 휴대폰 앱에 수요를 등록하면 차량 소유주가 실시간으로 확인하고 곧바로 거래를 진행한다. 스마트폰이 없던 세상에서는 상상조차 할 수 없었던 일이다.

공유 경제 확산에 필요한 또 다른 기술로 빅데이터와 클라우드 컴퓨팅이 있다. 이 두 기술은 수많은 정보를 빠르게 처리해 수요-공급 매칭의 가능성을 높여 주고, 개인이 수시로 업로드하는 공유 정보가 대규모 비즈니스 시장에 진입하도록 했다.

디디는 빅데이터 분석을 통해 교통 자원의 수송 능력을 최대한 끌어올리며 스마트 교통 생태 시스템을 구축했다. 디디택시는 중국 360개 도시에서 1일 400만 개, 디디좐처는 80개 도시에서 1일 300만 개, 디디순펑처는 338개 도시에서 1일 182만 개 주문을 소화하고 있다. 이렇게 많은 주문을 처리하려면 데이터 매칭의 정확성이 매우 중요하다. 디디는 주문이 물밀듯이 밀려드는 시간에 기사의 운전 기록을 분석해 신속 정확하게 차량을 배치하기 위해 신형 빅데이터 분석 프로그램을 이용했다. 특히 수요-공급 상황에 따라 가격 조정이 가능하기 때문에 모든 시간대의 수요와 공급을 충분히 만족시켜 거래 성사율을 크게 높였다.

우버 역시 빅데이터 기술을 이용해 여러 고객의 다양한 노선 수요를 효과적으로 연결함으로써 수요-공급에서의 정보 불균형 문제를 해결했다. 우버 차이나의 빅데이터 전문가 장톈(江天)은 2015년 중국 국제 빅데이터 대회에서 〈인민우버+〉[2]를 소개하면서 〈이 서비스는 빅데이터 분석을 통해 복수의 승객이 하나의 노선을 이용함으로써 신속하게 수요-공급 불균형 문제를 해결한다〉고 설명했다. 첫 번째 승객이 앱으로 차량을 호출하면 5분 이내에 도착하고, 승객이 탑승한 후 다시 백그라운드 알고리즘을 통해 목적지가 같은 두 번째 승객을 연결한다. 복수의 수요를 동시에 해결하기 때문에 훨씬 빠르게 수요를 만족시킬 수 있다.

마지막으로 살펴볼 IT 기술은 스마트 페이다. 공유 경제 발전의 토대를 마련한 것이 모바일 인터넷이었다면, 공유 경제의 폭발적인 성장을 이끈 주인공은 시공간을 초월한 온라인 지불 상용화다.

일단 온라인 지불은 수요-공급 양측의 재산을 안전하게 보호해 준다. 예를 들어 방값을 선지불할 때 제3자인 온라인 플랫폼에서 결제하면, 안전하게 거래가 완료된 후 방 주인에게 전달된다. 중국에는 이미 비슷한 사례가 있었다. 즈푸바오(支付宝)[3]의 등장으로 판매자와 구매자 모두 거래의 안전성이 확보되면서 타오바오가 급성장했다. 또 다른 온라인 지불의 장점인 편리함은 공유의 효율성을 높였다. 예를 들어 디디 기업판 서비스의 결제 시스템은 기업 대 기업 결제 방식이다. 예전처럼 개별 이용자가 현장에서 먼저 결제를 하고 영수증을 받아 회사에 청구하는 방식이 아니라, 시스템을 이용해 기업 계좌에서 자동 결제된다. 판매자와 구매자가 사적으로 돈을 주고받는 것이 아니라 온라인 결제 플랫폼을 통해 안전하고 효율적으로 거래를 진행할 수 있다.

이외에 위치 기반 서비스와 네비게이션 기술도 중요한 요소이지만, 여기에서는 다루지 않는다.

2 우버의 카풀 서비스로 영어권에서는 〈우버풀UberPOOL〉이라 한다 — 옮긴이주.

3 알리페이Alipay라고도 한다. 중국 최대 온라인 금융 및 결제 서비스. 즈푸바오는 알리바바의 자회사로 알리바바 그룹 산하 온라인 쇼핑몰 타오바오의 결제 시스템으로 출발했다 — 옮긴이주.

3. 새로운 가설

인터넷에서 비롯된 공유 경제의 강력한 성장 동력은 비즈니스 실천 가치를 극대화하는 동시에 사회적으로도 큰 의미를 지닌다.

공유 경제 발전으로 온디맨드 경제가 확산됐다. 온디맨드 경제가 정착하면 모든 개인이 공유 활동에 참여해 각자의 수요-공급을 만족시키는 일이 일상화된다. 미래 사회의 경제는 개인 공유 시스템을 기반으로 발전할 것이며 공유주의가 보편화할 것이다. 공유주의는 그리 멀리 있지 않다. 이미 우리 코앞에서 사회 전체로 확산될 준비를 마쳤다. 지금 우리는 공유 경제 비즈니스를 실천하는 것만으로 공유주의에 발을 내딛을 수 있다.

2부

세계 편

세계를 휩쓸다

2015년 가을, 텐센트 연구원은 세계 공유 경제 열풍을 소개하며 그 혜택을 누리는 소비자가 이미 수십억 명에 이른다고 발표했다. 2016년 상반기 이후 공유 경제는 북아메리카, 유럽, 아시아 태평양 지역에서 더욱 빠르게 발전했고 아프리카 지역에서도 움직임이 포착됐다.

공유 경제는 경제 현상을 뛰어넘어 경제 변혁에 이르렀다. 지금까지 우리가 목격한 일들은 오랜 시간 축적된 결과물이다. 공유 경제의 초기 형태는 2000년 혹은 그 이전에도 존재했지만 오랫동안 주목받지 못하다가 2009년부터(2008년 금융 위기 이후) 빠르게 발전했다. 특히 2014년부터 2015년까지 두 해에 걸쳐 폭발적으로 성장하면서 이 기간 동안 공유 경제에 투입된 투자금 규모가 5배 이상 증가했다. 크라우드 컴퍼니즈 Crowd Companies 통계에 따르면, 2014년과 2015년 투자액은 각각 85억 달러, 142억 달러로 총 227억 달러에 달했다. 2000년부터 2013년까지 세계 공유 경제 누적 투자액이 43억 달러였으니, 가히 폭발적이라 할 만하다.

업종 현황을 보면, 공유 경제가 의식주와 관련된 거의 모든 영역에 확산되어 세계인의 직업관과 소비관을 크게 변화시키고 있음을 알 수 있다. 현재 공유 경제는 교육, 건강, 식품, 물류 창고, 서비스, 교통, 기초 설비, 공간, 도시 건설, 금융 등 사회 전 분야에 퍼져 있다. 또한 공유에 참여하는 주체의 규모가 개인에서 기업으로 확대되는 추세다. 공유 경제의 국민 경제 회복 및 리빌딩 효과는 당초 예상을 훨씬 뛰어넘는 수준으로 발전했다.

세계 각국의 공유 경제 상황을 살펴보면 일련의 공통점이 있다. 산업 혁신을 이끌고 개인 창업 붐을 일으킨 공유 경제가 정부의 지지를 얻으며 빠르게 발전했다는 점이다. 또 한편으로 미국, 영국, 한국, 호주, 캐나다 등 주요 국가의 정부는 정책 결정권자의 관점에 따라 조금씩 다른 태도를 보이고 있다. 이런 사례는 새로운 경제 전환기를 맞이한 중국에게 중요한 참고 자료가 될 것이다.

5장
미국 — 태풍의 눈

2012년, 월마트 고위 임원 앤디 루벤이 사직서를 던지고 지인과 함께 중고 거래 전문 사이트 옐들을 창업했다. 당시 주변 사람들은 그가 정상이 아니라고 여겼다. 그는 사내 강연에서 작은 일화를 소개했다. 딸아이가 한창 자랄 무렵 매년 새 무릎 보호대를 사주고 쓰던 무릎 보호대는 따로 보관해 뒀다. 어느 날 동네 축구를 구경하던 중 보호대를 하지 않은 사람이 더 많은 것을 보고 〈안 쓰는 보호대가 있는 사람들이 빌려주면 좋을 텐데〉라는 생각이 들었다. 이 생각은 루벤을 매우 흥분시켰고, 비슷한 일들이 꼬리에 꼬리를 물고 떠올랐다. 집에서 간단히 자동차나 가구를 손볼 때 연장이 없어서 곤란한 경우가 많은데, 지금 꼭 필요한 그 연장은 대부분 이웃집 차고나 서랍 안에 먼지를 뒤집어쓰고 있다. 소매업계에서 잔뼈가 굵은 루벤은 눈앞에 신세계가 열리는 것 같았다. 과거 수십 년을 이어 온 대량 공업 생산 방식의 영향으로 소매업계에는 〈쉴 새 없이 돌아가는 기계가 생산한 대량의 상품을 하나라도 더 많이 팔아야 한다〉라는 고정 관념이 생겼다. 그 결과 사람들은 넘쳐 나는 유휴 물품에 둘러싸인 채 살고 있다. 유휴 물품은 서로 교환하기만 하면 충분히 사용해 그 가치를 끌어올릴 수 있다. 주변 친구들이 가지고 있는 물건을 나까지 굳이 새로 살 필요가 있을까?

친구와 중고 물품을 거래하면 사기를 당할 염려가 없다는 것이 가장 큰 장점이다. 루벤은 환경 운동가 애덤 워바흐를 찾아가 의견을 나눴고, 단박에 의기투합한 두 사람은 대표적인 쇼핑 시즌 블랙 프라이데이 즈음에 중고 물품 공유 플랫폼 옐들을 탄생시켰다. 옐들은 친구와 지인이 모여 의류에서 전자 제품까지 다양한 중고 물품을 무료 교환하는 플랫폼이다.

블랙 프라이데이는 미국 최대 쇼핑 시즌인 크리스마스 세일이 시작되는 날이다. 매년 11월 넷째 주 금요일 블랙 프라이데이는 미국인들이 쇼핑에 미치는 첫날이다. 이날 하루 미국의 상점들은 할인과 사은품 등 대대적인 판촉 행사를 벌여 큰 수익을 올린다. 미국에서는 장부를 기록할 때 보통 적자는 빨간색으로 흑자는 검은색으로 표기한다. 이날 대부분의 상점이 흑자를 기록하기 때문에 블랙 프라이데이라 불린다. 옐들이 블랙 프라이데이에 맞춰 창업한 이유는 쇼핑 시즌 특수를 누리기 위함이고 동시에 새 상품 시장을 향한 강력한 도전이기도 했다.

이후 미국 사회에 공유 경제 플랫폼이 우후죽순처럼 쏟아져 나왔고 많은 미국인들이 환호했다. 로이터 통신은 〈의류, 디지털 제품, 소형 가전 등을 공유 및 대여하는 새로운 산업이 떠오르고 있다. 이러한 현상은 특히 7700만 밀레니엄 세대(1980년~2000년대생)에게 큰 호응을 얻고 있다〉라는 내용으로 미국의 공유 붐 현상을 특집 기사로 다뤘다. PwC 자문 위원 조 앳킨슨의 리포트에 따르면 밀레니엄 세대는 공유 방식에 가장 열광하는 계층으로, 전체 공유 경제 참여자의 40퍼센트를 차지한다. 로이터 통신은 공유 경제와 밀레니엄 세대의 관계에 대해 〈대학생 시절

대출 채무와 경제 위기의 이중고를 겪은 밀레니엄 세대는 강한 소유욕 대신 공유와 물물 교환 방식을 선호한다〉고 분석했다.

미국인이 〈소유 대신 공유〉라는 소비관에 열광하는 이유는 아마도 두 번 다시 생각조차 하기 싫을 만큼 끔찍한 경제 위기를 경험했기 때문일 것이다. 미국은 제2차 세계 대전 이후 크고 작은 경제 위기를 열두 차례 경험했다. 그중 마지막은 모두가 알다시피 2007년 서브 프라임 모기지 사태에서 비롯됐다. 금융 위기 이후 미국 경제는 좀처럼 회복의 기미가 보이지 않았고 기업 수익이 곤두박질치면서 연일 폐업과 정리 해고 소식이 끊이지 않았다. 수입을 초과하는 지출, 예상 수입을 미리 소비하는 방식에 익숙한 미국인들은 크게 당황했다. 미국 사회는 경제 회복을 위한 신규 일자리와 효율적인 생활 방식이 필요했다. 이런 사회적 요구는 공유 경제에 고스란히 반영됐다.

공유 경제는 미국인의 삶에 신선한 자극제가 됐다. 한 온라인 매체에 소개된 샌프란시스코의 어느 노부부 사례를 보자. 애덤 허츠와 조앤 부부는 적극적으로 공유 경제에 참여했다. 부부는 자식들이 독립해 나간 후 에어비앤비와 카우치서핑을 통해 방 두 개짜리 집을 단기 임대했다. 간혹 바쁠 때는 태스크래빗에서 사람을 고용해 열쇠 전달을 비롯해 손님 접대를 대신하도록 했다. 태스크래빗은 대략 〈일하는 토끼〉 혹은 〈심부름 토끼〉 정도로 해석할 수 있다. 일손이 부족할 때 사람을 고용해 대신 일을 시킬 수 있는 플랫폼이다. 태스크래빗에 등록된 구직자는 범죄 기록이 없는 선량한 시민으로 돈벌이가 필요한 사람들이다. 〈공유는 매우 훌륭한 교류 방식〉이라고 극찬한 허츠는 하룻밤 주택 임대에 99달러를 받는데, 일 년 중 임대 날수가 반년쯤 되어 적잖은 부가 수입을 올린다고 말했다.

공유 경제 스타트업 창업 투자 전문가 크레이그 샤피로는 〈샌프란시스코에는 태스크래빗을 통해 한 달에 5,000달러를 버는 사람이 있다. 정말 대단하지 않은가?〉라며 극찬을 아끼지 않았다.

미국은 명실상부한 공유 경제 선진국이다. 우버, 에어비앤비와 같은 세계적인 공유 경제 선도 기업이 모두 미국에서 탄생했다. 『와이어드*Wired*』 창간 멤버이자 초대 편집장이었던 케빈 캘리는 〈2013 텐센트 마인드 컨퍼런스Tencent MIND Conference〉에서 향후 10년 인터넷 경향을 분석하며 네 가지 키워드를 언급했다. 그중 하나가 바로 〈공유〉다. 캘리는 앞으로 공유 경제가 미국은 물론 세계 경제와 사회 발전의 큰 흐름이 될 것이라고 강조했다.

1. 미국 소비자 조사

2014년 12월, PwC와 세계적인 리서치 회사 BAV 컨설팅이 공동으로 공유 경제에 대한 미국 소비자의 인식을 조사해 「소비자 인식 시리즈: 공유 경제 편」 리포트를 발표했다. 이 조사는 나이, 수입, 지역, 성별을 불문한 미국 소비자 1,000명을 대상으로 했다.

조사 결과 공유 경제를 잘 알고 있다고 대답한 사람은 응답자의 44퍼센트였고 공유 경제에 소비자로 참여해 본 비율은 18퍼센트, 공급자로 참여해 본 사람은 7퍼센트였다. 공유 경제에 참여해 본 성인 중 57퍼센트가 〈공유 경제 기업에 매우 흥미를 느끼며 관심 있게 지켜보겠다〉라고 대답했고, 72퍼센트는 〈향후 2년 이내에 소비자로 참여할 계획이 있다〉라고 밝혔다. 공유 경제에 가장 큰 관심을 보인 부류는 18~24세의 젊은층, 가정 수입이 5만~7만 5,000달러인 사람들, 미성년 아이를 키우는 부모들이었다.

공유 경제를 잘 알고 있다고 응답한 사람들에게 공유 경제를 선호하는 이유를 물어본 결과 86퍼센트가 실질적인 이익 발생, 83퍼센트가 효율적이고 편리함, 76퍼센트가 환경 보호에 도움이 됨, 78퍼센트가 사회 교류 강화, 63퍼센트가 전통 기업의 기존 방식보다 참신함, 89퍼센트가 수요자와 공급자 간 신뢰 기반이 장점이라고 대답했다.

교환 및 사용권 관련 질문에서는 81퍼센트가 공유 방식이 소유권을 독점하는 전통 소비 방식보다 훨씬 경제적이라고 답했고, 지금은 소유 자체가 부담스러운 시대라고 답한 응답자가 43퍼센트, 공유 자체가 새로운 소유 방식이라고 답한 응답자가 57퍼센트였다. 그러나 공유 경제에 꼭 좋은 경험만 있을 수는 없다는 의견도 72퍼센트에 달했다. 응답자 중 69퍼센트는 신뢰도가 높은 사람의 추천이 아닌 이상, 처음부터 공유 경제 기업을 신뢰하기 힘들다고 답했다. 공유 경제의 관리 감독에 대해서는 64퍼센트의 응답자가 정부보다 업계 내부의 감독이 훨씬 효과적이라고 답했다.

한편 미국 공유 경제 공급자 조사 내용을 보면 연령과 가정 수입 수준에 따른 인식 정도를 알 수 있다. 공급자 연령대 분포에서는 25~34세와 35~44세가 같은 24퍼센트로 가장 높은 비율을 기록했고, 55~64세 장년층은 8퍼센트에 머물렀다. 가정 수입 분포는 2만 5,000~5만 달러 미만이 24퍼센트로 가장 많았고 15만~20만 달러 미만은 3퍼센트로 가장 적었다.

마지막으로 1099폼[1] 발부 대상자 통계 자료에 따르면, 공유 경제 참여

1 미국의 세금 신고서 양식으로 개인 사업자에게 발부된다 — 옮긴이주.

자 분포는 기존 노동 시장과 조금 다른 양상을 보였다. 공유 경제의 노동력 제공자 이력을 보면 남성, 젊은 층, 고등 교육 이수자, 백인의 비율이 높게 나타났다.

2. 주요 업종

미국 공유 경제의 업종별 분포는 어떤 상황일까? PwC 조사 결과를 참고하면, 가장 많은 미국인이 참여한 공유 경제 업종 빅 4는 엔터테인먼트 및 미디어 9퍼센트, 자동차 및 교통 8퍼센트, 숙박 6퍼센트, 소매업 2퍼센트 순이었다.

샌프란시스코 시 정부 비즈니스 발전 주무관 로렐 알바니티디스는 현재 가장 주목받는 공유 경제 업종으로 교통과 숙박을 꼽았다.

1) 자동차 및 교통

샌프란시스코는 명실상부 공유 경제 발원지로 통한다. 공유 경제 개념을 세계에 널리 알린 일등 공신인 우버가 샌프란시스코에서 탄생했기 때문이다.

과거 샌프란시스코는 택시 서비스가 안 좋기로 유명했는데, 덕분에 우버에게 창업 기회가 생겼다. 우버는 2009년에 창업해 2010년부터 온라인 서비스를 시작했다. 우버앱을 이용한 사람들의 호평이 이어지고 트위터, 페이스북, 블로그 등을 통해 입소문이 나기 시작하면서 단숨에 성공 가도를 달렸다. 2009년에 창업한 우버는 세계 비상장 기업 중 기업 가치가 가장 높은 회사로 성장하기까지 불과 5년밖에 걸리지 않았다.

우버의 성공 이후, 그 뒤를 이어 2011년에 사이드카Sidecar, 2012년에 리프트가 등장했다. 이들은 미국을 넘어 세계로 뻗어 나갔다.

택시 호출 서비스와 더불어 대표적인 운송 업계 공유 경제 방식으로 손꼽히는 차량 공유 서비스가 빠르게 확산됐다. 이 서비스가 우버와 다른 점은 수요자가 직접 운전하는 것으로 기존의 렌터카와 비슷한 개념이다. 짚카, 플라이트카FlightCar 등 많은 업체가 성업 중이다. 이 중 플라이트카는 P2P 플랫폼을 통해 공항 렌트 서비스를 제공한다. 차주가 사용하지 않는 차를 공항 부근 주차장에 모아 놓고 여행객에게 빌려주는 시스템으로, 차주는 공항 주차료를 아끼는 동시에 부가 소득을 올리고 여행객은 저렴하고 편리하게 렌터카 서비스를 이용할 수 있어 수요와 공급 양측의 만족도가 매우 높다.

PwC 조사 결과에 따르면 미국 성인의 8퍼센트가 다양한 루트를 통해 차량 공유를 경험했고 1퍼센트는 공급자로 참여해 적게는 몇 시간, 혹은 정기적으로 승객을 실어 나르거나 본인의 차량을 임대한 적이 있다고 답했다. 소유 유형별 조사 자료를 보면 소비자들이 차량 공유 분야에 가장 큰 관심을 보이고 지속적인 발전을 원하고 있음을 알 수 있다. 차량 공유를 선호하는 사람 중 56퍼센트는 비용 절약 효과가 크다, 32퍼센트는 운송 수단 선택의 폭이 넓어진다, 28퍼센트는 매우 편리하다고 답했다.

초기에는 우버 기사가 링컨 컨티넨탈, 캐딜락 에스컬레이드, BMW 7시리즈, 벤츠 S550과 같은 고급 세단을 몰고 오는 경우가 많았다. 그리고 2012년에 우버X를 출시하면서 차량 선택의 폭을 넓히고 개인 차량 공유와 합승 등 서비스 내용을 확대했다. 계속해서 우버는 2014년에 우버러시UberRush(자전거 시내 배송)와 우버프레시UberFresh(음식 배달, 우버잇츠UberEats로 통합됨), 2015년에 우버카고UberCargo(화물 운송), 우버아이스크림UberIceCream(아이스크림 배달), 우버트리UberTree(크리

스마스트리 배달), 우버무버스UberMovers(이삿짐 운반) 등 다양한 방법으로 서비스 영역을 넓혀 갔다.

이후 여러 차량 공유 기업이 줄줄이 등장했다. 위키피디아 기업 소개를 보면 차량 집합소가 한두 군데뿐인 소규모 기업도 있고, 오피스 밀집 지역 내 지정 주차장 어디에서나 차량을 대여하고 반납할 수 있는 첨단 시스템을 도입한 기업도 있다.

위에서 언급한 내용은 모두 서비스 분야의 변화지만 공유 경제 영향력이 확대되면서 자동차 제조사도 공유 방식을 도입하기 시작했다.

제너럴 모터스 댄 암만 사장은 메이븐Maven 서비스를 출시하면서 이렇게 말했다. 〈지금 카풀, 차량 공유 등 새로운 서비스 방식에 대한 소비자의 관심이 매우 높다. 이런 분위기 속에서 우리는 소비자 패턴 변화에 주목했다. 나아가 이 변화 속에서 커다란 비즈니스 기회를 포착했고 우리 제너럴 모터스는 이 새로운 시장에서 선도적인 지위를 점할 것이다.〉

이를 위해 제너럴 모터스는 미시간 주 앤아버 시가 시범적으로 선보인 차량 공유 서비스, 뉴욕에서 시작해 시카고로 확대된 중고 차량 서비스, 독일의 P2P 차량 공유 서비스, 세계 여러 대학에서 실시하고 있는 유사 서비스 등 기존의 다양한 서비스를 종합적으로 연구했다.

차량 공유에 대한 관심은 정부 기관으로 확대됐다. 로컬 모션Local Motion은 지역 내 정부, 기업, 학교 소속 차량 정보를 전산화해 새로운 차량 공유 서비스를 선보였다. 로컬 모션에 가입한 단체의 직원은 모바일 클라이언트를 통해 빈 차량이나 카드 사용 차량이 부근에 있는지 검색해서 서비스를 이용한다. 각 차량에 장착된 작은 시스템 박스는 로컬 모션 서비스 차량임을 표시하고 자동차 이동 위치를 실시간으로 제공한다. 로컬 모션 서비스를 이용하려면 모바일 앱을 다운받아 사원증 혹은 출입 카드를 등록해야 한다.

2) 숙박업

PwC 조사 결과에 따르면, 미국인의 6퍼센트가 소비자로 숙박 공유에 참여했고 공급자로 참여한 비율은 1.4퍼센트였다. 에어비앤비는 숙박업 공유 경제에서 가장 빨리, 가장 크게 성공한 플랫폼이다.

에어비앤비 이용자는 컴퓨터와 모바일 앱을 통해 숙박 정보를 올리거나 검색하고 예약까지 할 수 있다. 2008년 8월 미국 샌프란시스코에서 창업한 에어비앤비는 현재 192개 국가 3만 4,000개 도시로 서비스를 확장했다. 신흥 산업 공유 경제의 확실한 대표 주자로 자리매김한 에어비앤비는 2015년 2월에 412억 달러 기업 가치를 기록하며 『타임』으로부터 〈숙박업계의 이베이〉라는 평가를 얻었다.

3) 소매 및 상품 공유

PwC 조사 결과에 따르면 미국 소비자 78퍼센트가 소매 및 상품 공유 활동이 환경 보호에 도움이 된다고 답했다. 이러한 인식 확산은 전통적인 소비 구매 패턴에 직접적인 영향을 끼쳤고 그 결과 2014년 12월 소비 통계에서 전통 방식 소비 구매액이 0.9퍼센트 하락했다. 이 분야에서는 네이버굿즈Neighborgoods, 스냅굿즈, 포쉬마크Poshmark, 트레데시Tradesy 등 여러 기업이 경쟁하고 있다.

2010년 8월 론 윌리엄스와 존 굿윈이 공동 창업한 물품 임대 플랫폼 스냅굿즈는 물건을 빌리려는 수요와 물건을 빌려주고 수익을 얻으려는 공급자를 이어 줬다. 스냅굿즈는 물건을 빌리려는 수요 게시글이 빠르게 증가하자 2011년 3월부터 임대 수요를 중심으로 서비스를 개선했다. 수요자를 위해 공급자 신분 검증 제도를 도입하고 물품 분실 및 파손 등 공급자 손실에 대비한 관련 규정도 마련했다. 이외에 추천 점수 제도를 도입해 거래 추천을 받은 사람에게 점수를 적립해 주고 거래에 이용할 수 있도록 했다. 윌리엄스는 스냅굿즈가 대중의 임대 수요를 만족시키는 동시에 사회의 상부상조 분위기 조성에도 도움이 된다고 말했다.

3. 미국 정부의 입장

미국 정부는 이미 수년 전부터 공유 경제 방식을 테스트해 왔다. 환경 자원 이용률을 높이는 교통 공유 시스템을 적극 지지하고 관리 감독 규정도 기본적인 체계와 내용을 갖춘 상태다. 일례로 도시 전체적으로 〈완전 도로〉[2]를 건설해 자전거 공유 시스템 발전을 촉진했다. 또한 미국 정부는 공유지 사용과 서비스 공유가 결합된 통합 커뮤니티 발전을 적극 지원하고 있다.

미국 정부는 공유 경제 붐이 일어나기 전부터 조세 및 복리 정책에 공유 경제 방식을 도입하는 실험 정신을 발휘해 왔다. 쌍둥이 도시라 불리는 세인트폴과 미니애폴리스는 독특한 과세 표준 공유 정책이 그 대표적인 사례다. 세인트폴과 미니애폴리스 정부는 지역별 재정 격차를 해소하기 위해 관내 7개 조세 관리소에서 들어온 조세 수입 40퍼센트를 각 지역의 인구수와 소득 수준에 따라 재분배했다.[3]

공유 경제 발전 과정에서 새로운 문제가 제기될 때마다 정부도 새로

2 보행자의 편리성을 최대한 강조하며 자동차, 자전거, 보행자 통행이 조화를 이루는 신개념 도로 — 옮긴이주.

3 Julian Agyeman, Duncan McLaren and Adrianne Schaefer-Borrego, *Sharing Cities, Written for Friends of the Earth's 'Big Ideas' Project* 참고.

운 도전에 직면했다. 공유 경제 대표 기업 에어비앤비와 우버는 수많은 소비자로부터 열렬한 지지를 얻었지만 정책 방향이 명확하지 않은 지역에서는 끊임없이 관리 감독 및 소비자 권익 보호를 둘러싼 논쟁을 일으키고 있다. 아직 연방 정부 차원의 법적 기준이 없고 주마다 정책과 제도가 크게 다르기 때문에 주 정부가 독자적으로 공유 경제 관련 규정을 마련하고 있다.

2015년 미국 도시 연맹National League of Cities이 30개 미국 대도시 정부를 대상으로 공유 경제 인식 조사를 실시했다.[4] 조사 결과, 9개 도시는 적극 지지를 표명했고 21개 도시는 애매모호한 태도를 보였다. 다음으로 공유 경제에서 문제가 발생했을 때 기존 규제 방식의 테두리 안에서 비슷하게 처리한다는 답변이 40퍼센트, 조금 더 강하게 규제한다는 답변이 6퍼센트, 완전히 금지한다는 답변이 1퍼센트였다. 나머지 절반가량은 신산업에 알맞는 새로운 정책과 관리 감독 계획을 마련 중인 것으로 나타났다. 도시 정부 요직자 986명에게 이메일을 통해 공유 경제에 대한 인식을 알아본 결과 71퍼센트는 모든 산업의 공유 경제 발전을 지지한다고 밝혔고, 교통업과 숙박업 발전을 지지하는 비율은 각각 66퍼센트와 44퍼센트였다. 조사 결과에 따르면 정부 관리 대부분은 공유 경제가 민생과 국민 경제 발전에 확실히 도움이 된다고 인정했다.

전반적으로 지지 비율이 높긴 하지만 정부 관리들이 공유 경제 현상에 무조건 찬성하는 것은 아니다. 특히 안전성 문제에 대해서는 61퍼센트가 우려를 표명했다. 이외에 소비자 권익 보호, 기존 법규에 부합하지 않는 행동 양식, 경제적 손실 등의 문제를 제기한 관리도 적지 않았다.

4 NLC, *Shifting Perceptions of Collaborative Consumption* 참고.

정부 관리의 인식 조사 결과는 대다수 지방 정부가 아직 공유 경제 문제의 대응 및 처리와 관련한 합의를 도출하지 못했으나 대체로 포용적인 태도를 취하고 있음을 보여 준다. 지방 정부마다 구체적인 대응 방식은 크게 다르지만 〈공유 경제의 혁신력을 말살해서는 안 된다〉라는 사실에는 대부분 공감했다.

관련 통계에 따르면 2020년까지 프리랜서, 개인 사업자, 임시직 종사자 비율이 전체 미국 노동력의 40퍼센트(약 6000만 명)를 넘어설 것으로 전망된다.

미국 정부는 공유 경제가 편의성과 수익성 등 장점이 큰다는 판단하에 꾸준히 지원하며 발전을 촉진하고 있으나 관리 부족으로 인한 문제점 노출은 여전히 큰 고민거리다.

위의 두 가지 조사는 현재 공유 경제에 대한 미국 지방 정부의 각기 다른 태도와 대응 상황을 잘 보여 준다. 그러나 미국 정부는 관리 감독 규정 등 미해결 문제를 해결하기 위해 대중 의견을 광범위하게 수렴하고 보다 적극적인 태도를 취해야 한다.

2015년 6월 9일 미국 연방 무역 위원회가 〈경쟁, 소비자 보호, 공유 경제 문제〉에 관한 토론회를 개최했다. 토론회 참석자들은 대부분 주택과 차량 공유 활동을 지지했다. 이 중에는 공유 경제 활동을 통해 개인의 가계 부채와 지출 압박 부담이 줄어들길 바라는 의견도 있었다. 물론 전통 서비스업 종사자 입장에서는 공유 경제라는 새로운 경쟁자가 달갑지 않았다. 그러나 대부분은 정부가 광범위한 의견을 수렴하고 민주적인 절차를 거쳐 제도를 개혁해야 한다고 말했다.

기본 정책 방향에서 미국 정부는 공유 도시 건설 계획 등 공유 경제 적극 지지 입장을 유지하고 있다. 2013년 6월 미국 시장 협의회에 참석한 샌프란시스코, 뉴욕 등 15개 도시 시장이 공동으로 공유 도시 건설 계획을 발의했다. 이들은 구제도가 공유 경제 발전을 저해한다는 데 공감대를 형성하고 공유 경제 발전 촉진을 위해 더욱 힘쓰기로 의견을 모았다.

6장
캐나다 — 새로운 길을 향한 준비

이제 막 싹트기 시작해 규모는 작지만 발전 가능성이 큰 산업에 대해 정부는 어떤 태도를 취해야 할까? 이 부분에 있어서 캐나다 정부 사례는 참고할 만하다. 캐나다의 공유 경제는 이제 걸음마 단계다. 아직 공유 경제가 경제 전반에 미치는 영향에 대한 명확한 데이터는 없지만 캐나다 정부는 이것이 새로운 기회임을 인지하고 있다. 공유 경제가 무한한 잠재력을 지닌 미래 경제 발전의 원동력으로 지속적인 소비 창출, 생산력 향상, 창업 촉진, 나아가 세수 증진 효과로 이어질 것이라고 예상한다.

캐나다 온타리오 주 정부는 공유 경제 현황 조사를 발표하며 적극적인 지지를 표명했다. 온타리오 주 정부는 올바른 관리 감독과 과세 체계가 공유 경제 발전을 촉진할 것으로 내다봤다. 주 정부는 공유 경제 활성화와 확대 발전을 위해 관련 기업과 적극적으로 협력했다. 기업은 기존 의무 사항을 준수하고 주 정부는 관련 기업의 지속 발전을 위한 새로운 정책과 규정을 조속히 마련하여, 새로운 경제 변화 흐름에 앞장선다는 계획이다.

캐나다 사람들이 공유 경제에 참여하는 주된 이유는 역시 실질적인 이익을 원하기 때문이다.

1. 주요 지역 발전 특징

2015년 8월 온타리오 주 상공 회의소와 PwC가 공동으로 진행한 온타리오 주민 여론 조사[1]에서 18~34세 청년층의 40퍼센트가 공유 경제에 참여한 적이 있다고 밝혔다. 그 주된 이유에 대해 63퍼센트는 기존 서비스보다 경제적이라고 답했고, 49퍼센트는 편리하고 빠르다고 답했다.

온타리오 주에서 에어비앤비를 통해 주택을 임대하는 집주인의 월평균 수입이 약 450달러였고, 캐나다 사람들은 1년에 평균 52일간 에어비앤비 임대 주택을 이용한다.

토론토의 경우, 오토셰어Autoshare 회원이 1만 2,000명이고, 우버에 등록된 기사가 40만 명이 넘고, 토론토 주민의 5분의 1이 우버를 이용한다.

캐나다 공유 경제 시장에는 우버 외에 개인 요리사, 대출, 구인 구직 등 여러 분야에 많은 현지 기업이 포진해 있다. 이 중 온라인 일자리 정보 플랫폼 잡블리스Jobbliss, 온라인 대출 플랫폼 보로웰Borrowell, 온라인 물품 공유 플랫폼 주방 도서관The Kitchen Library과 공구 도서관, 카셰어링 플랫폼 블랑라이드BlancRide는 큰 호응을 얻고 있다. 특히 보로웰의 거래 규모는 540만 달러에 달한다.

온타리오를 기반으로 탄생한 잡블리스는 프리랜서와 기업의 수요-공급을 연결해 주는 플랫폼이다. 잡블리스는 신뢰도가 높은 구직자를 선별하는 특별 관리 시스템을 이용해 기업으로부터 큰 호응을 얻었다. 덕분

1 Ontario Chamber of Commerce, *Harnessing the Power of the Sharing Economy* 참고.

에 많은 프리랜서와 고용주들이 이 플랫폼을 통해 장기적인 관계를 이어가고 있다. 잡블리스는 최근 시간 단위 급여, 영수증 추적 등 새로운 서비스를 선보였다.

캐나다 대표 온라인 대출 플랫폼 보로웰은 첨단 기술을 활용해 낮은 고정 금리 대출 서비스, 스마트 채무 관리 솔루션을 제공한다. 특히 자체 신용 평가 분석 시스템을 통해 까다롭게 기관 투자자를 선별한 덕분에 더 좋은 금리와 서비스로 고객을 만족시키며 캐나다 현지에서 큰 붐을 일으켰다.

토론토에서 다이나 보이어가 창업한 온라인 주방 용품 공유 플랫폼 주방 도서관은 현재 50여 가지 주방 용품을 공유하고 있다. 믹서기를 구매하려던 다이나는 생각보다 가격이 비싸고 사용 빈도가 높지 않아 자리만 차지할 것 같다는 생각이 들었다. 그래서 대여 공유 시스템을 떠올리고 곧바로 실천에 옮겼다. 이렇게 탄생한 주방 도서관은 꾸준히 서비스 범위를 확대하고 요리 강좌 등 다양한 이벤트를 벌이며 토론토 시민의 큰 사랑을 받고 있다.

밴쿠버를 기반으로 한 공구 도서관The Vancouver Tool Library은 주방 도서관보다 규모가 훨씬 크다. 창업 3년 만에 회원 800명, 공구 1,000여 종 규모로 성장했다. 크리스 디플록이 공구 도서관을 창업한 이유는 다이나와 비슷했다. 공구가 필요할 때 빌려 쓸 수 있는 곳이 있다면 필요한 공구를 매번, 모든 사람이 다 구매할 필요는 없다.

이외에 브리티시컬럼비아의 주도 빅토리아에서는 차량 공유를 중심으로 공유 경제가 빠르게 발전하고 있다.

공유는 빅토리아 시민에게 매우 익숙한 개념이다. 1998년에 등장한 빅토리아 차량 공유 협동 조합Victoria Car Share Co-operative을 통해 오래전부터 공유를 실천해 왔다. 이 회사는 2015년 4월 밴쿠버 차량 협동조합 모도Modo에 합병됐다. 이후 모도는 밴쿠버와 빅토리아를 넘어 캐나다 전역으로 뻗어 나가며 청결하고 효율적인 교통수단의 상징이 됐다. 차량 예약 시스템을 도입하는 등 안정적으로 서비스 영역을 확대하고 있다.

2015년 5월 빅토리아 시의회가 최근 북아메리카 지역에 성행하는 차량 공유 시스템을 법적으로 허용하는 도로 교통법 수정안을 발표했다. 이 수정안에 따라 차량 공유 기업은 절차대로 허가증만 발급받으면 됐고 회원들은 편리하게 공유 차량과 공유 주차장을 이용할 수 있게 됐다.

빅토리아 시 정부는 대여와 공유 방식이 유휴 시간과 새로운 소비 수요를 줄이는 동시에 개인과 사회의 소비를 지속 가능한 방향으로 유도하는 데 효과적이라고 판단했다. 정부와 시민 모두 〈공유 경제가 삶의 질을 높이고 환경 오염을 줄이고 기후 변화 문제를 해결하는 데 매우 효과적인 대응법〉이라는 공감대를 형성했다.

2015~2018 빅토리아 시 정부 전략 계획에 언급된 13개 목표를 통해 공유 경제 및 공유 경제가 수반한 지속 가능한 소비가 시민의 삶의 질을 높이고, 도시 교통과 환경 문제 해결에 도움을 줄 것이라는 기대하에 공유 경제 발전을 적극 지지하는 빅토리아 시 정부의 입장을 엿볼 수 있다.

2. 정부의 도전 과제

공유 경제는 캐나다 관리 감독 기관에 〈정부의 역할〉에 대한 커다란 난제를 던져 줬다. 캐나다 정부가 시급히 해결해야 할 과제는 다음과 같다.[2]

2 Mowat Centre for Policy Innovation, *Policy Making for the Sharing Economy: Beyond Whack-A-Mole* 참고.

1) 소비자 안전

현재로서는 캐나다 정부가 공유 경제에 대한 특별 규정을 마련할지 불투명한 상황이다. 전자 상거래 형태를 띤 모든 공유 방식은 최소한의 신뢰가 필요하다. 개인 소유 자산 임대, 개인 차량 공유, 애완동물 돌봄 등 어느 하나 예외가 없다. 공유 경제가 붐을 일으키기 전, 정부의 시장 간섭은 시장 실패[3] 문제를 해결하거나 예방하는 정도였다. 예를 들어 판매자가 정보 비대칭을 악용해 소비자를 기만하고 소비자 이익을 침해하지 못하도록 규정을 마련했다. 이에 캐나다 시장 관리 감독 기관은 택시 요금 정보 비대칭 문제를 예방하기 위해 관련 규정에 따라 택시 요금 조사를 진행했다.

최근 유행하는 온라인 평가 시스템은 관리 감독 기관과 법규를 대신할 훌륭한 신뢰 구축 방법으로 각광받고 있다. 이 시스템은 판매자와 구매자가 스스로 성실히 규정을 준수하도록 함으로써 정부 불균형 문제를 해결하고 공정한 거래를 유도한다. 또한 대다수 공유 경제 기업은 공급자 배경을 철저히 조사해 문제의 소지가 있는 판매자를 걸러 내는 등 전통적인 정부의 시장 관리법과 유사한 방식으로 정보 비대칭 문제를 예방하고 있다.

다음은 기존의 보험 상품이 공유 경제 발전에 걸림돌이 된다는 지적이다. 온타리오 보험 회사와 관리 감독 기관은 개인 차량의 택시 영업이 보장 범위에 포함되지 않는다고 경고했다. 현재 온타리오 주 정부 자동차 관리 감독 규정에는 개인 차량의 택시 영업 행위에 대한 항목이 없다. 결국 개인 차량 공유 서비스를 이용하는 승객은 무보험 차량을 타는 셈

3 시장 경제가 자율적으로 효율적인 자원 분배, 균등한 소득 분배를 실현하지 못하는 상황을 일컫는다 — 옮긴이주.

이다. 만약 사고가 날 경우 소비자는 법적 보호를 받지 못하고 의료비 청구도 할 수 없는 곤란한 상황에 처하게 된다. 얼마 전 우버가 개인 차량 공유 기사들을 위한 보험 제도를 실시하려 했지만 향후 우버에 대한 정부의 입장이 어떻게 바뀔지 불투명하기 때문에 대다수 보험 회사가 난색을 표했다.

2) 세금 제도

공유 경제로 발생한 수익은 세금 징수와 관련해 여러 가지 문제를 야기했다. 공유 경제에서 발생한 수익은 대부분 개인 자산을 재사용한 비즈니스 모델로 소액인 데다 온라인 개인 거래의 특성상 개인 수입이 드러나지 않는 경우가 많아 정확한 세금 징수가 어렵다. 현재 개인 사업자 관리 감독 규정상 공유 경제 수입에 대한 규정이 없으며, 이 때문에 스스로 납세의 의무를 인지하지 못하는 납세자도 많다.

공유 경제 비즈니스 모델은 구조적으로 소비세에도 영향을 끼친다. 기존의 조세법 입장에서 보면 현재 공유 경제에 참여한 기업과 개인 사업자는 납세의 의무를 성실히 이행하지 않는 무법자다. 예를 들어 우버 자체는 기사와 승객이 모바일 앱을 통해 한자리에 모일 수 있게 해주는 기술 플랫폼일 뿐이다. 승객을 실어 나르고 실제 수익을 얻는 사람은 기사이므로 기사는 당연히 납세 의무자가 된다. 그러나 일부에서는 우버도 납세의 의무가 있다고 꾸준히 문제를 제기하고 있다.

규정 미비로 인한 문제를 차일피일 미루며 서둘러 해결하지 않으면 각 업계 기존 사업자에게 매우 불합리한 상황이 이어지고 국가 조세 제도 전반에 악영향을 끼칠 수 있다. 또한 법의 허점이 공유 경제 참여자에게 탈세 기회를 제공하지 않도록 캐나다 정부는 서둘러 대책을 마련해야 한다.

3) 신규 노동력 출현

현재 많은 개인 사업자와 프리랜서들이 공유 경제 플랫폼을 통해 정규직 혹은 투잡 아르바이트를 구하고 있다. 유연한 시간 활용 덕분에 취업 기회가 늘어났지만, 한편으로는 정규직으로서 누리던 복지 혜택이 사라진 것이다. 이것 역시 정부가 간과해서는 안 될 문제다.

벤처 투자사 아머스 벤처스Omers Ventures CEO 존 러폴로는 〈앞으로 미국과 캐나다 일자리 시장의 프리랜서 비율은 더 높아질 것이다. 이들은 기존 취업 제도의 장점과 공유 경제 취업의 자유로움 사이에서 큰 고민에 빠질 것이다〉라는 견해를 밝혔다.

공유 경제 발전과 함께 등장한 신규 노동력은 온전히 부정할 수도 긍정할 수도 없는 상황이다. 캐나다 정부가 어떤 정책을 펼치느냐에 따라 그 결과는 크게 달라질 것이다.

3. 캐나다 정부의 입장

공유 경제 선진국 영국에 비하면 캐나다 공유 경제는 아직 걸음마 단계지만, 캐나다 정부는 여러 도전 과제에 맞서 새로운 길을 모색하고 있다. 이 상황은 중국과 매우 비슷하다. 정부의 관리 감독 시스템은 아직 혁신의 새 옷을 마련하지 못했다. 모와트 정책 혁신 센터는 2015년 2월에 「공유 경제 정책 제정: 두더지 잡기에 머물지 않도록Policymaking for the Sharing Economy: Beyond Whack-amole」이라는 리포트를 발표했다. 이 리포트는 토론토 택시 면허 및 영업 등록 관련 규정이 무려 40페이지에 달한다고 지적했다. 의무 교육, 차량 안전 검사 등 다방면에 걸쳐 매우 상세한 규정이 존재한다. 온타리오 호텔 숙박업의 관리 감독 규정 항목도 33개에 이른다. 이러한 법적 규제는 공유 경제는 물론 기존 택시업과 숙박업 발전에도 큰 걸림돌이다. 특히 기존 규제 항목 중에는 구시대적인 내용이 많아 하루 빨리 수정 보완되어야 한다.

현재는 기존 관리 감독 규정을 그대로 적용 중이지만, 캐나다 정부는 규제 혁신의 필요성을 분명히 인지하고 새로운 법적 가이드라인을 마련하기 위해 초안 작성 및 수정 보완 작업을 진행하고 있다. 특히 온타리오주 정부는 공유 경제를 적극 지지하며 올바른 관리 감독과 과세 체계가 공유 경제 발전을 촉진할 것으로 내다봤다.

온타리오 상공 회의소가 발표한 공유 경제 발전을 위한 6가지 건의는 새로운 관리 감독 가이드라인을 마련하는 정부가 꼭 참고해야 할 내용을 담았다.[4]

첫째, 기존 연구와 조사 결과를 토대로 새로운 관리 시스템을 마련했다. 디지털 기술이 빠르게 발전하면서 현행 법률 상당수가 시대에 뒤떨어졌다. 정부는 이런 구시대 법률 개정과 더불어 새로운 관리 감독 시스템 구축을 고민해야 한다. 지방 정부는 상호 협력하에 관리 감독 규정 감사팀을 조직해 불필요하거나 시대에 뒤떨어진 법률을 찾아내 서둘러 대책을 마련해야 한다.

둘째, 보험 적용 범위를 모든 산업으로 확대해야 한다. 보험사가 탄력적인 보험 포트폴리오를 제공해 현행 규정의 공백을 채우도록 한다. 정부는 기업과 개인이 차량 공유 관련 보험을 이용할 수 있도록 조치를 취해야 한다. 먼저 보험사와 협력해 기존 보험 적용 범위 확대와 규정 개정에 대해 충분히 논의해 발전적인 대책을 마련해야 한다.

4 Ontario Chamber of Commerce, *Harnessing the Power of the Sharing Economy* 참고.

셋째, 노동법을 검토해 공유 경제의 영향력을 평가한다. 온타리오 주 정부는 현행 노동 심사 법안을 공개 협의 방식으로 검토해 노동 관계와 취업 기준 개정, 기업(고용주)과 노동자의 권익을 동시에 보호하는 방법을 마련해야 한다.

넷째, 지방 정부와 연방 정부가 공동으로 납세 가이드라인을 마련해 공유 경제 참여자가 납세 의무를 다할 수 있도록 한다. 온라인 세금 계산기 개발해 공유 경제 참여자들이 납부해야 할 세금 액수를 간편하게 확인할 수 있도록 하는 방법도 있다. 공유 경제 플랫폼이 템플릿을 제작해 회원들에게 공유 경제 소득 신고 방법과 납세 방법을 안내하도록 유도한다.

다섯째, 국세청이 소득 등급을 발표해 공유 경제 공급자들이 공유 경제 수입을 정확히 신고하도록 장려하고 세수 규정과 기준 등을 자세히 안내한다. 세법에 공유 경제 소득 세율, 납세 방법 등을 명확히 규정해 공유 경제 참여자가 납세의 의무와 책임을 정확히 인지하도록 한다.

여섯째, 관리 감독 기관 입장에서는 큰 골칫거리지만 공유 경제는 미래 경제 사회를 향한 새로운 기회임이 분명하다. 공유 경제가 촉발한 새로운 경쟁이 올바르게 진행되도록 시대에 뒤떨어진 규정을 개선하고 공공 이익을 보호하고 혁신을 장려한다. 나아가 소비자에게 더 큰 이익을 주고 지속적인 경제 성장을 꾀한다.

7장
영국 — 마법의 세계를 발견하다

2015년 영국 상무부가 발표한 공유 경제 조사 보고서에 따르면 공유 경제를 통한 영국인들의 개인 소득 총합이 수십억 파운드에 달하고 영국 노동력의 3퍼센트가 공유 경제 플랫폼을 통해 서비스를 제공했다. 지금 영국 공유 경제는 매우 빠르게 확산되고 있다.

세계 각국 정부는 공유 경제 발전으로 파생되는 경제적 효과가 매우 크다는 판단하에 공유 경제 발전 계획을 준비하느라 여념이 없다. 그중 전면적이고 심도 깊은 검토를 거쳐 가장 발 빠르게 대처하는 나라가 바로 영국이다. 경이로운 마법 세계를 발견한 해리포터처럼 공유 경제에 무한한 동경을 품은 영국 정부는 그 어떤 나라보다 적극적으로 공유 경제 발전을 지지하고 있다.

1. 세계 공유 경제 허브

영국 정부는 2014년 초에 이미 〈세계 공유 경제 허브〉 계획을 발표하고 공유 경제 발전 촉진을 위해 정책적인 지원을 아끼지 않았다. 특히 공유 경제가 자생적으로 발전할 수 있는 양질의 시장 환경을 조성하기 위해 최선을 다하고 있다.

2014년 9월, 영국 상무부가 영국 공유 경제 현황 및 분석을 위한 독립 조사에 착수했다. 〈세계 공유 경제 허브〉로 가는 길을 방해할 문제점을 찾아내 이 계획을 성공적으로 완성하기 위한 로드맵을 작성하는 것이 목표였다.

2014년 11월에 발표된 독립 조사 결과 리포트 「공유 경제 계발Unlocking the Sharing Economy」은 정부에 30개 안건을 제시했다. 그리고 2015년 3월, 영국 기업 혁신 기술부가 정부 대응 방안을 발표했다. 공유 경제 부양 정책을 일괄 통합함으로써 〈세계 공유 경제 허브〉를 향한 첫발을 내딛었다.

영국 사람들은 공유 경제에 특히 열광했다. 2014년 3월, 에어비앤비가 발표한 자료에 따르면 총 회원 200만 명 중 영국과 프랑스 국적이 100만 명 이상이었다. 같은 해, 전문 조사 기관 닐슨이 실시한 세계 공유 커뮤니티 조사에서 총 60개 국가 3만 명이 공유 경제 활동에 참여하고 있다고 응답했는데, 이 중 3분의 1이 영국인이었다.

2014년, 네스타NESTA: The National Endowment for Science Technology and the Arts(국립 과학 기술 예술 재단)가 시장 조사 기관 TNS에 의뢰해 영국인의 공유 경제 참여 상황에 관한 리서치를 진행했다.[1] 조사 결과, 2013년 한 해 동안 영국인 64퍼센트가 공유 경제 활동에 참여했고 인터넷과 모바일 앱을 이용한 비율은 25퍼센트였다. 35~44세 연령층, 기혼자, 다자녀 부모, 농촌 거주자, 구직자, 경영 관리자, 전문직 및 사무직 종

1 Nesta & Collaborative Labs, *Making Sense of the UK Collaborative Economy* 참고.

사자, 베이비시터 부류는 특히 참여도가 높게 나타났다.

공유 경제 활동을 통해 낯선 타인과 물건을 교환하고 금전을 거래하는 사람이 점점 많아지고 있다. 네스타 조사 결과, 2013년 영국인 20퍼센트가 개인 소유 물품을 사거나 팔았다. 이 중 8퍼센트는 상품이나 서비스를 무상 대여하거나 무료로 제공했다. 전혀 모르는 사람과 교류했다는 응답은 전체의 16퍼센트였다. 영국인의 공유 경제 활동은 매우 광범위하게 진행되고 있다. 인터넷을 통한 도서와 DVD 등 미디어 자원 공유 10퍼센트, 의류와 액세서리 공유는 8퍼센트, 가구 등 가정용품 공유는 7퍼센트, 교통 운송 공유는 5퍼센트, 여행 관련 상품 공유는 4퍼센트, 일자리 혹은 서비스 공유 1퍼센트 등 다양한 교류가 이뤄졌다.

2015년 가을, 영국 공무원들은 공무 수행 중 공유 경제 숙박과 교통 서비스를 이용할 수 있게 됐다. 이보다 앞선 2010년, 런던 남부 도시 크로이던 의회가 집카와 손을 잡고 관용 차량 규모를 대폭 축소했다. 근무 시간에는 공무 수행 전용이지만, 근무 외 시간에는 지역 주민도 사용할 수 있도록 했다.

2. 전략 배경

영국 사람들이 공유 경제에 열광하게 된 계기는 세계 금융 위기로 인한 장기 불황, 즉 경제적 궁핍 때문이다. 세계 경제 위기는 당연히 영국 경제에도 큰 영향을 끼쳤다. 지금 영국의 가상, 실물 경제 모두 반세기 만에 가장 혹독한 겨울을 보내고 있다. 많은 경제학자들이 경제 하락 추세가 오랫동안 이어지고 지금보다 훨씬 심각한 상황에 처할 수도 있다고 전망했다.

금융 서비스업은 영국 경제를 이끄는 핵심 산업인 만큼, 금융업에 문제가 생기면 영국 경제 전체가 직격탄을 맞게 된다. 지금 영국의 주요 은행들은 두 가지 난관에 봉착했다. 일단 자산 부채 상황을 개선하려면 자금을 끌어모아야 한다. 그러나 디폴트 리스크가 계속 상승하면서 은행 대출 심사 기준을 맞추지 못하는 사례가 많아지고 그 결과 신용 대출 규모가 축소되어 경제 활동이 더 위축되는 악순환이 이어지고 있다.

주택 시장의 장기 불황도 경제 전반에 악영향을 끼치고 있다. 영국 은행가 협회British Bankers Association가 발표한 자료에 따르면 2013년 11월 영국 대형 은행이 승인한 주택 담보 대출은 약 1만 8,700건이었다. 이는 전월 대비 14퍼센트, 전년 대비 60퍼센트 감소한 수치였다.

경제 상황이 악화되자 실업률이 치솟고, 이는 개인 소비 지출 감소로 이어져 경제 활동이 더욱 위축됐다. 영국 통계청 발표 자료에 따르면, 영국 실업률은 2013년 11월까지 10개월 연속 상승 곡선을 그리며 실업자 186만 명, 실업률 6퍼센트로 1999년 이래 최고치를 기록했다.

이런 암울한 시기에 등장한 공유 경제는 영국인에게 새로운 희망을 선물했다.[2]

첫째, 공유 경제를 통해 비용 절감 효과를 얻을 수 있다. 36세 주부 앙투아네트는 런던에서 두 아이를 키우는 워킹맘으로 전형적인 공유 경제 마니아다. 그녀는 공유 경제 방식이 매우 효율적이고 경제적이며 삶을 편리하게 해준다고 생각한다. 앙투아네트 부부는 자가용 구입을 포기하고 짚카에 가입했다. 공유 차량으로 아이들을 태우고 다니고, 친척집을 방문하고, 물건을 사러 마트에 간다. 그리고 저렴한 가구를 실어 와

2 Debbie Wosskow, *Unlocking the Sharing Economy:An Independent Review* 참고.

야 할 때는 짚밴Zipvan을 이용한다. 공유 차량을 이용하면 매년 자동차 보험료와 차량 유지비에 들어가는 2,000파운드를 절약할 수 있다. 이 부부는 이 과정에서 큰 성취감을 느끼며 이런 삶의 방식에 매우 만족하고 있다.

둘째, 공유 경제는 구직자에게 일할 기회를 제공한다. 시에라리온이 고향인 아마드는 내전 당시 폭격으로 집을 잃고 아버지를 여의었다. 그는 어머니와 함께 살 집을 다시 마련해야 했지만 경제적인 여건이 허락지 않았다. 그래서 5년 전 돈을 벌기 위해 런던으로 이주해 우연히 해슬Hassle에 가입한 그는 새로운 인생을 맞이했다. 지금 그는 해슬에서 가장 바쁘지만 가장 행복한 청소부로 매주 평균 40시간씩 일하고 있다. 아마다는 열심히 번 돈으로 고향에 새로 집을 지었고 숙박 공유 플랫폼을 이용하며 런던 주변 지역을 여행했다.

셋째, 공유 경제는 혁신을 장려한다. 그레이엄 헌트 목사는 2011년부터 세인트존 교회를 책임지고 있다. 조지아 시대에 지어진 이 교회는 낡은 데다 제대로 관리가 되지 않아 신도가 계속 줄었다. 깊은 고민에 빠진 그레이엄 목사는 혁신적인 변화만이 몰락을 피할 수 있다고 생각했다. 그래서 그는 교회 대표자 자격으로 저스트파크JustPark에 가입해 온라인상에 8대 주차 공간을 등록했다. 혹스턴 중심부에 위치한 이 교회는 늘 많은 차와 사람으로 붐비는 런던 금융 타운에서 차로 몇 분 거리였다. 덕분에 교회 주차장은 현지 주민과 인근 직장인들에게 큰 인기를 끌었다. 이 교회는 저스트파크를 통해 유휴 자산을 활용함으로써 매달 평균 500파운드 수입을 올렸다. 이 수입은 노숙자 숙소를 지원하고 공공 운동장을 건설하는 데 사용됐다. 또한 청년 지도사를 여럿 고용해 젊은이들이 자연스럽게 교회를 찾도록 만들어 교회에 활력을 불어넣었다. 이렇게 해서 낡고 볼품없던 교회가 성공적으로 부흥했다.

공유 경제는 위의 장점 덕분에 영국인들에게 큰 사랑을 받았고 나아가 영국 정부의 깊은 관심을 받았다. 정부가 공유 경제 부양책을 대대적으로 지원하고 발전을 독려하면서 지속적인 선순환 효과가 나타났다.

영국 경제의 공급자 관점에서 공유 경제는 특별히 새로운 것은 아니다. 오래전부터 공중 목욕탕, 셀프 도서관, 공동 임대 주택 등이 활성화되어 영국인은 공유에 대한 거부감이 거의 없다. 영국 공유 경제 기업은 대략 두 부류로 나눌 수 있다. 다국적 DIY 및 주택 개조 회사인 B&Q의 고객에게 DIY 기술을 공유하는 스트릿클럽StreetClub처럼 인터넷 기술을 활용해 새 단장한 전통 기업이 있고 P2P 대출 플랫폼의 원조인 조파Zopa처럼 공유 경제 흐름에 맞춰 탄생한 신생 기업이 있다.

영국에서는 최근 몇 년간 공유 경제 기업이 끊임없이 등장하고 있다. 공유 경제 기업 저스트파크가 발표한 자료에 따르면, 2015년 런던 소재 공유 경제 스타트업 기업은 72개로, 131개의 샌프란시스코와 89개의 뉴욕 다음으로 많은 숫자를 기록했다.

지금 영국의 공유 경제는 전국적으로 매우 빠르게 발전하고 있으며 향후 전통 산업 시장을 상당 부분 장악하며 국가 경제 발전을 주도할 것으로 예상된다. 영국 공유 경제 기업 중 가장 눈에 띄는 분야는 펀딩 서클Funding Circle과 조파가 이끄는 P2P 대출 융자 분야다. 펀딩 서클은 온라인 대출 플랫폼 최초로 대출 금액 1억 파운드를 돌파했다. 2005년 창업한 P2P 대출 플랫폼의 원조 조파는 대출 수요 8만, 대출 공급 5만 2,000명의 회원을 확보하고 있다. 2013년 한 해에 거래된 대출액은 2억 4000만 파운드를 기록하며 누적 대출액 5억 파운드를 돌파했다.

영국 공유 경제 기업은 금융 분야가 가장 눈에 띄긴 하지만 다른 분야에서도 활발하게 움직이고 있다.

현재 저스트파크에 가입해 주차 공간을 제공하는 가정, 학교, 기관의 숫자는 약 1만 8,000에 이른다. 영국 대도시는 워낙 주차 공간이 부족하고 주차비가 비싸기 때문에 주차장 공유 플랫폼의 발전 가능성은 매우 크다. 2006년 창업한 저스트파크는 여러 지역의 공용 주차장과 제휴를 맺고 교회, 호텔, 지역 주민 주차장까지 범위를 확대했다. 덕분에 저스트파크를 이용하면 언제 어디서나 빠르고 편리하게 주차장을 찾을 수 있다. 매년 평균 2만 5,000명 회원이 주차 공간을 제공하고 주차장 이용 횟수는 약 600만 건을 기록하고 있다.

가구 재활용 사회적 기업FRN: Furniture Re-use Network(중고 가구 플랫폼)도 큰 호응을 얻고 있다. FRN에 참여한 300여 자선 단체와 사회적기업은 〈가구 및 가전 재활용으로 이웃 돕기〉라는 정부 캠페인에 적극적으로 참여했다. 이렇게 해서 매년 95만 저소득 가구가 가구 및 가전에 지출할 3억 4000만 파운드를 절약하고 이산화탄소 배출량을 연평균 38만 톤가량 줄였다. FRN는 수요와 공급이 꾸준히 늘어나면서 서비스 영역도 점점 넓어지고 있다.

영국 최대 무크MOOC[3] 플랫폼 퓨처런FutureLearn은 20개 대학과 4개 문화 단체와 교육 협력 관계를 체결했다. 여기에서 한 가지 짚어 볼 문제가 있다. 무크는 엄밀히 따지면 이 책에서 정의하는 공유 경제에 포함되지 않는다. 그러나 영국 온라인 교육 공유는 매우 활발하고 업계와 정부의 시장 분석에서 공유 경제로 간주되고 있다.

이외에도 영국 공유 경제 기업은 셀 수 없이 많고 대부분 양호한 운영

3 Massive Open Online Course, 온라인 공개 수업 — 옮긴이주.

상황을 보여 정부도 긍정적인 시각으로 이들의 발전 상황을 주시하고 있다.

3. 미래 성장점

영국 공유 경제는 대중의 관심과 추종에 정부의 대대적인 지원까지 더해져 빠르게 확산되며 더 크게 발전했다. 영국 상무부는 독립 조사[4] 결과를 토대로 향후 영국 공유 경제 발전 방향이 의류 패션, 식품 관련, 일용품, B2B 전자 상거래, 공유 도시 건설에 집중될 것으로 예상했다.

먼저 의류 패션 부분을 살펴보자. WRAP(Worldwide Responsible Accredited Production, 세계 책임 인가 생산) 연구소는 영국 가정마다 4,000파운드가량의 의류를 보유하고 있는데 이 중 일 년에 한 번도 사용하지 않는 옷이 30퍼센트라고 밝혔다. 교환, 대여 등 공유 경제 방식을 이용하면 한정된 자원으로 더 다양한 스타일을 즐기고, 유휴 자원을 활용해 수익을 올릴 수도 있다. 2014년 상반기 미국 의류 공유 플랫폼 렌트 더 런웨이Rent the Runway 회원들이 공유한 거래액이 3억 달러를 기록하며 의류 패션 분야의 발전 가능성을 시사했다. 영국의 의류 패션 공유는 아직 초기 단계로 관련 플랫폼이 많지 않은 상황이다. 이 중 디자이너 브랜드 제품을 공유하는 걸 미츠 드레스Girl Meets Dress는 고가 브랜드 의류를 저렴한 가격으로 대여할 수 있어 큰 호응을 얻고 있다. 이외에 유니클로의 리사이클링 캠페인, M&S의 쇼와핑Showopping[5]처럼 기업 주도

4 Debbie Wosskow, *Unlocking the Sharing Economy:An Independent Review* 참고.

5 shopping과 swapping의 합성어. 새 옷을 구매할 때 헌 옷을 가져오면 일정 금액을 할인해 주는 이벤트 — 옮긴이주.

재활용 사업도 활발하다. 현재 추세로 보아 의류 패션 분야의 공유 경제 규모는 더욱 확대될 것으로 보인다.

두 번째는 식품 관련 분야다. 식품 관련 공유 모델은 재료 생산에서부터 요리 나눔까지 다양하다. 휴 펀리휘팅스톨의 토지 공유 프로젝트Hugh Fearnley-Whittingstall's Landshare Project는 농사를 짓고 싶은 사람과 유휴 토지를 소유한 사람을 연결시켜 준다. 팜드랍Farmdrop과 푸드 어셈블리 The Food Assembly는 농민으로부터 직접 농작물을 구매하는 기업 플랫폼이다. 그룹 클럽Grub Club은 전문 요리사를 초정해 특별한 요리를 선보이는 팝업 레스토랑을 기획하고 캐서롤 클럽Casserole Club은 직접 요리를 하기 힘든 노인들에게 공유 음식을 제공한다. 현재 식품 관련 공유 기업의 수는 빠르게 증가하고 있지만 아직 통일된 법규가 마련되지 않은 상태다. 하루 빨리 기업과 정부가 건전한 발전 방향을 공동으로 모색해야 한다.

중고 물품 거래 분야도 하루가 다르게 규모를 확장해 가는 대표적인 공유 경제 방식이다. 비영리 단체 프리싸이클freecycle은 사람들에게 필요 없는 물건의 소유권을 포기하도록 권유하고 물건을 회수해 재활용한다. 렌트 마이 아이템Rent My Item, 에코모도Ecomodo, 스트리트뱅크 Streetbank, 스트리트 클럽Street Club은 가전제품이나 공구 등 공유 물품을 무료 혹은 아주 저렴한 비용으로 제공한다. 이들 물품 공유 플랫폼은 자주 사용하지 않는 고가 제품을 이용할 때 특히 경제적이고 편리하다. WRAP 연구소는 소비자들이 전자 제품을 사용할 때 지속성 문제에 더 민감하다는 연구 결과를 발표했다. 중고 거래 플랫폼에서 DIY 제품이나 원예 공구를 구매한 경험은 5퍼센트였고, 78퍼센트가 앞으로 계획이 있다고 답했다. 이에 비해 텔레비전이나 노트북과 같은 소비 전자 제품을 거래할 생각이라고 답한 비율은 80~90퍼센트였다. DIY 제품과 원예 공구의 경우, 대여하겠다는 응답이 19퍼센트로 중고 거래보다 비율이 높았다.

B2B 전자 상거래와 물류 분야도 공유 경제의 발전 가능성이 매우 크다. 지금까지 공유 경제 스타트업은 대부분 소비 영역에 집중됐지만 앞으로는 기업 간 자원 공유 활동이 더욱 활발해질 것으로 예상된다. 인적 자원 관리 부분에서는 이미 공유 방식이 도입됐으나 아직 초보적인 수준이다. 브랜드 개더링Brand Gathering은 기업들이 공동 판매를 통해 브랜드 마케팅 효과를 높이고 서로의 홈페이지와 고객을 활용해 마케팅 비용을 절감하도록 돕는다. 이외에 물류 분야에서도 공유 방식을 주목하기 시작했다. 님버Nimber와 같은 물건 운송 서비스 공유 플랫폼은 매우 효율적이고 자원 절감 효과도 크다.

마지막 발전 방향은 공유 도시 건설이다. 최근 리즈와 그레이터 맨체스터를 시범 공유 도시로 선정한 영국 정부는 〈공유 도시 건설〉을 국가 중점 전략으로 정해 더 많은 도시로 확산시킬 계획이다. 교통, 사무 공간, 숙소, 기술 등 모든 일상에 공유 경제 방식이 도입될 것으로 보인다.

네스타 조사와 영국 정부의 독립 조사 결과를 종합해 보면 영국식 뉴 패러다임의 발전 과정을 엿볼 수 있다. 특히 공유 경제 이념이 사회 각 계층과 분야를 이어 주고 도시 발전을 촉진하는 중요한 매개체임을 알 수 있다. 완전하고 이상적인 발전 계획에 따라 개인, 기업, 정부, 사회 모두 수혜를 얻었다. 영국의 사례와 경험은 앞으로 공정하고 건전하게 공유 경제를 발전시키기 위해, 더 큰 가능성을 실현하기 위해 참고할 가치가 있다.

4. 영국 정부의 입장

영국 정부는 현재 다양한 장려 정책을 테스트하는 한편 공유 경제 발전 계획을 적극적으로 추진하고 있다. 여러 전문가들이 영국 정부에 제안한 리포트를 종합해 보면 세계 공유 경제 허브로 도약하기 위한 영국의 전략은 다음 몇 가지에 집중된다.

첫째, 정부는 공유 경제 모델을 적극 활용해 공공 자원 이용률을 높여야 한다.

둘째, 대중의 수요를 충족시키되 철저한 검열이 필요하다. 숙박과 온라인 서비스 공유 플랫폼은 특별 관리가 필요하다.

셋째, 공유 경제 스타트업 기업을 지원하고 혁신과 실천을 통해 공유의 성과를 다함께 누리도록 해야 한다.

넷째, 공유 경제 모든 업무에 일관되게 적용할 수 있는 서비스 기준과 업종별 규칙을 제정해야 한다.

영국 정부는 공유 경제를 핵심 산업으로 키우기 위해 정책 자금 등을 대대적으로 지원하고 있다. 여기에 업종별 세부 부양책이 더해져 일련의 성과를 거두기 시작했다. 일례로 보험 회사가 공유 경제 활동을 보상 범위에 포함시키도록 촉구하고 단기 임대 서비스의 법적 장애물을 해결해 O2O 단기 임대를 더욱 활성화시킬 계획이다. 또한 연간 임대료 수입이 4,250파운드 이하인 경우 세금 면제 혜택을 주는 등 일련의 부양 정책을 시행하고 2012년에는 정부가 직접 P2P 대출 플랫폼에 2억 파운드를 투자했다. 정부의 정책 지원은 기업과 개인 창업 활동을 촉진하는 동시에 이들을 한데 모아 새로운 비즈니스 모델을 더욱 발전시켰다.

8장
기타 유럽 국가 — 남부에서 북부로의 확산

세계 경제는 2008년 미국 금융 위기에 이어 유럽 재정 위기로 또 한 번 고비를 맞았다. 재정 위기는 서브 프라임 모기지 사태의 연장선으로 국가 부채 규모가 적정 수준을 초과해 국가 부도 위기에 직면한 매우 심각한 상황이다. 이즈음 등장한 신개념 경제 모델인 공유 경제는 공유를 통한 비용 절감, 일자리 창출, 부가 소득으로 임금 정체와 암울한 현실에 시달리는 유럽인들에게 희망의 빛을 선사했다. 공유 경제 시스템이 빠르게 유럽 각국으로 확산되면서 많은 유럽인들이 열렬히 환호하고 있다.

1. 국가별 특징

현재 유럽 국가는 대부분 다양한 공유 경제 모델을 경험하고 있다. 그러나 공유 경제에 대한 각국 정부의 관점이 다르기 때문에 조금씩 다른 양상을 보인다.

1) 스위스

2015년 딜로이트 컨설팅 조사[1]에서 스위스인 60퍼센트가 가장 선호하는 공유 경제 모델로 운송과 숙박을 꼽았다. 이외에 중고 물품, 서비스, 금융 분야도 점차 규모를 갖춰 가고 있다. 향후 일 년 이내에 공유 경제에 참여할 계획이라는 응답이 절반 이상이었고 현재 참여 중이라는 응답은 18퍼센트였다. 한 가지 재미있는 사실은 스위스 내 프랑스어 사용자 65퍼센트가 공유 경제를 지지한다고 답한 반면, 독일어 사용자의 경우 32퍼센트만이 지지한다고 답했다.

스위스 공유 경제 스타트업 기업은 이상적인 비즈니스 환경 덕분에 빠르게 성장했다. 에어비앤비, 우버 등 다국적 기업 외에 스위스 토종 기업이 점차 두각을 나타내며 주변 국가로 뻗어 나가고 있다. 유럽 대륙 최대 숙박 공유 플랫폼 하우스 트립House Trip, 독일에 진출한 주차 공유 플랫폼 파크유ParkU, 최고의 소프트웨어 기술을 자랑하는 차량 공유 플랫폼 샤루Sharoo가 대표적인 사례다.

2) 네덜란드

네덜란드 공유 경제에서는 외식 분야가 특히 눈에 띄는데 이는 네덜란드인들의 식습관 및 음식 문화와 연관이 있다. 네덜란드는 아직 뉴욕처럼 포장 외식 메뉴가 다양하거나 독일처럼 가격이 저렴하지 않기 때문에 향후 발전의 여지가 큰 편이다. 최근 이 점에 주목한 음식 공유 플랫폼이 대거 등장했다.

네덜란드에서 가장 유명한 공유 경제 기업은 피어바이Peerby와 셰어

1 Deloitte Consulting, *The Sharing Economy:Share and Make Money How Does Switzerland Compare?* 참고.

유어 밀Share your meal이다. 피어 바이는 잠깐 필요한 물건을 빌려야 하는 사람과 빌려줄 의향이 있는 사람을 연결해 주는 플랫폼이다. 피어바이는 암스테르담 록스타트Rockstart의 액셀러레이터Accelerator 프로그램에 참여해 네덜란드 혁신 기구와 사회 단체로부터 다양한 지원을 받았다. 그리고 포스트코드 복권 그린 챌린지Postcode Lottery Green Challenge에 참가해 지속 가능한 비즈니스상을 수상하며 벤처 투자자의 이목을 집중시켰다. 지금까지 피어바이가 유치한 투자 금액은 약 50만 달러고, 회원 수는 1만 명을 돌파한 후 매월 10~20퍼센트 꾸준히 증가하고 있다.

셰어 유어 밀은 개인 요리사 서비스를 제공하며 플랫폼을 통해 직접 요리한 음식을 이웃에 판매할 수도 있다. 셰어 유어 밀 창업자는 직장 생활을 하면서 거의 매일 포장 음식에 의존했다. 이런 생활이 반복되면서 주변인과 교류할 기회가 사라져 극심한 외로움을 느끼던 중 음식 공유 방식을 생각하게 됐다. 현재 이 플랫폼에 가입한 회원은 네덜란드 국적자가 3만 5,000명, 벨기에 국적자가 8,000명이며 하루 평균 60~120명이 신규 가입하고 있다. 셰어 유어 밀은 여러 재단과 정부 기관으로부터 보조금을 지원받아 안정적으로 성장하고 있다. 지금은 수익 전환이 최우선 목표다.

3) 핀란드

핀란드 공유 경제에서 가장 주목할 부분은 금융 분야다. 핀란드 국민은 여러 복지 혜택으로 삶이 매우 안정적이고 여유롭다. 덕분에 인터넷 활용률이 높은데 특히 금융 관련 활동이 활발하다. 핀란드 정부는 이미 오래전부터 납세 등 각종 행정 시스템에 전자 신분증을 이용해 왔기 때문에 온라인 대출 과정이 상대적으로 간편하다. 이런 사회 시스템 덕분에 금융 공유 경제 발전에 매우 유리한 시장 환경이 조성된 셈이다.

온라인 P2P 대출 플랫폼 픽수라Fixura는 잠재 대출 수요자와 공급자에게 각자 구체적인 조건을 설정하도록 하고, 여러 공급자가 모여 투자 위험을 낮추는 방법으로 큰 호응을 얻었다. 픽수라는 대출 공급 회원 1,500명, 대출 수요 회원 2만 5,000명을 보유했고 대출 서비스 4,500건을 성사시켰다. 대출금의 규모는 약 1300만 유로였고 총 이자 환급금이 100만 유로를 돌파해 연평균 수익률이 10.91퍼센트를 기록했다.[2]

4) 프랑스

프랑스의 대표적인 공유 경제 모델은 카풀 서비스다. 유럽 내 이동 시 비행기는 비싸고 기차는 시간이 오래 걸린다는 단점이 있다. 그래서 등장한 것이 블라블라카BlaBlaCar다. 2006년 파리에 등장한 장거리 카풀 서비스 플랫폼 블라블라카는 저렴하고 편리한 이동 수단의 대명사가 됐다. 2015년 2억 달러 투자 유치에 성공한 이후 기업 가치가 15억 달러로 치솟았다. 3년 동안 독일의 카풀링Carpooling 등 8개 유사 기업을 인수한 블라블라카는 현재 19개국으로 서비스를 확대했고 회원 수는 2000만 명에 이른다. 투자 유치 이후 러시아, 인도, 멕시코, 브라질, 터키 등 새로운 시장 개척에 박차를 가하고 있으며 향후 라틴아메리카와 아시아 진출도 계획하고 있다.

또 다른 프랑스 대표 공유 경제 기업으로 르봉쿠앙Leboncoin이 있다. 프랑스는 오래전부터 개인 물품 및 서비스 교환이 보편화된 사회로 벼룩시장 등 중고 거래가 매우 활발하다. 미디어프리즘Mediaprism 책임 연구

2 EU, *The Sharing Economy Accessibility Based Business Models for Peer-to-Peer Markets* 참고.

원 로랑스 빌로 다비드의 견해를 참고하면, 중고 물품 거래는 프랑스 시민들에게 매우 익숙한 일상이다. 특히 25세 이하 젊은이, 월수입 1,500유로 이하, 농촌 거주자는 중고 거래 경험 비율이 높은 편으로 각각 59퍼센트, 62퍼센트, 55퍼센트로 나타났다.

5) 독일

독일도 비교적 일찍부터 공유 경제를 실천해 왔다. 특히 브레멘에서 시작된 차량 공유 서비스 역사는 30년 가까이 됐다. 환경 보호 단체 회원 30명이 모여 자동차 3대로 시작한 브레멘 차량 공유는 점점 규모가 커져 비즈니스 기업으로 발전했다. 여러 차량 공유 회사와 협력을 통해 서비스 품질과 효율성을 극대화시킨 덕분에 브레멘을 넘어 주변 도시로 빠르게 확산됐다.

2013년 3월, 독일 하노버에서 열린 세계 최대 정보 통신 기술 박람회 세빗CeBIT 주최측은 공유 경제를 메인 주제로 발표하며 〈지금 경제 사회 모든 분야에서 공유 경제가 열띤 토론 주제로 떠올랐다〉라는 설명을 덧붙였다.

전통적으로 뛰어난 자동차 기술을 보유한 독일은 공유 경제에서도 자동차와 관련된 차량 공유에서 두각을 나타냈다. 관련 통계에 따르면 2015년 독일 자가용 공유 사용자는 26만 2,000명으로 전년도에 비해 15.8퍼센트 증가했다. 차량 공유 사업이 큰 가능성을 보이자 자동차 제조 기업들이 잇따라 차량 공유 서비스를 선보였다. BMW, 벤츠, 폭스바겐 등 유명 자동차 기업이 직접 차량 공유 서비스를 시작하면서 소비자는 구매 예약, 차량 취득 등록 등 번거로운 절차를 거치지 않고 모바일 앱으로 간단히 결제만 하고 자동차를 이용할 수 있게 됐다. 기존 렌터카처럼 지정된 장소에 자동차를 반납할 필요도 없다.

독일에서는 물건 공유뿐 아니라 〈사람〉도 공유한다. 200여 개 독일 기업이 실시하는 직원 교류 프로그램은 상호 기술 학습을 통해 직원의 업무 능력을 향상시킬 수 있어 기업 발전에 도움이 된다. 독일 파이낸스 온라인German Finance Online은 유럽 공유 경제 발전이 유럽 재정 위기와 깊은 연관이 있다고 설명했다. 경제적으로 궁핍해진 젊은이들이 지출을 줄이려고 공유 방식을 선택했는데, 삶의 질은 큰 변화가 없고 사회 유대감이 강해져 만족도가 높았다. 하루가 다르게 발전하는 인터넷과 스마트폰 기술도 공유 경제의 미래를 더욱 밝게 했다. 독일 공유 경제는 아직 초보 단계지만 잠재력이 매우 크다.

2. 각국 정부의 입장

공유 경제에 대한 유럽 연합 회원국의 기대에는 일련의 공통점이 있다. 자원의 효율성을 높이고 일자리를 창출하고 대중 참여를 유도해 사회 혁신을 촉진하는 것. 유럽에는 전통적으로 공유 개념이 익숙한 나라가 여럿이고 공유 경제가 이미 거대한 시대적 흐름을 형성했다. 각국 정부는 이 흐름을 놓치지 않고 공유 경제 발전에 더욱 박차를 가하고 있다.

1960년대 넘쳐 나는 자동차로 몸살을 앓던 네덜란드는 오늘날 완전 도로와 같은 개념인 보너르프Woonerf를 만드는 도로 공유 계획을 실시했다. 기존 차로를 줄여 보행자 공간을 확보한 보너르프는 자동차 증가 속도를 낮추고 주행 속도 제한으로 보행자 안전을 확보했다. 그 결과 도시 주민의 삶의 질이 높아지자 정부는 지속적으로 보너르프 계획을 수정 확대했다. 보너르프의 성공을 거울삼아 덴마크, 독일, 스위스 정부도 유사한 정책을 시행해 도시 도로 교통 문제를 크게 개선했다.

최근 유럽 각국 정부가 잇따라 공유 경제 관련 정책을 내놓았다. 공유 시설 및 서비스 확대를 위한 협동조합 활동을 독려하는 사례가 그중 하나다. 소매상 협동조합(제조사 할인을 이용하기 위한 공동 구매 등), 노동자 협동조합(공동으로 기업에 권리 행사), 소비 협동조합(공동 구매 및 금융 서비스), 주택 협동조합(주택 권리, 입주권, 회원 자격 등과 관련된 정보 공유), 에너지 협동조합(현재 세계 각국에서 재생 에너지 발전 관련 협동조합이 확산되고 있다) 등 다양한 단체가 등장했다. 이중 스페인 정부가 적극 지지하는 몬드라곤 협동조합은 세계 최대 노동자 협동조합으로 110개 이상의 자회사를 거느리고 세계를 무대로 150억 달러가 넘는 매출액을 기록했다.[3]

몇몇 유럽 국가는 공유 경제가 국가 경제 발전의 새로운 원동력임을 인지해 공유 경제를 발전시키기 위해 적극 지원하고 있다. 파리 시는 볼로레Bollore 그룹과 손잡고 공유 전기 자동차 서비스 오토리브Autolib 시스템을 선보였다. 전문적인 기업 운영에 정부 지원이 더해져 공공 서비스와 경제적 효과 두 마리 토끼를 잡은 완벽한 결합으로 꼽힌다. 오토리브는 2012년까지 차량 3,000대, 정류소 1,200개까지 규모를 확대했고 파리 이외 도시로 서비스 범위도 넓혀 갔다. 2014년 12월, 오토리브 이용자는 4만 명으로 늘어났다. 볼로레 그룹이 오토리브 시스템에 전기 자동차 블루카를 공급한 후 매주 이용 횟수 4,000~5,000을 기록했다. 특히 주말에 높은 이용률을 보이면서 10개월 만에 이용 횟수 50만을 돌파했고 총 주행 거리는 300만 마일(약 483만 킬로미터)을 기록했다. 파리

3 Julian Agyeman, Duncan McLaren and Adrianne Schaefer-Borrego, *Sharing Cities, Written for Friends of the Earth's 'Big Ideas' Project* 참고.

시는 오토리브 시스템으로 매년 차량 2만 2,500대 분량의 배기 가스를 줄일 수 있다고 밝혔다. 배기 가스 제로 차량이 매년 4000만 마일(약 6437만 킬로미터)을 달리는 셈이다. 현재 파리 시내에만 1,750대 차량과 670개 정류소를 운영하고 있는데, 앞으로 차량은 3,000대, 정류소는 1,050개까지 늘릴 계획이다. 한편 파리 시 정부는 차량 공유 기업를 지원하는 동시에 관리 감독도 강화했다.

일부 정부는 특별한 공유 경제 부양 정책을 내놓지는 않았지만 반대 혹은 찬성 입장이 명확히 드러나는 일련의 조치를 취했다. 예를 들어 프랑스 정부는 공식적으로 단기 주택 임대 서비스를 합법화했다. 2014년 2월, 네덜란드 암스테르담 시 정부는 에어비앤비와 같은 주택 공유 숙박업에 대한 관리 감독 법안을 통과시켰다. 공유 경제 단기 임대 부분에 대한 세계 최초 입법 조치였다. 이 법안에 따르면, 임대인은 〈개인 빈방 임대Private Vacancy Rental〉 사업 허가증을 신청해야 한다. 개인 빈방 임대는 기본적으로 현지 주민이 집을 비우는 동안 여행객에게 집을 통째로 단기 임대하는 서비스다. 임대하는 집은 자가이거나 세입자라면 재임대에 대한 집주인의 동의가 필요하다. 주택 월세 평가액(관련 기관이 지역 환경, 주택 컨디션과 주변 환경 등을 종합적으로 평가함)이 958달러 이상이어야 허가증을 받을 수 있다. 개인 빈방 임대 법안에는 여러 가지 금지 조항이 포함되어 있다. 독채 임대의 경우 같은 고객이 같은 숙소에서 연속 4일 이상 머물 수 없고, 연 임대 일수가 60일을 초과할 수 없다. 서비스 플랫폼은 집주인과 고객에게 관리 감독 법안 내용을 고지해야 하고, 매년 두 차례 법안 내용을 집주인에게 우편 발송해야 한다. 단기 임대 서비스 중 이웃과 지역 사회에 피해를 주지 않도록 노력해야 하며 만약 불만 신고가 접수되면 감독 기관이 허가를 취소할 수 있다. 같은 숙소에 4명 이상 숙박할 수 없고 임대인은 여행세 5퍼센트를 납부해야 한다.

독일은 개인 요리사와 포장 음식 등 외식 분야를 관리 감독하기 위한 온라인 식품 판매 감독 기구를 설립하고 온라인 식품 공급자 사업 신고 등록을 의무화하는 등 관련 규정을 체계화했다.

네덜란드 경제부 장관 헹크 캠프는 2015년 7월, 기술 중립성[4] 법안을 제정하기 위해 기존 법과 규정을 수정할 계획이라고 발표했다. 이를 통해 숙박, 교통 등 공유 경제 발전을 촉진하고 네덜란드를 혁신 경제 선도 국가로 만들겠다는 포부를 밝혔다.

이탈리아 일부 도시는 공유 차량 이용자에게 시내 주차장 무료 이용 혜택을 주고 있다. 이용자에게 경제 혜택과 주차 편의를 제공함으로써 더 많은 대중을 차량 공유에 동참시켰다.

유럽 의회 산업 연구 에너지 위원회와 내부 시장 및 소비자 보호 위원회가 공동으로 〈디지털 단일 시장 신전략〉을 지지하는 보고서를 발표했다. 공유 경제 발전 지원이 포함된 이 보고서는 유럽 의회 대다수 당파의 지지를 얻었다. 이 보고서는 〈공유 경제 방식은 경쟁을 통해 소비자 선택의 폭을 넓혀 주고 포괄적인 고용 시장 확대를 주도할 것〉이라며 유럽 의회와 회원국에게 여러 가지 부작용과 법률적인 문제를 해결해 공유 경제 발전을 도모해야 한다고 촉구했다. 유럽 의회는 두 위원회에 공유 경제에 대한 우려를 해소할 수 있는 법규를 검토하고 혁신적인 온라인 플랫폼 지지 정책을 호소하도록 요청했다.

〈유럽 2020 전략〉은 유럽 연합이 공유 경제 발전에 얼마나 큰 기대를

4 본질적으로 유사한 서비스를 제공하는 다른 기술들이 유사한 방식으로 규제되어야 한다는 내용 — 옮긴이주.

걸고 있는지 보여 준다. 여기에는 미래 상품과 서비스는 스마트 기능, 지속 가능성, 포괄성을 강화하는 방향으로 발전해야 하며 고용 창출을 통해 생산력을 높이고 경제, 사회, 지역의 통합을 촉진해야 한다고 강조하는 내용이 포함되어 있다.[5]

그러나 이 위대한 이상을 실현하려면 먼저 여러 가지 당면 과제를 해결해야 한다. 지방 정부는 공유 경제 발전 전략을 실행할 전담 기구를 서둘러 조직해야 한다. 나아가 공유 경제가 탄소 배출량 감소, 기후 행동 계획[6], 재생 자원 수거와 같은 국가 혹은 도시의 발전 목표 실현에 도움이 되도록 구체적인 방법을 강구해야 한다. 공유 경제 생태 시스템 기반에서 인큐베이터 및 액셀러레이터 투자, 공유 기초 시설 건설, 중소기업 혁신 지원 등 도시 공공 투자와 창업 투자를 독려하려면 어떻게 해야 할까? 현재 어떤 도시들이 공유 도시 계획을 시행하고 있는지, 공유 도시 계획을 시행하려면 무엇을 어떻게 준비해야 하는지도 심도 깊게 연구해야 한다.

정책 법규 부분을 보면, 영국을 제외한 대다수 유럽 국가는 현재 공유 경제 시장을 규범화할 전략형 정책 가이드라인이나 전담 기구가 부재한 상태다. 관리 감독 공백이 길어지면 공유 경제를 통한 혁신과 건전한 발전이 어려워지고, 법의 빈틈을 이용해 소비자 이익을 침해하는 기업이 등장할 여지를 생긴다.

예를 들어 핀란드 P2P 대출 시장에는 아직 명확한 관리 감독 규정이 없다. 기업 대출 서비스의 경우, 기존 은행 대출 시스템처럼 까다롭고 복

5 European Sharing Economy Coalition, *The Sharing Economy-Toolkit Based on Strength, Weaknesses, Opportunities and Threats* 참고.

6 기후 변화 대응에 관한 국가의 주요 방침 — 옮긴이주.

잡한 심사 절차가 없어 심사 장벽이 낮으며 간편하고 빠르게 이용할 수 있다. 반면 대출 공급 고객은 안전한 수익을 보장받을 수 없다.

네덜란드도 아직 P2P 플랫폼에 대한 과세 표준이나 안전 조치가 마련되지 않은 상태다. 이 때문에 셰어 유어 밀을 통해 수익을 얻은 사람들은 세금을 내야 하는지 아닌지조차 알지 못한다. 만약 셰어 유어 밀 고객이 음식을 먹고 탈이 날 경우, 누가 어떻게 책임을 져야 하는지도 알 수 없다. 이런 문제가 반복되면 소비자는 공유 경제 참여를 주저하게 된다. 네덜란드 정부는 혁신 기구를 통해 피어바이peerby를 적극 지원하는 입장이지만 실제로 혁신 보조금이 지급되는 과정이 매끄럽지 못하다. 기존 정부 보조금 지원 제도가 단기 회수에 초점이 맞춰져 있어 한 달도 장기로 분류되는데, 혁신 기업 지원에 대한 규정이 따로 마련되지 않아 문제의 소지가 있다.[7]

3. 유럽 공유 경제 연합

공유 경제 정책 추진에는 많은 어려움이 따르지만 유럽 집행 위원회 부위원장을 지낸 닐리 크로스는 〈디지털 기술이 택시, 숙박, 음악, 항공, 뉴스, 그 외 거의 모든 서비스 부분에서 디지털 기술이 우리 삶을 변화시키고 있다. 이것이 현실이다. 우리는 혁신을 위해 반드시 거쳐야 할 도전 과제를 무시하거나 외면하거나 억압해서는 안 된다〉라며 공유 경제 발전에 긍정적인 입장을 표명했다. 유럽연합은 일련의 문제를 해결하고 유럽 공유 경제의 발전과 혁신을 촉진하기 위해 〈유럽 공유 경제 연

7 European Union, *The Sharing Economy Accessibility Based Business Models for Peer-to-Peer Markets* 참고.

합European Sharing Economy Coalition〉을 조직하고 유럽 각국 지도자에게 정확한 자료와 여러 전문가의 지혜를 모아 만든 솔루션을 제공했다. 유럽 공유 경제 연합은 유럽 연합이 효율적으로 공유 경제 발전을 관리할 수 있도록 매시브MASSIVE 계획을 수립했다. MA는 Mainstream의 약자로 마케팅을 통한 의식 변화, 인지도 상승, 정책 홍보를 유도해 공유 경제를 주류화하는 것이 목표다. 첫 번째 S는 Sustain의 약자로 공유 경제의 지속적인 발전을 위해 공정하고 합리적인 규정을 제정하고 공유 경제가 유럽 정치의 최우선 과제가 되도록 촉구한다는 내용이다. 두 번째 S는 Scale up의 약자로 유럽 국가 간 확장성과 벤치마킹을 목표로 한다. 즉, 가장 성공적인 모범 사례를 다른 국가로 확장시켜 유럽 공유 경제 발전을 촉진한다. 마지막 IVE는 INVEST의 약자로 유럽 연합의 투자를 촉구한다는 의미다. 유럽 여러 도시에서 시도되는 공유 경제 관련 시범 사업과 플랫폼을 경제적으로 지원해야 한다는 내용이다.

유럽 공유 경제 연합은 유럽 각국 지도자에게 다음과 같이 제안했다.

첫째, 공유 경제 기업 발전에 유리한 환경을 조성해 이들이 안정적인 수익을 올릴 수 있도록 돕는다. 필요에 따라 보다 효율적인 맞춤형 규정을 적용한다.

둘째, 공유 경제 기업을 전통적인 고용 주체가 아닌 P2P 시장 발전의 리더로 인식해 비중 있게 다뤄야 한다.

셋째, 시장 실패 상황에서만 관련 입법을 제정하는 간접적인 조치를 취해야 한다.

넷째, P2P 업무와 전통 업무가 공정하게 경쟁할 수 있는 환경을 마련해야 한다.

다섯째, 빅데이터와 시장 변화에 기초해 유연하게 정책 방향을 결정하고 결과를 예측할 수 있어야 한다.

여섯째, 각 지방 정부가 공유 경제 시스템을 학습하도록 유도하고 적절한 규정과 기초 설비를 갖춰야 한다.

유럽의 여러 단체들이 〈유럽 2020 전략〉의 핵심 목표인 〈공유〉를 유럽 발전의 새로운 정책으로 인식하고 공유 경제 발전을 독려하기 위해 다양한 사업을 추진하고 있다. 공유 경제 스타트업 기업의 생존 및 발전을 위해 공공 기관의 자금 지원 등 실질적인 부양 정책이 잇따라 시행됐다. 유럽 위원회 정보 통신 총국은 시장 데이터 수집을 기초로 CAPS 프로젝트[8]를 추진했다. 유럽 위원회 성장 총국과 유로크라우드Eurocrowd는 크라우드 펀딩 백서와 가이드라인을 발표했다. 2015년 7월, 유럽 위원회 건강 식품 안전 총국은 협력 및 참여 소비 가능성에 대한 토론회를 진행했다. 사업자 등록 개정 지침 등 소기업 창업 허가 및 자유로운 유럽 시장 진출을 위한 노동 입법과 금융 서비스 개정 지침 등 현실적인 P2P 금융 입법을 추진했다. 유럽 위원회 환경 영향 평가 총국은 공유 경제 비상대책 및 탄력 운용 계획에 대한 제안서를 통과시켰다. P2P 숙박 연합 등 영역을 초월한 단체를 조직해 효과적인 집중 마케팅을 전개했다. 2014년 리아트셰르파RIAT-SHERPA와 같은 유럽 공유 도시 스마트 네트워크 프로젝트를 추진했다. 유럽 생태 디자인 개정 지침은 지속 가능한, 공유 가능한, 제품의 수명을 최대한 연장시키는 산업 디자인이 주목받고 있음을 보여 준다. 2014년 유럽 의회 선거 중, 유럽 의회 및 유럽 시민 발의European Citizens Initiative 등 공개적인 자리에서 공유 경제와 자유 직업의 중요성을 강조했다. 유럽 소비자 단체BEUC는 온라인 지불을 이용

8 Collective Awareness Platforms for Sustainability and Social Innovation — 옮긴이주.

하는 소비자를 위한 효과적인 보호 조치를 마련하도록 촉구했다. 디지털 어젠다 발전 협회는 직접 투자 방식으로 각 지역의 초고속 광대역 기반 구축을 지원했다.[9]

9 European Sharing Economy Coalition, *The Sharing Economy-Toolkit Based on Strength, Weaknesses, Opportunities and Threats* 참고.

9장
오스트레일리아 — 나날이 치솟는 열기

2015년 오스트레일리아 국립 사전 센터는 〈공유 경제〉를 올해의 유행 단어로 선정했다. 국립 사전 센터의 아만다 로지슨 박사는 〈2015년 한 해 우버를 앞세운 차량 공유 서비스에 대한 관심과 논쟁이 오스트레일리아 전역을 휩쓸면서 공유 경제가 대유행했다〉라고 밝혔다.

1. 대유행

비전 크리티컬Vision Critical과 콜라보레이티브 랩스Collaborative Labs가 공동 진행한 오스트레일리아 공유 경제 현황 조사 결과에 따르면[1], 응답자의 43퍼센트가 공유 경제 방식을 잘 알고 있으며 61퍼센트는 공유 경제 서비스에 관심이 많다고 대답했다. 관심 있는 공유 서비스 플랫폼은 우버 27퍼센트, 에어비앤비 20퍼센트, 킥스타터 17퍼센트, 고겟GoGet 16퍼센트, 카우치서핑 15퍼센트 순이었다. 최근 1년 동안 공유 경제 활

1 Vision Critical & Collaborative Labs, *The Rise of the Collaborative Economy in Australia* 참고.

동에 참여했다는 응답자는 53퍼센트였다. 운송 부분에서는 카풀 경험이 34퍼센트, 차량 공유가 10퍼센트, 오토바이 공유가 10퍼센트로 나타났다. P2P 소매 상품 거래 경험은 11퍼센트였고 숙박 부분에서는 주택 교환과 주택 공유 경험이 각각 7퍼센트와 22퍼센트였다. 금융 부분에서는 크라우드 펀딩 참여 경험이 9퍼센트, P2P 금융 거래 경험이 8퍼센트로 나타났다.

어떤 입장으로 공유 경제에 참여했는지 묻는 질문에는 35퍼센트가 공급자로, 76퍼센트가 수요 고객으로, 18퍼센트는 양쪽 모두라고 대답했다. 이외에 수익 여부와 상관없는 물품 교환과 서비스 제공 활동, 즉 교환자 입장으로 참여했다는 응답이 15퍼센트였다.

공유 경제 경험이 있는 사람들의 주요 참여 동기는 비용 절감, 새로운 경험, 편리함, 소유 불필요, 환경 보호, 다양한 협력과 교류 경험, 공유 경제 가치 실현 등이었다. 이렇게 많은 장점 덕분에 다시 참여하겠다고 답한 참여자들이 많았다. 운송 부분 75퍼센트, P2P 물품 거래 부분 65퍼센트, 숙박 공유 64퍼센트, 금융 부분 60퍼센트의 참여자가 재참여 의사가 있다고 답했다. 또한 공유 경제 경험자 중 9퍼센트는 공유 경제 방식이 전통 서비스 방식을 완전히 대체할 것이라고 내다봤다. 이외에 공유 경제에 자주 참여한다는 응답이 20퍼센트, 우연히 참여했다는 응답이 44퍼센트였다.

공유 경제 참여 경험이 없는 사람 중 63퍼센트는 가까운 시일 안에 참여할 계획이 있다고 응답했다. 이들이 참여하려는 서비스는 운송 분야 36퍼센트, 숙박 공유 36퍼센트, P2P 물품 거래 19퍼센트, 금융 부분 18퍼센트 순으로 나타났다. 그러나 공유 경제 방식에 대한 우려 및 문제 제기도 적지 않았다. 공유 경제에 어떻게 참여하는지 모르겠다는 응답이

38퍼센트, 사기 피해 우려가 33퍼센트, 신뢰 문제를 지적한 응답자가 31퍼센트, 판매자 혹은 서비스 제공자의 진실성 문제 제기가 22퍼센트, 새로운 산업의 등장으로 기존 시장 질서가 어지러워지는 것을 원치 않는다는 응답이 12퍼센트, 어떻게 정보를 검증해야 할지 모르겠다는 응답이 6퍼센트였다.

전체 응답자 중 33.3퍼센트는 향후 공유 경제가 더 크게 발전할 것이라며 긍정적으로 평가했지만, 62퍼센트는 발전 방향이 불투명하다고 답했다.

또 다른 조사 자료가 있다. 설문 조사 기관 퓨어 프로파일Pure Profile이 구인 구직 플랫폼 에어태스커Airtasker로부터 의뢰받아 〈일자리 조사 연구 모니터의 미래Future of Work Research Monitor〉 조사를 진행했다. 전국의 직장인 1,004명을 대상으로 조사한 결과, 올해 안에 새 일자리를 찾고 싶다는 응답이 43.5퍼센트, 부수입을 원한다는 응답이 92퍼센트였다. 응답자 중 68퍼센트는 공유 경제 커뮤니티 플랫폼을 통해 이 계획을 실현할 생각이라고 답했다. 특히 젊은 층은 출퇴근 시간이 유연한 일자리와 새로운 기회와 혁신에 대한 열망이 컸다. 전체 응답자의 4퍼센트가 이 열망을 현실화하기 위해 공유 경제 플랫폼을 이용하고 있다고 답했는데 25~34세 연령대에서는 이 비율이 10퍼센트에 달했다.

2. 업종별 발전 현황

오스트레일리아 경쟁·소비자 위원회ACCC의 조사 결과에 따르면, 최근 몇 년 오스트레일리아 공유 경제는 매우 빠르게 발전했다. 특히 우버와 에어비앤비를 앞세운 운송과 숙박 분야의 발전이 두드러지는데, 이 때문에 현지 전통 기업이 크게 위협받는 수준에 이르렀다. 이외에 P2P 대출, 각종 노동력 서비스, 가정용품 공유 등 다양한 영역으로 확대되고 있다.

민다홈Mindahome은 애완동물을 사랑하는 여행객을 위해 〈하우스 시터 휴가〉라는 신개념을 만들어 냈다. 애완동물 때문에 여행을 갈 수 없는 사람들은 민다홈을 통해 같은 상황에 처한 사람들과 자유롭게 휴가 장소를 맞교환할 수 있다. 여행을 계획 중인 애완동물 주인끼리 서로 집을 바꿔 머물면서 상대방의 애완동물을 돌봐 주고 간단히 집을 관리해 주면, 호텔비를 아끼고 내 집처럼 편안하게 여러 가지 편의 시설을 이용할 수 있다. 또한 애완동물 돌봄 서비스에 들어가는 비용과 번거로움까지 해결할 수 있다. 지금까지 민다홈은 1만 명 이상의 애완동물을 키우는 집주인과 하우스 시터 여행객을 연결하고 수만 명의 여행객이 보다 여유롭고 다채로운 여행을 즐길 수 있게 해줬다.

에어태스커 창업자 팀 펑은 2014년 이후 꾸준히 성장해 온 에어태스커가 회원 21만 명을 돌파했다고 밝혔다. 이 플랫폼에서 거래되는 일은 기술이 필요 없는 단순 육체노동부터 시장 조사와 같은 전문 분야까지 매우 다양하다. 에어태스커가 매년 처리하는 노동의 가치는 약 1000만 위안에 달한다.

3. 오스트레일리아 정부의 입장

오스트레일리아 정부는 공유 경제를 적극 지지하는 입장이다. 현재 시드니에는 정부 주도에 기업 전문 운영이 더해진 공유 경제 모델이 성공적으로 운영되고 있다. 시드니 시 정부는 600여 대 공유 차량을 수용할 수 있는 400여 개 전용 주차장을 설치하고 시민들의 이용을 독려하기 위해 주차료 할인 혜택을 실시했다. 나아가 〈시드니 2030〉 도시 발전 계획에 차량 공유 시스템을 포함시켜 중점 사업으로 키울 계획이다. 시드니 차량 공유 시스템의 핵심은 편리함과 경제성이다. 시드니 시 정부 통계 자료에 따르면, 당초 목표치를 훨씬 뛰어넘는 결과가 나왔다. 시드니 가정의 6.4퍼센트가 공유 차량을 이용했고, 차량 공유 시스템은 투자 비용의 19배에 달하는 사회적 효과를 만들어 냈다. 시드니 시 정부는 2016년까지 이 비율을 10퍼센트로, 2023년까지 공유 차량 한 대당 회원 수를 22명까지 끌어올릴 계획이다. 독일 브레멘 시에서도 이와 유사한 시스템이 성공적으로 운영되어 개인 자동차 1,000대 감소 효과를 올렸다.[2]

공유 경제는 오스트레일리아 사람들의 상품 구매 및 서비스 교환 방식을 변화시키고 개인 소유 물품과 공공 자산의 경계에 대한 개념을 바꾸고 있다. 이에 오스트레일리아 노동당은 공유 경제 활동 중 노동자와 소비자의 권익이 침해당하지 않도록 명확한 〈국가 공유 경제 원칙〉을 제정했다.[3] 그 구체적인 내용은 아래와 같다.

첫째, 노동의 핵심 속성은 공유다. 오스트레일리아 국민이 개인 자산이나 서비스를 타인에게 제공하는 활동을 포괄적으로 관리할 수 있는 공유 경제 상세 규정 및 조례를 마련해야 한다. 이때 소비자가 과도한 감독을 부담스러워하지 않도록 제한 범위를 적절히 조절해야 한다.

둘째, 신형 공유 경제 서비스는 좋은 급료와 노동 환경이 보장되어야 한다. 공유 경제 서비스는 오스트레일리아 노동자의 급료 수준과 노동 환경의 질을 떨어뜨리지 않아야 한다. 공유 경제 노동력을 관리하는 기

2 周溪召, 「我国汽车共享运营模式的可持续发展研究」 참고.

3 Australian Labor Party, *National Sharing Economy Principles* 참고.

업은 합리적인 급료, 동종 업계 표준에 부합하는 계약 조건을 보장해야 한다.

셋째, 모든 사람은 합리적이고 공정하게 세금을 납부해야 한다. 공유 경제 기업은 오스트레일리아 표준 기업 세율에 따라 세금을 납부해야 한다. 공유 경제 활동은 대부분 온라인에서 이뤄지므로 세율 계산 과정을 간소화해야 한다. 공유 경제 기업은 세금 신고를 할 때 온라인 TFN[4]와 업종 코드를 잘 확인해 실제 수입 자료를 제출해야 한다.

넷째, 공공 안전을 위한 적절한 보호 조치가 필요하다. 먼저 공유 경제 기업은 고객과 제삼자의 리스크를 줄이기 위해 적절한 보험 정책을 마련해야 한다. 특히 보험 회사와 협력해 차량과 주택 등 공유 경제 활동에 이용되는 개인의 자산을 보호하는 새로운 보험 상품을 개발할 필요가 있다. 공유 경제 서비스는 오스트레일리아 소비자법 규정을 엄격히 준수해야 한다. 공유 경제 서비스를 이용하는 오스트레일리아 국민은 상품 안전성과 사기 행위 등 소비자 권익을 침해하는 행위로부터 철저히 보호되어야 한다.

다섯째, 모든 정보는 모두에게 공평해야 한다. 우버 어시스트 서비스처럼 장애인을 위한 공유 경제 서비스를 독려해야 한다. 오스트레일리아 인권 위원회는 장애인에게 제공되는 서비스가 기본 사항을 준수하고 있는지 조사 감독함으로써 서비스 실행 가능성을 높여야 한다.

여섯째, 규정을 엄격히 적용해야 한다. 먼저 법규를 제정할 때 폭넓게 여러 가지 상황을 충분히 검토하되 공유 경제 발전에 저해가 되지 않도록 가능한 부담을 줄여야 한다. 관련 법규가 제정된 후에는 모든 국민이

4 Tax File Number. 오스트레일리아 정부가 세금과 연금을 효율적으로 통합 관리하기 위해 개인에게 부여하는 번호 — 옮긴이주.

법을 철저히 준수하도록 해야 한다. 모든 규정을 엄격히 적용해 위반 행위를 절대 용납해서는 안 된다. 개인이나 기업이 규정을 위반하면 반드시 준엄한 심판을 받아야 한다. 반복 규정 위반인 경우, 운영 자격 박탈 등 보다 엄중한 조치를 취해야 한다.

중앙 및 지방 정부는 이상의 내용을 원칙으로 삼아 관리 감독 개혁안을 추진해야 한다. 오스트레일리아 경쟁·소비자 위원회와 생산성 위원회는 책임지고 관리 감독 규정이 효율적으로 집행될 수 있도록 해야 한다.

현재 시행 중인 개인 요리사와 포장 음식 등 외식 분야 관련 규정에 따르면, 홈쿠킹 가공 식품 배달 판매 시에도 사업자 등록을 신청해야 한다. 세부 규정을 보면 육류와 계란은 반드시 섭씨 5도 이하 냉장 보관해야 하고, 용기를 뒤섞어 사용하면 안 된다. 모든 식재료 구매 시 구매처와 생산 차수를 반드시 기록해서 식자재 회수 조치가 내려지면 신속하게 대처해야 한다. 식품 안전법 위반 시 벌금으로 2,000~2만 오스트레일리아 달러(한화 170만 원~1700만 원)를 내야 한다. 위법자가 외국인인 경우 추방당할 수도 있다.

10장
한국 — 규제 완화

한국의 공유 경제는 미국이나 영국과 비교하면 많이 늦은 편이지만 우버 등 글로벌 기업이 진출하면서 전 사회적으로 공유 경제 방식에 대한 관심이 크게 높아졌다. 전반적으로 볼 때 늦은 출발에 비해 발전 속도는 빠른 편이다.

2015년 10월과 11월 부산시는 19세 이상 시민 500명을 대상으로 공유 경제 관련 설문 조사를 실시했다. 그 결과, 지금까지 공유 경제를 들어 본 적이 있고 이해한다는 응답자가 5.2퍼센트에 불과했다. 앞서 언급한 PwC 미국 공유 경제 조사에서는 공유 경제를 이해한다는 응답이 50퍼센트였고, 빠른 시일 안에 공유 경제 서비스를 이용할 계획이라고 응답한 비율도 매우 높았다. 부산은 경제와 인구 규모 면에서 수도인 서울에 이은 한국 제2의 도시다. 위의 조사는 표본이 너무 적긴 하지만 한국 공유 경제가 아직 〈신문물〉 단계에 머물러 있음을 보여 준다. 한국의 공유 경제는 아직 가야 할 길이 멀지만 발전 가능성은 매우 크다. 한국 산업 통상 자원부 통계 예측 자료에 따르면, 2015년 한국 공유 경제 규모는 4700억~7300억 원으로 세계 공유 경제 규모의 2.8~4.4퍼센트를 차지하는 것으로 나타났다. 또한 2025년까지 전체 공유 경제 시장 규모가 8조 4900억~13조 1500억 원에 이를 것으로 예측했다. 2016년 1월, 서울시가 운영하는 〈공유허브〉 사이트에 등록된 단체와 기업은 총 145개였고 이 중 정부 관련 단체 4개를 제외한 나머지는 민간 주도 혹은 글로벌 기업이었다.

현재 한국의 공유 경제 기업 플랫폼은 변화하는 고객의 수요에 맞춰 다양한 형태로 나타나고 있다. 전반적으로 다양한 업종에 고루 퍼져 빠르게 발전 모델을 탐색하는 중이다.

〈공유허브〉에 등록된 공유 경제 기업 및 단체는 교육, 도서, 물건, 사진·동영상·음악, 숙박, 여행, 예술, 의류, 자동차, 정부, 경험·재능·지식, 공간 12개 영역으로 분류되어 있다. 앞서 언급한 어느 한 가지 유형에만 속하는 기업이 있는가 하면, 여러 유형에 해당하는 플랫폼도 있다. 한국에는 물건 공유, 숙박 공유, 차량 공유, 지식 공유 등 비교적 익숙한 개념 외에 시간과 서비스를 공유하는 개념이 유행하고 있다. 소셜 다이닝 개념에서 출발한 커뮤니티 플랫폼 집밥Zipbob이 대표적인 사례다. 집밥 플랫폼을 통해 취미나 관심사가 같은 사람들이 모여 회원들이 자발적으로 모임과 토론을 진행한다. 모임에 참가하고 싶은 회원은 집밥 홈페이지를 통해 자신이 원하는 모임 주제를 골라 신청하기만 하면 된다. 비용은 구체적인 내용과 규모에 따라 달라지고 지불 방식은 온라인 선지불과 현장 지불 두 가지가 있다. 이용자는 집밥 이용 약관에 따라 모임 비용의 일정 부분을 수수료로 지불해야 한다.

〈공유허브〉에 등록된 기업 외에, 부동산 신탁 형태 등 다양한 영역에서 공유 경제 방식이 등장하고 있다.

1. 업종별 발전 현황

한국의 공유 경제 스타트업 기업은 대부분 2011년 이후에 창업했다. 차량 공유, 숙박 공유, 중고 물품 거래가 대표적이고 이 중 성장세가 가장 두드러진 것은 차량 공유 영역이다.

1) 차량 공유 급성장

한국 차량 공유 시장은 쏘카Socar와 그린 카Green Car가 양분하고 있다. 서울과 수원에서는 시 정부가 민간 기업과 합작해 차량 공유 서비스를 실행하고 있다. 차량 공유 분야는 현재 한국 공유 경제 시장에서 가장 주목받는 분야로 특히 업계 선두 기업이 빠르게 성장하고 있다.

2015년 10월, 경기 개발 연구원이 크리에이티브 커먼즈 코리아에 등록된 주요 공유 경제 기업을 조사한 결과,[1] 이 중 80퍼센트가 자본금 1억 원 미만, 직원 5명 이하로 창업 초기 형태를 벗어나지 못했다. 그러나 차량 공유 선두 기업인 쏘카와 그린카는 투자 유치에 성공해 발전 전망이 더욱 밝아졌다. 자동차 렌트 업계 1위인 롯데렌터카는 자회사 그린카의 잔여 지분 47.7퍼센트를 인수하기 위해 약 100억 원을 추가 투입했다. SK 그룹도 쏘카에 590억 원을 투자해 20퍼센트 지분을 확보했다. 대기업 투자 액수를 통해 한국 차량 공유 시장의 가치를 가늠해 볼 수 있다.

2015년 4월, 경기 개발 연구원의 차량 공유 시장 조사 결과에 따르면, 20~40세 차량 미소유 직장인 남성의 이용률이 가장 높았고, 월간 이용 회수는 3회 미만이 90퍼센트로 가장 많았다. 이용 이유에서는 대부분 대

1 경기개발연구원, 「카셰어링의 사회 경제적 효과」 참고.

중교통보다 편리, 다른 교통수단의 부재를 꼽았다. 이용 목적 항목에서는 평일 여행 및 쇼핑이라는 답변이 많았다. 공유 차량 이용 후 보유 차량을 처분하거나 차량 구매를 연기할 계획이라고 답한 응답자가 51퍼센트였고, 이 중 8.7퍼센트는 차량 구매를 5년 이상 연기하겠다고 밝혔다. 이 리포트에 따르면 공유 차량 한 대가 자가용 16.8대를 대체함으로써 자동차 증가 억제, 이동의 자유와 편의 증가, 온실 가스 감소, 대중교통 활성화, 주차장 부족 해소 등 다양한 효과를 발생시켰다.

한국 차량 공유 기업은 합작 형태가 많다. 서울시 나눔카와 수원시 나누미카처럼 정부 기관이 지원하거나 민간 기업이 지원하는 쏘카와 그린카가 대표적이다. 이외에 LH 공사가 임대 아파트 주민에게 제공하는 LH 행복카, 씨티카 등도 있다. 또한 렌트카 기업으로 유명한 KT 렌터카, AJ 렌터카도 차량 공유 시장 진출을 본격화했다.

그린카는 2014년 기준 서비스존 702개소와 차량 1,067대, 쏘카는 서비스존 702개소와 차량 1,002대를 갖췄다. 두 회사 모두 수도권에 집중된 서비스 지역이 전국의 80퍼센트에 해당한다. 2014년 말까지 회원 수는 각각 22만과 18만이었는데 2015년 1월에 두 회사 모두 50만을 넘어섰고 2015년 8월에 쏘카가 먼저 100만 명을 돌파하며 가파른 성장세를 이어갔다.

한국 차량 공유 선두 기업으로 우뚝 선 쏘카는 2012년에 차량 100대로 서비스를 시작했다. 수도권 시장을 선점하고 공격적인 마케팅을 펼쳤으며 다양한 차종과 합리적인 가격으로 한국의 20~40세 성인 100만 명을 끌어 모았다. 쏘카는 서비스존 1,600개소, 차량 3,100대로 규모를 확대했고 2015년 상반기 매출액 180억 원을 기록했다. 쏘카 운영진은 현재 쏘카 서비스가 대도시에 집중돼 있지만 2016년 이후 중소 도시로 범위를 확대한다고 발표했다. 또한 쏘카는 택시 기사 회원 16만 명을 보유한 택시앱 카카오택시와 제휴함으로써 보다 편리하고 스마트한 서비스를 제공해 앞으로 더욱 발전할 것으로 기대된다. 쏘카의 빠른 성장과 더불어 공유 경제가 한국 경제 사회의 새로운 모델로 자리 잡았다.

현재 세계 60개국 1,000여 도시에서 차량 공유 서비스가 실행되고 있다. 한국의 차량 공유 서비스 회원은 약 496만 명으로 2008년 대비 40퍼센트 증가했다. 한국의 차량 공유 시장이 포화 상태에 이르기까지는 아직 상당 시간이 필요해 보인다. 서울과 부산 등 대도시를 제외한 나머지 도시와 지방 중소 도시는 대부분 공유 차량을 이용하기 힘들기 때문에 아직 발전의 여지가 많은 편이다.

2) 숙박 공유 발전을 리드한 에어비앤비

한국 숙박 공유 시장은 차량 공유보다 역사가 길다. 차량 공유가 등장하기 훨씬 전부터 유학생과 여행객을 상대로 하는 하숙이나 민박과 같은 숙박 형태가 존재했다. 그러나 오늘날 공유 경제 방식과 크게 달랐다. 개인이 숙박을 제공하려면 보통 개인 홈페이지나 블로그에 상세한 숙박 정보를 올리거나 숙박했던 고객에게 부탁해 숙박 경험과 접근 방법 등을 인터넷상에 퍼뜨리는 방법을 이용했다. 이 방법은 여기저기 찾아다니며 자료를 게재하거나 수집해야 하기 때문에 숙박 공급자와 수요자 모두에게 매우 번거롭고 힘든 일이었다.

현재 한국 온라인 단기 임대 숙박 분야는 글로벌 기업 에어비앤비가 시장을 거의 선점해 절대적으로 우세한 상황이다. 에어비앤비 코리아 이준규 대표는 〈2014년 4월부터 2015년 4월까지 1년간 에어비앤비를 이용해 한국을 찾은 여행객이 18만 명으로 전년 동기 대비 295퍼센트 증가했다〉고 밝혔다. 한국은 에어비앤비 아시아 시장 중 가장 높은 성장률을 기록하면서 향후 더 큰 발전 가능성을 시사했다. 에어비앤비 측은 향후 한국을 찾는 여행객이 증가하면서 에어비앤비 한국 시장 규모가 더욱 커질 것으로 예측했다.

뒤늦게 출발한 한국 토종 스타트업 기업은 적극적인 마케팅과 투자 유치 활동을 벌이며 시장 점유율을 높이려 노력하고 있다. 코자자Kozaza와 비엔비히어로BnBHero가 대표적이다.

3) 중고 물품 거래 활성화

관련 통계 자료에 따르면 한국 중고 거래 시장 규모는 약 18조 원이고 이 중 10조 원이 온라인 거래로 추산된다. 중고 시장에서 거래되는 물품은 의류, 미용 용품, 각종 쿠폰, 일상 잡화, 육아 용품, 가구, 가전, 자동차, 자전거 등 매우 다양하다. 온라인 중고 거래가 가장 활발한 곳은 한국 대표 포털 사이트 다음과 네이버에서 운영되고 있는 중고나라 카페다. 회원들이 직접 물건 사진을 찍어 사용 정보, 희망 가격, 개인 연락처와 함께 온라인에 등록하는 방식이다. 다음과 네이버는 방문자 수가 압도적으로 많기 때문에 자연스럽게 많은 소비자에게 물건 정보가 노출된다. 이외에 열린옷장 등 중고 물품을 취급하는 사이트나 앱이 늘어나는 추세다.

한국은 전체 중고 거래 시장에서 온라인이 차지하는 비중이 매우 높은데, 뛰어난 인터넷 인프라 덕분에 발전 전망이 더욱 밝다. 또한 공유 경제 개념에 대한 공동체 인식이 높아지면서 중고 거래 앱이나 사이트를 이용하는 회원이 점차 늘어나고 있다. 현재 온라인 중고 거래 사이트 회원 수는 한국 전체 인구의 4분의 1에 육박했다.

2. 발전 요인

1) 1~2인 가구 증가

한국은 경제 사회 발전 과정에서 1인 가구와 딩크족[2]이 크게 증가하면서 1~2인 가구 수 비율이 압도적으로 높아졌다. 한국 통계청 자료에 따르면, 한국의 1인 가구 비율은 25.6퍼센트, 약 500만 명에 이른다. 1~2인 가구로 범위를 넓히면 비율이 50퍼센트를 넘어간다. 가족 구조 변화는 필연적으로 일상 수요에 영향을 끼친다. 자동차 수요를 예로 들어 보자. 아이가 있는 3~4인 가족은 외출할 때 아이 옷, 분유, 유모차 등 준비해야 할 물건이 많기 때문에 자가용이 거의 필수품이나 다름없다. 최근 몇 년 간 한국에서 내부 공간이 넓은 SUV 차량이 유행한 이유 중 하나다. 그러나 1~2인 가구에는 자가용이 크게 필요하지 않다. 기술 발달과 더불어 교통수단이 발전했는데, 한국의 KTX는 제주도를 제외한 대다수 주요 도시를 연결해 준다. 또한 도시마다 대중교통이 발달되어 있기 때문에 대중교통이 닿지 않는 곳에 갈 때를 제외하면 굳이 자가용이 필요하지 않다. 또한 사회 전반적으로 주택과 자동차 수요가 꾸준히 감소하는 추세다. 1~2인 가구 증가, 취업난 심화 등으로 인해 가구당 수입이 눈에 띄게 줄어드는 데 반해, 부동산 경기를 활성화하려는 정부 정책 때문에 집값 상승세는 전혀 꺾이지 않았다. 이 때문에 주택 구매를 포기하는 사람이 많아졌다.

소유 자산에 대한 수요 하락은 사용권 공유를 핵심으로 하는 공유 경제 발전에 큰 도움이 된다. 지속적으로 확대되고 있는 한국의 차량 공유

2 정상적인 부부 생활을 영위하면서 의도적으로 자녀를 두지 않는 맞벌이 부부 — 옮긴이주.

시장과 숙박 공유 시장이 이를 증명했다. 생활 방식과 의식 변화는 무의식적으로 주변의 영향을 깊이 받기 마련이다. 소유에서 공유로의 의식 변화는 한국인의 마음속에 점점 깊이 각인될 것이며 한국 공유 경제의 발전 가능성은 매우 높다. 공유 경제가 대중의 일상 곳곳에 침투하면서 공유 경제에 대한 인식과 찬성 분위기가 더욱 강해질 것으로 보인다.

2) 국민 경제 성장 둔화

한국 경제는 10년 전까지만 해도 상승세가 뚜렷했지만 최근 몇 년, 그 성장세가 확실히 꺾였다. 그중 한국 최대 기업인 삼성그룹 산하 삼성전자는 세계를 무대로 거침없이 질주했다. 한때 일본과 유럽의 유명 전자 기업을 모두 제쳤던 삼성전자이지만 현재 경쟁력은 예전만 못하다. 과거 한국 스마트폰 시장은 삼성, LG, 애플이 거의 독점했지만 최근 화웨이(华为), 샤오미(小米) 등 중국 스마트폰이 시장을 넓혀 가고 있다. 이외에 현대자동차, LG전자, 여러 대형 조선 기업이 크고 작은 위기를 겪었다. 이 때문에 한국 경제가 이미 성장 절벽에 다다른 것이 아니냐는 우려가 제기됐고, 경제 성장률은 오랫동안 4퍼센트대를 밑돌고 있다.

장기 경제 침체로 가구 소득이 줄면서 소비에 대한 인식이 바뀌었다. 점점 더 많은 사람들이 〈소유보다 공유가 좋다〉라는 협력 소비 개념을 받아들이기 시작했다. 평균 소득으로 도저히 감당할 수 없는 주택을 시작으로 자동차, 유아동 용품 등으로 범위가 확대됐다. 여기에 합리적이고 경제적인 사고가 더해져 대중의 일상 소비 패턴이 크게 변했다.

3) 높은 스마트폰 보급률

창업 4년 동안 고속 성장을 기록한 쏘카 김지만 대표는 〈쏘카 고속성장은 높은 스마트폰 보급률과 훌륭한 인터넷 통신망 기반 덕분이었다〉라고 말했다. 공유 경제 발전의 가장 중요한 요건이 바로 인터넷 플랫폼이다. 인터넷은 수요자와 공급자가 서로 힘들게 찾아 헤매지 않고 효율적으로 원하는 상대를 만나 필요한 것을 얻게 해준다. 여기저기 점처럼 흩어진 수많은 수요를 하나의 거대한 수요 네트워크 공간에 집합시켜 새로운 가치를 탄생시켰다. 향후 한국 공유 경제 발전에 가장 유리한 조건이 바로 발달된 인터넷 인프라다. 또한 높은 스마트폰 보급률 덕분에 공유 경제 기업이 온라인 서비스를 확대할 때도 매우 유리하다.

한국은 스마트폰 보급률이 높기로 유명하다. 미국 시장 조사 기관 스트래티지 애널리틱스 조사 결과에 따르면, 2012년 한국 스마트폰 보급률은 67.6퍼센트로 세계 1위에 올랐다. 이는 세계 평균 14.8퍼센트보다 무려 3.6배 높은 수치였다. 2015년에는 83퍼센트를 기록하며 아랍에미리트, 싱가포르, 사우디아라비아에 이어 4위에 올랐다. 휴대폰은 현대 인류의 삶에 중요한 일부가 됐다. 사람들은 휴대폰으로 쇼핑을 하고, 인터넷을 하고, 은행 거래를 하고, 이메일을 보내고, 음악을 듣고, 수다를 떤다. 한국 전자 기업 삼성과 LG의 휴대폰 제조 규모는 세계 2위, 4위다. 한국인은 보통 할부 약정 방식으로 스마트폰을 구매한다. 통신사가 통화 요금과 데이터 요금 등을 묶어 만든 약정 요금제 중 하나를 선택하면, 가입자가 매월 부담하는 비용은 통신비와 기계값을 포함해 4만~6만 원 선이다. 보통 2년인 약정 기간을 채우면 통신비 부담이 크지 않다.

한국의 통신 네트워크 기술은 세계에서도 손꼽힌다. 2011년에 4G 시대 개막을 알렸고, 2013년 상반기 기준 4G-LTE 가입자가 41퍼센트를 넘어섰다. 2013년 6월, SK 통신이 서울 수도권 지역을 중심으로 세계 최초 LTE-A(LTE-Advanced) 서비스를 시작했다. LTE-A는 서비스 출시 14일 만에 가입자 15만 명을 돌파하며 세계 최초의 명성을 드높였다. LTE-A 다운로드 속도는 초당 300메가바이트 1기가바이트 용량 영화 한 편을 28초 만에 다운받을 수 있다. 이것은 4G-LTE보다 4배, 3G보다 21배 빠른 속도다. 한국은 무선 네트워크 보급률도 매우 높다. 해변과 지하철 전동차 안에서도 와이파이를 사용할 수 있고 거의 모든 학교에 와이파이 네트워크가 구축되어 있다. 레스토랑과 카페에 와이파이가 되지 않으면 장사가 안 될 정도다. 2016년 1월, 서울시는 지하철 와이파이 속도 문제를 해결하기 위해 초고속 공공 와이파이 서비스를 제공하겠다고 발표했다.[3]

4) 정부의 창업 지원

한국 경제 발전의 가장 큰 부작용 중 하나가 대기업 독점 심화다. 2015년 한국 10대 그룹인 삼성, SK, 현대자동차, LG, 한국전력, 포스코, GS, 현대중공업, 롯데, 한국가스공사의 연매출이 1090조 160억 원을 기록했다.

대기업의 독점적 지위가 강화될수록 중소기업은 생존의 압박이 커진다. 그러나 중소기업 취업이 사회 전체 일자리 중 90퍼센트를 차지하기 때문에 중소기업 발전은 대다수 국민의 삶과 직결돼 있다. 중소기업이 위기에 처하면 많은 사람들이 일자리를 잃거나 급여가 삭감되어 전체 사회의 소비 원동력이 약해진다. 현재 한국은 대기업 영향력이 지나치게 크기 때문에 언제 〈대마불사〉[4] 위기를 초래할지 모르는 상황이다. 대기

3 2017년 4월 해당 사업이 백지화되었으나 2017년 8월 사업이 재추진 중이다 — 옮긴이주.

4 기업이 정상적인 기준으로는 도산해야 하지만 도산할 경우 부작용이 너무 커서 구제 금융 등을 통해 존치되는 경우 — 옮긴이주.

업에 문제가 발생하면 기업의 위기나 부도로 끝나는 것이 아니라 국가 경제 전체에 막대한 영향을 끼치기 때문에, 정부는 대기업 위기에 매우 민감하다. 최근 대기업의 독점적 지위가 경제 발전의 걸림돌이라는 인식이 커지면서 정부가 다양한 창업 지원책을 시행하기 시작했다. 정부가 독점의 폐해를 명확히 인식하고 개선 의지를 드러낸 것이다.

공유 경제 부양 정책은 한국 정부가 시행하는 창업 지원 정책의 일환이다. 우버와 에어비앤비가 한국 시장에 진출하면서 특히 젊은이들을 중심으로 공유 경제 붐이 조성됐다. 운송과 숙박 이외 영역에서도 다양한 수요에 맞춰 다양한 공유 플랫폼이 등장했다. 공유 경제에서는 수요가 곧 가치를 의미한다. 2011년 이후 민간 단체와 기업이 주도하는 공유 경제 스타트업이 우후죽순처럼 등장했다. 한국 정부는 공유 경제에 대한 창업자들의 열정과 희망을 통해 공유 경제의 가능성을 인식하고 현재 공유 경제 플랫폼 창업을 적극 지원하고 있다.

3. 한국 정부의 입장

한국 정부의 긍정적인 태도 덕분에 한국 공유 경제의 미래는 매우 밝다. 2015년 12월, 한국 기획 재정부가 처음으로 공유 경제 제도권 편입 및 관리에 대해 언급했다. 〈2016년 경제 정책 방향〉에 포함된 공유 경제 관련 정책은 공유 경제 확대를 지지하는 최초의 정부 정책이었다. 기획 재정부는 비즈니스 모델이 비교적 명확한 차량과 숙박 공유 부분에서부터 관련 규정 연구 및 개선, 시범 특구 지정을 진행할 계획이다. 한국 정부는 이미 우버와 에어비앤비를 불법으로 규정한 바 있기 때문에 허용 범위와 수준을 어떻게 고지할지 고심 중이다.

한국 정부는 우수한 성과를 올린 공유 경제 기업에 자금 및 마케팅을 지원하고 2016년에는 공유 경제 발전에 걸림돌이 되지 않도록 관련 법규를 개선할 계획이다. 곧이어 공유 경제를 서비스 신산업에 포함시켜 육성 의지를 강화했다. 2016년 2월 17일, 청와대에서 열린 제9차 무역 투자 진흥회 내용 중 공유 경제를 포함한 4대 신산업 시장 개척 방안이 제시됐다.

한국 정부는 먼저 법률과 제도적 기반을 마련한 후 공유 경제를 제도권 안으로 편입해 창업 및 신산업 활동을 촉진할 계획이다. 구체적으로, 〈모바일 플랫폼 기반 중개 거래〉가 가장 큰 특징인 공유 경제가 〈직접 거래〉 중심인 기존 법률과 제도와 상충되는 부분을 개선해 위생과 거래 안전 등 소비자 권익을 침해하지 않고 건전하게 발전할 수 있도록 유도해야 한다. 이 과정에서 공유 경제 특유의 자율 규제 시스템 효과를 극대화하는 한편 해당 업계 기존 사업자의 이익과 충돌하지 않도록 균형적인 접근성을 보장해야 한다. 제도 개선이 가장 시급한 분야는 시장 수요가 많아 성장 가능성이 가장 높은 숙박, 차량, 금융 영역이다. 그러나 제도 개선을 일방적으로 진행해선 안 된다. 숙박 공유의 경우, 호텔 및 여관 등 이해관계가 상충하는 기존 사업자의 반대나 충돌이 예상되므로 〈규제 프리존〉 시범 지역을 선정해 유연하게 대처해야 한다. 2016년에 부산, 강원도, 제주도를 숙박 공유 규제 프리존으로 선정했고 2017년에는 숙박업 관련 법규를 전면 수정해 숙박 공유를 완전히 제도권 안으로 편입시킬 계획이다.

한국 공유 경제 발전 지원은 중앙 정부보다 지방 정부가 더 적극적이다. 특히 서울시는 2012년 〈공유 도시 건설〉을 선포한 바 있다.

지방 입법 상황은 부록에 첨부한 서울시, 경기도, 부산시, 성남시, 전주시 등 주요 지방 정부가 발표한 공유 경제 관련 규정을 참고하기 바란다.

공유 경제는 모든 물건, 공간, 정보를 공유하는 것이 아니라 상호 대여를 통해 자원의 경제적, 사회적, 환경적 가치를 높이는 활동을 가리킨다. 각 지방 정부는 공유 경제 촉진을 위한 지원 센터 설립, 업무 컨설팅, 공유 사업 참여 단체 및 기업 지원, 공유 촉진 위원회 운영 등 다양한 지원 사업을 추진했다. 지역 단체장이 직접 공유 촉진 위원회를 만들고 정기적으로 구체적인 계획을 수립하고 있다. 관련 조례가 정식 시행되면 민간 기업과 단체의 공유 활동이 공식적으로 행정적, 재정적 지원을 받아 공공과 민간 등 모든 공유 경제 참여 활동이 한 단계 발전하게 될 것이다.

성남시의 경우, 관련 조례 시행 전부터 시청 회의실을 시민들에게 빌려주고, 체력 단련실을 개방하고, 어린이 놀이방 장난감을 빌려주고, 공공 주차장을 건립하여 무료로 개방하는 등 다양한 공유 사업을 실행해 왔다. 성남시는 앞으로 더 많은 시민이 공유의 혜택을 누릴 수 있도록 공유 경제 사업을 적극 지원, 육성할 계획이다.

한국 중앙 정부는 2016년 6월, 에어비앤비, 우버, 카카오택시 등 O2O 산업 육성을 위한 종합 계획을 마련했다. 이 계획의 핵심은 각종 규제 완화다. 한국 진출 직후 택시업계와 갈등을 빚으며 발전이 멈춘 우버의 사례에서 교훈을 얻은 정부는 각종 제재 규정을 개선할 필요성을 확실히 인식했다.

관리 감독과 관련해 한국 정부는 전형적인 공유 경제 기업 우버와 에어비앤비를 허용하지 않겠다는 입장을 취했다. 한국 국토 교통부는 우버와 에어비앤비를 불법으로 규정하고 벌금 명령을 내린 바 있다. 또한 우버는 서울 등 대도시 택시 협동조합과 택시 기사 협동조합의 거센 반발을 불러일으켰다.

결론적으로, 기존 법률이 공유 경제 발전을 저해하는 걸림돌이 되고 있지만 한국 정부는 빠른 시일 내에 공유 경제 신산업 육성을 위해 규제 완화 등 정책적으로 이상적인 환경을 마련할 것으로 보인다.

11장
홍콩과 타이완 — 돋아나는 새싹

아시아 전통 비즈니스 기업 입장에서 공유 경제의 등장은 큰 충격이었다. 그러나 공유 경제는 전통 기업의 이익이나 기회를 뺏는 것이 아니라 자원 낭비를 막아 주는 유익한 활동이다. 공유 경제의 목적은 자원을 공유하는 과정에서 이익을 창출하는 것이고, 전통 경제의 기본은 자원 재판매를 통해 이익을 추구한다.

1. 발전 요인

2015년 6월, HKIRC[1]가 인터넷 사용자 1,500명을 대상으로 진행한 시장 조사 결과, 응답자의 30퍼센트가 공유 경제 활동에 참여한 경험이 있다고 답했다. 이 중 참여 횟수가 1~3회라고 답한 비율이 50퍼센트, 소비자로 참여했다는 응답이 82퍼센트였다. 참여 경험이 있는 응답자는 대부분 공유 경제를 새로운 소비 방식으로 인식했다. 홍콩에서 가장 활

1 Hong Kong Internet Registration Corporation. 홍콩 .hk 도메인 최상위 기구 — 옮긴이주.

발한 공유 경제 영역은 자가용 공유, 숙박 공유, 온라인 펀드 분야다.

홍콩 사람들은 공유 경제의 장점으로 금전적인 이익 외에 재미있고 유쾌한 새로운 경험, 편리하고 효율적인 시스템을 꼽았다. 관련 조사 결과를 종합해 보면 인터넷 사용자의 과거 공유 활동 경험과 교육 수준이 공유 경제 활동과 밀접한 관계가 있었다. 특히 공유 경제 참여 경험이 있는 사람의 78퍼센트가 대졸 이상의 고학력자였다.

홍콩 사람들이 공유 경제에 열광하는 이유는 유휴 자원 재분배 과정에서 얻는 경제적 이익을 얻을 수 있고, 공유 활동 자체를 즐기고 공유 행위를 통해 삶의 만족도를 높일 수 있기 때문이다.

타이완 경제 연구원의 타이완 공유 경제 분석에 따르면, 일단 타이완은 NRI[2] 수준이 높다. 2014년 NRI 세계 14위를 기록한 타이완의 인터넷 인구는 전체 인구의 절반에 해당하는 1100만 명이다. 다음으로 타이완은 땅이 좁고 인구가 많기 때문에 자연스럽게 공유 경제 개념이 싹텄다. 인구 밀도가 높은 타이완은 공유 경제를 통해 유휴 자원을 충분히 이용함으로써 자원 이용률을 높였다. 또한 에어비앤비, 우버, 스컬포르 마리나Sculfort Marina 등 세계적인 공유 경제 기업이 잇따라 타이완 시장에 진출해 큰 반향을 일으켰고 현지 기업도 하나둘 관심과 호응을 얻고 있다. 카풀 서비스 플랫폼 카르포Carpo, 물품 및 공간 임대 플랫폼 쭈성훠(租生活), 노동력 서비스 플랫폼 아이쑤훠(愛蘇活)가 대표적인 현지 공유 경제 기업이다.

카풀 서비스 플랫폼 카르포는 서비스 개시 1년도 안 되어 서비스 매칭 1만 건을 돌파했고 매월 평균 250명이 신규 회원으로 가입하고 있다. 카

2 Networked Readiness Index. 네트워크 준비 지수. 국가별 정보 통신 기술 발전도와 경쟁력을 평가한다 — 옮긴이주.

르포는 우징팅(吳敬庭)이 2013년 3월, 지인과 함께 공동 창업했다. PC와 앱을 통해 카르포 플랫폼에 접속하면 운전자와 승객 모두 자신이 원하는 노선 정보를 올릴 수 있다. 카르포는 휴대폰이나 앱 계정 등 개인 정보를 제공할 필요가 없기 때문에 더욱 안전하고 편리하게 서비스를 이용할 수 있다.

2. 분쟁

모든 신산업이 그러하듯 공유 경제도 법률 미비로 인해 여러 가지 문제를 야기했다.

홍콩 여행 관련법에 따르면 가이드 자격증을 갖춰야만 여행객을 상대할 수 있다. 숙박과 교통을 포함해 여행 계획을 세우고 안내하는 일은 여행사 고유의 업무였다. 그러나 공유 경제 플랫폼 가입자는 대부분 여행 관련 자격증이 없다. 홍콩 여행 대리점 등록 기관은 인터넷을 통해 여행객을 모집하는 행위는 여행 대리점 규정을 위반한 것이므로 고발당할 경우 벌금이 최고 10만 홍콩 달러이고 2년 이하의 징역에 처할 수 있다고 경고했다. 차량 공유 부분에서는 보험 적용 문제가 제기됐고 택시 기사들이 연합해 우버의 불법 영업이 택시 영업에 피해를 준다며 격렬한 반대 시위를 벌였다.

타이완의 상황도 크게 다르지 않다. 타이완 경제 연구원 분석에 따르면, 타이완 금융법에 〈은행이 아닌 경우 예금을 유치하거나 이와 유사한 업무를 운영할 수 없다〉라고 명시되어 있다. 숙박 관련법 단기 임대 규정에 〈관광 호텔, 민박, 여관을 운영하려면 반드시 허가증을 발급받아야 한다〉라는 내용이 있다. 차량 공유 부분에서는 교통사고 발생 시 중개 플랫폼이 기사와 승객에게 보상을 해야 하는지, 개인 차량 영업이 택시 영업권을 침해하는 것이 아닌지에 대한 논란이 끊이지 않고 있다. 또한 중고물품 거래 플랫폼을 통한 거래에 7일 이내 환불을 보장하는 소비자 보호법을 적용해야 하는지에 대해서도 의견이 분분하다.

3. 각 정부의 입장

HKIRC가 〈공유 경제: 기회와 위협〉이라는 주제를 내건 제7차 디지털 시장 토론회에 참석한 홍콩 정부 산하 〈자신 과기 총감 판공실OGCIO〉 양더빈(楊德斌) 최고 정보 책임자는 성황리에 진행된 토론회에서 공유 경제에 대한 홍콩 시민의 뜨거운 관심을 확실히 체험했다고 밝혔다. 양더빈은 세상을 변화시킬 10대 아이디어에 협력 소비가 포함된 『타임』 기사를 언급했고 10년 후 홍콩 공유 경제 시장 규모가 3000억 달러에 이를 것으로 예상하며 가능성을 매우 높이 평가했다. 그는 현재 공유 경제가 직면한 도전에 대해서도 언급했는데 홍콩 정부는 언제나 혁신을 지지하며 과학 기술원 등 정부 기관에서 스타트업 창업을 지원할 것이라고 밝혔다. 그러나 혁신과 전통 사고의 갈등은 피할 수 없으며 기존 법률 범위 안에서는 반드시 법을 준수해야 한다고 강조했다. 혁신적인 아이디어라고 그냥 법을 무시해도 되는 건 아니다. 법은 언제나 혁신보다 느리기 마련이며, 이는 전 세계 공통적인 현상이다. 홍콩 정부는 창업자, 관리 감독 기관, 소비자 모두가 만족할 수 있는 공동 인식을 형성해야 한다고 강조했다. 기존 사업자의 이익을 침해하지 않고 법률에도 저촉되지 않는 새로운 국면을 만들어야 한다. HKIRC 행정 총재 셰안다(謝安達)는 자원 낭비를 감소시키는 공유 경제 모델은 이미 홍콩 소비자 사이에 새로운 흐름으로 받아들여졌지만 이로 인한 전통 기업의 충격은 피할 수 없다고 말했다. 얼마 전 떠들썩하게 우버 차주와 기사를 체포했지만, 이는 작은 소동일 뿐 공유 경제의 거대한 흐름을 막지는 못할 것이다.

타이완 경제 연구원은 다음과 같은 정책 개선 방안을 제시했다.

먼저 모든 영역을 아우르는 협상과 시범 적용 등을 통해 관련 규정을 현실에 맞게 조정해야 한다. 효과적인 협상을 위해 구체적인 논쟁 주제와 발전 가능성이 큰 분야를 선정해 해당 분야 전문가를 초빙해 공유 경제 모델의 본질과 발전에 대한 이해도를 높이고 이해 관계자가 한자리에 모여 소통하고 협력하도록 해야 한다. 그런 후에 현행 규정에 저촉되는 공유 경제 서비스를 집중 점검하고 공유 경제 사업자, 기존 사업자, 대중이 관리 감독 내용을 명확히 인지하도록 한다. 계속해서 해당 공유 경제 서비스가 기존 법률에 부합하는지 분야별로 개별 토론을 진행한다. 시대와 현실에 맞지 않는 규정은 분야별로 관련 조례 범위를 완화해 공유 경제 발전을 위한 토대를 마련해야 한다.

다음으로 다양한 정보 교류를 촉진할 플랫폼이 필요하다. 재계, 정계, 학계가 한 자리에 모이는 간담회를 개최해 각계 전문가, 사업자, 관계 당국이 긴밀한 관계를 맺어 비즈니스 현황과 사업자의 요구를 정확히 파악해 최상의 해결법을 찾도록 노력해야 한다. 대중에게 의식주 및 오락 미디어와 관련된 필요한 정보를 주고 각 분야 사업자에게 종합 서비스를 제공하는 민간 주도 종합 공유 정보 플랫폼이 지지한다. 이 플랫폼을 통해 기업에 경영 관리, 공급망 관리, 고객 관리와 관련된 솔루션을 제공하고 창업 기업과 중소기업이 빠르게 성장하도록 지원한다.

마지막으로 발전 촉진이 필요하다. 공유 경제의 본질과 중요성을 널리 알리기 위해 공문이나 회의를 통해 공유 경제에 대한 인식을 높여야 한다. 이를 위해 타이완 중앙 및 지방 정부는 모든 역량을 동원하고 있다. 예를 들어 OTOP[3]는 지방 도시 테마 여행을 발전시키기 위해 먀오리, 장화, 화롄을 포함한 가장 가보고 싶은 주요 여행 노선 10선을 기획했다. 이 기획은 여행객에게 교통 체증을 최소화하는 동시에 편리한 교통 서비스를 제공하고 지방 도시 테마 여행을 효과적으로 홍보하기 위해 민간 카풀 플랫폼과 제휴를 맺었다.[4]

지금까지 살펴본 각국 공유 경제 상황을 종합해 보면 한 가지 공통점이 있다. 산업 혁신이 민간의 호응을 얻어 기반을 형성하고 정부 지원이 더해져 빠르게 발전했다는 것이다. 반면 미국, 영국, 한국, 오스트레일리아, 캐나다 등 각국 정부의 태도는 정책 결정자의 관점에 따라 조금씩 다른 특징을 보였다. 세계 각국의 경험은 중국에게 중요한 교훈이 될 것이다.

공유 경제 흐름이 세계를 휩쓸면서 중국 대륙에서도 고속 성장세가 뚜렷하게 나타났다. 최근 몇 년, 디디와 투자가 세계 무대로 진출하고 주바제(猪八戒)와 런런콰이디 등이 비약적으로 발전하며 중국 대표 공유 경제 플랫폼 대열에 합류했다. 거의 모든 분야로 확대된 중국 공유 경제는 점점 더 세분화하고 혁신의 혁신을 거듭하면서 대중의 일상에 보다 빠르고 깊숙이 침투하고 있다.

중국 공유 경제 스타트업 창업은 아직 정점에 도달하지 않아 여전히 성장 가능성이 큰 분야다. 최근 급성장하면서 적잖은 문제점을 노출했지

3 One Town One Product, 臺灣地方特色網 — 옮긴이주.
4 타이완 경제 연구원 지역 발전 연구 센터(台灣經濟研究院 區域發展研究中心), 「공유 경제 시대, 타이완 중소기업(共享經濟崛起對臺灣中小企業之機會與挑戰)」 참고.

만, 세계 각국의 발전 상황을 참고하고 기업, 정부, 대중이 다함께 노력하면 충분히 해결의 실마리를 찾을 수 있다. 일련의 문제가 해결되면 중국 공유 경제는 완벽한 대세가 될 것이다.

3부

중국 편

현룡재전

12장
공유 경제 발전 현황과 문제

지금 공유 경제는 세계적인 흐름을 형성하며 금융 위기 이후 새로운 경제 성장점으로 주목받고 있다. 공유 경제 방식을 도입한 혁신 플랫폼은 저비용, 고효율을 앞세워 경제 잉여 자원의 수요와 공급을 신속하고 정확하게 연결했다. 공유 경제는 〈사람은 그 재능을 다하고, 물건은 그 쓰임을 다해야 한다〉라는 이상을 실현하며 대성공의 발판을 마련했다. 관련 자료에 따르면, 2015년 세계 공유 경제 시장 규모는 약 8100억 달러에 이른다. 이제 막 발전 궤도에 오른 중국 공유 경제는 숙박 및 차량 공유 분야에서 이미 뚜렷한 성과를 올렸다. 제18기 오중전회 보고에서 공유 경제 발전이 언급됐지만, 아직 다함께 관심을 가지고 해결해야 할 과제가 산적해 있다.

1. 공유 경제 — 국가 경제의 새로운 성장 동력

과학 기술 발전이 생산력 증대로 이어지면서 사회적 부가 빠르게 증가했고, 이로 인해 세계 경제 사회가 생산 과잉 문제에 부딪혔다. 생산 과잉은 기업 부문에서 유휴 재고와 유휴 생산력, 개인 부분에서 유휴 자금, 유휴 물품, 인지 잉여와 같은 경제 잉여 자원이 쌓이는 결과를 낳았다. 그러나 공유 경제는 인터넷을 기반으로 대규모 경제 잉여를 활성화시켜 새로운 경제 효과를 창출했다. 이와 관련해 중국 리커창 총리는 2015년 하계 다보스 포럼에서 〈공유 경제는 경제 발전을 위한 새로운 길을 개척하고 있다. 공유와 협력을 통해 혁신과 창업을 촉진하고 원가 비용 절감으로 시장 진입 문턱을 낮췄다. 이러한 흐름은 중국 사회에 공유 경제라는 새로운 영역을 개척했고 앞으로 더 많은 대중이 참여하게 될 것이다〉라고 말했다.

중국 공유 경제는 이미 여러 분야에서 주목할 만한 성과를 올렸다. 판매 대신 단기 임대 방식으로 유휴 부동산을 여행 숙박 공간으로 활용해 유휴 부동산 문제를 해결하는 동시에 여행업 발전을 촉진했다. 노동 서비스 분야에서는 온라인 크라우드 소싱이 대중의 큰 호응을 얻으며 수천만 일자리를 창출하고 취업난 해소에 크게 기여했다. 교통 운송 부분에서는 디디순펑처 서비스가 설 연휴 귀성객 81만 명을 소화하며 여객 수송력 부족 문제를 조금이나마 해결하는 동시에 공유 경제의 뛰어난 사회적 효과를 증명했다. 제조업에서는 생산 방식 혁신, 기업 간 공급망 공유를 비롯해 판매 대신 임대 방식으로 유휴 재고를 해결하고 있다.

지금 중국 공유 경제는 교통 운송과 숙박 영역에서 다양한 개인 소비 영역으로 확산하는 중이며 B2B 시장도 어느 정도 규모를 갖췄다. 공유 경제가 발전하면서 〈유휴 자원은 낭비이며, 소유하지 않고 사용한다〉라는 새로운 소비관이 전 사회적으로 큰 공감을 얻고 있다. 자원 소모를 최소화하면서 최대한 많은 수요를 만족시키는 공유 경제 방식은 녹색 발전과 지속 가능한 발전을 위한 중요한 토대이기도 하다. 공유 경제는 이미 수억 명 중국인의 삶을 변화시키며 향후 국가 경제를 이끌 강력한 성장 동력으로 떠올랐다. 중국 경제는 성장 동력 전환과 함께 서비스업을 새로운 경제 성장점으로 삼아 발전하게 될 것이다.

2. 공유 경제 발전의 걸림돌

중국 공유 경제는 아직 시장 환경이 미성숙한 초기 단계에 머물러 있다. 2015년 중국 공유 경제 시장 규모가 1조 위안(중국 GDP의 1.6퍼센트)을 돌파했다. 그러나 이 중 비금융 비율은 10퍼센트가 채 되지 않는다. 미국의 경우, 공유 경제 시장 규모가 약 3조 위안(미국 GDP의 3퍼센트)이고 비금융 비율이 90퍼센트를 넘는다. 이 수치만 비교해도 중국 공유 경제는 아직 가야 할 길이 멀다. 그리고 이 길 곳곳에 여러 걸림돌이 존재한다.

첫째, 공유 경제 관리 감독이 여전히 전통 산업 관리 체계 기초를 벗어나지 못해 혁신 산업의 현실과 거리가 멀다. 중국은 효율적인 업계 관리를 위해 기본적으로 시장을 세분화하고 영업 허가증 심사 관리에 중점을 뒀다. 그러나 공유 경제 시대를 맞아 전통적인 시장 세분화 관리 방식의 틀의 깨고 영역을 초월한 통합형 업무 형태가 속속 등장했다. 계속 기존 관리 체계를 고집한다면 관리의 효율성이 크게 떨어지고 무엇보다 신산업을 말살할 가능성이 크다. 다음으로 공유 경제 관리 감독에서 가장 큰 관심을 모으는 〈안전성〉에 대해서도 깊이 생각해 봐야 한다. 공유 경제에 반대하는 이들이 가장 전면에 내세우는 이유가 바로 안전 문제다. 그러나 이러한 주장은 대부분 구체적인 논증 없이 공허하고 피상적일 때가 많아 보다 심도 깊은 토론이 요구된다.

둘째, 신용 조회 시스템 등 보조 수단이 불완전하다. 공유 경제에서 신용은 화폐만큼 중요한 의미를 지닌다. 수요와 공급 양측의 신뢰 관계가 구축돼야 공유 행위가 발생하고 거래가 성립된다. 공유 경제 방식을 실행하려면 신분증 정보 검증, 소셜 커뮤니티 계정 등록, 친구 추가, 쌍방 신용 평가, 개인 정보 공개, 보상 제도를 기반으로 최대한 빨리 참여 주체 간 신뢰 관계가 구축되도록 해야 한다. 그러나 현재 중국은 신용 조회 시스템이 폐쇄적으로 운영되고 있다. 공유 경제 플랫폼 운영 기업이 수요자와 공급자 신용을 조사할 때 참고할 수 있는 자료는 비즈니스 거래와 온라인 평가 시스템 정보뿐이다. 개인 신용 상황을 가장 확실하고 효과적으로 확인할 수 있는 금융 신용 정보와 공안, 상거래, 세무, 세관 기록 등 각종 행정 관리 정보는 현실적으로 접근이 불가능하다. 결국 공유 경제 기업이 공급자 자격을 심사해도 빈틈이 많기 때문에 공유 경제의 안전성을 위협할 위험 요소는 여전히 존재한다.

셋째, 기초 인프라 부족으로 대중 참여가 제한적이다. 인터넷 기술은 각지에 흩어져 있는 수요와 공급을 효과적으로 연결해 주는 공유 경제 발전을 위한 기본 요소다. 그러나 현재 중국은 인터넷 인프라 구축이 많이 부족한 상황이다. 중국 인터넷 보급률은 50.3퍼센트로 주요 선진국이 80퍼센트 수준인 것과 비교하면 여전히 격차가 크다. 특히 모바일 광대역 3G 및 4G 설비는 주요 도시와 경제 발달 지역에 집중되어 일부 3, 4선 도시[1]와 농촌 산간 지역은 설비 수준이 열악하다. 마지막으로 인터넷 사용료가 비싸다는 점도 하루 빨리 개선되어야 할 문제다. 인터넷 인프라 부족은

1 사회 경제 규모, 정치 영향력 등을 종합 평가해 1선~4선으로 분류한다. 1선 도시는 베이징, 상하이, 광저우. 2선 도시는 선전, 톈진 등 20여 개, 3선 도시는 100여 개, 4선 도시는 170여 개다 — 옮긴이주.

13억 중국인의 공유 경제 참여도를 결정짓는 매우 중요한 요소다.

3. 중국 공유 경제 발전 촉진을 위한 제안

1) 인식 변화 — 공유 경제의 개념과 가치를 널리 알려 전반적인 인식 수준을 높이고 관련 데이터 통계 매커니즘을 개선할 필요

정부는 사회 의식 교육, 학교 교육, 공유 경제 시범 도시 사업 등을 추진해 공유 경제가 사회, 경제, 환경에 미치는 긍정적인 효과를 널리 알리고 젊은이들이 공유 경제 혁신 창업에 도전하도록 독려해야 한다. 나아가 공유 경제에 대한 대중의 오해와 우려를 해소시켜 공유 경제에 대한 대중의 인식과 참여 의지를 높여야 한다. 이를 위해 GDP 통계상에 드러나지 않지만 공유 경제가 만들어 낸 경제적 가치를 수치화할 수 있는 새로운 데이터 수집 시스템을 구축해야 한다. 공유 경제가 GDP 성장과 소비자 물가 지수에 미치는 긍정적인 효과를 데이터화하고 정확히 분석해 정부 정책에 반영해야 한다.

2) 관리 감독 — 포용적이고 개방적인 관리 감독 환경 조성

지금 세계 주요 국가는 공유 경제에 큰 관심을 보이며 저마다 공유 경제 발전을 위한 부양 정책을 실행하고 있다. 영국 정부는 2014년 〈세계 공유 경제 허브 구축〉이라는 공유 경제 발전 계획을 수립했고, 한국 정부는 시장 규제를 완화하고 공유 경제 시범 도시 사업을 추진하고 있다. 공유 경제의 새로운 비즈니스 모델과 운영 방식은 전통 산업과 크게 다르다. 신산업을 구산업 관리 감독의 틀에 억지로 끼워 맞추려 하지 말고 상황에 따라 적절한 관리 방법을 만들어야 한다. 가능한 구체적인 문제를 상세히 분석해 공유 경제 발전을 저해하는 불합리한 규제와 걸림돌을 가능한 빨리 해결해야 한다.

3) 보조 시스템 — 신용 조회 시스템 개방 등

먼저 신용 조회 시장을 발전시켜야 한다. 여러 신용 정보 플랫폼을 완벽하게 통합해 정보 고립 지대를 없애고 전 사회적으로 통용되는 신용 조회 시스템을 구축해야 한다. 공유 경제 기업이 신용 정보 조회를 통해 온라인 신분 인증 제도를 실행할 수 있도록 신용 조회, 위험 경보, 위법 및 신용도 하락 등 관련 정보를 온라인에 공개적으로 공유해야 한다. 또한 사회 보험과 복지 서비스를 더욱 강화해야 한다. 관련 기구를 설립해 공유 경제 취업 지도, 구직자 기술 교육, 이력 관리, 연봉 관리 등 공유 경제 참여자에게 필요한 보험 및 복지 서비스를 제공한다. 이외에 공유 경제 기업과 보험 회사가 공동으로 보험 상품 개발 및 기금 마련 방법을 모색하도록 지원해야 한다.

4) 공유 경제 발전에 필요한 사회 인프라 구축

광대역 인프라 확대 사업를 서두르고 인터넷 사용료를 인하하고 지역 간 정보 격차를 줄여, 공유 경제 플랫폼 접근성을 강화하고 공유 경제 참여도를 높여야 한다. 공유 경제 시범 도시 사업을 통해 공유 경제 효과를 널리 알릴 필요가 있다. 정부 기관이 공유 경제 참여자가 되어 공유 경제 플랫폼을 통해 필요한 물품을 구입하고 공무 수행 중 차량 및 숙박이 필요할 때 공유 서비스를 이용하도록 독려해야 한다.

13장
도시 교통

세계적인 관점에서 중국 공유 경제를 살펴보면 각국의 다양한 경험이 중국이라는 거대한 시장 안에 모두 녹아 있다. 반대로 중국의 관점으로 세계 공유 경제 시장을 보면 중국 시장이 얼마나 거대하고 변화무쌍한지 새삼 놀라게 된다. 중국 공유 경제의 현재는 〈현룡재전(見龍在田)〉이라는 한마디로 요약할 수 있다.

중국에서는 음력 2월 2일, 해 질 녘 동쪽 하늘에 창룡칠성(蒼龍七星) 중 하나인 각수(角宿)가 떠오른다. 일 년 중 첫 번째이자 창룡칠성 중 첫 번째인 각수가 떠오르는 이 순간을 『주역(周易)』에서는 〈현룡재전〉이라 표현했고, 사람들은 〈용이 고개를 든다〉고 말했다. 『주역』 효 풀이에 〈현룡재전, 이견대인〉이라는 내용이 있는데, 요즘 말로 바꿔 보면 〈현룡이 밭에 모습을 드러냈으니 뜻이 있는 사람은 대사를 도모해야 할 때다〉 정도가 되겠다. 오늘날 창업 활동이 대사 도모의 대표적인 사례일 것이다.

중국 공유 경제를 〈현룡재전〉이라 한 것은 동쪽 지평선에서 떠오르기 시작한 각수처럼 미래가 창창하다는 뜻이다. 또한 이때는 봄의 기운이 도래해 모든 것이 소생하는 아름다운 계절이다. 관련 통계 자료에 따르면 중국 공유 경제는 이미 다양한 영역으로 확산됐다. 곳곳에서 싹을 틔우고 쑥쑥 자란 가지에 무성한 잎이 뒤덮여 강한 생명력을 뿜어내고 있다.

차량 공유 분야는 가장 큰 시장 규모를 자랑한다. 디디가 발표한 자료에 따르면, 2015년 디디 전체 주문 건수는 14억 3000만으로, 같은 해 미국 택시 콜 주문 건수보다 두 배[1] 가까이 많았고 약 10억 건을 기록한 우버 세계 주문 건수를 앞질렀다. 디디를 포함한 중국 차량 공유 시장 전체로 범위를 확대하면 주문 건수가 약 20억에 달한다.

숙박 공유 분야는 4년 동안 시장 규모 100배 증가라는 놀라운 성장 속도를 보였다. 아이리서치iResearch 통계 자료에 따르면, 중국 온라인 단기 임대 시장은 2012년부터 본격적으로 발전하기 시작했다. 2012년 1억 4000만 위안으로 시작한 시장 규모는 2013년 8억 위안, 2014년 38억 위안, 2015년 105억 위안으로 빠르게 성장했다. 쑤투(速途) 연구원과 애널리시스Analysys도 2015년 중국 온라인 단기 임대 시장 규모가 100억 위안을 돌파했다고 발표했다.

중국 P2P 온라인 대출 시장 규모는 2013년 270억 위안에서 2015년 9750억 위안으로 성장했다. P2P 온라인 대출과 크라우드 펀딩 등 금융 분야는 다른 공유 경제 분야에 비해 시장 규모가 압도적으로 클 뿐 아니라 발전 속도도 놀라울 만큼 빨랐다. 링이(零壹) 연구원 통계 자료에 따르면, 2015년 중국 크라우드 펀딩 시장 규모는 150억 위안이고, 여기에 P2P 온라인 대출 시장 규모를 더하면 금융 분야 총 규모는 9900억 위안에 이른다.

단기 일자리 플랫폼 주바제가 자체 조사한 바에 따르면, 2015년 기준

1 IBIS World & Statistic Brain, 약 8억 건.

중국 프리랜서 인구는 약 3000만 명이고, 온라인 고용 시장 규모는 약 234억 5000만 위안이었다.

다음은 중고 물품 거래 부문이다. 아이리서치 통계 자료에 따르면, 2015년 중국 중고차 시장 규모는 약 5000억 위안이고 이 중 온라인 거래가 100억 위안이었다. 중고 가전 시장 규모는 1000억 위안이고 이 중 온라인 거래가 20억 위안이었다. 이외에 가구, 서적, 장난감 등 기타 중고 거래 시장 규모는 상대적으로 작았다. 온라인 중고 거래 총 규모는 약 200억 위안으로 추산된다.

중국 공유 경제가 짧은 준비 기간을 거쳐 고속 성장기에 진입할 수 있었던 주요 요인은 다음과 같다.

첫째, 세계 최대 시장 규모. 중국은 세계에서 가장 많은 소비자를 보유하고 있기 때문에 공유 경제 시장 규모도 남다를 수밖에 없다. 2016년 1월 22일, 중국 인터넷 정보 센터CNNIC가 「제37차 중국 인터넷 발전 상황 통계 보고」를 발표했다. 2015년 12월 기준 중국 인터넷 인구는 6억 8800만 명으로 인터넷 보급률 50.3퍼센트를 기록했다. 인터넷 보급률은 전년 대비 2.4퍼센트 상승했다. 모바일 인터넷 인구는 6억 2000만 명으로 전년 대비 6303만 명 증가했다. 여기에서 주목할 점은 모바일 인터넷 인구가 전체 인터넷 인구의 90.1퍼센트에 이른다는 사실이다. 즉, 휴대폰이 인터넷 인구 증가에 큰 영향을 끼쳤고 나아가 공유 경제 발전의 핵심임을 알 수 있다. 2013년 닐슨이 세계 네티즌을 대상으로 진행한 공유 경제 인식 조사 결과에 따르면, 중국인 응답자 중 94퍼센트가 타인과의 공유 행위를 긍정적으로 받아들였다. 이 수치는 세계 최고였고 중국 사회에서 공유 경제가 얼마나 유행하고 있는지 보여 준다.

둘째, 막대한 벤처 투자금. 중국 공유 경제 발전은 주요 선진국에 비해

3년 이상 뒤처졌다. 중국 공유 경제 기업은 대부분 2011년 이후에 등장해 2014년에 폭발적으로 성장했다. 이 시기 많은 공유 경제 스타트업 기업이 벤처 투자금 지원을 받아 혁신에 성공했다. 2015년 말 기준 기업 가치 10억 달러 이상인 유니콘 기업이 8개 분야 16개로 나타났다. 기업 가치 10억 위안 이상인 준유니콘 기업도 30개가 넘는데, 그 기업 가치 총합만 700억 위안이 넘는다. 눈여겨볼 점은 세계적으로 투자업계 발전 곡선이 줄곧 하향세라는 사실이다. 이 때문에 분야별 창업 투자가 크고 작은 어려움을 겪고 있지만 국내외 벤처 투자 기관들은 향후 2~3년 동안 성장 가능성이 큰 중국 공유 경제 기업에 꾸준히 투자할 것으로 보인다.

셋째, 뛰어난 공공 환경. 중국 정부는 2015년 제18기 오중전회 보고에서 〈공유 경제〉를 처음 언급하면서 그 중요성을 명확히 인식했다. 리커창 총리는 〈지금 세계적으로 빠르게 성장하는 공유 경제는 경제 발전을 위한 새로운 길을 개척하고 있다. 공유와 협력을 통해 혁신과 창업을 촉진하고 원가 비용 절감으로 시장 진입 문턱을 낮췄다. 이러한 흐름은 중국 사회에 공유 경제라는 새로운 영역을 개척했고 앞으로 더 많은 대중이 참여하게 될 것이다〉라고 말한 바 있다. 2016년 양회 「정부 업무 보고」에서도 〈공유 경제 발전 촉진〉, 〈공유 경제 발전 지지〉라고 언급하며 공유 경제 발전을 강조했다. 양회 직후 『인민일보』는 논평을 통해 〈2015년 중앙 문건에 처음 언급됐던 공유 경제 발전이 2016년 「정부 업무 보고」에서 공유 경제 발전 촉진, 공유 경제 발전 지지로 이어졌다. 이는 중앙 정부가 공유 경제를 매우 중요하게 생각하고 있다는 명확한 의지와 입장을 보여 준다〉라는 의견을 밝혔다.

중국 공유 경제는 거대 시장과 막대한 투자금에 든든한 정책까지 더해져 산업 발전 단계로 볼 때 이미 황금기에 진입했다.

물론 공유주의 비즈니스는 구체적인 실천 과정에서 크고 작은 어려움을 겪을 수밖에 없다. 이제 겨우 걸음마 혹은 워밍업을 시작한 분야도 있지만, 중국 전역에 이미 공유 경제 바람이 불기 시작했고 공유주의 실천이 중국 사회 문제 해결에 큰 도움이 되리라 예상한다. 공유 경제는 이미 대세가 됐고 그 흐름은 아무도 막을 수 없다.

이쯤에서 공유 경제 운송 분야의 미래를 예상해 보자.

지금 구글은 무인 자동차 연구 개발에 박차를 가하고 있다. 전자동 조종 시스템을 장착한 구글 무인 자동차는 도로 안전 주행 테스트 단계에 있다. 2015년 6월, 구글은 샌프란시스코와 오스틴에서 실시한 무인 자동차 테스트 주행 거리가 160만 킬로미터를 돌파했다고 발표했다. 샌프란시스코와 오스틴은 이미 법적으로 무인 자동차 주행 테스트를 허용했고 앞으로 가장 먼저 무인 자동차를 상용화할 것으로 보인다.

앞으로 무인 자동차 분야의 경쟁은 더욱 치열해질 것이다. 구글 무인 자동차는 핸들과 브레이크 시스템에 묶인 기존 자동차의 틀을 깨버렸다. 이제 우리는 버튼 하나만 누르면 자유롭게 움직일 수 있게 됐다. 무인 자동차는 여러 가지 상황에서 발생하는 다양한 수요를 수용하게 될 것이다. 구글은 무인 자동차를 개발하면서 수차례 규제에 발목을 잡혔지만 끝까지 포기하지 않았다. 추측컨대, 구글이 이렇게 집착하는 이유는 일반 소비자의 무인 자동차 수요를 만족시키기 위함이 아니라 공유 경제의 가능성 때문이다. 2015년 2월 이후 구글은 무인 자동차에 응용할 서비스 개발에 착수했다. 이 개발이 성공하면 구글은 우버의 강력한 경쟁 상대가 될 것이다. 구글의 목적이 가시화되면서 우버와 여러 자동차 제조사도 무인 자동차 기술을 개발해 테스트 단계에 접어들었다.

구글의 무인 자동차 프로젝트는 우버, 리프트 등 차량 공유 기업과 기존 택시업계를 향한 강력한 도발이다. 거대 IT 기업 구글까지 뛰어든 공유 경제 시장은 앞으로 더욱 뜨겁게 달아오를 것이다.

10년 후 미래 도시는 어떤 모습일까? 모든 차량이 무인 자동차로 대체되고 하나의 거대한 플랫폼을 통해 운행될 수도 있지 않을까? 사람들은 필요에 따라 언제 어디서든 편하게 이동할 수 있다. 그날이 오면 도시의 도로와 골목을 가득 메운 주정차 차량과 대중교통 개혁에 대한 부담이 사라질 것이다.

이제 막 싹을 틔웠으니 무인 자동차 상용화는 빨라도 10년 후에나 가능할 것이다. 지금 이 순간에도 구글은 무인 자동차의 고향 캘리포니아에서 규제의 족쇄를 풀기 위해 최선을 다하고 있다.

1. 세 가지 교통 운송 방식

현재 중국 도시들은 무인 자동차를 운행할 준비 조건을 갖추지 못했다. 아직까지 차량 공유 모델도 숱한 오해와 의심, 저항과 배척에서 벗어나지 못한 상태다.

중국은 오랫동안 두 가지 도시 교통 운송 방식에 익숙해 있었다. 하나는 보행, 자전거, 오토바이, 자가용 등 개인 교통수단이고 다른 하나는 버스, 지하철, 전차, 택시를 포함한 대중 교통수단이다. 그리고 최근 제3의 방식인 인터넷을 이용한 다양한 차량 공유 서비스가 등장했다. 이 세 번째 방식은 기존 방식의 빈틈을 메우며 도시 교통 운송 서비스 시스템을 한 단계 업그레이드시켰다. 때마침 유행하는 공유 경제 흐름을 따라 자연스럽게 우리 삶의 방식을 바꿔 놓았고, 이 과정에서 수많은 논쟁을 불러일으켰다. 과연 우리는 이 변화를 어떻게 받아들여야 할까?

첫 번째 방식은 온전히 개인의 역량에 의존한다. 너도나도 차를 사기 시작하면서 자유롭고 무절제한 발전이 이어졌고 그 결과는 자원 낭비와 경제 잉여였다.

두 번째 방식은 정부와 몇몇 기업이 주도했고 정책과 규제의 틀에 갇혀 뚜렷한 한계를 드러냈다. 도시 인구가 늘어날수록 차량 수도 급속히 증가했고, 교통 기반은 늘 부족했다. 하루가 다르게 팽창하는 방대한 수요에 비해 공급 속도는 너무 더뎠다. 비유컨대, 수요가 코끼리라면 공급은 개미 수준이었다. 개미가 어떻게 코끼리를 먹여 살리겠는가? 이것은 대표적인 규제 중심 시장 운영의 폐해다.

세 번째 방식은 대중의 힘에 새로운 시장과 기술 매커니즘이 더해진 이상적인 자원 재분배를 의미한다. 여기에서는 전체와 과학적인 시스템이 강조한다. 코끼리를 먹여 살려야 하는 난제를 해결하려면 구세주 역할이 필요하다.

중국 도시 교통 문제를 조금 더 상세히 분석해 보자.

롤랜드 버거Roland Berger 컨설팅은 도시 교통 문제를 양, 효율, 질, 결과 네 가지 키워드로 분석한 보고서를 발표했다. 이 분석은 참고할 가치가 있다.

첫째, 양의 문제는 소비자의 운송 수요를 효과적으로 만족시키지 못함을 의미한다. 특히 대도시 러시아워 시간대 차량 공급이 심각하게 부족하다. 베이징 택시업계를 예로 들어 보자. 2003년 이후 베이징 상주인구는 700만 명이 증가했지만 베이징 택시는 변함없이 6만 6,000대 수준을 유지하고 있다. 베이징 러시아워 시간대 택시 수요는 공급량보다 세

표 13-1. 베이징 시 러시아워 시간대 택시 수요-공급 그래프

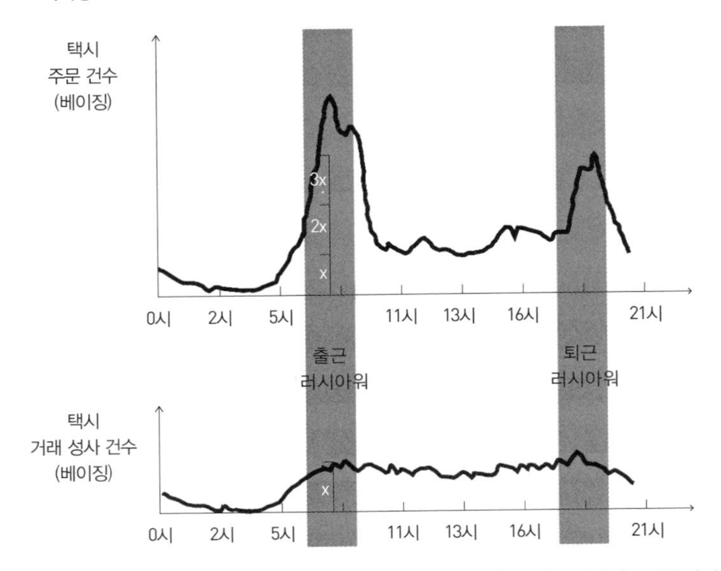

자료 출처: 롤랜드 버거, 「모바일 인터넷과 도시 교통 혁명Mobile internet and the urban transportation revolution」.

배 이상 많아 심각한 불균형 상태다.

둘째, 효율의 문제는 소비자의 이동 효율이 낮음을 의미한다. 즉, 교통 체증이 심해 이동 시간이 길어진다는 뜻이다. 롤랜드 버거 리포트에 따르면 2014년 2분기 중국 10대 대도시 이동 효율 지수[2]는 대략 50퍼센트 수준이었다. 10대 대도시 소비자가 교통 체증 때문에 낭비하는 시간은 연평균 85시간이었고, 이 중 베이징은 100시간을 기록하며 최악의 교통 체증 도시임을 증명했다. 교통 체증은 중국 도시 교통 분야에서 가장 심각한 문제다.

2 교통 체증이 전혀 없는 상황에서의 이동 시간과 실제 이동 시간을 비교한 수치. 수치가 100퍼센트에 근접할수록 교통 체증이 없는 것.

셋째, 질의 문제는 단계별 소비 수요를 만족시키지 못함을 의미한다. 특히 프리미엄 서비스 수요, 임신부, 노약자, 어린이, 환자처럼 특별한 운송 서비스가 필요한 소비자가 차별화된 맞춤형 서비스를 받기 힘들다. 기존 일반 택시는 현실적으로 이들 소비자가 원하는 편안한 승차감과 프리미엄 서비스를 제공하지 못한다. 롤랜드 버거 리포트에 따르면, 도시 거주민의 37퍼센트가 택시만으로는 다양한 수요를 만족시킬 수 없다고 생각했다.

넷째, 결과의 문제는 불완전한 도시 교통 방식이 초래한 막대한 경제 손실, 심각한 환경 오염과 안전 위협을 의미한다. 관련 통계에 따르면 2014년 중국 25개 성에 거주하는 약 6억 명이 스모그 피해를 경험한 것으로 나타났다. 2014년 베이징은 연중 175일간 공기 오염이 심각한 수준이었다. 도로마다 줄지어 늘어선 자가용에서 끊임없이 내뿜는 배기가스가 스모그 발생의 주요인이다.

2. 제3의 방식과 운송 공유

개미가 아무리 열심히 일한들 코끼리를 먹여 살릴 수는 없다. 하지만 세상의 모든 개미가 단합하면 가능할 수도 있다. 문제는 〈개미가 얼마나 많은가?〉이다. 움직이지 않는 유휴 차량을 포함해 운행 중인 모든 차량이 도시 교통 문제를 해결해 줄 개미 군단이다.

차량 공유 방식은 혁신적인 운영 모델을 통해 사회 유휴 차량 자원을 동원함으로써 교통 공급량을 증가시켜 러시아워 시간대 운송 자원 부족 문제를 효과적으로 해결한다. 롤랜드 버거 리포트에 따르면, 2014년 말 중국 좐처 시장 규모는 약 30만 대, 카풀 서비스 공급 차량은 약 4000만 대였다.

택시를 부르고 차량 공유를 예약할 수 있는 모바일 플랫폼이 등장하면서 소비자가 차를 기다리는 시간과 이동 시간이 크게 줄었다. 이뿐 아니라 교통 체증 상황이 개선되어 이동 효율이 높아졌다. 미국 MIT 연구소는 카풀 활성화로 교통 체증에 55퍼센트의 개선 효과가 나타났다고 밝혔다. 칭화 대학교 미디어 조사 연구소는 「2014년 모바일 운송 백서」를 통해, 모바일 좐처 서비스가 급성장하면서 2015년에 자가용 운행이 1000만 대 줄고, 도시 교통 체증 시간이 2014년 대비 일평균 28.1퍼센트 감소할 것으로 예측했다.

차량 공유 방식은 차별화된 맞춤형 고품격 서비스 수요자를 충분히 만족시킬 수 있다. 디디 좐처 서비스는 차별화된 중상급 서비스를 제공하기 위해 엄격한 기사 선발, 교육, 평가 제도를 운영하고 있다. 또한 차량 내에 기본적으로 음료와 충전기를 비치하고 차종에 따라 스모그 마스크, 블루투스 이어폰, 와이파이 서비스도 제공한다. 흡연 승객을 위해 쓰레기봉투를 비치하고 애완동물 탑승이 가능한 차량도 준비되어 있으며 임산부, 노약자, 어린이 승객을 위한 맞춤 서비스를 제공한다.

차량 공유는 자원과 에너지 낭비를 최소화하고 탄소 배출량을 감소시켜 환경 보호에 큰 도움이 된다. 칭화 대학교 국가 금융 연구원이 발표한 「중국 인터넷 좐처 서비스 발전 촉진을 위한 정책 건의」에 따르면, 차량 공유 방식은 자가용 보유량 감소에 큰 도움이 된다. 공유 차량 한 대가 늘어날 때 자가용 감소 효과는 유럽이 4~10대, 북아메리카가 6~23대, 오스트레일리아가 6~10대로 나타났다. 또한 차량 공유는 나홀로 차량 운행 비율을 크게 감소시킨다. 유럽 공유 차량 소유주는 나홀로 운행 비율이 28~45퍼센트 감소했고 북아메리카는 평균 44퍼센트 감소 효과가 있었다. 세계 나홀로 차량 운행 비율이 10퍼센트 감소하면 탄소 배출량이 364만 톤 감소하는데, 이는 나무 3억 그루의 공기 정화 효과에 해당한다. 디디는 디디 서비스의 탄소 배출 감소 효과가 매년 1335만 톤이라고 발표했는데, 이는 나무 11억 3000만 그루의 공기 정화 효과에 해당한다.

제3의 방식은 편리함과 효율성을 앞세워 빠르게 소비자의 관심을 사로잡았다. 우버는 세계 63개 국가 344개 도시에서 안전하고 저렴한 서비스를 제공하고 있다. 중국에서는 디디가 전국적으로 차량 공유 붐을 일으켰다. 전용 차량 좐처, 카풀 서비스 핀처, 시간 단위 렌터카, 대리운전, P2P 임대 등 인터넷과 결합한 다양한 교통 서비스가 등장했고 여기에 모바일 앱 서비스가 더해져 중국 차량 공유 시장은 더욱 빠르게 확대되고 있다.

14장
부동산 재고

2007년 10월, 샌프란시스코의 작은 집에 대학 졸업 후 창업을 꿈꾸던 평범한 두 젊은이, 조 게비아와 브라이언 체스키가 함께 살고 있었다. 이즈음 샌프란시스코에 디자인 박람회가 열렸는데 박람회 참석자와 관광객이 한꺼번에 몰려 숙박 시설이 크게 부족했다. 여기에서 힌트를 얻은 두 젊은이는 거실을 여행객에게 내주고 여행객에게 받은 숙박비로 집세를 내기로 했다. 두 사람은 곧바로 행동에 들어갔다. 게비아는 사용하지 않는 에어 베드air bed를 구해 거실 한쪽에 침대를 마련했고 체스키는 지역 온라인 커뮤니티에 숙박 공고를 올렸다. 이들의 계획은 순조롭게 진행되어 사나흘 후, 젊은 여행객 세 명이 이 집 거실에 묵었다. 이렇게 첫 수입을 올렸다. 작은 수입이었지만 게비아와 체스키는 이 방법이 훌륭한 비즈니스 모델임을 직감했다. 이 세상에 빈방은 넘쳐 나고, 여행객들은 현지 가정 문화를 체험하고 싶어 한다. 이에 두 사람은 많은 사람이 이 참신한 서비스를 경험할 수 있도록 인터넷 사이트를 개발했다.

2008년 8월에 탄생한 에어비앤비는 2015년까지 전 세계 3만 4,000개 도시로 퍼져 나갔다. 2015년 기준 에어비앤비에 등록된 방은 총 110만 개였고 주택 임대 정보도 5만 건에 달했다. 에어비앤비는 불과 7년 만에 놀라운 발전을 이뤘다. 『타임』은 에어비앤비를 〈숙박업계의 이베이〉라고 표현했다. 2015년 여름, 10억 달러 투자금 유치에 성공한 에어비앤비는 기업 가치도 240억 달러로 껑충 뛰어올랐다. 2020년에는 세전 수익이 30억 달러에 이를 것으로 보인다.

1. 에어비앤비 모델의 두 가지 조건

에어비앤비가 대표하는 단기 주택 임대 시장은 공유 경제 흐름에 따라 등장한 새로운 주택 임대 모델이다. 단기 주택 임대 시장이 발전하려면 다음의 두 가지 조건이 충족되어야 한다.

첫 번째 조건은 여행업 발전이다. 중국은 이 조건을 충족시키는 데 전혀 문제가 없다. 최근 수년간 중국 여행업은 스포트라이트를 받으며 가파른 성장 가도를 달려 왔다. 중국 국가여유국 통계 자료에 따르면, 2015년 상반기 중국 국내 여행자 수는 20억 2400만 명으로 전년 동기 대비 9.9퍼센트 증가했다. 여행 소비액은 1조 6500억 위안으로 14.5퍼센트 증가해 중국 소비재 소매 판매액 증가율보다 4.1퍼센트 높은 수치를 기록했다. 여행업 발전과 더불어 성급 호텔도 매출액이 증가하고 숙박료가 상승하는 등 호황을 누리고 있다. 여행 뿐 아니라 비즈니스 출장 증가도 단기 주택 임대 시장 발전에 영향을 끼쳤다. 출장 시 단기 주택 임대를 이용하면 숙박료가 크게 절감되어 회사 입장에서도 대환영이다.

두 번째 조건은 인터넷 플랫폼 활성화다. 공유 경제가 대세로 떠오르면서 본인이 소유한 빈방을 여행객에게 단기 임대하려는 사람들이 점점 더 많아지고 있다. 단기 주택 임대 숙박 체험을 기존 호텔과 비교하면 훨씬 저렴한 가격으로 비슷한 수준의 서비스를 받을 수 있고 내 집처럼 편하게 쉴 수 있다. 또한 단기 주택 임대는 룸 형태가 훨씬 다양하고 임대 기간을 탄력적으로 조정할 수 있고 맞춤형 서비스를 제공하는 등 많은 장점이 있다.

국제 연합 세계 관광 기구의 통계 자료에 따르면, 2014년 중국 해외 관광객은 1억 900만 명이고 중국은 여행 지출 부분에서 2012년 이후 부동의 1위를 지키고 있다. 에어비앤비는 이 자료를 바탕으로 전략을 수정해 중국 시장을 적극 공략했다. 에어비앤비는 2014년 6월 이후 1년 동안 에어비앤비를 이용한 중국인 해외여행객이 700퍼센트 증가했다고 밝혔다. 이는 에어비앤비 국가별 시장 성장률 중 최고치였다.

중국은 여행업이 급성장하고 다양한 단기 주택 임대 플랫폼이 등장하면서 에어비앤비 모델의 발전 조건이 모두 갖춰졌다. 이제 한 걸음 더 나아가 에어비앤비 모델이 중국 부동산업계에 미치는 영향을 살펴보자.

중국 부동산 시장의 높은 재고율은 현재 중국 경제가 당면한 가장 어려운 난제다. 국가 통계국 통계에 따르면 2015년 10월 기준 20개월 연속 하락세를 면치 못한 전국 부동산 개발 투자 성장률은 마이너스 90퍼센트를 기록했고 부동산 재고 면적은 7억 제곱미터에 달했다. 더 큰 문제는 이 통계 수치에 준공 후 미분양 물건만 포함됐다는 사실이다. 현재 건설 중이거나 착공 단계에 있는 잠재 재고까지 포함하면 총 재고 물량이 두 배 가까이 증가할 것이다. 그러나 이게 다가 아니다. 통계에 포함되지 않은 소규모 혹은 개인 투자 물량까지 추산해 보면, 현재 중국의 미분양 재고가 2억 2000만 채고, 공실 주택이 5000만 채다. 궈타이쥔안(国泰君安) 수석 이코노미스트 린차이이(林采宜)는 현재 부동산 재고는 2014년 판매 속도로 판매할 경우 다 팔려면 8년이 걸린다고 말했다.[1]

중앙 정부에서도 부동산 재고 문제를 심각하게 받아들이고 있다. 2015년 11월 10일, 시진핑 주석이 중앙 재경 영도 소조 11차 회의에 참석해 부동산 재고 해소와 부동산업계 발전 문제를 언급했다.[2] 다음 날 열린 국무원 상무 회의에서는 호적 제도 개혁이 부동산 및 가전 소비 촉진에 도움이 된다고 지적했다.

2. 신개념 공유 경제로 부동산 재고 해결

투자 CEO 뤄쥔(羅軍)은 부동산 재고와 관련해 두 가지 해법을 제시했다. 첫 번째는 공유 경제 플랫폼과 부동산 개발 회사가 부동산 재고 대량 판매 계약을 체결하고 합작 형태로 협력하는 방법이다. 구체적으로 임대차 계약 기간이 있고 교환이 가능하고 주택 관리 등 부가 가치 서비스를 더해 소비자 수요에 맞춰 주택을 공급하는 방법이다. 두 번째는 대리 임대를 맡은 공유 경제 플랫폼이 개발 회사, 주택 소유주, 소비자를 연결해 다양한 임대 수요를 만족시키는 동시에 우회적으로 장기 유휴 부동산을 활성화시키는 방법이다.

2011년 투자, 아이르쭈(爱日租), 유톈샤(游天下), 마이돤쭈 등이 잇따라 창업하며 중국 단기 주택 임대 시장의 서막이 열렸다. 아이리서치는 2012년 급성장한 중국 온라인 단기 임대 시장 규모가 1억 4000만 위안이라고 발표했다. 그리고 애널리시스 자료에 따르면, 2014년에 30억 위안, 2015년에 100억 위안을 돌파하며 4년 만에 시장 규모가 50배 이상 커졌다. 같은 기간 중국 호텔 숙박 시장은 줄곧 정체기였고 온라인 단기

1 http://gz.house.163.com/15/1123/15/B949TERJ00873C6D.html 참고.
2 http://news.xinhuanet.com/politics/2015-11/10/c_1117099915.htm 참고.

임대 시장만 성장했다.

다시 구체적인 사례를 들어 보자. 관련 통계에 따르면 도시 단기 임대 예약 서비스에 주력하는 샤오주돤쭈는 200개 도시의 5만여 개 임대 방 정보를 보유했고, 2015년 1년 간 매출액이 네 배 가까이 성장했다. 관광 민박 중심인 투자에 등록된 방 정보는 40만 개가 넘었다.

그림 14-1에서 보면, 2015년 상반기 중국 온라인 휴가 임대 시장에서 투자가 점유율 41.9퍼센트로 압도적인 1위를 차지했고 샤오주돤쭈, 무냐오돤쭈(木鳥短租), 유톈샤가 2, 3, 4위를 기록했다.

중국 단기 주택 임대 시장의 급성장은 수요와 공급이 동시에 증가한 덕분이다.

1) 수요 중심 분석: 관광객 폭증에 따른 민박업 호황

국가여유국 통계에 따르면 2012년 중국 국내 관광객 수는 29억 5700만 명이고 관광 수입은 2조 2700만 위안이었다. 2015년에는 중국 인바운드 관광객 수 40억 명, 관광 수입 4조 위안을 돌파했다.

최근 스트레스를 풀고 삶의 질을 높이기 위한 방법으로 여행을 선택하는 사람이 많아졌다. 또한 여행다운 여행을 경험하기 위해 패키지보다 자유 여행을 선호하는 사람이 많아지면서 배낭족이 급증했다. 온라인 여행 전문 사이트 아오유왕(遨游网) 발표 자료에 따르면, 단체 여행객과 자유 여행객의 비율이 2013년 60대 40에서 2014년 55대 45으로 자유 여행 비중이 증가하고 있다.

해외여행객이 증가하면서 해외 단기 임대 서비스 시장도 크게 성장했다. 2015년 중국 해외 관광객 수는 1억 2000만 명으로 전년 대비 20퍼센트 증가했다. 하루 평균 32만 9,000명이 해외여행을 떠난 셈이다. 「중국

그림 14-1. 2015년 상반기 중국 온라인 휴가 임대 시장 업체별 시장 점유율

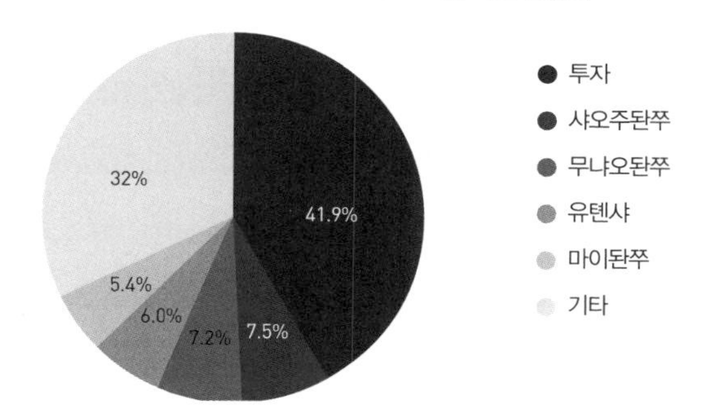

자료 출처: 애널리시스.

해외여행 발전 연차 보고」 자료에 따르면, 2012년 중국 해외여행객이 지출한 여행 소비액에서 숙소 경비가 차지하는 비율은 10퍼센트 내외였다. 그러나 품격 있는 여행을 원하는 사람들이 많아지면서 숙소 환경에 대한 수요 내용이 크게 바뀌었고 2013년 숙소 경비 비율이 15퍼센트로 높아졌다. 덕분에 주바이자(住百家)와 유톈샤처럼 해외 단기 임대 서비스에 주력하는 기업이 크게 발전했다. 이 시기 에어비앤비 서비스 범위는 190개 국가 3만 4,000개 도시로 확대됐고 회원 수는 2500만 명을 돌파했다.

여행 계획을 세울 때 숙소 선택은 여행의 질을 결정하는 매우 중요한 과정이다. 특히 자유 여행 비율이 증가하면서 젊은 층을 중심으로 홈스테이, 즉 단기 주택 임대가 인기를 끌고 있다. 단기 주택 임대는 다음과 같은 장점이 있다.

첫째, 가격 경쟁력. 호텔과 비교할 때 가격 경쟁력이 매우 높다. 단기 임대 플랫폼에 공급 등록된 주택은 수도, 전기, 가스 사용료가 주택용으로 계산되기 때문에 호텔이 지불하는 가격보다 훨씬 저렴하다.[3] 소비자 입장에서 단기 주택 임대의 가장 큰 매력은 역시 저렴한 가격이다.

수치로 환산하면 단기 주택 임대의 가격 경쟁력은 더욱 명확히 드러난다. 룸 컨디션이 비슷할 경우, 단기 주택 임대 방값은 호텔의 40퍼센트 수준이다. 가장 저렴한 호텔 이코노미룸은 200위안 내외 가격으로 두 사람만 묵을 수 있지만, 위치와 수준이 비슷한 단기 주택 임대는 네 명까지도 묵을 수 있다.

둘째, 색다른 경험을 할 수 있다. 단기 주택 임대는 일반 주택 시장의 고정 수요층이 아니라 다양성, 차별화, 가성비를 동시에 추구하는 숙박 체험 수요를 겨냥한다. 공유는 기본적으로 롱테일[4] 수요에 적합한 방법이다. 숙박은 전 여행 과정 중 사교 성향이 가장 강하고 차별화가 가장 명확한 부분이다.

일반적으로 여행을 가면 하루 중 절반의 시간을 숙소에서 보내기 마련인데 호텔 구조와 시설은 천편일률적이기 때문에 특별한 인상을 남기기 어렵다. 무냐오뒨쭈는 이 점에 착안해 독특한 컨셉으로 경쟁력을 강화했다. 품격 있고 특별한 숙소 컨셉으로 관광객에게 편안한 휴식과 아름답고 특별한 기억을 선사했다.

문화의 세계화 흐름에 따라 다른 나라, 다른 지역 사람과 교류하며 현지 문화, 풍속, 인정을 경험하고자 하는 사람이 많아졌다. 단기 주택 임대는 다양한 친구를 사귀고 사교 범위를 넓히는 가장 간단한 방법 중 하나다.

3 주택용 수도, 전기 사용료가 산업용이나 일반 산업용보다 비싼 우리나라와는 반대의 상황이다 — 옮긴이주.

4 long tail, 다품종 소량 생산된 비주류 상품이 대중적인 주류 상품을 밀어내고 시장 점유율을 높여 가는 현상 — 옮긴이주.

2) 공급 중심 분석: 넘쳐 나는 부동산 유휴 자원

관련 통계에 따르면 2014년 말 기준 중국 도시의 주택 공급 총규모는 200억 제곱미터로 이미 1가구 1주택이 실현됐다. 중국 가정 금융 조사 연구 센터는 2015년 기준 가구 총자산 중 부동산이 차지하는 비중이 69.2퍼센트로 미국의 두 배 수준이라고 밝혔다. 중국 부동산 시장의 오랜 호황은 결과적으로 대량의 부동산 잉여 자원을 남겼다.

이런 상황은 다른 나라도 크게 다르지 않다. 『가디언*The Guardian*』 기사에 따르면 스페인, 프랑스, 이탈리아, 독일 등 서유럽에 집중된 유럽 유휴 부동산 규모가 1100만 채에 달한다. 샤오주돤쭈 지사장 류위(劉瑜)는 〈중국 주택 공실률이 30퍼센트에 육박했다. 특히 대표적인 관광 도시 싼야의 공실률은 80퍼센트에 달한다. 이는 중국 단기 주택 임대 시장이 아직 충분히 확산되지 않았음을 의미한다〉라고 말했다.

단기 주택 임대 시장 발전은 현재 중국 부동산 시장의 변화와 밀접한 관계가 있다. 수년간 고공 행진을 이어 온 부동산 시장에 정체 현상이 나타나고 부동산으로 막대한 투자 수익을 올리는 일도 옛말이 됐다. 부동산 공급 적체로 매매 거래가 대폭 감소하자 주택 소유주들이 자연스럽게 다른 방법으로 눈을 돌렸다. 이에 따라 매매의 차선책으로 떠오른 임대 시장의 발전 전망이 매우 밝아졌다. 특히 베이징과 상하이 등 일부 대도시의 경우, 단기 임대 수익이 장기 임대를 뛰어넘는 것으로 나타났다. 최근 몇 년, 경기 침체가 이어지자 유휴 부동산으로 임대 수익을 올리려는 사람들이 늘어났다. 단기 주택 임대를 통해 공급자는 가구 소득 증대를 꾀할 수 있고 수요자는 저렴하고 편리한 서비스를 이용할 수 있다. 단기 주택 임대는 베이징, 상하이 등 일선 도시를 중심으로 빠르게 확산되고 있다.

3. 두 가지 비즈니스 모델

1) C2C 모델 — 에어비앤비, 샤오주돤쭈 등

에어비앤비 모델은 중국에서 샤오주돤쭈, 유톈샤, 마이돤쭈, 주바이자를 탄생시켰다. 주택 공급자와 수요자가 하나의 플랫폼에 모여 정보를 공유하고 거래하는 방식으로, 플랫폼 운영사는 대략 5~10퍼센트 거래 수수료를 받아 수익을 확보한다. 이 모델은 집주인, 여행자, 단기 주택 임대 플랫폼이 제 역할을 수행할 때 가능하다.

에어비앤비의 급성장은 숙박 공유의 무한한 가능성과 가치를 보여 줬다. 현재 에어비앤비 서비스 지역은 191개국 3만 4,000개 지역으로 확대됐고 총 4000만 개 숙박 정보를 보유하고 있다. 에어비앤비는 2015년 기준 기업 가치 255억 달러를 돌파해 세계적인 호텔 체인 스타우드 호텔(131억 달러), 인터컨티넨탈 호텔(92억 2000만 달러), 하얏트 호텔(75억 7000만 달러)을 제쳤고 255억 2000만 달러를 기록한 힐튼과 어깨를 나란히 했다.

2) C2B2C 모델 — 홈웨이, 투자 등

홈웨이 방식을 중국에 도입한 투자는 주택 소유주와 제휴를 맺어 인테리어를 통일하고 체계적인 관리 시스템을 통해 직접 숙소를 관리한다. 플랫폼 운영사는 집주인과 수익을 나누고 주택 관리 등 부가 서비스를 통해 수익을 보충한다. 이 방식은 얼핏 기존 호텔 운영과 비슷해 보이지만 확실히 다르다. 플랫폼 운영사는 비용 절감을 위해 주택을 온전히 임대하는 것이 아니라 위탁 관리만 하기 때문에 고객이 체크인했을 때만 수입이 발생한다. 투자는 프리미엄 관광 수요를 목표로 플랫폼 운영사가 직접 위탁 관리하는 주택, 미분양 주택, 고급 리조트, 별장 등을 엄선해 공급한다.

투자의 고객 서비스를 구체적으로 살펴보자. 프리미엄 서비스를 지향하며 중국 200여 개 도시로 서비스 범위를 확대한 투자는 여행, 출장 등 다양한 맞춤형 수요를 만족시키고 있다. 특히 투자는 공항 픽업, 주방 용품 제공 등 다른 단기 임대 플랫폼과 차별화된 프리미엄 부가 서비스를 제공한다. 최근에는 해외 시장 개척에 주력해 96개 국가의 가성비 좋은 콘도형 리조트를 포함한 숙소 5만 개를 확보하고 해외 숙소 온라인 예약 서비스를 시작했다. 투자는 고객 만족도를 높이기 위해 모든 숙소 정보에 직접 촬영한 실사 사진을 첨부하고 믿을 수 있는 고객 후기를 보장하며 일련의 〈고객 보호 제도〉를 실시하고 있다.

다음으로 투자와 주택 공급자와의 관계를 살펴보자. 투자는 훌륭한 무료 홍보 플랫폼인 동시에 주택 위탁 관리, 실내 인테리어 등 주택 공급를 위한 다양한 서비스를 제공한다.

숙소 정보가 늘어나고 서비스 범위가 확대되면서 투자는 단기 주택 임대 시장의 다크호스로 급부상했다. 관련 통계에 따르면 2015년 2분기 기준 투자 앱을 다운받은 모바일 사용자가 4000만 명을 돌파했고 하루 평균 10만 명 이상이 이 앱을 통해 숙소를 검색하거나 예약한다.

4. 단기 주택 임대 시장의 미래 혁신

단기 주택 임대 시장이 많이 발전했지만 아직 건설업과 경쟁할 만큼은 아니다. 숙박업에 속한 하위 시장으로 분류될 뿐, 주요 시장으로 인정받는 단계가 아니다. 그만큼 발전 가능성이 크다는 의미인데, 향후 발전 방향은 대략 다음의 세 가지로 예측해 볼 수 있다.

1) 다양성 증가[5]

에어비앤비, 투자, 샤오주돤쭈, 주바이자 등 단기 주택 임대 플랫폼은 휴가 여행을 즐기는 중국 관광객의 다양한 수요를 해결하고 있다. 그러나 휴가 여행 시장이 서서히 포화되어 가면서 비즈니스 여행 시장이 새로운 경쟁 목표로 떠올랐다.

그간 단기 주택 임대 시장은 휴가 및 비즈니스 여행자 수요를 중심으로 빠르게 성장해 왔고 최근 수요가 다변화하면서 공급 측도 발 빠르게 대응하고 있다. 일례로 원거리 취업, 간병, 등 임시적인 단기 임대 수요가 급증하고 있는데, 이 수요는 특히 가격에 민감해서 상대적으로 저렴한 숙소가 많은 샤오주돤쭈, 마이돤쭈와 같은 C2C 플랫폼을 선호한다.

단기 주택 임대 시장은 애초에 사교성이 강했으나 점차 비사교적인 방향으로 발전 중이다. 에어비앤비 초기 모델은 빈방 혹은 침대 한 칸을 제공하고 거실과 주방 등 나머지 공간은 집주인과 여행자가 공유했기 때문에 사교성이 강했다. 그러나 가족, 연인, 그룹 여행자 등 단독 숙박을 선호하는 수요가 많아지는 등 뚜렷한 수요 변화가 감지됐다. 이에 에어비앤비는 서비스 방향을 수정해 단독 숙박이 가능한 숙소를 대폭 늘렸다. 샤오주돤쭈 CEO 천츠(陳馳)는 〈현재 에어비앤비에 등록된 숙박 정보 중 75퍼센트가 집주인이 머물지 않는 단독 숙소이며 이 비율은 계속 상승할 것〉이라고 전망했다.

5 치어즈쿠(企鹅智酷), 「쉽지 않은 에어비앤비 복제: 중국 단기 주택 임대 시장의 실상 보고(复制Airbnb 太难：中国短租行业“真相报告”)」.

2) 혼합 형태 발전

첫째. 규모 혼합형 발전. 지금까지 단기 주택 임대 운영 방식은 크게 소규모 C2C와 대규모 C2B2C 두 종류로 나뉘었다. 그러나 두 종류 모두 단일 방식 발전의 한계를 드러내기 시작한 만큼 앞으로는 두 가지 운영 방식을 겸하는 혼합 형태가 늘어날 것으로 보인다. B2C 방식으로 창업한 투자는 이미 C2C 방식을 도입해 혼합 형태로 발전 방향을 전환했다. C2C 방식을 통해 공급자 규모를 늘리고 다양성을 확보해 단조롭고 천편일률적인 대규모 운영의 단점을 보완했다. 또한 집주인과 고객을 위한 쌍방향 커뮤니티 플랫폼 구축을 지향했다.

둘째, 전략적 제휴를 통한 산업 네트워크 확대 발전. 투자는 호텔 숙박, 단기 임대, 장기 임대를 모두 아우르는 종합 숙박 임대 서비스를 시작했고 앞으로 부동산, 온라인 금융, 크라우드 펀딩 등으로 업무 영역을 확대하는 〈투자먼(途家们)〉 계획을 세웠다.

3) 재임대 등 제도적 문제

에어비앤비 모델이 전 세계로 확산되면서 숙박 공유 공급량과 수요량이 빠르게 증가했다. 전반적으로 주택을 임대한 소유주는 인터넷 이용률이 낮기 때문에, 숙박 공유 플랫폼에 등록된 공급은 대부분 재임대인 경우가 많다.

미국의 재임대인은 부동산 관리인 혹은 건물 관리인이란 뜻의 Property Manager로 불리며 중국의 재임대인과 개념이 조금 다르다. 미국에서는 재임대인이 온라인 여행사와 직접 거래하는 일이 크게 낯설지 않다.

그러나 에어비앤비로 인해 재임대가 급증하면서 당국의 관리 감독이 강화됐다. 『로스앤젤레스 타임스』 보도에 따르면, 지역 및 사회 단체의 강력한 항의가 이어지면서 주택 관리 당국이 에어비앤비에 대해 강도 높은 조사를 실시했다. 그 결과 전문 재임대인의 공급이 크게 감소했다. 에어비앤비 로스앤젤레스에 가장 많은 숙소를 등록했던 두 공급자가 2015년 4월에 운영을 중단했다. 이들은 아파트 수십 채를 보유한 전문 베케이션 렌탈 회사였다. 이 둘 외에도 여러 대규모 공급자들이 에어비앤비에서 퇴출당했다.

이외에 숙박 관련 규정에 따른 제한 조치도 잇따랐다. 샌프란시스코 주법률은 재임대 시 주택 소유주에게 사전에 통보하고 동의를 얻어야 한다고 규정하고 있다. 임대 계약서에 재임대 금지를 명시한 경우, 재임대는 절대 불가하다. 재임대 가격은 최초 임대 가격을 초과할 수 없고, 위반할 경우 하루에 1,000달러 벌금을 부과한다. 프랑스 법률은 주택 소유주가 집을 비운 기간에만 단기 임대를 할 수 있도록 규정했다. 주택을 여러 채 소유한 경우에는 숙박 매출에 대한 여행세를 부과한다.

15장
유휴 자금

인류는 금융 역사 이래 늘 안전한 유휴 자금 공유를 꿈꿔 왔다. 이 바람을 기초로 공유 경제와 금융이 결합해 P2P 온라인 대출, 지분 투자형 크라우드 펀딩 등 금융 혁신이 탄생했다.

자금 공유는 기본적으로 다른 유휴 자원 공유에 비해 위험도가 크다. 그간 이를 극복하려는 다양한 시도가 있었지만 완벽하게 안전한 대출은 현실적으로 불가능하다. 그러나 위험도를 낮추려는 노력은 끊임없이 이어질 것이다.

최근 몇 년, 온라인 대출 시장에 미묘한 분위기가 감지됐다. P2P 대출에 부도, 먹튀, 미상환과 같은 부정적인 말들이 따라붙었다. 도대체 무슨 일이 있었던 것일까?

중국 P2P 온라인 대출은 짧은 기간 동안 수많은 우여곡절을 겪었고 이제 겨우 안정되는 분위기다. P2P 온라인 대출은 등장과 함께 많은 투자자를 끌어 모았지만 그만큼 많은 문제점을 노출했다. 뱅크레이트Bankrate 통계 자료에 따르면 2015년 초 1,862개였던 P2P 온라인 대출 플랫폼이 2015년 말 4,329개로 늘어났다. 업체 수가 빠르게 증가하면서 온갖 사건 사고가 끊이지 않았다. 2015년 상반기 문제가 발생한 플랫폼은 1,054개로 전년 대비 두 배 증가했고, 2015년 하반기에 1,439개로 늘어났다. 이는 전체 P2P 온라인 대출 플랫폼의 33.2퍼센트에 해당한다.

2015년 12월에 발생한 e쭈바오(e租宝) 사건은 온라인 대출 시장에 위기 경보를 울렸다. 신화사(新华社)가 보도한 경찰 조사 발표에 따르면, 2014년 7월에 영업을 시작해 2015년 12월 강제 폐쇄되기까지 다양한 투자 프로젝트에 고수익을 미끼로 투자자를 끌어들였지만, 이들의 투자 프로젝트는 모두 허위였다. 신규 투자금으로 기존 투자자의 이자를 지급하는 불법 폰지 방식으로 수많은 투자자를 끌어들였다. e쭈바오의 누적 거래액은 700억 위안으로 알려졌으나, 경찰 조사 결과 실제 모집 자금은 약 500억 위안이고 피해자는 약 90만 명으로 추산됐다.

그런데 e쭈바오 사건이 P2P 방식 자체의 문제일까? 혹시 신흥 산업 발전 과정에서 겪어야 할 과도기적 문제가 아닐까? 그렇다면, P2P 신뢰 위기는 극복할 수 있을까? 만약 가능하다면, 어떤 방법으로 극복해야 할까?

중앙 재경 대학교 법학학원 교수이자 금융법 연구소 소장 황전(黄震)은 〈지금 문제를 일으킨 업체는 유사 P2P 혹은 변종 P2P다. 진짜 P2P에서는 이런 문제가 일어나지 않는다〉라고 지적했다.

e쭈바오는 확실히 P2P가 아니다. 시나테크(新浪科技) 보도에 따르면, e쭈바오 실소유주인 위청그룹(钰诚集团) 대표 이사 딩닝(丁宁)이 구치소에서 〈투자 프로젝트는 허위였고 대부분의 투자금은 소정의 커미션을 주고 유령 제휴 업체를 거쳐 다시 본인 소유 회사에 전달했다. 사실상 공금 횡령이다〉라고 진술했다. 이 과정에서 신규 투자금으로 기존 투자자 수익을 지급하는 소위 돌려 막기가 빈번했다. 결국 e쭈바오 운영 방식은 금융 정보 중개나 P2P 온라인 대출과 전혀 관계가 없는 전형적인 폰지

그림 15-1. 중국과 세계 P2P 온라인 대출 발전 과정

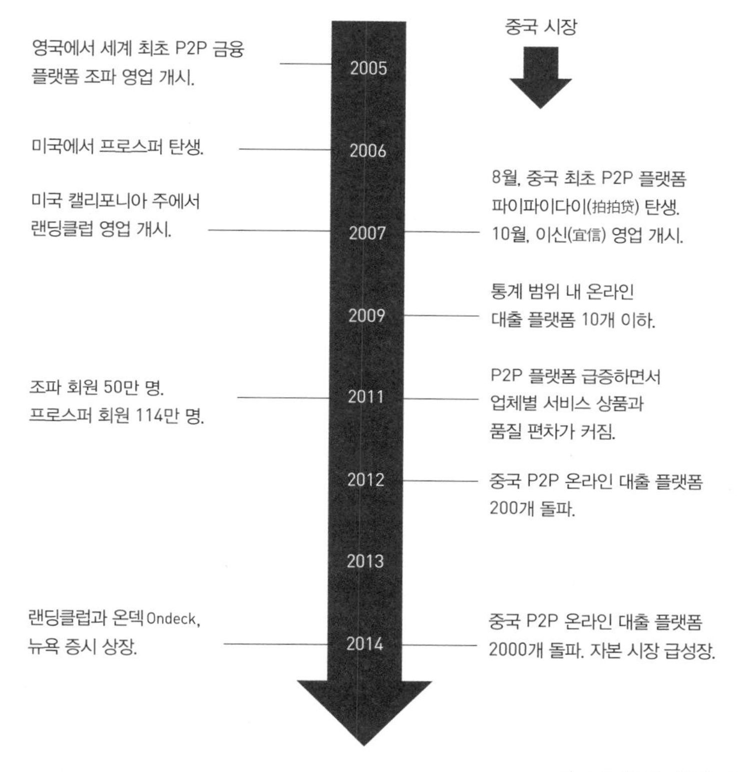

자료 출처: 창예방(创业邦),
「도표 10장으로 이해하는 P2P 온라인 대출 시장 현황(十张图带你了解P2P网贷市场现状)」.

사기Ponzi scheme였다.

그렇다면 진짜 P2P 온라인 대출은 어떤 것일까?

P2P는 기본적으로 수요자와 공급자가 모두 개인이다. 세계 최초 P2P 금융 플랫폼은 2005년 영국에서 탄생한 조파다. 같은 해 미국에서도 첫 P2P 플랫폼 프로스퍼Prosper가 등장했다. 프로스퍼는 소액 대출 서비스를 제공하고 소정의 수수료를 챙겼는데, 창업 3년 만에 대출 규모가 12억

표 15-1. 중국 P2P 시장 규모 변화

시기	거래량 (억 위안)	플랫폼 수	대출 잔고 (억 위안)	당기 투자자 수 (만 명)	당기 대출자 수 (만 명)
2012년 이전	31.00	60	13.00	2.80	0.80
2012년	212.00	200	56.00	5.10	1.90
2013년	1058.00	800	268.00	25.00	15.00
2014년	2528.00	1575	1036.00	116.00	63.00

자료 출처: 중신젠투(中信建投), 「은행 & P2P 금융 협력 발전」.

5000만 위안(약 1억 8000만 달러)으로 성장했고 3개월 이상 상환 연체율은 2.83퍼센트로 비교적 안정적이었다. 프로스퍼에 이어 랜딩클럽도 대표적인 미국 P2P 플랫폼으로 발전했다. 영국과 미국의 모범 사례 덕분에 P2P 금융은 세계적으로 주목을 끌기 시작했다.

2015년 「중국 인터넷 금융 발전 연구 보고」에 따르면, 2007년 파이파이다이가 등장하면서 중국 P2P 온라인 대출 시장의 막이 올랐다. 곧이어 이신, 홍링(红岭)캐피탈 등이 창업했다. P2P 온라인 대출 기업은 2012년까지 200개 미만이었으나, 2013년 인터넷 금융에 대한 관심이 폭발적으로 증가하면서 관련 기업이 우후죽순처럼 늘어났다. 2013년 한 해에만 300개가 넘는 P2P 온라인 대출 플랫폼이 창업했다.

2013년은 P2P 플랫폼이 급증한 중국 인터넷 금융 발전의 원년이다. 2014년 12월에는 한 달 동안 시장에 새로 진입한 기업이 35개였고 거래량이 370억 7700만 위안을 기록했다. 2015년 11월 기준, 정상 운영 중인 중국 P2P 기업은 총 2,612개였다.

중국 P2P 금융은 세계 시장에서 꽤 높은 점유율을 기록하고 있다. 중국 내에서 규모가 가장 큰 기업은 홍링캐피탈이고 나머지 플랫폼도 빠르게 발전하며 규모를 확대하고 있다.

중국 P2P 온라인 대출 시장은 플랫폼 수가 늘어나면서 경쟁이 치열해지고 옥석이 뒤섞여 매우 혼란한 상황이다. 수많은 P2P 플랫폼 중 건실하고 발전 전망이 높은 기업을 가려내려면 보다 심도 깊은 조사 분석이 필요하다.

1. P2P 온라인 대출의 장점

앞서 언급했듯 진짜 P2P에서는 e쭈바오 사건처럼 심각한 문제가 발생하지 않는다. 영미 P2P 대출 시장의 건전한 발전을 통해 중국 P2P 대출 시장의 발전 가능성을 가늠해 볼 수 있다. P2P 대출 시장이 불과 10년 만에 영국, 미국, 중국 등 세계로 확산될 수 있었던 이유는 개인 기반 금융 특유의 장점 때문이다. 그 구체적인 내용은 다음과 같다.

첫째, 높은 투자 수익. P2P 온라인 대출 플랫폼의 연간 투자 수익률은 10퍼센트 이상으로, 일반 금리의 3배가 넘는다.

P2P 온라인 대출 플랫폼 왕다이톈옌(网贷天眼)이 투자자 1만 2,200명을 대상으로 조사한 결과, 95퍼센트가 투자 수익을 얻었다고 답했다. 이 중 60퍼센트는 수익률이 16~20퍼센트라고 답했는데, 2013년 업계 평균 수익률 25.06퍼센트보다 크게 낮아졌다.

둘째, 자유로운 투자 기간 선택. P2P 금융 상품은 은행 금융 상품에 비해 수익률이 높을 뿐 아니라 한 달에서부터 세 달, 여섯 달, 1년, 1년 반, 2년 등 투자 기간 선택의 폭이 넓다.

셋째, 간편한 대출 절차. P2P 업무 절차는 간결하고 투명하다. 이외에 인터넷 대출은 자금난과 높은 이자에 허덕이는 중소기업에 큰 도움을 준다.

2. P2P 온라인 대출 운영 방식

중신젠투 증권 연구 발전부는 중국 P2P 온라인 대출 운영 방식을 다음 네 가지로 분류했다.

1) 기존 플랫폼 방식

이 방식에서 P2P 플랫폼은 단순한 중개자로 투자자와 대출자를 위한 정보 채널을 제공할 뿐이다. 대출 신청자가 대출 정보를 등록하면 투자자가 정보를 보고 대출자를 선택한다. 보통 투자자 한 명이 여러 대출자와 거래한다. 대출 이자는 투자자 경쟁 입찰로 정하고, 매월 일부 원금과 이자를 함께 상환하는 방식으로 투자자 리스크를 낮춘다.[1]

기존 플랫폼 방식에서는 파이파이다이가 가장 대표적이다. 파이파이다이는 오직 온라인 거래만 가능하다. 빅데이터 분석을 통해 대출 신청자의 신용을 평가하는 자체 신용 평가 시스템을 구축했다. 이 방식은 향후 빅데이터 기술 발전과 사회 신용 조회 시스템 정책 방향에 큰 영향을 받을 것으로 보인다.

2) 채권 양도 방식

이 방식은 대출자가 P2P 플랫폼에 대출을 신청하면 플랫폼이 심사를 진행한다. 심사에 통과하면 플랫폼이 지정한 채권자의 자금이 대출자에게 전달된다. 이후에 플랫폼이 이 채권을 관련 투자자에게 추천해 채권을 양도하는데, 이때 플랫폼은 채권에 대한 담보를 제공한다.

1 자료 출처: 중신젠투, 「은행 & P2P 금융 협력 발전(银行与P2P携手共进)」.

그림 15-2. 기존 플랫폼 방식 운영 흐름도

자료 출처: 중신젠투 증권 연구 발전부.

이 방식은 대규모 오프라인 인력을 동원한 신용 평가 심사를 거쳐야 해서 비용이 올라가고 지역적인 제약 때문에 발전 속도가 더디다. 또한 정부 정책에 따른 관리 감독 규제에 저촉될 가능성이 높다.[2]

이 방식에서는 이신이 가장 대표적이다. 이신은 채권 양도 방식의 단점을 보완하기 위해 엄격한 오프라인 신용 평가 시스템을 운영하고 있다. 다수의 투자자와 다수의 투자자가 거래하는 방식이고, 매월 일부 원금과 이자를 함께 상환하도록 해 투자자 리스크를 낮췄다. 또한 돌발 위기 상황에 대처하기 위해 위험 준비금 제도를 마련했다.

3) 담보 방식

이 방식은 다시 두 가지로 나뉜다.

첫 번째는 P2P 플랫폼이 제3자 기관에 의뢰해 프로그램의 리스크를 진단하고 투자 원금 보장 제도를 실행하는 방식이다. P2P 플랫폼은 소정의 수수료와 담보 비용을 지불하지만 투자 손실은 책임지지 않고 중개자로서 정보 서비스를 제공할 뿐이다. 이 방식의 대표 기업으로 류진쒀(陆金所)와 런런다이(人人贷)가 있다.

두 번째는 P2P 플랫폼이 직접 담보 제도를 운영하는 방식이다. 일단

2 자료 출처: 중신젠투, 「은행 & P2P 금융 협력 발전」.

그림 15-3. 채권 양도 방식 운영 흐름도

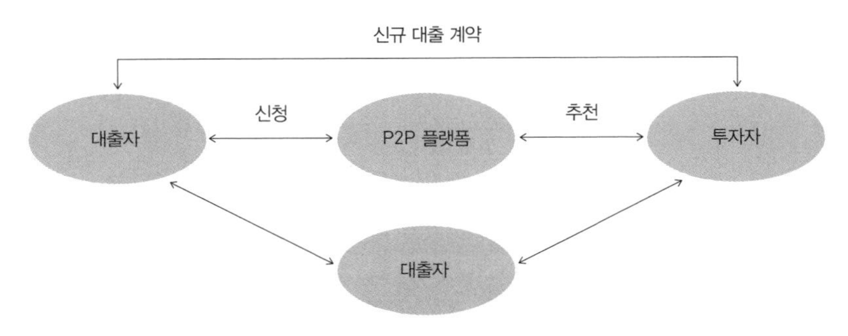

자료 출처 : 중신젠투 증권 연구 발전부.

손실 매입에 대비해 자체적으로 위험 준비금을 마련해 둔다. 채무자가 상환 기한을 넘길 경우 투자자는 원금과 이자에 대한 채권을 플랫폼에 양도하고 투자금을 회수할 수 있다. 대다수 중국 P2P 플랫폼이 채택한 이 방식은 중국 사회 실정에 잘 맞아 가장 빠르게 발전했다.[3]

4) 소액 대출

이 방식은 P2P 플랫폼과 소액 대출 기업의 합작 형태로 운영된다. 소액 대출 기업이 우량 대출자를 P2P 플랫폼에 추천하고 문제가 발생할 경우 양측이 공동 연대 책임을 진다. 이 방식은 소액 대출 기업이 크게 도약할 수 있는 혁신적인 기회를 제공할 것으로 보인다.[4]

이 방식의 대표 기업은 유리왕이다. 이 방식은 P2P 플랫폼과 소액 대출 기업의 장점을 결합해 레버리지 효과[5]를 발생시켰다. 양측의 장점을

3 자료 출처: 중신젠투,「은행 & P2P 금융 협력 발전」.

4 자료 출처: 중신젠투,「은행 & P2P 금융 협력 발전」.

5 타인 자본을 지렛대로 삼아 자기 자본 이익률을 높이는 것으로 지렛대 효과라고도 한다 — 옮긴이주.

그림 15-4. 담보 방식 운영 흐름도

자료 출처: 중신젠투 증권 연구 발전부.

극대화했지만, 결과적으로 P2P 플랫폼의 특징이 더 강하게 나타났다.

3. 마법의 크라우드 펀딩

크라우드 펀딩은 대출 서비스는 아니지만 P2P 방식을 기반으로 한다는 점에서 눈여겨볼 필요가 있다. 크라우드 펀딩은 크게 지분 투자형 크라우드 펀딩, 기부형 크라우드 펀딩, 후원형 크라우드 펀딩으로 나뉜다. 자금 공유 관점에 가장 가까운 방식은 지분 투자형이다. 지분 투자형 크라우드 펀딩은 기업이 자사 주식을 매도하고 투자자가 주식을 매입하는 형태다. 크라우드 펀딩 중 가장 큰 규모의 자금을 모을 수 있는 방식이 바로 지분 투자형이다. 지분 투자형 중 자금 규모가 2만 5,000달러 이상이 경우가 21퍼센트였다. 톈스후이(天使汇)와 다자터우(大家投)가 대표적인 지분 투자형 크라우드 펀딩 플랫폼이다. 기부형 크라우드 펀딩은 말 그대로 해당 프로젝트에 자금을 무상 기부하는 형태로 프로젝트 주체는 참여자에게 전혀 보상을 하지 않는다. 주로 공공 프로젝트에 적용된다. 후원형 크라우드 펀딩은 투자금을 모아 프로젝트를 진행하고 투자자에게 프로젝트 결과물을 보상으로 제공한다. 뎬밍스젠(点名时间), 중처우왕(众筹网)이 대표적인 사례다.

그림 15-5. 소액 대출 방식 운영 흐름도

자료 출처: 중신젠투 증권 연구 발전부.

2015년 3월 국무원 판공청이 「대중 창업 공간 발전 및 대중 혁신 창업 장려에 대한 지침」을 발표했다. 시범 온라인 지분 투자형 크라우드 펀딩을 실행해 크라우드 펀딩이 대중 혁신 창업에 미치는 영향력을 확대함으로써 앞서 언급한 〈대중 창업 만인 혁신〉 전략을 확대하겠다는 의지를 표현했다.

쓰무퉁(私募通) 통계 자료에 따르면, 지분 투자형 크라우드 펀딩의 경우 시드 펀딩 및 스타트업 창업 대출의 비율이 상대적으로 높았다. 중국 상위 4개 크라우드 펀딩 플랫폼 운영 현황을 살펴보면 톈스후이가 총 2,607개 투자 프로젝트에서 자금 7억 6900만 위안을 모았다. 뒤를 이어 위안스후이(原始会)가 281개 투자 프로젝트에서 1억 9400만 위안, 다자터우가 185개 투자 프로젝트에서 3933만 위안을 모았다. 톈스커(天使客)는 18개 투자 프로젝트에서 2875만 위안을 모아 개별 프로젝트 자금 규모가 상대적으로 컸다.

16장
잉여 소유권

공유 경제는 대여 방식으로 물건을 공유해 함께 사용하는 것이다. 그런데 소유권이 바뀌는 중고 물품 거래가 어떻게 공유 경제라는 것일까?

이것은 공유 경제에 대한 가장 큰 오해 중 하나다. 그러나 경제학 관점에서 보면, 잉여 상태로 존재하는 소유권은 공유할 수 있다. 잉여 소유권 개념에서 출발한 중고 물품 거래는 상품 이용률을 높이고 상품 수명을 연장시킨다. 중고 물품 거래 방식은 중개인 유무에 따라 크게 둘로 나뉜다. 여기에서는 중개인이 있는 전통 방식은 생략하고 공급자와 수요자가 플랫폼을 통해 직접 거래하는 P2P 방식에 대해 살펴보겠다. 전자는 중개 보수를 기본 전제로 하기 때문에 중개 보수가 커질수록 공급자와 수요자의 이익이 침해당한다. 반면 후자는 황금알을 낳는 거위처럼 거래가 이어지기 때문에 거래 비용을 낮춰 수요와 공급 양측 모두 윈윈할 수 있다.

1. 레몬 마켓 전통 중고 거래

중고차 시장은 중개인이 시장을 주도하는 대표적인 중고 거래 시장인 동시에 전형적인 레몬 마켓[1]이다. 중개인이 공급자, 수요자보다 많은 정보를 가진 정보 비대칭 상황을 악용해 시장 전체가 외면당하는 결과를 초래했다. 레몬 마켓에서는 우수한 상품도 질 낮은 상품으로 취급당해 가치를 제대로 인정받지 못하기 때문에 우수한 상품은 사라지고 질 낮은 상품만 남는다. 기존 중고차 시장은 정보 비대칭이 심각하고 거래 과정이 매우 복잡했다. 차를 팔려는 사람은 중개인보다 가격 협상 능력이 떨어져 손해를 감수해야 하고 차를 사려는 사람은 모래사장에서 바늘 찾기 같은 모험을 원치 않았다. 그 결과 사람들에게 〈중고차는 곧 불량품〉이라는 인식을 심어 줬다. 중고차 시장 기피 현상이 확대되면서 차를 팔려는 사람들은 헐값을 감수하고 렌터카 회사나 자동차 판매처를 통해 중고차를 처리한다.

공유 경제는 레몬 마켓 문제점을 합리적으로 해결했다. 4S점,[2] 자동차 판매처 등을 거치지 않고 중고차 공급자와 수요자가 직접 거래할 수 있는 플랫폼을 만들면, 정보 장벽을 무너뜨리고 거래 과정이 투명하게 공개되므로 레몬 마켓 문제를 해결할 수 있다. 중고차 직거래 플랫폼을 이용하면 수요자는 구입 비용을 5~7퍼센트 아낄 수 있고, 공급자 수익은 약 10퍼센트 증가한다.

중국의 첫 중고차 거래 플랫폼은 2010년에 등장한 처이파이(车易拍)다. 2013년 시장이 급성장하고 벤처 투자가 급증하면서 처이파이, 유신(优信) 등이 수차례 투자 유치에 성공했다. 곧이어 대기업이 이 시장을

1 구매자와 판매자 간 거래 대상 제품에 대한 정보가 비대칭적으로 주어진 상황에서 거래가 이루어짐으로써 우량품은 자취를 감추고 불량품만 남아도는 시장을 말한다 — 옮긴이주.

2 정식 명칭은 汽车销售服务4S店(Automobile Sales Service shop 4S)이고 4S는 Sale, Sparepart, Service, Survey. 완성차 판매Sale, 부품 공급Sparepart, AS(Service), 정보 피드백Survey 등 원스톱 서비스를 제공한다 — 옮긴이주.

주목하면서 핑안(平安) 그룹의 핑안하오처(平安好车), 상하이 자동차 그룹(上汽集团)의 처샹파이(车享拍) 등이 잇따라 등장했다.

중국 온라인 중고차 시장은 2015년에 폭발적으로 성장했다. 전국 승용차 시장 정보 연석회(全国乘用车市场信息联席会) 통계 자료에 따르면, 2015년 1~11월 중고차 시장 누적 거래량은 840만 300대, 거래액은 4924억 2100만 위안으로 전년 동기 대비 3.63퍼센트 증가했다. 특히 11월 한 달은 거래량 84만 6,400대로 전월 대비 17.52퍼센트 증가했고, 거래액은 502억 9900만 위안으로 전월 대비 24.76퍼센트 증가했다.

중국 중고차 거래 시장은 빠르게 발전하고 있지만 아직 선진국과 차이가 크다. 주요 선진국의 경우 중고차 거래량이 신차 거래량의 2~3배이지만, 중국은 3분의 1 수준이다. 뒤집어 생각하면 이 차이가 곧 중국 중고차 시장의 지속적인 발전 가능성을 보여 주는 셈이다.

최근 몇 년 급성장한 중국 온라인 중고차 시장에는 다양한 비즈니스 모델이 존재한다. C2C 방식인 런런처(人人车)의 거래는 〈방문 차량 검사, 온라인 직거래, 방문 배송〉 과정으로 진행된다. 유신은 〈B2B 온오프라인 경매와 B2C 온라인 판매〉 방식을 동시에 운영하고, B2B 방식인 처이파이의 거래는 〈오프라인 차량 검사, 온라인 경매, 오프라인 배송 서비스〉 과정으로 진행된다.

런런처는 기본적으로 판매자와 구매자가 직접 소통하도록 하고 제3자인 플랫폼은 여러 가지 편의 서비스를 제공한다. 런런처 직원이 직접 방문해 차량 실물 사진을 찍고 249개 항목에 대한 차량 검사를 진행해 견적을 내고 검사 증명 서류를 발급하기 때문에 판매자는 전혀 움직일 필요가 없다. 판매자가 런런처 플랫폼에 차량 정보, 가격, 실물 사진을 등록하고 구매자가 마음에 드는 차를 선택하면 런런처 직원이 구매자 집으로 차량을 가져다준다. 구매자가 차량 상태, 가격, 검사 증명 서류를 확인하고 구매를 결정하면 거래가 성사된다. 이것이 끝이 아니다. 런런처는 2차 차량 정밀 검사 서비스를 제공한다. 여기에서 문제가 없으면 런런처가 명의 이전 수속까지 대신 처리해 준다. 만약 정밀 검사 과정에서 문제가 발생하면 판매자, 구매자, 플랫폼이 함께 재협상을 진행한다.

런런처의 중개 서비스를 정리해 보자. 먼저 판매자가 차량 정보를 상세하고 정확히 정리해 합리적인 가격을 책정할 수 있도록 돕는다. 구매자가 직접 차량 상태와 정보를 확인할 수 있도록 구매자 집으로 차량을 전달해준다. 거래 성사 후 명의 이전 수속을 대신 처리해 준다. 이렇게 서비스를 제공하는 대가로 런런처는 수수료 3퍼센트를 받는데, 이는 기존 중고차 시장 중개 수수료 10~15퍼센트에 비해 훨씬 저렴한 비용이다. 단 최저 수수료는 2,000위안 이상이고 최고 수수료는 8000위안을 넘지 않는다. 이외에 런런처 구매자는 구매 후 1년 2만 킬로미터까지 무료 사후 관리 서비스를 받을 수 있고 14일 이내 환불도 가능하다. 이상의 내용을 종합하면, 판매자는 차량 판매에 소비되는 시간과 노력을 최소화하고 판매 후 발생하는 문제도 전혀 신경 쓸 필요가 없다. 구매자는 차량 상태와 가격 등 모든 면에서 상세하고 정확한 정보를 얻을 수 있고 품질 보증 덕분에 안심하고 구매할 수 있다.

2015년 8월 런런처는 8500만 달러 규모 텐센트 전략 투자 유치에 성공하면서 기업 가치가 5억 달러로 급상승했다. 이번 투자를 통해 중국 3대 IT 기업 BAT[3]가 온라인 중고차 시장의 성장 가능성을 높이 평가하고 있음을 알 수 있다.

3 바이두Baidu, 알리바바Alibaba, 텐센트tencent — 옮긴이주.

2. 중고 거래 시장 급성장 요인

상품 경제 시대의 소비자, 특히 젊은 소비자들은 백화점, 대형 쇼핑센터에서 작은 상점까지 유행처럼 번진 쇼핑 열풍에 휩쓸려 습관적으로 충동 구매를 저지르고 있다. 특히 가격 할인, 연말연시 등 쇼핑 시즌에는 쇼핑 자제력이 크게 떨어져 집안 곳곳에 몇 번 사용하지도 않은 유휴 물품이 쌓여 간다. 자리만 차지하는 유휴 물품을 필요한 사람에게 재판매해 의외의 수입을 올릴 수 있으니 중고 물품 시장은 충동 구매에 빠진 사람들에게 새로운 탈출구였다. 또한 날이 갈수록 물품 교체 주기가 짧아지고 소비 수준이 업그레이드되면서 유휴 물품이 빠르게 증가하고 있다. 중고 거래는 유휴 물품의 이용 가치를 되살려 또 다른 소비 수요를 만족시킨다. 이외에 여러 가지 돌발 상황으로 어쩔 수 없이 일회성 물품을 구매하는 경우도 적지 않다. 중고 거래는 이 모든 유휴 물품에 유동성을 불어넣어 이용률을 높이고 궁극적으로 순환 사용을 통한 환경 보호 효과를 발생시킨다.

사회 관념의 변화로 중고 물품 사용을 창피한 일로 생각하지 않는 사람이 많아졌고 오히려 유행처럼 번지고 있다. 경기 불황 속에서도 물가가 끝없이 치솟으면서 삶의 질이 떨어졌다. 특히 대도시는 기초 생활비 부담이 크기 때문에 명품 등 수요 탄력성[4]이 높은 상품에 대한 수요가 크게 떨어졌다. 반면 저렴한 가격으로 고품질 수요를 충족시킬 수 있는 명품 중고 거래가 빠르게 증가했다.

4 가격이나 소득의 변동에 따라 수요가 변동하는 정도를 나타내는 지표 — 옮긴이주.

3. 두 가지 중고 거래 모델

공유 경제 관점에서 볼 때 중고 물품 거래 플랫폼은 크게 물물 교환과 재판매라는 두 가지 방식으로 나눌 수 있다.

먼저 대표적인 물물 교환 플랫폼 옐들은 회원 가입 후 운송비만 지불하면 플랫폼에 등록된 상품을 무료로 받아볼 수 있다. 옐들 거래에서는 현금이 오가지 않고 거래 실적을 통해 포인트를 쌓는다. 최초 회원 가입 시 포인트 250을 제공하는데, 포인트는 일련의 신용 시스템이다. 옐들은 공유 경제 플랫폼에 새로운 신용 평가 시스템을 접목해 보다 완전한 비즈니스 모델을 만들었다. 스왑닷컴, 프리사이클 등이 이와 유사한 플랫폼인데 중국에서는 아직 이 방식을 찾아볼 수 없다.

두 번째 재판매 플랫폼은 일반 전자 상거래처럼 물건 값이 오가는 조금 더 보편적인 방식이다. 샨위, 량이후이(良衣汇), 파이파이얼서우(拍拍二手), 58좐좐 등이 모두 여기에 해당한다. 샨위는 타오바오와 연계되어 타오바오 계정을 이용해 로그인하고 타오바오에서 구매한 물건을 바로 재판매할 수 있다. 판매자가 직접 본인 거주 지역과 연락 방법을 포함한 재판매 정보를 샨위 플랫폼에 등록한다. 이때 타오바오 거래 내역과 신용 기록이 공개되는데, 이는 믿을 수 있는 안전한 거래를 위한 보호 장치다. 중고 의류 거래 플랫폼 포쉬마크, 중고 아동 용품 거래 플랫폼 키디즌kidizen 등도 이와 유사한 방식이다.

4. 중고 거래 시장 전망

온라인 쇼핑 추천 사이트 선머즈더마이(什么值得买)는 2013년 미국 중고 거래 시장 매출액이 국가 전체 소매 판매액의 0.8퍼센트를 차지한다고 발표했다. 2015년 중국 중고 거래 시장에 같은 비율을 적용할 경우 그 규모는 대략 1462조 위안(18억 3000만 위안의 0.8퍼센트)으로 추정할 수 있다. 중고 거래 특성상 통계에 포함되지 않은 경우가 많기 때문에, 실제 시장 규모는 이보다 클 가능성이 높다.

지금 중국 중고 거래 플랫폼은 호황을 누리며 자본 시장의 관심을 한 몸에 받고 있다. 관련 통계에 따르면 샨위는 2015년에만 30억 달러 이상을 투자 유치했고, 하루에 성사되는 거래 건수가 20만이 넘는다. 이외에 량이후이가 300만 위안 투자 유치에 성공했고, 중고 명품 거래 플랫폼 팡후(胖虎)도 1000만 위안을 투자받았다.

중고 물품 특성상 온라인 중고 거래는 여러 가지 잠재적 문제가 존재하는데, 대부분 상품 품질에 관한 것들이다. P2P 방식은 판매자와 구매자가 편리하게 소통할 수 있게 해주지만 물품 자체의 품질과 상태를 평가하기 힘들다는 단점이 있다. 백화점처럼 모든 제품을 취급하는 중고 거래 플랫폼은 그 종류가 너무 많아서 물품 정보를 찾아보기도 힘들다. 일반적으로 품질과 출처 등 판매 정보의 진위 여부를 구매자 스스로 판단해야 한다. 사후 문제가 발생해도 판매자와 플랫폼은 전혀 책임을 지지 않기 때문에 온라인 중고 거래는 구매자의 리스크가 큰 편이다.

따라서 앞으로 중고 거래 업계는 신뢰도 높은 브랜드 이미지를 통해 경쟁력 있는 사용자 기반을 구축해야 한다. 중고 거래의 핵심은 〈상품〉이다. 중고 거래 플랫폼은 거래 과정과 운영 방식을 규범화해 상품의 출처, 품질, 유형 등 세부 정보를 엄격히 심사함으로써 소비자 권익을 확실히 보호해야 한다.

17장
유휴 시간

2016년을 사는 당신은 정해진 시간에 출퇴근해야 하는 직장을 찾을 필요가 없다. 프리랜서로 동시에 여러 개 일을 진행하거나 원한다면 스스로 사장이 될 수도 있다. 직장이 아닌 직업이 신분을 말해 주는 시대가 됐다.

사회주의 계획 경제 시대에는 직장과 직업이 같은 의미였다. 처음 배정받은 직장이 곧 평생직장인 경우가 대부분이었다. 그러나 시장 경제가 도입되면서 선택의 의미가 포함된 〈취업〉이라는 개념이 생겼다. 직장은 한번 박아 버리고 끝인 못이 아니라 언제든 돌려 빼고 끼울 수 있는 나사가 됐다. 그리고 공유 경제 시대를 맞이한 지금, 직업만 남고 직장 개념이 서서히 사라지고 있다.

인터넷을 이용하면 언제 어디서든 자신의 노동력, 지식, 기술, 경험과 노하우를 이용해 수익을 현실화할 수 있으니 굳이 정시 출근, 정시 퇴근 직장에 얽매일 필요가 없다. 전통적인 취업 시장 관점에서 보면, 고용 계약이 이뤄지지 않으면 곧 실업 상태가 된다. 그러나 공유 경제 시대에 실업은 수많은 새로운 일자리를 가질 수 있는 기회다. 고용 상태일 때보다 오히려 수입이 늘어나기도 하고 자신의 가치를 극대화함으로써 결과적으로 사회적 부를 증가시킨다. 공유 경제 흐름에 따라 점차 고정 일자리가 사라지고 임시 일자리가 늘어나는 추세다. 개인의 유휴 시간을 공유하는 인지 잉여 개념은 전통 취업 시장에 강력한 지각 변동을 예고했다.

공유 경제 확산과 함께 대규모 임시 일자리가 등장해 다양한 일자리 수요-공급을 만족시켰다. 임시 일자리 중개 플랫폼 중바오와 웨이커에 개인 요리사, 개인 교사, 개인 의사, 개인 비서, 개인 상담, 개인 물류 등 새로운 일자리 개념이 등장해 대중의 관심을 집중시켰다.

1. 개인 요리사

전문 요리사와 아마추어 요리사가 특정 개인이 원하는 음식을 만들어 주는 맞춤형 요리 서비스다. 인터넷 플랫폼 발전과 함께 일선, 이선 도시를 중심으로 개인 요리 문화가 확대됐다. 개인 요리사는 요리 기술을 공유해 경제적 이익과 동시에 자아 성취감을 올리고 고객은 다양한 미식 문화 경험과 사교 활동을 겸할 수 있다. 개인 요리 서비스는 유휴 노동력 자원 이용률을 극대화하는 동시에 생활 방식까지 변화시켰다.

첸잔 산업 연구원(前瞻产业研究院)이 발표한 「2015년~2020년 중국 온라인 식음료업 운영 모델과 투자 전략 계획 분석」 보고서에 따르면, 중국 개인 요리 서비스 시장은 최근 2년 동안 기본 규모를 형성해 폭발적인 성장을 앞두고 있다. 개인 요리 서비스 시장의 급성장 요인은 다음과 같다.

첫째, 시간 절약. 대도시 직장인의 근무 시간은 하루 최소 여덟 시간인데 출퇴근 시간까지 고려하면 직접 장을 봐서 요리까지 할 여유가 없다. 특히 소득 수준이 높을수록 업무 강도가 높아지기 때문에 고소득자가 많은 일선 도시를 중심으로 개인 요리 수요가 크게 증가했다. 여기에 공유 경제 확산 분위기가 더해져 개인 요리 서비스 공유 플랫폼이 큰 인기를 끌고 있다.

둘째, 뛰어난 가성비. 여러 가정식 배달 업체의 광고 자료를 통해 대략적인 가격을 살펴보면 〈반찬 4+국 1〉이 69~79위안, 〈반찬 6+국 1〉이 99~109위안, 〈반찬 8+국 1〉이 129~169위안이다. 이런 합리적인 가격 덕분에 많은 사람들이 이 새로운 생활 방식을 거부감 없이 받아들이고 있다. 또한 〈손에 물 한 방울 묻히지 않는〉 여유롭고 편안한 삶을 원하는 현대인의 소비 욕구를 정확히 꿰뚫은 덕분이기도 하다.

셋째, 품격 있는 사교 식사 모임. 경제 성장과 더불어 생활 수준이 높아지면서 단순히 맛있는 요리를 뛰어넘어 품격 있는 분위기와 섬세한 서비스에 대한 수요가 증가했다. 온라인 개인 요리 서비스는 다양한 수요와 공급을 만족시키며 품격 있는 사교 식사 모임을 주도하고 있다.

넷째, 언제 어디서나 즐기는 고향의 맛. 평범한 가정에서 먹는 집밥이야말로 그 지역의 정통 요리다. 전국 각지에서 고향을 떠나 타향살이를 하는 도시인은 집밥을 통해 삶의 위안을 얻는다. 먼 길을 떠나지 않고 도시 한가운데서 원조 쓰촨 요리, 윈난 요리, 광둥 요리를 맛보고 요리사와 고향 음식에 대한 이야기를 나누며 향수에 젖기도 한다.

다섯째, 사교 범위 확대. 예로부터 중국 사회의 사교 모임에는 음식이 빠지지 않았다. 그러나 현대인은 직장 생활의 부담이 너무 큰 탓에 사교 범위가 크게 줄었다. 이에 최근 따로 시간을 내지 않고 식사 시간을 이용해 관심사가 비슷한 사람을 만나는 소셜 다이닝이 유행하고 있다. 이렇게 만나는 사람들은 대부분 지연이나 학연 등 교집합이 전혀 없는 완벽하게 낯선 사람들이다.

관련 통계에 따르면 식사 모임 주최자와 참석자는 사교 활동에 대한 수요가 매우 강한 사람들이다. 이 중에는 식사 모임을 통해 친구를 사귀고 인맥을 넓히길 바라는 이들이 많다. 이외에 식사 모임 주최자가 정한 특정 주제에 대한 기대도 크다.

개인 요리 서비스 시장은 식당 소셜 다이닝, 개인 요리사 방문 맞춤서비스, 온라인 포장 판매 서비스, 개인 맞춤형 요리 O2O 포장 판매 등으로 분류할 수 있다. 전체적으로 시장 형성기이기 때문에 특별히 규모가 큰 기업은 아직 없다. 이용 횟수가 많은 고정 수요를 상대하는 포장 판매 서비스가 가장 큰 폭으로 상승하며 이 시장 발전을 주도하고 있다.

애널리시스 자료에 따르면 2015년 중국 인터넷 외식 포장 판매 시장 규모는 457억 8000만 위안이었다. 이 중 85.8퍼센트가 바이두와이마이(百度外卖), 어러머(饿了么), 메이퇀와이마이(美团外卖) 상위 3개 업체 매출이다. 그러나 전체 시장 규모가 워낙 크기 때문에 나머지 14.2퍼센트의 매출액도 65억 위안에 달한다. 이 시장은 앞으로 발전 잠재력이 매우 크다.

같은 시장이라도 업체마다 조금씩 목표와 대상이 다르다. 미스는 전형적인 C2C 집밥 포장 판매고, 사오판판(烧饭饭)은 요리사가 직접 방문하는 맞춤 요리 서비스다. 이외에 가사 서비스 플랫폼 e다이시가 요리로 영역을 넓힌 샤오e관판(小e管饭)이 있고 요리 레시피 정보 플랫폼 더우궈메이스(豆果美食)가 새롭게 선보인 유스후이(优食汇)의 반조리 음식 판매량도 크게 증가했다.

개인 요리 서비스 시장은 이제 막 가열되기 시작했다. 많은 군소 업체가 각축을 벌이는 가운데 앞으로 어떤 업체가 어떤 방식으로 새로운 시장을 개척해 규모를 확대하고 주도권을 장악할 것인지, 어떻게 시장 수요를 만족시키고 또 어떤 영역으로 영향력을 확대할지 귀추가 주목된다.

2. 개인 교사

인터넷 플랫폼을 통해 교육 제공자와 학습자를 효율적으로 연결함으로써 기존 교육 산업의 정보 비대칭 문제를 해결했다. 공유 경제는 교육 산업과 접목해 개인 교사라는 새로운 일자리를 창출했다. 뉴욕에 거주하는 교사와 베이징에 살고 있는 학생이 각자의 집에서 각자의 조건에 맞춰 영어 회화 수업을 진행하는 획기적인 영어 학습 모델이 등장했다.

온라인 교육 업계가 수년째 호황을 누리고 있는 가운데 VIPABC가 새로운 바람을 일으켰다. 영미권 영어 교사 4,500명을 보유한 VIPABC는 세계 60개국, 80개 도시에 24시간 실시간 온라인 서비스를 제공하고 있다. 지금까지 VIPABC 영어 학습을 이용한 수강생은 약 1000만 명이다.

VIPABC CEO 양정다(楊正大)는 〈우리는 전 세계에서 사용할 수 있도록 플랫폼을 완전 개방했다. 앞으로 요가 전문가, 요리사 등 전문 기술을 가진 사람이라면 누구나 우리 플랫폼을 이용해 전 세계인과 자신의 기술을 공유할 수 있게 될 것이다. 수요자는 꼭 필요한 선택을 하고 전문가는 어디서든 교육을 제공할 수 있는 진정한 맞춤 교육 시대가 이미 시작됐다〉라고 말했다.

여러 분야의 전문가뿐 아니라 직업 교사들도 온라인 교육에 참여할 수 있다. 예를 들어 아판티(阿凡题)의 질의응답 코너에 많은 공립 학교 교사들이 참여해 지역 간 교사 자원 불균형 문제를 해소했다. 칭칭자자오(轻轻家教)는 직접 가정으로 방문하는 개인 과외 교사를 연결해 주는 플랫폼이다. 건세이쉐는 온라인과 오프라인 방식을 결합해 〈지식 전수,

질의응답, 오프라인 서비스〉로 이어지는 자체 폐쇄 루프를 완성했다.

공유 경제는 교육 산업에 침투해 교육 자원 활용의 시공간 제약 문제를 해결했다. 기존 공유 경제 방식이 교육 자원의 양적 증가에 기여해 수요와 공급을 효율적으로 연결하는 데 그쳤다면 이 모델은 교육 방법의 혁신을 이끌었다. 교육 시장의 공유 경제는 이제 시작인 만큼 앞으로 더욱 기대되는 분야다.

3. 개인 의사

중국 사회는 오랫동안 심각한 의사 수급 불균형 문제를 겪어 왔으나 의료 산업에 공유 경제가 접목되면서 상황이 조금 개선됐다. 의사들은 유휴 시간을 공유해 여러 병원에서 혹은 가정을 직접 방문해 기초 진료 서비스를 제공할 수 있다. 병원과 진료소의 유휴 의사 자원을 충분히 이용해 진료비가 비싸서 혹은 병원이 멀어서 진료를 받지 못하는 사람들에게 도움을 줄 수 있다. 공유 경제라는 새로운 소통 방식이 유동성을 높여 폐쇄적인 진료 과정에서 벗어나 효율적인 등급 진료 체계 확립을 촉진하고 있다.

기존 의료 시스템은 병원 의료 설비에 대한 병원의 소유권이 강조됐다. 이 때문에 수많은 정밀 의료 기기와 설비가 유휴 상태에 놓여 있었다. 국가 위생 계획 생육 위원회 통계에 따르면 2014년 중국 병원 병상 사용률은 평균 88퍼센트였다. 세부 항목별로 보면 국립 병원 92.8퍼센트, 민간 병원 63.1퍼센트, 1급 병원[1] 60.1퍼센트, 농촌 지역 병원 60.5퍼센트,

1 규모별로 분류한 병원 등급. 숫자가 높을수록 규모가 크다 — 옮긴이주.

보건소 등 기초 의료원 55.6퍼센트으로 국립 병원을 제외하면 대부분 평균 이하다. 이와 대조적으로 3급 병원 병상 사용률은 101.8퍼센트를 기록했다.[2]

개인 의사 서비스에는 두 가지 방식이 있다.

첫째, 춘위이성 방식. 춘이이성, 딩샹이성(丁香医生), 하오다이푸짜이샨(好大夫在线) 등 온라인 진료 플랫폼이 잇따라 등장하면서 크라우드 소싱에 기반한 겸직 의사들이 실시간 원격 진료 서비스를 제공하고 있다. 가벼운 증상은 온라인 질의응답으로 해결하고 증상이 복잡할 경우 전문 병원 진료 절차를 알려 준다. 이를 통해 앞으로 의료 자원을 이용하려는 진료 수요가 온오프 두 방향으로 확실히 나뉠 것으로 보인다. 가벼운 증상은 온라인 진료로 간단히 해결되기 때문에 굳이 직접 병원에 가서 접수하고 기다리느라 시간을 낭비할 필요가 없다.

의사는 여가 시간을 활용해 의료 지식을 공유함으로써 개인의 브랜드 파워를 높일 수 있고 병원은 이미 보유한 잠재 소비자 정보를 활용해 영업 이익을 창출할 수 있다. 환자는 온라인을 통해 간편하게 궁금증을 해결하고 전문가의 조언을 받을 수 있다. 가벼운 증상인 경우 유사한 질문이 많기 때문에 질의응답 내용을 데이터베이스화해 환자들이 더욱 편리하게 의료 정보를 얻을 수 있다.

둘째, 왕진 방식. 미국 메디캐스트Medicast가 대표적이다. 메디캐스트는 환자에게 체계화된 의료 솔루션을 제공하고 병원에 기술 플랫폼[3]을 구축해 준다. 이를 통해 의사와 환자를 신속하게 연결함으로써 환자가 적시에 왕진 서비스를 받을 수 있도록 한다.

2 중국 국가 특수 병원을 제외한 가장 높은 등급의 병원 — 옮긴이주.

3 재사용을 목적으로 하는 표준화한 유무형의 자산을 활용하기 위한 플랫폼 — 옮긴이주.

중국에도 이와 비슷한 사례가 있다. 2015년, 알리바바 그룹 산하 의약품 전자 상거래 플랫폼 아리젠캉(阿里健康), 디디, 수술 환자를 전문으로 하는 밍이주다오(名医主刀)가 협력해 베이징, 상하이, 항저우, 난징에서 이틀간 〈디디이성(滴滴医生)〉 시범 서비스를 운영했다. 이틀간 4개 도시에서 디디이성을 통해 왕진 서비스를 받은 환자는 총 2,000명이었다.

의료 분야 공유 경제는 전망이 매우 밝다. 2015년 6월, 국무원 판공청이 「민간 의료 발전 촉진을 위한 정책 조항」을 발표했다. 그 구체적인 내용은 의료 자원의 유동성 강화 및 공유 촉진, 대형 의료 설비 공유 촉진, 의사 순환 진료 장려 및 업무 협력 강화, 국립 병원과 민간 의료 기관의 협력 강화 및 공동 발전 촉진 등이다. 최근 정부가 의료 개혁에 강한 의지를 보이는 만큼 의료 분야 공유 경제가 더욱 빠르게 확대될 것으로 보인다.

4. 개인 비서

공유 경제 유행 이전부터 존재했던 온라인 구인 구직 플랫폼 웨이커의 수요자는 대부분 기업이었다. 웨이커가 대유행하면서 전 직원 고용이나 사무실 근무가 당연하던 시절이 지나갔다. 앞으로 기업은 지역, 업종, 전공의 한계를 뛰어넘어 보다 유연한 관점에서 적재적소에 인재를 배치하고 눈에 보이지 않는 직원을 관리하는 가상 기업 형태로 발전할 것이다. 단기 일자리 플랫폼 주바제의 성공이 이를 증명한다. 기존 웨이커 서비스 범위를 포함해 모든 수준급 취미와 기술 보유자는 크라우드 소싱 방식을 통해 가상 기업의 가상 직원이 될 수 있다.

단기 일자리 시장은 지속적으로 변화 발전하고 있다. 공유 경제 흐름과 더불어 인지 잉여를 공유하려는 사람들에게 취업 기회가 더 많아졌다. 다양한 영역의 일자리 수요와 공급을 이어 주는 C2C 모델 플랫폼이 대거 등장해 각종 수준급 취미와 기술, 단편적인 시간에 묶인 노동력 자원이 유효 적절한 취업 기회를 얻고, 수요자들은 빠르고 편리하게 개인 맞춤형 서비스를 충족시킬 수 있게 됐다.

중국의 니쉬워반, 미국의 태스크래빗 등은 지역 중심의 생활형 서비스에 주력하는 크라우드 소싱 플랫폼이다. 태스크래빗은 심부름 서비스로 유명한데, 줄서기나 애완견 산책과 같은 일상의 단순 노동을 해결할 수 있다. 수요자가 최고 가격과 함께 상세 수요 정보를 플랫폼에 등록하면 공급자들이 경쟁 입찰에 응하고 플랫폼 측에서 가격, 거리, 기술 수준 등을 종합적으로 고려해 가장 적합한 노동력을 선정하는 방식이다.

5. 개인 돌봄

세계에서 노령 인구가 가장 많고 인구 고령화가 가장 빠르게 진행 중인 중국은 노령 인구가 1억 명을 돌파한 유일한 나라다. 세계적으로 60세 이상 인구는 전체 인구의 약 10퍼센트며 65세 이상 노령 인구가 7퍼센트 이상일 때 고령화 사회에 진입한 것으로 간주한다. 이 기준으로 보면 중국은 2000년에 이미 고령화 사회에 진입했다. 취안궈라오링반(全国老龄办)은 향후 20년간 고령화가 빠르게 진행되어 노령 인구 증가 속도가 연평균 1000만 명에 달하고 2050년을 전후해 중국 노령 인구가 전체의 3분의 1을 차지할 것으로 내다봤다.

중국의 실버 산업은 세계에서 가장 잠재력이 큰 시장이지만, 아직 가야 할 길이 멀다.

36커(36氪)가 공유 경제 방식을 도입해 가정 양로 사업에 진출한 페이바마를 상세히 소개했다. 페이바마는 수백 명의 간호 인력을 모아 지역 단위별로 전담 인력을 배치해 서취이성 왕진, 서취병원(社区医院)[4] 동행 서비스를 제공하며 노인층 건강 관리 수요를 응대했다. 이를 위해 크라우드 소싱으로 모집한 노인 요양 및 간병 전공자를 지역별로 20~30명씩 배치하는 〈지역 보건 관리사〉 제도를 운영한다. 고객이 서비스를 예약하면 먼저 보건 관리사가 직접 방문해서 구체적인 수요 내용을 확인한 후 전문 의료인의 개입 여부를 판단한다. 이외에 보건 관리사는 진료 상담, 재활 간호, 보건 교육, 간단한 중의 치료, 체질 검사, 만성 질환 관리 등의 의료 건강 서비스를 신속하고 편리하게 제공한다. 〈지역 보건 관리사〉 제도의 궁극적인 목표는 작은 병을 큰 병으로 키우지 않고 모든 병을 사전에 예방해 치료 단계까지 가지 않는 것이다.

6. 개인 고문

짜이항은 아주 재미있는 플랫폼이다. 혹시 얼굴도 모르는 누군가에게 고민을 털어놓거나 낯선 도시에서 처음 만난 사람과 함께 취미를 즐겨 본 적이 있는가? 이렇게 새로운 커뮤니티가 이뤄지는 곳이 바로 짜이항이다. 짜이항의 인지 잉여 공유자들은 처음 만나는 사람에게 진심과 최선을 다한다.

한 네티즌은 짜이항을 〈소셜 크라우드 소싱을 이용해 보통 사람들끼리 올바른 길을 제시하고 잘못을 바로잡아 주는 궁극의 공유 경제 모델〉

4 가벼운 질병을 치료하는 1차 진료 기관 — 옮긴이주.

이라고 평가했다. 온라인 미디어 후슈왕(虎嗅网)은 〈인터넷상에 수많은 커뮤니티와 정보가 넘쳐 나지만 기존 온라인 경로만으로 충족되지 않는 맞춤형 지식 수요가 늘어나고 있다. 이런 역설에서 출발한 짜이항은 맞춤형 체험 공유를 지향한다. 일대일 혹은 오프라인 교류가 주를 이루기 때문에 교류 시간에 비해 많은 정보를 나눌 수 있다〉라고 소개했다. 짜이항 초기에 참여한 전문가들은 공유 활동에 적극적이고 소통 능력이 뛰어난 사람들이다. 이들 〈공유형 인격체 그룹〉은 자신의 지혜와 경험을 이용해 타인을 돕는 일을 즐긴다. 짜이항은 대가를 바라지 않는 인지 잉여 공유가 가능하다는 것을 증명했다. 이외에 스킬셰어, 즈더, 방양 등이 큰 호응을 얻고 있다.

7. 개인 물류

런런콰이디 CEO 셰친(謝勤)은 제5회 중국 전자 상거래 및 물류 기업가 연례 회의에서 〈인터넷 플러스 정책과 공유 경제 흐름 속에서 탄생한 런런콰이디는 유휴 시간을 공유하려는 도시 시민과 조화를 이루는 것이 목적이다. 여가 시간을 이용하거나 어차피 이동하는 김에 물건을 전달하는 택배 인력을 이용할 경우, 수요자는 가장 낮은 비용으로 택배를 이용할 수 있다〉라고 말했다. 향후 런런콰이디의 목표는 전 국민 택배, 전 국민 세일즈다. 이 목표가 실현되면 많은 사람들이 주변 사람들의 소비 수요를 만족시키는 동시에 스스로 수익을 창출할 수 있게 된다.

〈전 국민 택배〉는 곧 개인 물류 시대를 의미한다. 런런콰이디는 개인 자원을 적극 활용해 시간 지정 배송, 쇼핑 대행 서비스 등을 제공하는데 이는 소셜 물류와 소셜 세일즈가 결합된 개념이다. 또 다른 물류 택배 플랫폼 다다페이쑹은 중소 상점이 주요 고객이며, 위치 기반 서비스 기술로 가장 가까운 곳에 있는 택배원을 호출해 빠른 배송 서비스를 제공한다.

빠른 배송은 근거리 위주였으나 최근 도시 간 장거리 배송으로 확대되고 있다.

쿵젠커처(空间客车)는 사회 유휴 자원을 적극 활용해 장거리 당일 배송 시대를 열었다. 크라우드 소싱은 공유 경제와 물류 택배업이 결합하는 가장 전형적인 방법이다. 쿵젠커처는 운송을 마치고 돌아가는 빈 차를 물류 택배 시장의 유휴 자원으로 보고, 이 유휴 자원을 한자리에 모아 도시 간 장거리 택배 소요 시간 문제를 해결했다. 빈 차뿐 아니라 고속철도와 비행기의 유휴 공간을 섭렵했고, 심지어 여행객까지 택배원으로 활용하는 등 작은 틈새 하나도 놓치지 않았다. 다른 택배 회사의 도시 간 장거리 배송은 보통 2~3일 소요되고, 가장 빠르다고 소문난 순펑(顺丰)의 특급 배송 서비스도 당일 배송은 불가능했다. 그러나 쿵젠커처는 〈9시간 이내 도시 간 장거리 배송〉을 현실화했다. 1분 1초라도 빨리 물건을 받아야 하는 고객 입장에서는 크게 비싸지 않은 비용으로 물건을 받아 볼 수 있어 만족도가 매우 컸다.[5]

〈라스트 마일 배송〉[6]이라고도 불리는 단거리 배송도 발전 가능성이 크다. 단거리 배송은 전국 네트워크망을 기반으로 하는 기존 물류 서비스와 달리 단거리 배송에 주력한다. 중국에서 운행되는 화물차 1000만 대가 돌아가는 길에는 대부분 빈 차라는 점에 착안해 크라우드 소싱 방식으로 비용을 낮추고 효율을 극대화했다.

크라우드 소싱 방식은 정형화된 서비스가 아니기 때문에 개별 맞춤형

5 http://b2b.toocle.com/detail--6292978.html 참고.

6 전체 배송 과정 중 소비자가 상품을 수령하는 마지막 단계 — 옮긴이주.

수요에 적합하다. 업무 스트레스가 높고 늘 시간에 쫓겨 여유가 없는 현대 직장인들은 길지 않은 개인 시간이 보다 품격 있고 풍요로워지길 바란다. 이런 추세에 맞춰 쇼핑 대행에서부터 배송까지 책임지는 서비스가 더욱 주목받을 것으로 보인다.

공유 경제의 큰 흐름에 따라 등장한 다양한 플랫폼은 〈돈은 있으나 시간이 없는 사람〉과 〈시간은 있으나 돈이 없는 사람〉을 유효적절하게 연결해 줬다. 인지 잉여 공유는 단편적인 시간까지 효율적으로 활용해 사회 유휴 자원이 낭비되지 않게 해준다.

4부

영향력 편

공급 측 개혁

공유 경제는 현재 중국 정부가 추진하는 경제 체제 개혁과 밀접한 관계에 있다. 공유 경제는 기존 자원의 이용률을 높여 사회 총공급을 증가시키고, 소비 구매력을 향상시켜 소비 수요를 확대하고, 거시 경제 구조 조정을 위한 새로운 사유 방식을 제공한다.

2015년 중앙 정부는 〈공급 측 개혁〉과 함께 서비스업을 새로운 경제 성장점으로 삼아 〈중국 경제 성장 동력 전환〉을 실현하겠다고 발표했다. 공유 경제가 공급 측 개혁에 새로운 관점을 제공한 덕분에 지금 중국은 고질적인 사회 경제 문제 — 부동산 재고 해결과 서비스업 품질 향상 — 의 해법을 찾고 새로운 발전 기회를 잡았다.

먼저 부동산 재고 해결 과정을 살펴보자. 공유 경제는 부동산 재고 해결을 위한 새로운 해법으로 〈판매 대신 임대〉 방식을 제기했다. 현재 중국의 미분양 재고가 2억 2000만 채고 공실 주택이 5000만 채다. 2014년 판매 속도를 기준으로 할 경우, 8년이 걸려야 다 팔 수 있다. 부동산 시장에 진출한 대표적인 공유 경제 플랫폼 투자는 두 가지 방법을 이용했다. 첫 번째는 공유 경제 플랫폼과 부동산 개발 회사가 부동산 재고 대량 판매 계약을 체결하고 합작 형태로 협력하는 모델이다. 구체적으로 임대차 계약 기간이 있고 교환이 가능하고 주택 관리 등 부가 가치 서비스를 더해 소비자 수요에 맞춰 주택을 공급하는 방법이다. 두 번째는 대리 임대를 맡은 공유 경제 플랫폼이 개발 회사, 주택 소유주, 소비자를 연결해 다양한 임대 수요를 만족시키는 동시에 우회적으로 장기 유휴 부동산을 활성화시키는 방법이다.

다음은 공유 경제가 서비스업 품질 향상과 거시 경제 구조 조정에 끼친 영향으로, 대략 다음 세 가지로 정리할 수 있다. 첫째, 공유 경제는 소셜 커뮤니티를 기반으로 사회 유휴 재고 자원을 새로운 공급원으로 변화시켰다. 예를 들어 개인 소유한 주택, 차량, 자금, 지식, 경험, 기술 등 유·무형의 자원이 전 사회적으로 공유되어 저렴한 비용으로 유효적절한 수요-공급 매칭이 이뤄졌다. 둘째, 소비 수요를 확대시켰다. 운송 분야를 예로 들어 보자. 베이징은 인구가 2000만 명이 넘는데 운송 수요에 대응할 택시는 6만 대뿐이다. 디디와 우버 등 차량 공유 플랫폼은 자가용 수백만 대를 동원해 베이징의 운송 수요를 수십 배 증가시켰다. 셋째, 취업 기회를 확대시켰다. 주바제, 런런콰이디 등 신흥 온라인 고용 및 크라우드 소싱 플랫폼은 지금까지 3000만 개가 넘는 일자리를 창출한 것으로 추산된다. 이상을 종합해 볼 때 여러 분야의 공유 경제 플랫폼이 다양한 방법으로 서비스업 발전을 촉진해 왔음을 알 수 있다.

이외에 공유 경제는 새로운 취업 기회를 개척해 취업난 해소에 도움을 주고 전통적인 고용 및 취업 방식 전반에 큰 변화를 일으켰다.

공유 경제는 자원 이용률을 높이고 자원 낭비를 줄여 미개발 자원 소모 속도를 늦춘다. 이는 신에너지 응용 분야와 환경 산업 발전 촉진으로 이어졌다. 공유 경제와 오염원 배출의 관계는 매우 복잡하지만 변증법 관점으로 이 문제를 풀어 보려 한다.

존재론적 관점에서 보면 〈공유 경제〉라는 단어가 등장하는 순간 이미 경제의 정의가 바뀔 수밖에 없다. 가장 빨리 공유 경제를 인지한 사람들은 영국인이다. 영국 상무부가 발표한 「영국의 공유 경제」에 따르면 기존 시스템으로 산출한 GDP에는 공유 경제가 창출한 경제적 효과가 반영되지 않는다. 공유 경제가 급성장하고 있지만 정부가 발표한 통계 자료만으로는 공유 경제 효과를 가늠할 수 없다. 영국뿐 아니라 대다수 국가가 같은 상황이며 중국도 예외가 아니다.

18장
공급 확대

공급 확대 방법에는 크게 두 가지가 있다. 하나는 유휴 자원 이용률 제고, 다른 하나는 새로운 공급원의 창출이다.

1. 자원 이용률 제고

먼저 대중의 가장 큰 관심을 받고 있는 차량 공유 부분을 살펴보자.

차량 공유앱이 없던 시절, 대다수 자가용이 유휴 상태에 놓여 있었다. 교통 관리 당국의 통계 자료에 따르면, 중국 자가용과 택시의 평균 주행 거리는 각각 20만 킬로미터, 60만 킬로미터였다. 자가용이 택시보다 유휴 상태로 보내는 시간이 훨씬 길기 때문이다.

그렇다면 디디의 등장 전후로 자가용 이용률은 얼마나 달라졌을까? 디디의 등장 전 1시간이었던 1일 자가용 이용 시간이 디디 등장 후 1.13시간으로 13퍼센트 증가했다.

디디 등장 전 이용률 1시간은 2015년 12월 1일자 『학습시보(学习时报)』 기사 중 〈중국 자가용 1일 평균 유휴 시간 23시간〉이라는 내용을 참고한 것이다. 디디 등장 후 이용률 1.13시간은 「중국 스마트 운송 2015 빅데이터 보고」를 참고해 추산한 수치다. 2015년 디디 거래량은 14억 3000만 건이고 운행 시간은 4억 9000만 시간이었다. 디디에 등록된 차량이 총 1000만 대이므로 〈4.9 ÷ 0.1 ÷ 365 = 0.13〉으로 계산할 수 있다. 디디에 가입한 자동차는 그 전에 비해 하루 평균 0.13시간을 더 운행한 셈이다.

중국 IT 연구 센터가 발표한 「2014년~2015년 중국 운송 모바일 앱 시장 연구 보고」에 따르면, 현재 중국 인구는 13억이고 1일 운송 수요 인구는 4억 5000만에 달한다. 이 중 택시와 공유 차량 이용자가 3000만~5000만 명으로 전체 인구 대비 40분의 1에 해당한다.

베이징은 상주 인구가 2000만 명이 넘는 대표적인 대도시다. 40분의 1 비율을 적용하면 베이징에는 최소 50만 대 택시가 필요하다. 그러나 2015년 기준 베이징 택시 규모는 2003년부터 변함없이 6만 6,000대 수준을 유지해 베이징 시민의 일상 운송 수요를 만족시키기에 턱없이 부족하다.

자가용 외에 유휴 시간이 많은 전세 버스와 화물차 이용률도 크게 높아졌다. 특히 단거리 물류 영역은 G7훠윈런(G7货运人), 물류QQ(物流QQ), 훠처방(货车帮), 윈냐오페이쑹(云鸟配送), 훠라라(货拉拉), 1하오훠더(1号货的), 란시뉴(蓝犀牛) 등 단거리 화물 플랫폼이 대거 등장하면서 화물차 이용률이 크게 증가했다. 이는 결과적으로 사회 전체 화물차 운송력과 사회 유휴 자원 이용률을 높였다.

2. 새로운 공급원 창출

과거 경제 사회의 공급자는 대부분 기업이었으나 지금은 개인으로 범위가 확대됐다. 앞서 살펴본 자동차 부분은 빙산의 일각일 뿐이다.

개인과 기업이 유휴 자산을 공유하기 시작하면서 공장에서 자동차, 옷 등 새 제품을 생산하거나 건설사가 새 건물을 짓지 않아도 사회 총공급이 증가하고 있다.

여행 숙박업을 예로 들어 보자. 과거 여행객은 여관이나 호텔에만 묵어야 했기 때문에 여행 성수기에 방을 구하지 못하는 경우가 많았다. 그러나 최근 온라인 단기 임대 플랫폼을 통한 홈스테이가 유행하면서 일반 주택이 여행 숙박업의 새로운 공급원으로 떠올랐다. 이 새로운 공급원은 확대 범위가 매우 크기 때문에 공급 부족을 걱정할 필요가 없다. 투자 CEO 뤄쥔은 〈투자는 2011년 12월 1일 정식 영업 개시 이후 지금까지 중국 본토 288개 지역, 홍콩과 타이완을 포함한 해외 353개 지역으로 서비스 범위를 확대해 아파트, 별장, 일반 주택 등 공급량이 총 40만 채에 달한다. 현재 투자는 중국 172개 정부 기관, 대형 부동산 개발 기업과 제휴를 맺어 총 1000억 위안 규모의 자산을 관리하고 있다. 이미 계약된 예비 공급량이 60만 채고 계약 협의 중인 프로젝트도 1만 건이 넘어 투자의 공급량이 머지않아 100만 채를 넘을 것으로 예상된다〉라고 밝혔다. 100만은 실로 놀라운 수치다. 이 정도면 확실한 공급원이 아닐까?

이외에 마이돤쭈, 무냐오돤쭈도 단기 주택 임대 분야에 진출해 약 300개 도시에서 각각 30만 채가 넘는 주택을 공급하고 있다.

투자 홈페이지에 게재된 국무원 경제 연구소 통계 자료에 따르면, 유휴 주택 소유주 5000만 명 중 약 6퍼센트가 온라인 단기 임대를 이용할 계획이라고 밝혔다. 이에 따라 가까운 시일 안에 최소한 300만 채의 유휴 주택이 온라인 단기 임대 시장에 진입해 중국 여행 숙박업 공급량이 크게 늘어날 전망이다.

19장
수요 확대

공유 경제는 소비자 실질 구매력과 소비자 이익을 높여 전체 소비력 상승을 촉진한다. 공유 경제가 장기 경기 불황 국면을 타개할 새로운 경제 성장점으로 주목받는 이유가 바로 여기에 있다.

1. 실질 구매력 향상

일반적으로 실질 구매력 향상 요인은 비용 하락과 수입 증가 두 가지다. 공유 경제는 바로 이 두 요인을 정확히 공략해 실질 구매력을 상승시켰다.

1) 비용 하락

비용 하락 요인은 다시 두 가지로 나뉜다. 첫째, 직접 비용 하락. 공유 경제는 인터넷 플랫폼을 기반으로 공급과 수요가 직접 연결되기 때문에 정보 비대칭 문제가 해결되고 복잡한 유통 절차와 비싼 수수료가 사라진다. 결과적으로 거래 비용이 하락하고 소비자 실질 구매력이 상승한다.

둘째, 선택 비용 하락. 예를 들어 5성급 호텔과 비슷한 수준의 단기 주택 임대는 가격 차이가 매우 크다. 중국 호텔 방 가격은 평균적으로 이코노미룸이 150~300위안, 스위트룸이 400~700위안, 로열스위트룸이 1,500~3,000위안이다. 그러나 온라인 단기 임대 플랫폼을 이용할 경우 평균적으로 방 하나에 100위안, 독채는 100~800위안이고, 200제곱미터 이상 규모의 별장은 800~3,000위안이다.

보스턴 대학교 게오르기오스 제르바스 교수 연구팀은 에어비앤비가 촉발한 숙박업 경쟁으로 기존 호텔의 가격 할인폭이 커졌다고 밝혔다. 특히 중저가 호텔의 가격 할인이 두드러졌다. 에어비앤비 고객은 가격에 매우 민감하기 때문에 기존 호텔이 고객을 되찾을 가장 효과적인 방법으로 가격 할인 전략을 선택한 것이다. 결과적으로 에어비앤비 고객뿐 아니라 모든 여행객이 에어비앤비가 유발한 여행 숙박업 가격 인하 혜택을 받아 숙박비를 아낄 수 있게 됐다.

혹자는 일부의 사례를 들어 공유 경제가 중개 비용을 없애고 비용을 낮춘다는 사실에 의문을 제기하기도 한다. 일례로 일류 개인 요리사가 제공하는 한 끼 식사 가격이 일반 식당보다 훨씬 비싼 경우가 적지 않기 때문이다.

이 문제는 여러 자료를 참고해 보다 면밀히 분석해 봐야겠지만 현재 성업 중인 미스, 워유판, 후이자츠판 등 집밥 공유 모델이 기존 식당 운영에서 가장 큰 부담이었던 임대료와 인건비 지출을 감소시킨 것만은 분명하다. 덕분에 비슷한 수준의 요리라면 공유 경제 방식 쪽이 확실히 저렴하다. 식사 환경에 따라 별로 저렴하지 않은 경우도 있지만 품질만큼은 일반 식당보다 확실히 뛰어나며 돈으로 환산할 수 없는 폭 넓은 사회 교류가 가능하다는 점이 큰 장점이다.

2) 수입 증가

공유 경제는 일반인이 자기 자원을 이용해 경제 활동에 참여할 수 있는 기회를 제공하고, 나아가 새로운 부의 가치를 유통시키는 통로가 됐다. 개별 소비자가 공유 경제의 공급자가 되면 직장 월급 외에 부가 수입을 얻을 수 있다. 이렇게 전체 가계 소득이 증가하면 소비자 실질 구매력 향상에 확실히 도움이 된다.

『포브스』는 전문 칼럼을 통해 공유 경제가 공유자의 수입 증가에 직접적인 영향을 끼친다고 밝힌 바 있다. 2013년 전체 공유자의 수입 규모는 35억 달러였고 매년 25퍼센트 이상 성장할 것으로 예상했다.

백악관 경제 고문 진 스펄링은 에어비앤비 연구 분석 보고에서 〈에어비앤비 단기 임대 공급자는 대부분 샐러리맨이다. 이들이 연평균 66일 제집 안방을 여행객에게 내준다. 중산층 가정이 단기 임대로 올리는 부가 수입은 연평균 7,350달러로 총가계 수입의 14퍼센트를 차지한다〉라고 밝혔다. 에어비앤비 자체 통계에 따르면, 샌프란시스코 공급자의 경우, 연평균 58일 임대하고 9,300달러 수익을 올렸다.

〈공유하는 사람들〉이 발표한 「국가 공유 경제 보고State of the Sharing Economy Report 2013」에서 〈영국 공유 경제 참여자의 연평균 부가 수입이 416.16파운드이며 5,000파운드 이상 고소득자도 있다. 2013년 미국 공유 경제 참여자의 총부가 수입은 35억 달러로 전년 대비 25퍼센트 성장했다〉고 밝혔다.

차량 공유 플랫폼 릴레이라이즈 자체 조사 결과, 이 플랫폼을 통해 차량을 공유한 차주의 월평균 소득은 250달러였다. 일부 차주는 차량 구입비에 맞먹는 높은 수입을 올리기도 했다.

영국 상무부가 발표한 독립 리포트 「공유 경제 계발」에 따르면, 저스트파크에서 주차 공간을 공유하는 약 2만 명의 연평균 부가 수입이 465파운드(런던 평균 수입은 810파운드)였고 이지 카 클럽Easy Car Club을 통해 차량 공유에 참여한 사람은 연평균 1,800파운드를 벌었다.

중국은 당국에서 공식 발표한 〈공유 경제 참여자 수입〉 통계 자료는 없지만 분야별 대표 플랫폼의 운영 자료를 통해 어느 정도 규모를 짐작할 수 있다.

디디 자체 통계 자료에 따르면, 디디좐처 기사 96.5퍼센트가 차량 공유에 참여한 이후 수입이 증가했다고 응답했다. 이 중 수입 증가율이 10퍼센트 이상인 경우는 78.1퍼센트였고 30퍼센트 이상 수입이 증가했다는 응답도 39.5퍼센트였다. 2015년 12월, 인터뷰에 응한 디디좐처 기사 양 모씨는 〈이번 달에만 총 2,000건 주문을 받았어요. 디디에서 지급하는 보조금까지 더하면 수입이 꽤 괜찮은 편입니다. 처음에는 기아 K2로 시작했는데 이번에 폭스바겐으로 바꿨죠. 사실 이번 달에 번 돈으로 계약금을 치렀답니다〉라고 말했다.

궈커왕(果壳网)이 만든 인지 잉여 공유 플랫폼 짜이항의 수요자는 시간당 200~500위안의 이용료를 지불하면 곧바로 인터넷, 투자 및 자산관리, 교육 정보 등 맞춤형 상담을 받을 수 있다. 따라서 짜이항 공급자는 한 달에 10시간 상담 활동에 참여할 경우 2,000~5,000위안의 부가 소득을 올릴 수 있다. 짜이항에 등록된 전문가는 약 8,000명이고 이 중 56퍼센트가 베이징 거주민이다. 2016년 2월 29일 기준, 최다 거래 건수를 기록한 짜이항 전문가 제갈사원(諸葛思遠)의 시간당 상담료는 499위안이고 지금까지 총 645회 오프라인 상담을 진행해 30만 위안이 넘는 수입을 올렸다.

개인 요리 공유 분야는 후이자츠판, 하오추스(好厨师), 샤오 e관판, 마마더차이(妈妈的菜), 청판(蹭饭) 등 여러 플랫폼이 성업 중이다. 후이자츠판 COO[1] 저우퉁(周統)은 〈현재 베이징 100여 개 지역 단위에서 1,000여 명이 직접 요리한 음식을 공유하고 있다〉라고 말했다. 현재 요리 서비스 공급자 500여 명이 활동하는 후이추스는 가격이 통일되어 있어 비교적 쉽게 규모를 짐작할 수 있다. 공급자가 직접 재료를 준비할 경우 〈반찬 6+국 1〉이 99위안, 〈반찬 4+국 1〉이 79위안이다. 하루 4~6건 주문을 받을 경우, 월평균 부가 수입은 약 2,000위안이다. 『법치주말(法治周末)』은 육아와 병행할 수 있는 일을 찾아 매우 만족해하는 전업주부 장 모씨의 이야기를 전했다. 장 씨는 〈그동안 매일 가족들을 위해 식사 준비를 해왔죠. 어차피 하는 음식인데 양을 조금 늘리고 배달하는 것만으로 적지 않은 수입을 올리고 있어요. 여느 투잡족처럼 말이죠〉라고 말했다.

2. 새로운 소비 성장점

중국 정부는 수출, 소비, 투자 증대를 통한 경제 성장을 실현하기 위해 새로운 소비 성장점인 공유 경제 발전을 적극 장려하고 있다. 장기 경기 침체 상황에서 여러 가지 사회 경제 문제가 급증하자 이를 타개하기 위해 내수 진작을 최우선 목표로 삼았다.

중국 정부는 공유 경제가 국가 경제 구조를 개선하고 경제 성장을 이끌 새로운 성장 동력이 되리라 기대하고 있다. 공유 경제는 기존 산업 구조와 달리 새로운 투자 없이도 경제 성장을 촉진할 수 있다. 상품과 서비

1 최고 운영 책임자.

스 등 공급과 수요를 효율적으로 연결하는 기존 사회 자원의 합리적인 재분배를 통해 전체 사회의 경제 효율을 극대화한다.

아메리칸 액션 포럼American Action Forum이 발표한 「독립 계약자와 신흥 긱 경제Independent Contractors And The Emerging Gig Economy」 연구 보고서는 〈공유 경제는 아직 초기 발전 단계에 있지만 21세기 미국의 중요한 경제 성장점이 될 것이다〉라고 전망했다. 이러한 예측은 중국도 예외가 아니다.

먼저 단기 주택 임대를 살펴보자. 아이리서치의 「2016년 중국 온라인 휴가 임대 시장 연구 보고」와 애널리시스의 「2016년 중국 온라인 휴가 임대 시장 C2C 모델 조사 보고」에 따르면, 중국 온라인 휴가 임대 시장 규모는 42억 6000만 위안으로 전년 대비 122퍼센트 증가했다. 아이리서치는 2016년 하반기부터 2017년까지 해외 여행객 증가와 함께 해외 휴가 임대 시장이 급증할 것으로 예측했다. 2017년 중국 온라인 휴가 임대 시장 규모는 103억 위안을 돌파할 것으로 보인다.

2016년 1월 마이돤쭈와 소후(搜狐) 빅데이터 연구원이 발표한 「2015년 중국 해외여행과 단기 임대 발전 상황 보고」에 따르면, 2015년 중국 국내 여행객 규모가 40억 명을 돌파했다. 즉, 중국 전체 인구가 1년에 세 번 이상 여행을 떠난 셈이다. 마이돤쭈가 실시한 설문 조사에 따르면 2015년 여행객 규모가 80퍼센트 이상 증가했고, 응답자 중 대부분 단기 임대 플랫폼을 통해 숙박을 해결했다고 답했다.

아이리서치, 쑤투 연구원, 애널리시스 등 여러 조사 기관은 〈2105년 중국 단기 임대 시장 규모가 163퍼센트 이상 증가해 100억 위안을 돌파할 것〉이라고 전망했는데 결과적으로 매우 보수적인 견해가 됐다.

단기 주택 임대 시장은 가파른 성장세를 기록하며 중국 사회의 새로운 소비 성장점으로 자리 잡았다.

다음으로 꾸준히 규모를 확대해 가는 운송 부분, 즉 차량 공유 시장을 살펴보자. 롤랜드 버거는 〈2013년 중국 차량 공유 시장 규모는 340억 위안이었고 2018년까지 650억 위안으로 두 배 가까이 성장할 것〉이라고 예측했다.

중고 물품 거래 플랫폼 샨위는 30억 달러 투자금을 유치하면서 그 가치를 인정받았다. 샨위는 공식 자료를 통해 샨위에서 거래되는 중고 물품이 1일 20만 건에 달한다고 발표했다. 샨위 플랫폼 인기 거래 품목 중에는 디지털 상품, 운동 기구, 명품 의류와 신발 등 고가 중고 물품이 큰 비중을 차지한다. 단일 상품 가격이 100위안이라고 가정하면 1일 매출액은 2000만 위안이고 월 매출액은 6억 위안, 연 매출액은 72억 위안이다. 또 다른 중고 물품 거래 플랫폼 58좐좐은 〈1일 거래액 560만 위안 달성〉을 슬로건으로 내세우고 연매출 20억 위안에 도전했다. 베이징 대형 쇼핑몰 시단 조이시티의 2015년 상반기 매출액이 20억 4900만 위안임을 감안하면 중고 물품 거래 시장은 절대 무시할 수 없는 규모다.

그러나 기존 경제 체제가 유지되는 현재 상황에서 아직 중고 물품보다 신제품 소비 규모가 훨씬 크다. 그런데 왜 공유 경제가 경제 성장을 이끌 것이라고 말할까?

공유 경제는 장기 경기 침체로 비싼 가격 앞에서 욕구를 억제해 왔던 상당수 소비 수요를 수면 위로 끌어올렸다. 단기 주택 임대 시장을 예로 들면, 5성급 호텔이 수용할 수 있는 소비 수요는 극히 제한적이지만 숙박 공유 플랫폼은 보다 다양하고 많은 소비 수요를 만족시킬 수 있다. 필요한 상품과 서비스를 저렴한 비용으로 임대하거나 사용할 수 있기 때문에 억눌려 왔던 소비 수요가 폭발적으로 증가하기 시작했다.

20장
취업 기회 확대

중앙 경제 공작 회의[1]는 2016년 공급 측 개혁을 위한 5대 주요 과제 중 첫 번째로 생산 과잉 문제 해결을 꼽았고, 이 과정에서 좀비 기업 정리 및 시장 퇴출을 언급했다. 그러나 국유 기업 구조 조정과 좀비 기업 시장 퇴출은 취업 시장에 큰 부담이 될 수밖에 없다.

공유 경제 발전은 다양한 취업 기회와 방법을 제공한다. 특히 전에 없던 새로운 형태의 일자리가 대거 등장해 취업 시장의 부담을 줄여 줬다. 그러나 헷갈리지 말자. 공유 경제는 일자리 자체가 아닌 취업 기회를 제공한다. 즉, 고용 계약 없이 임시로 일하며 다양한 경험을 쌓는 것이기 때문에 사장과 직원의 역할 구분이 명확하고 고용 계약서를 쓰고 일하는 고정 직장 개념과 분명히 다르다.

미국인들은 이 방식에 가장 적극적이고 긍정적으로 반응했다. 미국의 유명 투자 전문가 제임스 알투처의 직업 및 직함은 수십 개다. 그는 작가이자 칼럼니스트며 개인 창업 및 공동 창업한 회사가 20여 개였고 인기

1 국가 주석과 주요 경제 관료가 참석하는 중국 최고 경제 회의 — 옮긴이주.

팟캐스트 호스트로도 활동했다. 제임스는 최근 발표한 「2016년, 당신이 직장을 그만둬야 할 10가지 이유」라는 글에서 샐러리맨에게 〈고정 급여만 바라보는 샐러리맨들이여, 이제 9시 출근 5시 퇴근이라는 틀에서 벗어나 인터넷을 통해 자유 직업인으로 거듭나야 할 때다〉라고 호소했다. 잉여 생산이 만들어 낸 새로운 경제 모델은 앞으로 더 크게 발전할 것이다. 많은 사람들이 에어비앤비, 우버, 알리바바, 이베이, 엣시, 인퓨전소프트Infusionsoft 등 수많은 플랫폼 기업을 통해 새로운 기회를 얻을 것이다. 그러므로 미래 사회에서 앞서가려면 지금 당장 자신과 주변을 돌아봐야 한다. 미래 경제 시장에서 높은 가치를 인정받을 상품이 무엇인지 생각해 보고 자신의 장점을 정확히 파악해야 한다. 앞으로는 뛰어난 지혜와 아이디어도 중요한 자원이 되기 때문에 생각의 힘을 간과해선 안 된다. 이제 곧 〈아이디어 경제〉 시대가 열리면 시간과 장소에 구애받지 않고 자유롭게 아이디어를 펼치게 될 것이다.

1. 넥스트 빅 씽

실리콘 밸리의 유명 엔젤 투자자 론 콘웨이와 에스더 다이슨, 스탠퍼드 대학교 총장 존 헤네시가 2014년 블룸버그가 개최한 넥스트 빅 씽 서밋The Next Big Thing Summit에서 공유 경제가 직장인과 창업자에게 미치는 영향에 대해 언급했다. 론과 에스더는 현재 우버와 에어비앤비 등 공유 기업이 많은 일자리를 창출하고 있다고 지적하면서 공유 경제가 취업 시장의 룰을 바꾸게 될 것이라고 확신했다. 로봇이 모든 노동을 대체하기까지 아직 많은 시간이 남았기에 여전히 사람의 손길이 필요한 곳이 많다.

2013년 12월 보스턴 대학교 연구팀이 778명을 대상으로 진행한 설문 조사 결과, 이들이 근무 외 시간에 벌어들인 수입이 전체 수입의 4.4퍼센트였다. 이 중 중고 물품 판매와 주택 임대를 제외한 서비스 비율은 1.8퍼센트였다.

앞에서 공유 경제와 〈긱 경제〉가 비슷한 개념으로 사용되기도 한다고 언급한 바 있다. 아메리칸 액션 포럼의 연구 보고서 「독립 계약자와 신흥 긱 경제」에 따르면, 미국 긱 경제 종사 인구는 2002년 8.8퍼센트에서 2014년 14.4퍼센트로 증가했다. 같은 기간 미국 전체 취업자 수는 7.2퍼센트 증가했다. 이 중 우버와 에어비앤비 등 인터넷 공유 경제의 교통 및 숙박 분야 성장률이 두드러졌다. 차량 공유 기업을 예로 들면 2009년~2013년 5억 1900만 달러 매출액을 올렸고 2만 2,000개 일자리를 창출했다.

공유 경제는 새로운 사회 분업 형태를 만들고 기존의 고용 및 취업 형태를 바꾸어 놓았다. 사람들은 자신의 취미와 재능에 따라 자유롭게 일자리를 선택하거나 셀프 고용 방식으로 경제 활동에 참여할 수 있다. 기업에 의존하지 않는 프리랜서가 크게 증가하면서 〈취업 기회〉의 중요성이 더욱 커졌다.

먼저 크라우드 소싱 물류 분야. 2015년 7월 말 기준, 런런콰이디 이용 고객은 1200만 명, 프리랜서 택배원은 1000만 명으로 매일 거래되는 택배 수요가 수만 건에 달했다. 다다페이쏭은 베이징, 상하이, 광저우 등 40여 개 도시 약 15만 개 상점과 제휴해 하루 평균 100만 개 택배 물량을 소화했다. 2015년 12월 31일 다다페이쏭은 3억 달러 규모 투자 유치에 성공하며 기업 가치가 10억 달러로 급상승했다.

주바제 공식 통계 자료에 따르면, 주바제에 등록한 중소기업 회원은 약 300만 개이고 크리에이터, 마케팅 디렉터, 기술 개발자 등 고급 인력과 비즈니스, 인테리어, 일상 잡무를 돕는 서비스 인력 1000만 명이 노동력을 제공하고 있다. 또 다른 온라인 구인 구직 사이트 웨이커에 등록된 기술 전문 인력도 800만 명에 달한다.

다음은 차량 공유 분야. 애널리시스의 「2015년 3분기 핀처 시장 모니터링 보고」에 따르면 디디순펑처, 디디핀처, 톈톈융처(天天用车), 51융처(51用车) 등 상위 4개 기업의 시장 점유율이 98.2퍼센트였다. 이 중 차량 공유 기사 550만 명을 보유한 디디순펑처가 69퍼센트로 시장 점유율 1위에 올랐고 디디핀처는 등록 기사 150만 명에 시장 점유율 20.9퍼센트로 2위를 기록했다. 이 자료에 기초해 중국 핀처 시장 종사자 약 800만 명에 이를 것으로 추산된다.

공유 경제는 새로운 산업 구조를 형성하는 과정에서 육체 노동자와 두뇌 노동자를 가리지 않고 대규모 유휴 인적 자원을 흡수한다. 이 시장은 취업 문턱이 높지 않고 취업 과정도 복잡하지 않다. 인터넷 플랫폼에서 클릭 몇 번만 하면 유휴 자원을 전 사회에 공유해 합리적인 수익을 올릴 수 있다.

공유 경제 모델이 발전하면서 많은 프리랜서와 개인 사업자들이 관련 플랫폼을 통해 여러 가지 역할을 동시에 수행할 수 있게 됐다. 노동 계약서가 필수였던 기존 고용 법칙에서 벗어나 단기 노동 형태가 새로운 취업 시장의 핵심으로 떠올랐다.

2015년 6월 매킨지 앤 컴퍼니는 자체 연구 분석을 통해 〈다양한 기술과 재능을 보유한 세계 약 2억 명의 프리랜서가 공유 경제 플랫폼에서 더 많은 취업 기회를 얻어 더 큰 수익을 실현하고 있다. 이들 비정규, 아마추어 노동자는 점점 큰 세력을 형성하고 있다〉라고 보도했다.

2. 셀프 고용과 프로슈머

경제학 관점에서 볼 때, 셀프 고용과 공유 경제는 비슷한 부분이 많다. 각각 노동 관계와 비즈니스 모델에 중점을 뒀다는 점이 다르지만, 실제 내용을 살펴보면 교집합이 많다.

중국은 셀프 고용 규모가 매우 크다. 사회 과학원에서 발표한 「중국 계층 구조와 수입 불평등」에 따르면, 중국 셀프 고용 인구는 전체 노동 인구의 11.51퍼센트이고 이들이 올린 수입은 사회 총소득의 13.89퍼센트였다. 이들은 구중간층old middle class[2]을 형성하는 핵심 세력이다. 중국 전체 노동인구가 약 7억 6000만 명이므로 셀프 고용 인구는 대략 8700만 명으로 추산된다. 셀프 고용이란 도시화 과정에서 등장한 신조어로, 대부분 농촌 및 도시 하층민 출신이다. 기술이나 지식 수준이 낮아 일반 회사에 취업하지 못하기 때문에 가내 수공업 등 소규모 장사를 해서 수입을 올린다. 자본이 아주 적은 소규모 사업가나 틀에 박힌 직장 생활을 거부하는 재택 근무자도 여기에 포함된다.

셀프 고용을 중국어로 〈자유 직업인〉이라고 하는데 『16대 보고 보도 독본(十六大报告辅导读本)』에서 이렇게 풀이했다. 〈중화 인민 공화국 수립 이전의 자유 직업인은 전문 지식이나 기술 보유한 의사, 교사, 변호사, 기자, 작가, 예술가 등을 일컫는 말이었다. 지금은 기업 및 단체와 정식 노동 관계를 맺지 않는다는 의미가 강하다. 일반적인 상품을 판매하는 개인 사업자와 달리 전문 지식 혹은 기술을 바탕으로 서비스를 제공하고 그에 합당한 보수를 받는 서비스 노동자다.〉

2 자본 사회에서 자본가나 임금 노동자에 속하지 않는 소규모 개인 사업자, 도시 상공업자, 농민 계층을 포괄함 — 옮긴이주.

프로슈머Prosumer는 생산자Producer와 소비자Consumer의 합성어로 생산에 참여하는 소비자를 가리킨다. 공유 경제 시대의 소비자는 우버와 에어비앤비 등 공유 경제 플랫폼에서 공급자인 동시에 수요자가 된다. 따라서 셀프 고용 노동자와 프로슈머도 비슷한 점이 많다.

미국의 셀프 고용 경제는 경기 침체를 계기로 급성장했다. 2008년 금융 위기 이후 미국 기업은 대기업, 중소기업 할 것 없이 시련의 나날을 보내야 했다. 연일 파산과 구조 조정 소식이 끊이지 않으면서 실업률이 10퍼센트를 돌파했다. 미국 정부가 위기감을 느끼던 그때, 셀프 고용 인구가 급증하기 시작했다. 당시 『중국증권보(中国证券报)』는 〈미국 노동자 3명 중 한 명은 자유 직업인이다. 소프트웨어 개발, 예술, 판매 등 다양한 업종에서 총 4200만 명의 자유 직업인이 활동하고 있다. 이는 2005년에 비해 3배 증가한 수치다〉라고 보도했다. 또 『포브스』 차이나 인터넷판 기사에서는 〈지금 미국은 자유 직업인 시대〉라고 떠들었다. 노동 컨설팅 기업 MBO 파트너스는 2020년까지 미국 자유 직업인과 독립 사업자 인구가 6500만 명으로 늘어날 것이라고 전망했다. 과거 자유 직업인은 노동 시장에서 별 의미 없는 극소수에 불과했지만 지금은 무시할 수 없는 존재로 성장했다. 혹자는 이들이 새로운 산업 혁명의 주도할 것이라고 말하기도 한다.

일본은 고령화 사회가 셀프 고용 경제를 촉진했다. 일본 총무성 발표 자료에 따르면, 2013년 일본 청년 노동 인구 중 6.8퍼센트가 자유 직업인이었다. 아르바이트를 포함한 자유 직업인 인구는 약 184만 명으로 나타났다. 한 일본 전문가는 〈일본 사회의 고령화가 빠르게 진행되고 젊은이들의 가치관이 크게 바뀌고 전체적으로 청년 인구가 크게 줄었기 때문〉이라고 원인을 분석했다. 많은 일본 청년들이 안정적인 정규직 대신 임시직이나 단기 아르바이트를 선호하면서 자유 직업인 비율이 크게 증가했다.

신창타이 단계에 진입한 중국 경제는 GDP 고속 성장 시대를 마감했다. 앞으로 선진국형 저성장이 이어지거나 최악의 경우 마이너스 성장의 상황도 배제할 수 없다. 중국 사회 역시 고령화가 빠르게 진행되고 청년층의 취업 가치관이 바뀌면서 인터넷 자유 직업인이 크게 늘어나기 시작했다.

대표적인 글로벌 프리랜서 정보 플랫폼 업워크Upwork와 프리랜서닷컴Freelancer.com은 수차례 투자 유치에 성공하며 가치를 인정받았다. 프리랜서닷컴은 세계 최대 프리랜서 정보 플랫폼으로 세계 247개 국가 1700만 명의 프리랜서와 800만 개의 일자리 정보가 등록되어 있으며 기업 가치가 약 28억 달러에 달한다. 2014년 순이익은 2600만 오스트레일리아 달러로 전년 대비 39퍼센트 성장했다. 업워크는 1999년에 창업한 이랜스Elance와 2002년에 창업한 오데스크ODesk가 2014년에 합병했고 2015년에 새로운 이름인 업워크로 재탄생했다. 업워크에는 프리랜서 회원 900만 명과 기업 회원 600만 개가 등록되어 있고 매년 300만 개 일자리가 거래된다. 지금까지 1억 6880만 달러 투자금을 유치했고 기업 가치는 약 10억 달러로 평가됐다. 업워크 CEO 파비오 로사티Fabio Rosati는 〈지금 세계 곳곳에서 활동하는 두뇌 노동자는 약 2억 3000만 명으로 세계 프리랜서 취업 시장 규모는 2조~3조 달러에 달한다〉라고 말했다. 비즈니스 커뮤티니 플랫폼 링크드인Linkedin은 기존 회원 수를 바탕으로 공유 경제 시장에 뛰어들어 프리랜서들에게 더 많은 취업 기회를 제공하고 있다.

3. 현실적인 의미

인터넷과 셀프 고용의 결합은 중국 경제 사회를 크게 변화시켰다.

첫째, 취업 증가. 1990년대 국유 기업이 개혁을 단행하면서 수천만 명이 직장을 잃었다. 2008년에는 세계 금융 위기의 충격으로 중국 도시 취업 시장에 한파가 불어닥쳐 농민공 1200만 명이 강제 귀향길에 올랐다. 그리고 현재, 철강과 석탄 등 일부 고용 과잉 업계에 감원 바람이 불고 있다. 과학 기술의 진보가 로봇 산업 발전을 촉진해 단순 반복적인 생산 과정이 로봇으로 대체됐기 때문이다. 중국 취업 연구소 쩡샹취안(曾湘泉) 소장은 〈국유 기업 구조 조정의 여파로 제2의 대량 실업 사태에 대비해야 한다〉라고 경고했다. 중앙 기업인 중국 국제 기술 지력 합작 회사가 발표한 2015년 3분기 고용 지수는 −0.79퍼센트로 고용 시장이 크게 위축됐다.

국가 인사부[3] 부장 인웨이민(尹蔚民)은 연일 보도되는 기업의 감원 소식에 〈아직 대규모 인원 감축은 시작되지도 않았다〉고 말하며 중국 노동 시장의 현실을 설명했다. 중국 노동력 총량은 늘 높은 수준을 유지하고 있으며, 구인난과 취업난을 동시에 겪고 있다. 일부 서비스업 일자리는 노동 강도가 높고 급여가 낮아 신세대 농민공에게 외면당해 구인난에 시달린다. 한편에서는 매년 대졸자 700만 명이 쏟아져 나와 극심한 취업난을 야기한다. 제13차 5개년 계획(2016~2020년) 기간 동안 매년 2500만 개 일자리가 늘어나 취업 인구 총량은 계속 높은 수준을 유지할 것으로 예상된다.

3 인력 자원과 사회 보장부(人力资源和社会保障部)의 줄임말 — 옮긴이주.

셀프 고용 경제는 취업 부담을 완화하고 산업 전반에 혁신의 바람을 불어넣는다는 점에서 큰 의미를 지닌다. 셀프 고용 규모가 커질수록 취업난으로 인한 사회적 부담이 줄어들 것이다.

경제 성장은 취업 시장의 방향을 결정하는 중요한 열쇠다. 최근 중국 경제는 진퇴양난의 위기에 빠졌다. GDP 성장률이 고속 성장에서 저속 성장으로 돌아선 반면 잠재 취업 인구는 지속적으로 늘어나고 있다. 성장 둔화와 취업 인구 증가가 맞물려 취업 시장의 부담이 가중됐다. 관점을 조금 달리하면 셀프 고용 경제는 혁신 창업의 또 다른 해석으로 볼 수 있다. 최근 기존 산업의 수요-공급 불균형 현상이 사라지면서 육체 노동자와 두뇌 노동자 모두 인터넷 플랫폼을 통해 자신의 유휴 시간을 전 사회에 공유해 합리적인 수익을 올릴 수 있게 됐다.

베이징 대학교 뉴미디어 연구원 조사 연구에 따르면, 디디가 콜택시 서비스를 통해 직간접적으로 창출한 일자리는 20만 600개였다.

인터넷 공유 플랫폼은 셀프 고용 인구를 반취업 상태[4]로 만들어 전통 고용 시장의 부담을 크게 낮췄다. 셀프 고용 경제는 지속적인 경기 침체로 위기에 빠진 취업 시장에 새로운 희망을 제시했다.

둘째, 산업 혁신 촉진. 비즈니스 경쟁 관점에서 볼 때, 〈인터넷+셀프 고용〉 모델은 전통 산업 활성화에 크게 기여했다. 최근 수년간 기존 시장 시스템이 명확한 한계를 드러내면서 전통 산업과 기업만으로는 다양하고 방대한 소비 수요를 만족시키기 어려워졌다. 이 때문에 불법 택시 영업과 같은 지하 경제가 성행했다.

셀프 고용 경제는 이 문제에 효과적인 해법으로 떠올랐다. 공유 플랫

4 표면적으로는 실업 상태에 있어 소득원이 없지만, 실제로는 일과 임금이 있는 것 — 옮긴이주.

폼 기업은 셀프 고용 노동자와 소비자를 직접 연결함으로써 기업 위주였던 기존 업계의 높은 진입 장벽을 허물었다. 잠재적 사회 유휴 생산력을 효율적으로 재배치해 완전 경쟁에 가까운 새로운 시장 환경을 조성함으로써 잠재적 혁신 에너지를 최대치로 끌어올렸다. 그 결과 소비자는 다양한 서비스를 편리하고 경제적으로 이용할 수 있게 됐고, 산업 발전 부분에서는 택시업계 개혁, 전통 자동차 제조사의 렌탈 서비스와 같은 새로운 모델이 잇따라 등장하면서 전통 산업의 개혁을 촉진했다.

우버는 세계 최대 택시 회사지만 직접 보유한 택시는 한 대도 없다. 힐튼은 100년의 역사를 거치며 전 세계 71만 5,000개 룸을 보유한 호텔 업계의 거목으로 성장했다. 그러나 2008년에 창업한 에어비앤비에 등록된 숙박 정보가 100만 개를 돌파하는 데 걸린 시간은 단 7년이었다.

셀프 고용 경제는 두 가지 뚜렷한 장점이 있다. 먼저 공유 플랫폼 기업은 대부분 소자본으로 운영되고 공급 측도 비용에 크게 구애받지 않기 때문에, 공급량을 최대한 늘려 다양한 수요를 만족시키며 빠르게 규모를 확대할 수 있었다. 또 하나 중요한 장점이 있다. 플랫폼 기업은 셀프 고용 노동자에게 결제 서비스만 제공할 뿐 기존 고용 방식에서 필수였던 사회 보험이나 직원 복지 등에 대한 책임은 전혀 없다. 이 때문에 대량 자본이 투입된 동종 업계의 전통 기업에 비해 투입 대비 산출 효율이 매우 높아 투자 시장에서 큰 주목을 받았다. 우버와 에어비앤비는 대규모 투자에 힘입어 세계 최대 혁신 기업이 됐다.

셋째, 가상 기업 형태. 셀프 고용 경제 관점에서 보면 기존의 〈전 직원 고용, 사무실 근무〉 기업 모델은 구시대 유물이며 지금은 탄력적인 기업 조직 모델이 요구되는 시대다. 앞으로 기업은 지역, 업계, 전문 분야에 얽매이지 않고 적재적소의 인재를 유연하게 활용하는 가상 기업 형태로 발전해야 한다.

가상 기업 형태는 적은 비용으로 기업의 인력풀을 극대화할 수 있다. 아웃소싱, 크라우드 소싱을 이용하면 기업은 시장 수요 변화에 맞춰 탄력적으로 공급 규모를 조절할 수 있어 보다 효율적으로 기업을 운영할 수 있다. 워놀로Wonolo는 소매상에 물류 배송 인력을 제공하는 플랫폼으로, 소매상의 수요에 따라 탄력적으로 배송 인력을 파견한다. 또 다른 플랫폼 잘리Zaarly도 기업 수요에 따라 임시 노동력을 제공한다.

가상 기업 형태에 제공되는 인력풀에는 단순 육체 노동뿐 아니라 고문 역할에 해당하는 외부 자문 서비스도 포함된다. 다양한 외부 자문을 통해 가상 기업은 비교적 경제적으로 우수한 두뇌 자원을 활용할 수 있다. 이것은 문화 혁신 서비스 기업에게 특히 유용한 서비스다. 웨이커가 이 분야의 대표적인 플랫폼이다.

4. 두 가지 도전 과제

셀프 고용 경제는 우리 사회에 새로운 도전 과제를 던져 줬다. 그중 가장 논란이 되는 두 가지가 사회 보장 제도의 위기와 공유 플랫폼의 신용 문제다.

첫째, 사회 보장 안전망을 벗어난 자유의 배후에 도사리는 각종 손실의 위험을 가지고 있다. 셀프 고용에서 공유 플랫폼과 공급 측 회원인 독립 사업자의 관계는 얼핏 보면 기존 고용 시장의 고용주와 고용인처럼 보인다. 그러나 공유 플랫폼은 고용주의 의무가 전혀 없고 독립 사업자는 기존 고용 계약에서 제공하던 노양 보험, 실업 보험, 산재 보험, 의료 보험, 퇴직금, 야근 수당, 출산 휴가와 같은 사회 보장 혜택을 받지 못한다. 이렇게 사회 보장 제도에서 이탈한 경제 규모가 계속 확대된다면 사회 안정망 역할을 담당하는 사회 보장 제도가 정상적으로 운영되지 못할 수도 있다.

부수입을 벌려는 투잡족이 대부분이지만 본업과 부업의 경계가 명확하지 않아 여러 가지 문제를 야기한다. 특히 공유 플랫폼을 통해 전일 근무하는 셀프 고용자의 경우, 노동 강도에 비해 대가가 부족하다고 느끼는 사람이 많다. 공유 플랫폼이 하는 일이라곤 단순 중개 역할뿐인 반면, 셀프 고용자에 대한 공유 플랫폼의 요구 수준은 점점 높아지고 있다. 이 때문에 차량 공유 분야 우버와 리프트, 가사 서비스 분야 홈조이, 크라우드 물류 분야 인스타카트 등 여러 공유 플랫폼과 셀프 고용자 간의 소송이 급증했다. 관련 통계에 따르면 공유 플랫폼의 역할이 강화될 경우 셀프 고용자의 사회 보장 비용으로 플랫폼 운영 비용이 30퍼센트 이상 증가된다. 이는 창업 기업에 매우 큰 부담이 될 수밖에 없다.

지금 공유 플랫폼은 공급자의 권익 보호 문제 외에 소비자의 권익 보호 요구에 대해서도 심각하게 고민 중이다. 한 언론 보도에 따르면 2016년 난징에 사는 대학생 천 모씨는 디디좐처 서비스 이용 중 교통사고를 당했는데 보험 회사가 차주의 독단적인 차량 용도 변경을 이유로 보험금 지급을 거부했다. 평소 디디좐처를 애용해 온 천 씨는 이날 유 모씨의 차량에 탑승했는데 추돌 사고가 일어나 부상을 입었다. 이에 천 씨와 유 씨는 보험 회사에 보험금 지급을 신청했으나 보험 회사는 디디좐처 서비스 중 사고가 일어났음을 알고 보험금 지급을 거부했다. 당초 유 씨가 보험을 가입할 때 자가용으로 등록했는데 독단적으로 차량 용도를 변경해 사고 위험이 높아졌기 때문이었다. 차주 유 씨는 디디에 도움을 청했지만 역시 거절당했다. 이 사건은 결국 경찰이 개입해 유 씨와 천 씨 사이에 합의서를 작성하는 것으로 일단락됐다.

이 사건에서 가장 중요한 점은 유 씨와 천 씨가 보험금을 받지 못했다는 사실이다. 유 씨가 가입한 자동차 보험 회사와 디디좐처 모두 책임을 회피했다. 이 사건은 공유 플랫폼의 공급자와 수요자의 권익을 해치는 셀프 고용 경제의 심각한 빈틈을 드러냈다. 셀프 고용 경제가 확산될수록 이와 유사한 사건이 전 세계적으로 끊임없이 발생하고 있다. 셀프 고용 경제에 대한 대중과 사회의 관심이 높아지고 있는 만큼 공유 플랫폼의 역할과 책임 범위에 대한 사회적 합의와 각종 분쟁에 대한 효과적인 해법이 꼭 필요한 시점이다.

둘째, 관리 감독 규정의 부재로 여러 가지 신용 문제가 제기되어 공유 플랫폼 발전에 제동이 걸릴 수 있다. 공유 플랫폼은 친밀한 관계에서 낯선 타인으로 공유의 범위를 확대시켰다. 신용은 모든 공유 활동의 전제 조건이며 신용 수준을 가늠하게 해주는 신용 보장 제도는 공유 플랫폼 발전과 공유 활동 확산에 매우 큰 영향을 끼친다. 일반적으로 공유 플랫폼의 공급자에 대한 관리는 매우 느슨하다. 공급자에 대한 구속력이 약하고 불안정적이며, 공급자 규모가 확대될수록 평균 서비스 품질은 낮아질 수밖에 없다. 공급자 규모가 급증하는 상황에서 공유 플랫폼이 서비스 품질을 보장하기 힘들어졌고 거래 안정성을 해치는 구체적인 피해 사례가 속출했다. 이에 공유 플랫폼은 막대한 비용을 들여 공급자와 수요자가 플랫폼을 떠나지 않도록 보조금을 지급했다. 근본적인 해결법보다는 사후 관리 규정을 통한 최소한의 조치만 이뤄지고 있다.

공유 경제 발전과 신용 문제는 이미 다른 부분에서도 비중 있게 다뤘다. 신용 문제는 공유 경제가 직면한 가장 심각한 문제 중 하나지만 현재 많은 플랫폼들이 다양한 해법을 시도하는 동시에 사회 신용 조회 시스템 개선을 촉구하고 있다. 물론 이 문제는 당장 해결되기는 힘들겠지만 공유 경제 플랫폼, 관리 당국, 대중이 다함께 노력한다면 해결의 실마리를 찾을 수 있을 것이다.

21장
환경 보호

현재 중국 정부는 전면적인 샤오캉[1]사회 건설과 생태 환경 개선이라는 두 가지 과제를 동시에 해결해야 하는 입장이다. 덕분에 환경 산업은 전대미문의 발전 기회를 얻었지만, 정부와 사회의 높은 관심에 부합하려면 수준 높은 실력이 요구된다. 같은 시대의 총아인 공유 경제는 기본 운영 방식이 환경 보호 컨셉과 아주 잘 맞아떨어진다. 영국 기업 혁신 기술부 장관 사지드 자비드는 〈공유 경제는 효율적인 자원 이용으로 환경 보호에 매우 긍정적인 영향을 끼친다〉라고 말했다. 또한 제러미아 오양[2]은 「시장 개념 보고: 협력 경제A Market Definition Report: The Collaborative Economy」에서 〈환경 보호는 공유 경제 발전을 촉진하는 주요 원동력 중 하나다〉라고 강조했다.

공유 경제와 환경 보호의 공통점은 대략 자원 소모 감소, 오염원 배출 감소, 환경 산업 발전 촉진으로 요약할 수 있다.

1 의식주 문제가 해결되는 단계와 부유한 단계 사이로 어느 정도 여유로운 중산층 수준 — 옮긴이주.

2 공유 경제 조사 기관 크라우드 컴퍼니즈 창업자 — 옮긴이주.

이미 앞서 언급한 바와 같이 공유 경제는 기존 사회 자원의 재분배를 통해 이미 개발된 자원의 이용률을 극대화함으로써 미개발 자원의 소비 속도를 늦추는 효과가 있다.

1. 미개발 자원 소비 감소

자원은 크게 자연 자원과 사회 자원으로 나뉜다. 이 중 광물 자원과 같은 자연 자원은 한번 써버리면 되돌릴 수 없기 때문에 고갈되지 않도록 주의해야 한다. 또한 순환 사용 가능한 자연 자원을 최대한 이용해야 한다.

자원 소비가 환경에 미치는 영향은 크게 두 가지로 요약된다. 일단 자연 자원은 그 자체가 환경의 일부이므로 자원 소비가 곧 되돌릴 수 없는 환경 가치 손실이다. 다음으로 생태계 자가 복원력을 넘어서는 과도한 자원 소비가 생태계 균형을 파괴하는 경우다. 이로 인해 홍수와 황사 등 자연재해가 빈번하게 발생해 인류의 생존 환경이 열악해진다.

이제 우리는 진지한 고민을 시작해야 한다. 나무 의자가 필요할 때 새 제품이 아니라 중고 의자를 구입하면 무분별한 벌목이 줄어든다. 한둘이 아니라 많은 사람이 생각을 바꾸면 나무 자원 소비 속도를 늦추고 생태계 자가 복원력을 작동시켜 환경을 보호할 수 있다.

나무뿐 아니라 광물 자원, 수자원, 석유, 희귀 동물도 마찬가지다. 글로벌 화학 기업 악조 노벨의 글로벌 지속 가능 발전부 및 보안과 안전 환경 관리 책임자 안드레 베네만은 〈자연 자원은 사용할수록 줄어든다. 우리는 고정 관념에서 벗어나 전혀 다른 사고방식으로 새로운 자원 순환 시스템을 이해해야 한다. 모든 자원의 잠재 가치를 찾아내는 일은 기업과 비즈니스 경영인의 사회적 책임이다〉라고 말했다. 우리는 공유 경제 비즈니스 모델을 통해 모든 사회 자원의 잠재적 가치를 발견할 수 있는 새로운 사고방식을 터득했다.

1) 제품 사용 수명 연장

공유 경제 비즈니스 방식 중 자원 이용에 가장 큰 영향을 끼치는 것은 중고 거래 모델이다. 유휴 상태 중고 물품이 공유를 통해 재사용됨으로써 제품 사용 수명(자원의 사용 차수가 증가하는 자원 재활용 실현)과 사용 가치(자원의 가치를 높여 이용률을 극대화한다)를 연장할 수 있다. 나아가 경제 활동 중 발생하는 폐기물을 체계적으로 감소시키고 〈필사적으로 생산하고 필사적으로 소비했던〉 전통 산업 경제의 오류를 돌아보는 기회가 됐다.

현재 인터넷 중고 거래 시장의 급성장은 대량의 유휴 물품이 재사용되기 시작했음을 의미한다. 미국은 온라인 중고 거래가 전체 온라인 쇼핑 시장의 10퍼센트를 차지한다. 중국에도 수많은 온라인 중고 거래 플랫폼이 등장했는데, 58퉁청이 만든 58좐좐과 타오바오가 만든 샨위가 대표적이다. 특히 매출과 직결되는 액티브 유저가 눈에 띄게 증가했다. 58좐좐 공식 자료에 따르면, 2015년 십일절 다음 날 하루 동안 58좐좐 플랫폼에 신규 등록된 유휴 물품이 9,000개였고 1일 접속자 수 11만 명, 주문 건수 1,137개를 기록했다. 샨위는 중국 최대 온라인 쇼핑몰 타오바오 회원을 그대로 흡수한 덕분에 최근 가장 빠른 성장세를 보였다. 타오바오 회원은 별도 회원 가입 절차 없이 샨위를 이용할 수 있다. 샨위 공식 자료에 따르면, 샨위를 통해 거래되는 중고 물품이 하루 20만 건에 달한다. 공유 경제 대표 모델인 중고 거래 시장의 성공은 폐기 처리되던 유휴 물품에 새로운 가치를 부여해 재사용함으로써 제품 수명을 연장시켰다. 덕분에 자원 낭비도 막고 과소비도 줄일 수 있다.

2) 자원 소비 감소

디디는 콰이처, 좐처, 핀처, 콜택시, 버스 등 다양한 교통 비즈니스 모델을 통해 석유 등 에너지 자원 소비 감소에 크게 기여했다.

『이코노미스트』 연구 분석에 따르면, 공유 차량 한 대가 늘어나면 도로에 주행하는 자가용이 9~13대 줄고 공유자 주행 거리도 평균 44퍼센트 감소해 1인당 탄소 배출량 감소 효과가 커진다. MIT 연구팀은 카풀 서비스 우버풀로 교통 체증 55퍼센트 감소, 택시 이용률 40퍼센트 감소 효과가 나타났다고 발표했다. 사이드카 CEO 수닐 폴은 〈차량 공유 혁신은 10년 후 자동차 보유량을 지금의 절반 수준으로 떨어뜨릴 것이다. 앞으로 자동차에 대한 개념이 크게 바뀌어 소유 대상이 아닌 단순한 이동수단으로 인식하게 될 것이다〉라고 말했다.

위의 내용으로 보아 운송 공유 경제 방식은 1인당 에너지 소비량과 자동차 보유량 감소에 큰 효과가 있다. 이 효과는 일단 자동차 생산량 감소로 이어져 신차 생산에 소비되는 자원을 아낄 수 있다. 또한 자동차 보유량 감소는 도로 자원 이용률을 낮춰 교통 체증이 감소하고 교통 체증으로 인한 에너지 낭비를 줄일 수 있다. 한 마디로 공유 경제는 모든 자원 소비를 감소시킨다.

2. 오염원 배출 감소

위에 언급한 자원 소비 감소 효과와 달리 공유 경제와 오염원 배출의 관계는 다소 복잡해서 그 효과를 명확히 계산하기 힘들다. 금융과 문화 엔터테인먼트 분야는 오염원 배출과 큰 상관이 없지만 일상 서비스 분야는 물품과 서비스 이동으로 교통 운송 수요가 발생하기 때문에 오염원 배출에 직접 영향을 끼친다. 특히 차량 및 숙박 공유 분야는 공유 경제에서 차지하는 비중도 높고 오염원 배출에 직접적인 영향을 끼치므로 자세히 살펴볼 필요가 있다.

첫째, 관련 통계에 따르면 단기 주택 임대 숙박이 호텔이나 여관 등 기존 숙박업을 이용하는 것보다 1인당 탄소 배출량이 훨씬 적었다. 공용 면적이 작아 에너지 소비량이 적기 때문인데 독채가 아니라 룸 단위 임대일 경우 에너지 절약 효과는 더욱 커진다. 에어비앤비 공식 블로그에 게재된 「친환경 여행: 숙박 공유의 환경 영향A Greener Way to Travel: The Environmental Impacts of Home Sharing」 리포트 중에 환경 컨설팅 기업 클린테크 그룹Cleantech Group이 전 세계 에어비앤비 이용자 8,000명을 대상으로 진행한 설문 조사 내용이 있다. 조사 결과에 따르면 유럽에서 에어비앤비 숙박을 이용할 경우 호텔 숙박보다 온실가스 배출량을 89퍼센트 감소할 수 있다. 북아메리카의 경우 61퍼센트 감소 효과가 있었다. 이 비율을 차량이 배출하는 온실가스 총량으로 환산하면, 에어비앤비 숙박으로 감소하는 온실가스 배출량은 유럽이 20만 대 분량, 북아메리카가 3만 3,000대 분량이다. 또한 이 리포트는 에어비앤비 숙박이 1인당 에너지 및 수자원 소비를 감소시켜 환경 보호에도 큰 도움이 된다고 밝혔다.

둘째, 교통 체증이 유발하는 오염원을 감소시킨다. 차량 공유는 1인당 차량 이용 횟수를 줄여 도로 교통을 원활하게 하고 주차 용지를 줄여 도시 녹화 공간을 확보해 준다. 독일 브레멘 시 정부는 공유 차량 한 대당 자동차 11대가 감소하는 효과가 있다는 연구 결과를 발표했다. 또한 차량 공유 이용자 중 자동차를 소유한 사람이 50퍼센트였는데, 이 중 37.1퍼센트가 차량 공유를 이용하면서 자동차를 처분했다. 2016년 2월, 보스턴 컨설팅 그룹은 「차량 공유의 새로운 미래: 새로운 운송 방식이 자동차 판매에 미치는 영향What's Ahead for Car Sharing?: The New Mobility and Its Impact on Vehicle Sales」을 통해 2021년까지 차량 공유의 영향으로 자동차 판매가 5퍼센트 줄어들 것이라고 예측했다. 특히 2025년 중국 자동차 시장 성장률은 현재 11퍼센트에서 5퍼센트대로 떨어질 것으로 전망했다. 교통 체증 관점에서 접근해 보면 공유 경제가 탄소 배출 감소에 확실히 효과적임을 알 수 있다.

셋째, 중공업으로 분류되는 자동차 제조업은 생산 과정에서 에너지 소비량과 오염원 배출량이 매우 높은 산업이다. 따라서 중고차 시장과 차량 공유 모델이 발전하면 신차 생산량 감소시켜 오염원 배출을 줄일 수 있다. 2016년 초반 전국 승용차 시장 정보 합동 위원회는 〈2015년 중국 자동차 베스트셀러 리스트〉에서 승용차 누적 판매량이 2058만 대라고 발표했다. 소후중고차(搜狐二手车)가 발표한 〈2015년 중국 중고차 거래 데이터 분석 보고〉에 따르면, 2015년 중국 중고차 거래량은 704만 7,400대이고 명의 변경 차량은 960만 대였다. 이 두 자료를 참고하면, 중고차 거래량이 전체 자동차 거래량의 3분의 1 수준임을 알 수 있다. 표 21-1에 인용된 중국 자동차 유통 협회가 발표한 〈2015년 중고차 조사 보고〉를 보면, 2015년 월별 중고차 거래량이 2014년보다 확연히 증가해 중고차 시장이 빠르게 성장하고 있음을 알 수 있다.

그러나 중고차의 단점도 충분히 고려해야 한다. 같은 거리를 운행할 때 중고차는 신차보다 연료 소비량과 오염원 배출량이 많다. 따라서 중고차 시장 발전이 오염원 배출에 미치는 영향은 보다 다각적으로 검증해

표 21-1. 2014년~2015년 중고차 시장 상황

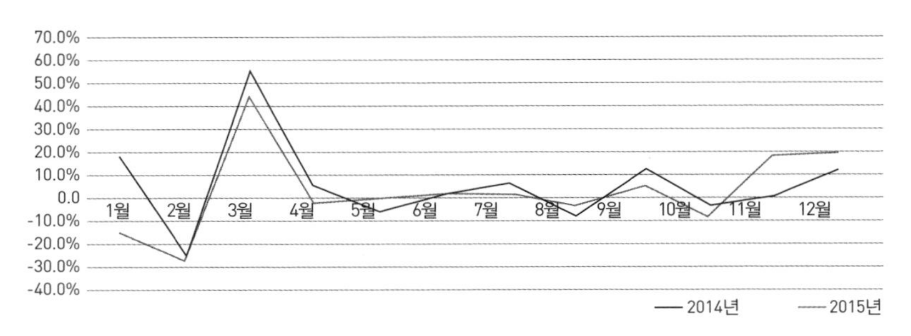

자료 출처: 중국 자동차 유통 협회.

봐야 한다.

넷째, 공유 경제 방식이 소비 수요에 미치는 영향은 생각처럼 단순하지 않다. 중고 거래 시장이 발전하면서 신제품 소비 수요의 상당수가 유휴 물품으로 대체됐다. 덕분에 신제품 생산량이 감소해 생산 과정 중에 발생하는 오염원 배출이 줄었다. 그러나 공유 경제가 발전하면서 개별 소비자의 관심 소비 분야가 넓어졌고, 최근 혁신 트랜드가 거세지면서 상품 교체 주기가 짧아지면서 신제품 생산이 늘어나는 현상이 벌어졌다. 새로운 소비 수요 발생은 상품과 서비스 운송 수요를 높여 교통 체증과 탄소 배출량을 증가시킨다. 결과적으로 공유 경제 발전이 오염원 배출량 감소에 득인지, 실인지는 한마디로 단정 짓기 어려운 상황이다.

3. 환경 산업 발전 촉진

중국 정부가 공급 측 개혁을 강조하면서 환경 산업은 유래 없는 정책 호재를 맞이했다. 앞으로 어떻게 잉여 생산 문제를 타개하고 산업 구조 개혁을 완성할지가 관건이다. 공유 경제 개념이 확산되고 업계 진입 장벽이 낮아지면서 환경 산업은 새로운 전환점 앞에 서 있다.

첫 번째 주목할 사실은 공유 경제와 전력 산업의 결합이다. 가정용 태양광, 풍력 발전기가 등장하면서 많은 가정이 소형 에너지 발전소로 변신했다. 집에서 필요한 전기를 자체 생산한 전력으로 해결하고 남는 전력은 인터넷을 통해 공유할 수 있다. 현재 태양광, 풍력 등 가정 전력 생산이 가장 활발한 나라는 독일이다. 가정에서 사용하고 남은 전력을 국가나 다른 가정에 판매할 수 있는 시스템까지 갖춰져 있다. 경제학자이자 미래학자인 제러미 리프킨은 〈가정 전력 생산 활동으로 독일의 대형 전력 기업의 생산량이 7퍼센트 감소했다. 대형 전력 기업의 생산 방식은 화력과 원자력 위주지만 소형 가정 발전기는 대부분 오염원 배출이 전혀 없는 신에너지 발전 방식이다〉라고 강조했다. 가정 소형 발전소는 실질적인 경제 이익뿐 아니라 환경 보호에 큰 도움이 되기 때문에 독일에서 큰 인기를 끌고 있다.

두 번째는 공유 경제 모델을 통해 급성장하는 신에너지 자동차와 자전거 등 환경 보호 운송 방식이다. 2015년 초반, 신에너지 자동차 서비스를 시작한 이하이 렌터카(一嗨租车)는 베이징 지역에 BMW 지노로 1E, 상하이 지역에 로위 550 Plug-in를 도입했고, 이후 다른 도시로 서비스 범위를 확대했다. 얼마 뒤 베이징에서 전기차 공유 서비스를 시작한 그린고Green Go 렌터카는 편리하고 저렴한 서비스로 큰 관심을 받았다. 곧이어 이하이 렌터카도 신에너지 자동차 공유 플랫폼을 선보였다. 오염원 배출량을 획기적으로 줄인 신에너지 자동차는 환경 보호 의식 발전과 더불어 세계적인 트랜드로 자리 잡았다.

인터넷 회사 직원 리 모씨는 일상 곳곳에서 공유 경제의 장점을 몸소 경험했다. 예전에는 출퇴근할 때마다 만원 버스에 시달리거나 비싼 택시비를 감수해야 했는데, 좐처나 순펑처를 이용한 후로 훨씬 편안하고 편리해졌을 뿐 아니라 비용까지 아꼈다. 퇴근 후에는 늘 저녁을 어떻게 해결할지 고민이었는데 지금은 퇴근 직전에 후이자츠판 플랫폼에서 음식을 주문하면 집에 도착하는 시간에 맞춰 배달되기 때문에 간편하게 저녁 식사를 해결한다. 공유 경제의 혜택을 직접 경험한 리 씨는 보다 적극적인 공유자가 되기로 결심했다. 그는 지금 신에너지 자동차를 신청하고 기다리는 중이다. 앞으로 순펑처 공유자가 되어 누군가에게 서비스를 제공하고 부가 수입을 올릴 계획이다.

오포는 최근 베이징 대학가를 중심으로 선풍적인 인기를 끌고 있는 공유 자전거 플랫폼이다. 현재 보유한 자전거는 약 5,000대인데, 플랫폼 측이 서비스 초반에 어느 정도 미리 준비한 수량이 있었지만 대학생들이 제공한 유휴 자전거가 더 많았다. 오포는 제공받은 자전거를 수리하면서 노란색 페인트로 통일해 공유 서비스를 시작했다. 자전거 공유는 차량 공유에 비해 훨씬 간편하고 비용도 매우 저렴하다. 오포는 대학가를 중심으로 공유 자전거 이용률이 크게 증가하면서 단기간에 급성장했다. 서비스 초반 2,000여 대였던 자전거가 5,000대로 늘어나는 데 반년밖에 걸리지 않았다. 자전거 공유는 유휴 자전거의 이용률을 높이고 대학생의 교통 비용을 낮춰 줬다. 대학 사회의 정보 및 커뮤니티 교류 확대, 환경 보호 의식 제고에 힘입어 앞으로 오포와 같은 공공 운송 비즈니스 모델이 더욱 발전할 것이다.

5부

전환 편

신경제 사회를 향해

22장
공유주의 선언

공유 경제가 전통 비즈니스 시스템을 뿌리째 뒤흔들고 있다. 소유권 점유가 상품을 이용하는 유일한 방법인 시대는 지나갔다. 서비스나 상품의 소유권 획득에 집착하는 사람이 크게 줄었다. 대신 상품이나 서비스를 필요할 때만 이용하고 나머지 시간에는 타인과 공유하는 협력과 공유 개념이 확산되고 있다.

이 점에 주목해 공유 경제 개념을 이해해 보자. 공유 경제는 한쪽이 이익을 얻을 때 다른 한쪽이 손해를 보는 제로섬 게임이 아니라 너와 내가 함께 윈윈하는 구조다. 전통 경제 개념이 완전히 뒤집어졌다.

『새로운 자본주의 선언*The New Capitalist Manifesto*』의 저자 우메어 하크는 〈만약 소비자라 불리는 사람들이 소비 10퍼센트를 줄여 공유 10퍼센트가 증가하면, 전통 기업에 막대한 손실을 초래하게 된다. 따라서 모든 업계는 근본적인 구조 개혁이 필요하다. 변하지 않으면 도태될 것이다〉라고 강조한 바 있다. 이 예언은 우려로 시작해 현실이 됐다. 공유 경제의 나비 효과는 이제 시작일 뿐이다.

2015년, IBM이 세계 기업 경영인을 대상으로 실시한 조사에 따르면,

기업 경영인 대부분이 우버와 같은 전복형 혁신은 매우 위협적이며 머지않아 거의 모든 분야로 퍼져 나갈 것이라고 생각했다. IBM 조사 보고는 미국 슈나이더Schneider 수석 정보 관리 책임자 주디스 렘키의 말을 인용했다. 〈이것은 우버 증후군이다. 동종 업계에 전혀 다른 비즈니스 방식을 이용하는 새로운 경쟁자가 등장했을 때 기존 사업자는 매우 무력해진다.〉 캐나다 탠저린Tangerine 은행 COO 이언 커닝엄은 〈오늘날 기술 환경 변화는 너무 빨라 예측하기 힘들다. 내게 부족한 지식이 무엇인지도 파악하지 못한 채 리더의 자리를 지켜 내기란 정말 힘든 일이다〉라고 말했다. 이 조사에 참여한 기업 경영인은 아직 존재조차 파악하기 힘든 새로운 경쟁자를 가장 위협적인 존재로 인식했다.

전통 산업 입장에서 공유 경제의 등장은 중대한 부활의 기회가 될 수 있다. 공유 경제 기업의 성장은 기존 비즈니스 방식과 수입원에게 위협적인 존재이지만, 기업이 지속 가능한 보다 강력한 소비 모델을 목표로 대대적인 구조 변화를 시도하고 기업의 잠재 역량을 극대화할 새로운 길을 제시했다.

전통 산업과 기업들은 공유 경제의 흐름을 어떻게 따라가야 할까? 공유 경제가 가져온 대규모 시장 효과를 어떻게 이용해야 할까? 이미 많은 선도 기업이 훌륭한 사례와 본보기를 남겼다. 이 장에서는 대표적인 공유 기업의 비법을 한데 모아 자세히 분석해 보기로 한다. 거대한 공유 경제 흐름 속에서 각자 자신에게 맞는 사례를 찾아보길 바란다.

1. 비법 1 — 포용

전통 기업은 언제든지 공유 경제로 전환할 수 있다. 신상품을 많이 만들어 많이 판다는 목적에서 벗어나 임대, 공유, 중고 거래 등 공유 경제 관련 상품이나 서비스를 출시하면 된다. 이처럼 시대적 요구에 부합한 비즈니스 모델은 자동차, 소매업, 부동산 등 이미 여러 분야에서 기반을 형성했다.

1) 차량 공유 혁신

공유 개념에 기반한 〈자동차 한 대를 생산해 무한 판매한다〉라는 구호 아래 수많은 혁신 업무가 탄생했다.

• 차량 타임 셰어링

차량 타임 셰어링 모델은 기존의 카셰어링 비즈니스 모델과 유사하다. 1948년 스위스 취리히에서 세계 최초로 차량 공유를 시도했고 1990년대 이후 관련 기업이 대기업으로 성장했다. 2010년부터 자동차 제조사들이 잇따라 차량 공유 분야에 진출했고 최근에는 전기 자동차 비율이 높아지는 추세다.

차량 타임 셰어링 운영 방식은 대부분 비슷하다. GPS와 디지털 키 기술을 이용해 고객이 언제 어디서나 빠르고 간편하게 차량을 이용할 수 있게 한다. 일단 회원 등록 후 스마트폰 GPS 시스템을 이용해 가장 가까운 차량을 검색하고 디지털 키를 이용해 차량을 이용하면 된다. 사용 후에는 원래 있던 장소나 다른 정류소에 주차해 놓는다. 이렇게 하면 다음 사람이 곧바로 편리하게 차를 이용할 수 있어 차량 이용률이 높아진다.

세계적인 추이를 살펴보면 독일, 미국, 프랑스 등 자동차 산업이 발달한 국가일수록 차량 공유 서비스를 주요 전략으로 삼아 공격적으로 시장을 공략하고 있다.

다임러 AG는 다임러 스마트 교통 서비스 그룹이라는 자회사를 설립해 2009년 친환경 도시 교통 서비스 모델 카투고car2go를 시작했다. 자동차 제조사 최초로 차량 공유 방식을 도입한 다임러 AG는 공유 경제를 실천하는 대표적인 전통 기업으로 모범적인 사례를 보여 줬다. 2015년 12월 기준 카투고는 회원 수가 110만을 넘어섰고 서비스 범위는 유럽과 북아메리카 9개국 31개 도시로 확대됐다. 2015년 12월, 카투고가 충칭에서 차량 공유 서비스 〈지씽 카투고〉를 시작한다고 발표했다. 이는 아시아 진출을 위한 첫 교두보로 2016년에 정식 오픈했다.

2011년 4월에 등장한 BMW의 차량 공유 서비스 드라이브나우Drive-Now는 2015년 기준 베를린, 런던 등 7개 도시에서 24만 회원을 확보하며 카투고에 버금가는 규모로 발전했다. 얼마 뒤 2011년 11월, 또 다른 독일 유명 자동차 제조사 폭스바겐이 하노버에서 차량 공유 서비스 퀴카Quicar를 내놓았다.

프랑스와 미국의 유명 자동차 제조사도 적극적으로 대처하고 있다. 2012년 르노가 트위지Twizy로 셀프 렌트 서비스를 시작했고, 2015년 차량 공유 서비스 전용 블루카를 출시해 유럽 전기차 차량 공유 분야의 강자로 떠올랐다. 2015년 상하이 국제 전자 제품 박람회에서 포드가 런던에서 출시했던 고드라이브GoDrive 시범 운행을 발표했다. 미국 GM은 2015년 11월 차량 공유 서비스 메이븐을 시작했고 자회사인 독일 오펠Opel을 통해 유럽 지역 차량 공유 서비스 카유니티CarUnity를 출시했다.

중국에서는 베이징 신에너지 자동차 회사와 폭스콘이 공동 투자해 2014년에 전기 자동차 타임 셰어링 플랫폼 그린고를 설립했다. 그린고는 B2C, B2B, B2G(기업 대 정부) 등 다양한 영역으로 서비스 범위를 확대했다. 이 중 공공 기관 차량 시스템 개혁의 모범 사례로 꼽히는 B2G

모델은 국가 과학 기술부와 제휴를 맺어 직원들의 공무 수행 수요와 개인 일상 수요까지 해결하고 있다.

카투고가 대표하는 차량 타임 셰어링 서비스는 날짜 단위 비용 청구, 영업소 방문 반납 등 기존 렌터카의 고정 관념을 타파하는 신개념 차량 공유 시스템으로 중국은 물론 세계적으로 인기몰이 중이다.

차량 공유의 최대 장점은 수많은 자동차가 유발하는 도시 교통 체증, 환경 오염 등의 문제를 개선하는 동시에 도시 거주민의 다양한 운송 수요를 만족시킨다는 것이다. 미국 캘리포니아 대학교 버클리 캠퍼스 연구팀은 차량 공유에 대한 조사 결과 공유 차량 한 대가 자동차 13대에 맞먹는 운송 수요를 해결한다고 밝혔다. 또한 미국, 캐나다, 독일 등지로 서비스 범위를 확대한 카투고를 조사한 결과, 카투고 이용 후 자가용을 이용하지 않겠다고 응답한 회원이 15~25퍼센트였다.

위에 언급한 장점들 덕분에 여러 자동차 제조사가 경쟁적으로 차량 타임 셰어링 서비스 분야에 뛰어들었고 이는 미래 도시 교통 시스템에 큰 영향을 끼칠 것이다.

여러 대형 자동차 제조사가 과감히 차량 공유 서비스에 뛰어들고 있지만, 아직 일부 자동차 제조사는 〈판매 대신 임대〉 방식에 매우 조심스럽게 접근하고 있다. 이들은 신차 판매와 공유 방식이 결합된 일종의 타협안을 선택했다. 이 타협안은 판매와 공유가 어떤 순서로 진행되느냐에 따라 두 가지로 나뉜다.

먼저 자동차 금융 리스는 자동차 소유권과 사용권을 분리해 소비자가 일단 자동차를 이용하고 나중에 구매하는 시스템으로 주요 선진국에서 많이 이용하는 방법이다. 계약금 없이(기존 계약금보다 적은 소정의 보증금은 납부해야 한다) 장기 임대가 가능하기 때문에 소비자는 일단 자동차 사용권을 얻은 후 월 단위로 임대료를 납부한다. 임대 기간이 끝나면 명의를 이전해 소유권을 얻을 수 있다.

첸잔왕(前瞻网) 조사 연구에 따르면, 미국과 유럽 주요 국가에서 자동차 리스는 자동차 금융의 핵심이자 가장 보편화된 자동차 세일즈 마케팅 중 하나로 많은 소비자들이 애용하고 있다. 미국의 경우 전체 자동차 판매량의 35퍼센트가 자동차 리스 방식이고 일본에서는 매년 200만 대가 자동차 리스 방식으로 판매된다. 이는 신차 판매량의 약 15퍼센트에 해당하는데 점점 늘어나는 추세다. 독일의 경우 자동차 리스 판매 비율이 전체 신차 판매량의 50퍼센트에 육박한다. 그러나 중국의 자동차 리스는 이제 시작 단계로 시장 점유율이 미미한 상황이다.

다음은 자동차를 구매한 후, 사용하지 않을 때 자동차 회사에서 지정한 공유 플랫폼을 통해 공유 활동에 참여하는 방법이다. 이 방법은 기본적으로 P2P 차량 공유 모델과 같다.

포드는 2015년 국제 전자 제품 박람회에서 〈스마트 모빌리티 계획〉을 발표하고 세계 시장에서 P2P 차량 공유 등 다양한 공유 경제 모델의 가능성을 테스트했다.

포드는 미국의 겟어라운드, 영국의 이지카 클럽과 제휴해 P2P 차량 공유 프로젝트를 실시했다. 포드는 리스 구매 고객을 대상으로 차량 공유 플랫폼에 가입하도록 계약을 맺어, 고객이 할부금 부담을 줄일 수 있도록 유도했다. 이때 차량의 안전을 위해 공유 차량 수요자의 자격을 철저히 심사했다.

또 다른 사례로 BMW가 있다. 2016년 BMW는 미니MINI 구매 고객이 타임 셰어링 플랫폼 드라이브나우의 공급자로 참여하도록 유도했다. 드라이브나우 서비스는 미국에서 시작해 현재 런던 등 유럽 도시로 확대됐다.

중국에도 비슷한 사례가 있다. 2015년, 자동차 리스 기업 하이이추싱(海易出行)이 차량 공유 플랫폼 이다오융처(易到用车), 전기차 제조사 테슬라와 제휴를 맺고 지처궁서(极车公社)를 설립했다. 지처궁서는 회원 가입비 10만 위안을 내고 별도로 매월 소정의 사용료를 지불하면 테슬라 신차를 소유할 수 있다. 차를 사용하지 않을 때 이다오융처를 통해 차량을 공유하고 부가 수입을 올릴 수 있다. 계약 기간이 만료되면 소유권 확보 여부를 선택할 수 있다. 자동차 리스에 P2P 차량 공유 방식을 더해 보다 이상적인 모델이 탄생한 것이다.

〈구매+공유〉 방식은 다양한 활용법과 저렴한 할부 비용으로 더 많은 사람이 부담 없이 자동차를 구매하도록 유도해 자동차 산업 발전에 긍정적인 영향을 미친다.

우버와 에어비앤비가 일상이 되는 사회 변화와 함께 자동차 산업도 근본적인 변화가 필요한 시점이다. 자동차 제조사는 경각심을 가지고 차량 공유 시장을 예의 주시하는 동시에 이 흐름에서 도태되지 않도록 적극적으로 대응해야 한다. 자동차 제조사는 공유 경제 흐름 속에서 〈한 대를 생산해 무한 공유하는〉 새로운 비즈니스 모델을 찾아냈다.

2) 주택 임대 혁신

2015년 1월 중순, 국가 주택 도시 농촌 건설부가 「주택 임대 시장 신속 육성 및 발전에 대한 지도 의견」을 통해 주택 임대 시장 발전을 적극 장려하고 지원한다고 발표했다. 정부가 부동산 시장을 주시하며 〈판매 대신 임대〉 방식을 적극 장려하는 이유는 중국의 심각한 사회 문제로 떠오른 부동산 재고 부담을 해소하기 위함이다.

2015년 12월, 국가 통계국 발표 자료에 따르면 전국 미분양 주택 면적이 7억 1853만 제곱미터로 전년 동기 대비 15.6퍼센트 증가했다. 중국 1인당 주택 면적이 30제곱미터임을 감안하면 베이징 인구에 맞먹는 약 2390만 명이 거주할 수 있는 면적에 해당한다.

공유 경제 발전과 함께 장기 임대 아파트, 메이커스페이스Makerspace, 단기 임대 플랫폼 등 주택 시장과 비주택 시장의 모든 부동산 재고를 해결한 효과적인 방법이 등장했다. 이 방식은 모두 공유 경제 방식을 이용해 곳곳에 흩어진 기존의 부동산 유휴 자원을 활성화시킴으로써 개인과 기업의 다양한 소비 수요를 만족시킨다.

건설업과 임대업 사정을 훤히 꿰뚫고 있는 부동산 기업이 이 방면에서 실력을 발휘했다. 여러 부동산 기업이 〈판매 대신 임대〉 전략을 앞세워 장기 임대 아파트 및 창업 공간 시장에 진출했다.

• 장기 임대 아파트 시장

터우팡(投房) 연구원은 현재 중국 장기 임대 아파트 사업이 폭발적인 성장을 시작했다고 밝혔다. 연간 8000억 위안에 달하는 중국 청년 주택 임대 시장을 기반으로 쯔루유자(自如友家), 유플러스, 유커이자(优客逸家) 등 여러 업체가 빠르게 규모를 키웠다.

또한 완커(万科), 자화(嘉华), 양광청(阳光城), 자오상(招商) 등 기존 부동산 기업도 장기 임대 아파트 시장의 잠재력에 주목하기 시작했다. 이들은 다양한 운영 방식으로 부동산 재고 문제를 해결하는 동시에 유휴 부동산 자산을 활성화시켰다.

2015년, 완커 그룹의 임대 아파트 브랜드 완커이(万科驿)가 탄생했다. 그리고 그해 2월, 도시 외곽 마을을 재개발한 완커이의 첫 작품인 광저우완커이 톈허(天河) 소프트웨어 파크가 완성됐다. 같은 해 10월, 광저우 지역에서 4번째로 오픈한 완커이진룽청은 산업 지구 공장을 개조해 만들었다. 완커이는 〈완커이는 당신의 최종 목표는 아니지만 꿈을 향한 발판이 될 것입니다〉라는 인상적인 문구로 기업을 홍보했다.

완커이 사업 모델은 일반적인 장기 임대 아파트 플랫폼 운영 방식과 유사하다. 건물 전체 혹은 여기저기 흩어져 있는 유휴 주택 자원을 물색해 소유주와 임대 계약을 체결한다. 내부 인테리어를 통일해 꾸미고 체계적인 주택 관리 시스템을 도입한 후 완커 그룹의 브랜드 네임을 적극 활용해 재임대한다.

다른 부동산 기업의 사업 방식은 또 다르다. 자화 그룹은 회사가 소유한 일부 주택 물량을 레지던스로 개조해 〈상전(尚臻)〉이라는 브랜드로 임대 사업을 시작했다. 상하이 징안(静安) 구와 쉬후이(徐汇) 구에 부분 임대가 가능한 주거용 아파트를 운영하고 있다. 양광청은 장기 임대 아파트 회사 위젠공위(寓见公寓)와 제휴하는 방법을 선택했다. 양광청이 주택을 제공하고 위젠공위가 전반적인 운영과 관리를 책임지는 시스템이다.

방법은 조금씩 다르지만 결과적으로 부동산 개발 시장에 만연했던 한탕주의가 사라졌다. 건물을 짓고 파는 것에서 끝나지 않고 임대를 통한 지속 가능한 수익 모델을 찾기 위한 시도가 계속되고 있다. 이런 변화는 공유 경제 발전에 따라 〈소유하지 않고 사용한다〉라는 인식이 확산된 덕분이다.

• 사무실 공유와 창업 열풍

메이커스페이스는 비주택 시장으로 분류된다. 국가 통계국 자료에 따르면 2015년 미분양 주택 면적 중 사무, 비즈니스, 영업용 등 비주택 면적은 25퍼센트에 해당하는 1억 7940만 제곱미터였다. 주택 시장뿐 아니라 비주택 시장의 재고 문제도 매우 심각한 상황이다.

부동산 기업은 재고 해결을 위한 또 다른 방법을 생각해 냈다. 사무실 공유 사업에 주력하는 소호 차이나가 대표적인 사례다.

2015년 초반, 소호 차이나는 사무 공간, 특히 모바일 오피스 시장의 잠재력을 높이 평가해 소호 3Q를 출시했다. 소호 차이나는 〈모바일 인터넷 시대의 코워킹 스페이스〉로 규정한 소호 3Q 프로젝트를 통해 〈건설 후 판매〉에서 〈건설 후 지속〉으로 기업 운영 시스템 변환을 시도했다. 일단 베이징과 상하이에서 시작하고 곧 2선 도시로 범위를 확대할 계획이다.

소호 3Q 프로젝트는 전형적인 O2O 방식이다. 소호 차이나가 보유한 기존의 빌딩 사무실을 개조한 후 예약, 위치 선택, 결제까지 모든 과정이 온라인 플랫폼에서 이뤄진다. 소호 차이나 판스이(潘石屹) 회장은 〈소호 3Q는 창업 인큐베이터나 기존의 비즈니스 센터와 다르다. 여기에서는 창업자 간 교류를 위한 장소와 플랫폼을 제공하지만 기본적으로 사무실 공간 임대 서비스만 제공할 뿐 자본 연결과 창업 인큐베이터 등은 전문 기관을 이용해야 한다〉라고 선을 그었다. 이것은 폭넓은 창업 인큐베이터 서비스를 제공하는 텐센트 메이커스페이스와 확연히 다르다.

메이커스페이스가 확대된 산업 단지 개발은 부동산 기업이 양산한 부동산 재고를 효과적으로 해결했다.

선전 난하이이쿠(南海意库)는 자오상이 심혈을 기울여 만든 창조 산업 단지로 대지 면적 4만 5,000제곱미터, 건축 면적 10만 제곱미터 규모를 자랑한다. 이곳은 원래 서커우(蛇口) 싼양(三洋) 공장이었다가 선전시 문화 산업 기지로 활용된 바 있다. 총 6개 건물이 모여 있는 난하이이쿠에는 혁신 기업 100여 개가 입주해 있어 기업 간 시너지 효과가 매우 크다. 현재 여러 지방 정부가 난하이이쿠의 성공에 관심을 보이고 있어 앞으로 이 모델이 중국 각지로 확산되어 침체된 지방 산업 단지를 활성화시킬 것으로 기대한다.

경제 구조 조정과 산업 구조 발전은 대부분 동시에 나타난다. 중국은 지금도 경기 침체로 인한 부담이 큰데 앞으로 최소 5년간 신창타이가 이어질 것으로 전망되기 때문에 경제 구조 조정이 시급한 상황이다. 부동산 업계는 이미 대대적인 개편 작업을 시작했다. 산업용, 상업용 가릴 것 없이 산더미처럼 쌓인 미분양 재고와 유휴 부동산에 새로운 사용 가치를 부여해 기존 유휴 자산을 활성화시킬 방법을 찾아야 한다. 부동산기업들은 기존 사업 모델을 탈피해 재임대업에 진출하거나 장기 임대 아파트, 사무실 공유, 산업 단지 조성 등 다양한 사업을 통해 유휴 부동산 자원 활성화에 힘쓰고 있다. 이런 방법은 부동산 업계의 새로운 흐름이 됐다.

3) 신구(新舊) 조화

영국 패션 디자이너 오솔라 드 카스트로는 〈과잉 생산으로 염가 할인이 난무하면서 안 입는 옷과 남은 원단에 새로운 가치를 부여하는 일이 사라지고 있다〉라고 지적했다. 미국 환경 보호국은 매년 미국에서 버려지는 의류, 신발, 천 제품이 260억 파운드어치에 달한다고 밝혔다. 2009년 통계 수치는 1999년에 비해 40퍼센트 증가했고, 2019년까지 40퍼센트 이상 증가할 것으로 보인다.

최근 인터넷 발전과 함께 온라인 중고 거래가 크게 증가하면서 기존 소매업, 특히 내구 소비재와 고가 사치품 판매에 영향을 끼치고 있다. 그러나 중고 거래 확대가 신제품 시장에 위협적이기만 한 것은 아니다. 시간이 지날수록 처음에 생각지 못했던 긍정적인 시너지 효과가 나타나고 있다.

2010년, 글로벌 가구 기업 이케아는 스웨덴에서 온라인 공유 플랫폼을 오픈해 이케아 회원들이 자유롭게 이케아 중고 물품을 사고팔 수 있도록 했다. 얼핏 보면 이 플랫폼은 이케아 영업에 전혀 도움이 되지 않을 것 같다. 그러나 결과적으로 공유 경제 개념이 이케아 브랜드 충성도를 높여 줬다. 이케아 경영 이념에 환경 보호 이미지가 더해진 덕분이다. 기존 이케아 회원이 이 플랫폼을 통해 구형 이케아 가구를 처분하면 부가 소득과 물리적 공간이 생겨 이케아 신상품을 구매할 가능성이 높아진다. 중고 시장을 육성해 간접적으로 신상품 판매량을 늘리는 이케아의 전략은 매우 성공적이었다.

미국 아웃도어 브랜드 파타고니아는 온라인 중고 거래를 적극 지지하는 기업으로 유명하다. 『MIT 슬론 매니지먼트 리뷰*MIT Sloan Management Review*』에 실린 인스브루크 대학교 연구팀의 파타고니아 기업 분석에 따르면, 2011년 9월 파타고니아와 이베이의 충격적인 업무 제휴가 시작됐다. 중고 거래가 늘어나면 신상품 판매가 줄어들 것이 뻔했다. 상식적으로 도저히 이해할 수 없는 사업 전략이었다. 세상에 어떤 기업이 상품 수요를 줄이려 할까?

파타고니아는 〈소비자가 구매를 덜 하고 공유가 늘어날수록 생산-소비 과정에서 발생하는 환경 오염 부담이 줄어든다〉라는 확고한 이념을 가진 기업이다. 이 이념을 실천하기 위해 이베이와 제휴해 〈평상복 순환 파트너십Common Threads Partnership〉 플랫폼을 만들어 누구나 편리하고 쉽게 파타고니아 중고 제품을 사고팔 수 있게 했다. 이 과정에서 파타고니아는 브랜드 이미지를 크게 올렸다. 또한 기존 파타고니아 구매 고객이 입지 않는 옷을 되팔면 온오프라인 전반에 파타고니아 제품 유통량이 늘어난다. 마지막으로 이케아 사례처럼 신상품 판매량 증가 효과로 이어졌다.

사실 중고 판매는 새로운 개념이 아니라 오래전부터 존재해 왔다. 파타고니아가 남달랐던 부분은 신상품 구매 감소를 위해 적극적으로 소비자를 설득했다는 점이다. 파타고니아는 이런 행위가 결과적으로 기업 이익에 도움이 될 것이라고 확신했다.

파타고니아와 이케아의 성공 사례는 소매 판매업 분야에서 공유 경제 방식으로 환경 보호에 관심 있는 소비자를 움직이게 만들고 기업 이미지를 올려 새로운 시장 수요를 발굴할 수 있음을 증명했다.

따라서 소비자의 온라인 중고 거래 참여 유도가 기업의 신상품 매출에 반드시 부정적인 영향을 끼친다고 볼 수는 없다. 이러한 사례는 중국에서도 찾아볼 수 있다.

십일절, 십이절[1]과 같은 인터넷 쇼핑 이벤트가 유행하면서 전자 상거래 시장이 폭발적으로 성장했다. 사회 전체가 물질적으로 풍요로워지고 중산층 소비 수준이 올라가면서 유휴 물품이 빠르게 증가했다. 기존 오프라인 중고 거래는 상품의 진위 여부, 배송, 사후 관리 등 여러 가지 문제를 드러냈는데 명확한 거래 규칙이나 상품 평가 기준을 마련하기는 거의 불가능했다. 그러나 인터넷 발전과 함께 온라인 결제, 신용 평가, 택배 등 일련의 거래 시스템이 갖춰졌는데, 그 배후에는 BAT 등 IT 대기업이 있다.

IT 대기업은 기존 회원의 온라인 쇼핑 정보를 통해 이미 잠재적 중고

1 매년 12월 12일. 십일절에 이어 연말 쇼핑 시즌에 기획된 대규모 할인 행사 — 옮긴이주.

거래 자원을 충분히 확보한 상태다. 기존 회원의 브랜드 충성도에 기반해 보다 쉽게 온라인 중고 거래 시장에 진출했다. 알리바바가 2014년에 공개한 중고 물품 온라인 거래 커뮤니티 샨위는 잦은 충동 구매로 유휴 물품에 둘러싸인 쇼핑 중독자의 고민을 해결해 줬다. 타오바오 회원은 별도 가입 절차 없이 샨위에 접속해 타오바오에서 구매한 물품을 비롯해 여러 가지 중고 물품 정보를 등록하고 거래 협상과 결제까지 한곳에서 해결할 수 있다. 샨위는 알리바바 그룹의 주요 사업으로 주목받으며 2015년 타오바오에서 분리되어 독립적인 지위를 확보했다.

58퉁청이 만든 온라인 중고 거래 플랫폼 58좐좐은 정보 공유에서 거래로 발전한 사례다. 둥징이 만든 파이파이도 같은 방식이다.

글로벌 종합 온라인 쇼핑몰 아마존도 중국의 대형 온라인 쇼핑몰과 비슷한 행보를 보였다. 전문 IT 미디어 테크투 IPO는 아마존이 중고책이나 중고 TV를 거래하듯이 중고 전자책, 디지털 음원, 디지털 영상, 각종 응용 프로그램 등 중고 디지털 상품 거래할 수 있는 특허 기술을 발표했다고 보도했다. 아마존 회원이 구매한 디지털 상품은 클라우드 개인 데이터 저장소에 보관된다. 이 특허 기술은 구매자가 보유하고 있던 디지털 상품을 다른 회원에게 판매할 때, 먼저 원래 상품 파일을 복사해 다른 회원의 개인 데이터 저장소에 옮겨 주고 기존 구매자 개인 데이터 저장소에 있던 원본 파일을 삭제하는 방식이다.

이제 소매 판매업은 신상품을 많이 팔아야 한다는 구시대적 사고방식을 바꿔야 한다. 온라인 중고 거래 활성화는 브랜드 이미지를 상승시켜 간접적으로 신상품 판매량을 증가시키고 중고 자원의 사용 가치와 수명을 연장시켜 환경 보호에도 도움을 주는 전형적인 혁신 공유 경제다.

2. 비법 2 — 조력

위의 자동차 제조사, 부동산 기업, 온라인 쇼핑몰처럼 브랜드 네임이 높거나 자산 규모가 크지 않아 자체적으로 공유 경제 서비스를 진행할 수 없다면 점진적인 방법을 이용해야 한다. 기존의 공유 경제 운영 방식을 이용해 작은 부분부터 순차적으로 바꿔 나간다. 공유 경제 사고방식에 기초해 기업 운영과 자금 조달 부분에서 크라우드 소싱과 지분 투자형 크라우드 펀딩 등 대중의 힘을 이용해 공유 경제 서비스를 실현할 수 있다. 이미 많은 혁신 기업이 이 방법으로 파란을 일으켰다.

1) 크라우드 소싱과 가상 기업

노동 집약형, 지식 집약형 기업 모두 크라우드 소싱 플랫폼과 제휴해 언제든 동원할 수 있는 가상 직원을 확보함으로써 임시직 수요를 해결할 수 있다. 기업은 모든 업무에 정규직을 고용하기 위해 막대한 자산을 투입하지 않아도 된다. 또한 시장의 수요 변화에 맞춘 탄력적인 임시직 고용으로 시장 변화에 신속하게 대응할 수 있다.

크라우드 소싱은 노동 집약형 기업에서 먼저 유행했다. 탄력적인 임시직 고용은 무엇보다 인건비 절감에 도움이 되고 중요 업무를 담당하는 정규직 직원이 더 높은 부가 가치를 창출하는 업무에 집중하도록 해준다. 글로벌 제약 회사 화이자Pfizer를 예로 들면, 이 회사 직원은 업무 시간의 20~40퍼센트를 복사, 자료 정리, 회의 등 보조 업무에 소모하느라 지식형 업무에 할애하는 시간이 60~80퍼센트 수준이었다. 현재 화이자는 크라우드 소싱을 통해 직원 및 업무를 효율적으로 관리하고 있다.

크라우드 소싱에 대한 수요가 폭발하면서 관련 플랫폼이 크게 증가했다. 크라우드 소싱 플랫폼의 원조격인 크라우드소스Crowdsource는 주로 노동 집약형 중대형 기업에 직원 관리 서비스를 제공했다. 대규모 노동 집약형 직원이 필요한 기업은 크라우드소스를 통해 신속하고 편리하게 인력을 공급받을 수 있다. 2014년 여름에 창업한 크라우드소스는 현재 200여 개 기업 고객과 제휴를 맺었고, 데이터베이스에 등록된 인력 정보는 50만 명에 달한다. 크라우드소스가 기존 아웃소싱 기업과 가장 다른 점은 온라인 마케팅, 출판 등 전문성 높은 분야에 진출한 점이다.

업무 특성상 인력 급구 상황이 잦은 기업이라면 급구 서비스에 특화된 워놀로와 제휴하면 좋다. 테크투 IPO는 〈임시직 신속 모집〉을 강조한 일자리 중개 플랫폼 워놀로가 2013년 샌프란시스코에서 창업했다고 보도했다. 기업은 필요한 구인 정보를 공개하고 워놀로 데이터베이스에 등록되어 있는 구직자 정보를 확인하고 직원을 선택한다. 짧게는 몇 분, 길게는 몇 시간이면 직원이 도착해 일을 시작한다. 예를 들어 주문 하나가 누락된 것을 발견한 온라인 쇼핑몰에서 서둘러 창고에 가서 물건을 확인하고 포장해서 배송할 직원이 급히 필요할 경우, 워놀로에 구직 정보를 등록하면 당일 근무가 가능한 사람을 바로 찾을 수 있다.

크라우드 소싱은 중국에서도 빠르게 확산되고 있는데 특히 생활 밀착형 서비스가 발달했다. 흩어져 있는 사회 유휴 자원을 통합 이용하는 공유 경제 서비스 모델을 십분 활용해 상부상조 개념에 기초한 광범위한 대중 참여로 서비스 생태 시스템을 구축했다. 세탁 체인점 룽창시이(荣昌洗衣)는 인터넷 세탁 서비스 e다이시를 출시하고 지역 사회 세탁 관리 직원인 〈샤오e 관리사〉를 크라우드 소싱으로 모집했다. 소비자가 e다이시 플랫폼에 서비스를 신청하면 가까운 곳에 있는 샤오e 관리사가 약속한 시간에 직접 방문해 세탁물을 수거한 후, 부근 세탁점에 전달하는 방식이다. 최근 e다이시는 지역 사회 요리사 자원 〈샤오e 식사 관리사〉를 모집해 외식 배달 서비스를 시작했고 앞으로 다양한 O2O 분야로 사업을 확대할 계획이다.

단순 반복 노동력 아웃소싱은 크라우드 소싱 중에서 극히 일부에 해당한다. 공유 경제가 확산되면서 정식 계약 직원이 수행하던 전문성 높은 업무가 크라우드 소싱을 통해 진행되는 사례가 많아졌다. 크라우드 소싱은 지역, 업종, 전공의 한계를 뛰어넘는 인재 활용으로, 기업 입장에서는 정보 비대칭 상황이었던 과거에 비해 인재 선택 조건이 훨씬 좋아졌다. 특히 창조 산업 분야에서 이 방식을 선호한다.

글로벌 생활 용품 기업 P&G가 만든 기술 아이디어 플랫폼 C&D(Connect and Develop), 아이디어 상품을 개발하는 퀄키Quirky 등은 모두 대중의 힘을 이용하는 공유 경제 플랫폼이다.

제너럴 일렉트릭과 로컬 모터스Local Motors가 함께 만든 퍼스트빌드FirstBuild는 아이디어부터 생산까지 크라우드 소싱을 이용한다. 세계 각지의 뛰어난 디자이너, 아이디어 기획자, 엔지니어, 대학생들이 힘을 모은 덕분에 제너럴 일렉트릭은 뛰어난 제품 디자인 수준을 유지하고 있다. 퍼스트빌드가 온라인으로 모은 세계의 뛰어난 아이디어와 기술은 곧바로 오프라인 소규모 공장에서 생산으로 이어진다. 이 방법은 아이디어에서 제품 생산과 유통까지 단기간에 이뤄지기 때문에 시장 반응을 빠르게 확인할 수 있다.

중국의 대표적인 창조 혁신 크라우드 소싱 플랫폼 주바제는 그래픽디자인, 홈페이지 개발, 홍보 마케팅, 서류 기획, 애니메이션, 산업 디자인, 건축 디자인, 실내 디자인 8개 창조 혁신 분야에 주력하고 있다. 2006년 창업 이후 지금까지 국내외 500만 개 기업이 주바제의 크라우드 소싱 서비스를 이용했다. 2015년 주바제 거래 규모는 75억 위안으로 시장 점유율 80퍼센트를 기록했다.

창조 혁신 분야 이외에 다른 전문 지식 분야에 특화된 크라우드 소싱 플랫폼도 잇따라 등장했다. 전문 컨설팅 분야의 경우 아월리 너드Hourly nerd와 이든 매컬럼Eden McCallum이 대표적이며 로스앤젤레스의 비즈니스 탤런트 그룹Business Talent Group은 임시 고위 임원직 수요를 만족시키고 있다.

크라우드 소싱 발전은 전통적인 기업 조직과 운영 방식을 뒤엎는 공유 경제의 혁신에서 출발했다. 크라우드 소싱 공유 플랫폼에 수요자로 참여한 기업은 정규 직원에만 의존하지 않고 적은 자본으로 다양한 인재를 활용할 수 있다. 우버가 세계적으로 대규모 차량을 확보한 것처럼 세계 각지의 뛰어난 인력 자원을 무한대로 활용할 수 있다. 대규모 인력 자원을 통해 다양한 수요에 효율적으로 대응하며 시장 변화에 빠르게 대처할 수 있다. 이런 과정을 통해 공유 경제는 조직과 운영 방식을 혁신적으로 변화시켜 기업이 빠르게 성장할 수 있게 해준다.

2) 창업의 불꽃, 크라우드 펀딩

중국은 지금 혁신 창업이 대유행하고 있다. 2015년 3월, 국무원 판공청은 「대중 창업 공간 발전 및 대중 혁신 창업 장려에 대한 지침」에서 온라인 지분 투자형 크라우드 펀딩 투자와 관련해 시범 투자를 실시한다고 발표했다. 중국 정부는 크라우드 펀딩이 대중 혁신 창업을 촉진하고 나아가 중국 경제 전반에 긍정적인 영향을 끼치길 기대했다.

창업 기업 입장에서 볼 때, 사회 유휴 자금을 동원한 크라우드 펀딩은 기존 대출에 비해 경제적 부담이 훨씬 적고 기업 및 상품에 대한 소비자 관심도를 높일 수 있다. 일단 펀딩에 성공하면 자금과 고객을 동시에 확보할 수 있어 창업 기업의 주요 자금원으로 자리 잡고 있다.

「중국 크라우드 펀딩 10가지 기본 사례」 연구에서 가장 눈여겨볼 내용은 3W 카페의 성공 사례다. 3W 카페는 6,000위안 주식 열 주, 인당 6만 위안 조건으로 공개 크라우드 펀딩을 진행했는데 선난펑(沈南鵬), 쉬샤오핑(徐小平), 쩡리칭(曾李青) 등 유명 투자자를 비롯해 많은 창업자와 기업 고위 임원이 참여했다. 이에 힘입어 3W 카페는 2012년 폭발적으로 성장해 중국 전역으로 퍼져 나갔다. 3W 카페는 창업 인큐베이터 서비스를 특화해 〈창업 카페〉 대표 브랜드로 자리 잡았다.

국무원은 「대중 창업 만인 혁신을 지원하는 관련 플랫폼 발전 촉진에 대한 지침」에서 〈세계 공유 경제 급성장은 대중 창업, 크라우드 소싱, 대중 서포트, 크라우드 펀딩 등 인터넷 기술에 기반한 창업 혁신에서 비롯됐다. 《대중 창업 만인 혁신》을 지원하는 플랫폼이 발전하면서 새로운 업무 형태와 방법이 끊임없이 나타나고 있다. 또한 O2O 서비스가 빠르게 확산되면서 생산 및 관리 방법, 소비 및 일상 패턴이 크게 바뀌어 새로운 경제 체제의 발전 가능성이 더 커졌다〉라고 밝혔다.

크라우드 소싱으로 창업 혁신을 위한 활력을 되살리고 크라우드 펀딩을 통해 자금을 확보해 공유 경제 방식을 십분 활용하는 기업은 또 다른 시장 변화에 유연하게 대처할 수 있다.

3. 비법 3 — 협력

세 번째는 공유 경제 기업과 제휴하는 방법이다. 추가 투자 없이 기존에 사용하던 각종 운영 자원과 고객 정보를 공유하는 것만으로 브랜드 홍보 효과와 수익성을 높일 수 있다.

1) OTA와 단기 주택 임대

단기 주택 임대 시장 연구는 대부분 호텔업과의 경쟁을 다뤘다. 그러나 최근 모건 스탠리가 발표한 연구 리포트에 따르면 에어비앤비 발전이 OTA에 미치는 영향은 힐튼, 메리어트와 같은 호텔 체인보다 훨씬 충격적이다. 여행객 4,000명을 대상으로 조사한 결과, 에어비앤비 등장 이후 가장 타격이 큰 분야는 익스피디아Expedia, 프라이스라인Priceline 등 OTA 업체였다.

여행 계획 제공은 OTA 플랫폼의 주요 서비스 중 하나다. 만약 소비자가 에어비앤비로 이동할 경우, 숙소 예약뿐 아니라 여러 가지 여행 부가 서비스가 같이 이동할 가능성이 크다. 현지인 집주인을 통해 정확한 최신 여행 정보를 개별 맞춤형으로 제공받을 수 있는데, 불특정 다수를 겨냥한 OTA 여행 계획보다 훨씬 만족도가 높을 수밖에 없다. 이 점에 착안해 일부 단기 주택 임대 플랫폼은 입장권, 렌터카 예약 서비스를 연동하기 시작했다. 예를 들어 주바이자, 무냐오돤쭈는 숙소는 기본이고 렌터카, 입장권 등 여행 부가 서비스를 제공하며 원스탑 여행 서비스 플랫폼으로 변신 중이다.

OTA와 단기 주택 임대 플랫폼의 업무 경계가 점점 모호해지는 가운데 경쟁이나 충격이 아닌 협력과 윈윈의 가능성도 높아졌다. 2015년 중국의 유명 해외여행 정보 플랫폼 충유왕(穷游网)은 글로벌 공유 경제 선두 기업 에어비앤비와 전략적 제휴를 맺었다. 에어비앤비는 충유왕을 통해 세계 20여 개 인기 도시의 숙소 자원을 공유한다. 충유왕 회원은 충유왕 사이트에서 에어비앤비 숙소를 확인하고 링크를 통해 에어비앤비 사이트로 이동해 예약을 완료한다. 이외에 충유왕과 에어비앤비는 각종 온오프 이벤트, 홍보 마케팅, 특색 있는 세계 테마 여행지 전시회 등을 함께 진행했다.

이 제휴는 기본적으로 상대의 장점으로 나의 단점을 보완하는 방식이다. OTA인 충유왕은 정보 수집, 데이터 분석, 수요 분석 등 온라인 능력이 뛰어나지만 오프라인 숙소 자원 규모는 도저히 에어비앤비를 따라갈 수 없다. 두 기업의 결합은 온라인과 오프라인 자원의 장점을 극대화해 효율적인 여행 분야 O2O 모델을 완성했다.

2) 호텔업과 공간 공유

기존에 호텔 회의실을 예약하려면 여러 호텔에 전화해서 가능 여부를 직접 확인해야 해서 매우 번거로웠다. 실제로 호텔 회의실은 에어비앤비에 등록된 빈방처럼 이용 시간보다 유휴 시간이 훨씬 더 많다.

리퀴드 스페이스Liquid Space는 이 부분에 착안해 프리랜서 등 특별한 사무 공간을 찾는 사람들에게 규모, 위치, 시간 조건에 따라 알맞은 공간을 제공하고 있다. 최근 시간과 장소에 구애받지 않고 작업하는 프리랜서들이 프랜차이즈 커피 전문점을 많이 찾고 있지만, 너무 개방적인 장소는 고도의 집중력이 필요한 창의적인 작업에는 어울리지 않는다. 리퀴드 스페이스는 메리어트 호텔과 제휴를 맺어 호텔 회의실을 공간 공유 목록에 올렸다. 기본적으로 시간 단위로 대여하기 때문에 개인 창업자와 소규모 기업이 회의 및 토론 장소를 고를 때 선택의 폭이 넓어졌다.

스타우드 호텔은 사무 공간 공유 플랫폼 데스크스 니어 미Desks Near Me와 제휴했다. 스타우드 호텔은 대부분 시내 중심가에 위치해 교통이 편리하고 다양한 개인 및 단체의 사무 공간 수요를 만족시킬 훌륭한 서비스, 화상 회의가 가능한 완벽한 인터넷 설비를 갖췄다. 이 제휴는 전문 모바일 오피스 수요를 만족시키는 동시에 공유 경제 방식을 통해 호텔의 자산 이용률을 높였다.

3) O2O 결합 — 크라우드 소싱 물류와 소매업

크라우드 소싱 물류는 위치 기반 서비스와 대중의 힘을 기초로 느리고, 비싸고, 빈번한 오배송 등 기존 택배의 문제점을 해결했다. 최근 오프라인 소매점과 온라인 쇼핑몰이 잇따라 크라우드 소싱 물류 플랫폼과 협력해 〈라스트 마일 배송〉 서비스 품질을 높이고 있다.

미국 식품 소매 기업 홀 푸드 마켓Whole Foods Market은 15개 도시에서 인스타카트 제휴 서비스를 선보였다. 고객이 인스타카트를 통해 물건을 주문하면 가장 가까운 택배원이 한 시간 안에 집으로 물건을 배달해 준다. 제휴 이후 1인당 평균 구매량이 약 2.5배 증가했고 주간 영업 매출이 150만 달러를 돌파했다.

개인 요리사 분야는 원래 요리사가 배송까지 책임졌으나 요리 업무가 복잡해 주문량이 조금만 늘어도 배송이 원활하지 못해 요리 만족도에까지 영향을 끼쳤다. 이에 개인 요리사 플랫폼과 크라우드 소싱 물류 플랫폼의 제휴가 늘어났다. 신속한 요리 배달로 요리의 맛과 고객의 만족도를 크게 높였다.

온라인 쇼핑몰도 기존 사회 운송력의 빈틈을 채우기 위해 개방형 배송 플랫폼을 출시하고 있다. 바이두와이마이, 메이퇀와이마이, 어러머펑냐오(饿了么蜂鸟), 징둥중바오는 모두 쇼핑몰 택배 수요에 기반한 자체 택배 시스템이다. 이들은 자체 쇼핑몰 택배 수요 덕분에 빠르게 시장 점유율을 높였다. 어러머펑냐오는 서비스 출시 일주일 만에 1일 주문량 50만

건, 메이퇀와이마이는 10만 건을 돌파했다.

소매업계에서 택배 물류 단계는 O2O 시스템을 완성하는 중요한 부분이다. 소매업과 크라우드 소싱 물류의 결합으로 택배 시스템의 효율성과 소비자 만족도가 크게 상승했다. 이 결합은 공유 경제가 파생시킨 또 하나의 업무 혁신이다.

4) 크로스오버 제휴와 새로운 산업 생태계

공유 경제 산업은 대부분 발전 초기 혹은 성장기인 탓에 아직 시장 구조가 명확하지 않다. 특정 공유 경제 플랫폼이 일정 수준 이상 규모가 커지고 시장 영향력이 생기면 이 플랫폼의 업무 형태와 규칙이 곧 해당 업계의 새로운 시스템이 된다. 대표적인 사례가 바로 우버다. 우버는 유휴 자가용 등 다양한 도시 운송 수단과 물류 시스템을 결합시켰다.

중국 운송 시장은 고정 수요 규모가 크고 이용 회수가 높다. 공유 경제는 온디맨드 방식으로 다양한 수요를 만족시키며 기존 운송 업계를 뒤흔들었다. 중국 차량 공유 서비스는 금융업에 이어 두 번째로 큰 공유 경제 시장을 형성했고 80퍼센트 시장 점유율을 기록한 디디추싱이라는 공룡 기업을 탄생시켰다.

디디는 좐처, 핀처, 대리 운전, 버스, 시운전 서비스 등 다양한 운송 서비스를 하나의 플랫폼에서 구현했다. 여러 분야의 기업과 업계를 초월한 크로스오버 제휴를 통해 다양한 운송 서비스를 개발한 디디는 크로스오버 마케팅, 크로스오버 비즈니스, 크로스오버 플랫폼을 통해 신개념 크로스오버 산업 생태계를 구축했다.

먼저 러쥐(乐居), 미팡(觅房) 등 부동산 플랫폼과 제휴해 〈전용차 집구경〉 서비스를 선보였다. 숙박 공유 플랫폼 마펑워(马蜂窝)와 제휴한 〈후

퉁 전용차〉는 방문 픽업은 기본이고 사진 촬영 서비스도 제공한다. 아리 젠캉, 밍이주다오와 제휴해 〈응급 왕진 호출〉 서비스를 출시했다. 디디 기사들이 새 차를 살 때 도움이 되도록 자오상 은행과 제휴해 〈자동차 할부〉 서비스를 제공한다. 어러머 주식을 인수한 디디는 요식업계와 제휴해 〈원버튼 배달〉 서비스를 선보였다. 마지막으로 미용 전문 플랫폼 허리자(河狸家)와 제휴해 이동식 미용실인 〈미용 전용차〉 서비스를 운영하고 있다.

현재 디디 플랫폼과 연계해 앱 서비스를 제공하는 제휴사는 300개가 넘는다. 디디와 제휴한 화주(华住) 호텔 그룹은 호텔 공식 앱에 〈좐처 우대 서비스〉 링크를 개설했다.

공유 경제의 크로스오버 제휴는 운송뿐 아니라 거의 모든 분야로 확산되고 있다.

『MIT 슬론 매니지먼트 리뷰』에 실린 인스브루크 대학교 연구팀 자료에 따르면, 펩시 그룹은 태스크래빗과의 제휴를 통해 신제품 펩시 넥스트 홍보 효과를 톡톡히 봤다. 펩시는 〈THE EXTRA HOUR〉 프로모션을 개최해 우승자에게 태스크래빗 1시간 무료 이용권을 증정했다. 이 프로모션은 주당 50개 미션이 주어지고 총 4주 동안 진행됐다. 여기에서 가장 주목할 점은 글로벌 대기업 펩시가 창업한 지 얼마 안 된 신생 기업 태스크래빗과 제휴했다는 사실이다. 펩시는 왜 태스크래빗을 선택했을까? 펩시 넥스트는 〈전문 기술 분야에 종사하는 야망이 큰 젊은층〉이 주요 타겟이었는데 태스크래빗의 고객 성향이 매우 유사했다. 펩시 넥스트의 브랜드 이미지에 태스크래빗이 제공하는 프리스타일 서비스 정신이 더해져 예상대로 큰 시너지 효과가 나타났다. 이 프로모션 홍보 영상은 〈믿음직한 사람에게 일상의 번거로운 잡일을 맡기면 전문적인 일에 보다 많은 시간을 투자할 수 있다〉는 내용을 담았다.

산업 경계를 초월한 크로스오버 제휴는 이미 세계적인 흐름이 됐고 앞으로 더욱 심화 발전할 것이다. 전통 기업과 공유 경제 플랫폼은 브랜드 홍보와 시장 개척의 두 마리 토끼를 잡기 위해 다양한 방식으로 서로 윈윈하는 제휴 관계를 모색해야 한다.

4. 비법 4 — 합병

전통 기업은 자체 사업 전략에 따라 공유 경제 창업 기업에 투자하거나 인수하는 방법으로 공유 경제 시장에 진입할 수 있다. 공유 경제의 차별화된 서비스는 기존 사업 시스템의 경쟁력을 강화시켜 준다. 투자 및 인수는 공유 경제 기업과의 불필요한 경쟁을 피하면서 기존 고객은 물론 공유 경제 잠재 고객까지 확보할 수 있는 방법이다. 또한 단기간 내에 공유 경제 시장에 안착해 비교적 영향력 있는 목소리를 낼 수 있다.

전통 기업이 공유 경제 기업을 인수·합병하는 사례는 이미 빈번하다. 2013년 렌터카 대기업 에비스 버젯 그룹Avis Budget Group이 세계 최초 차량 공유 기업 짚카를 5억 달러에 인수해 공유 경제 시장에 진출했다. 2016년에는 GM이 리프트에 5억 달러를 투자해 지분을 확보했고, 곧이어 사이드카의 기술 및 자산을 인수했다. 자동차 전문 미디어 처윈왕(车云网)은 〈사이드카는 세계 최초로 P2P 차량 공유 개념을 사업화하고 2012년에 본격적으로 서비스를 시작했다. 그때까지만 해도 우버와 리프트의 존재는 미미했다〉라며 사이드카 합병 소식을 전했다. GM은 사이드카 인수, 리프트 지분 투자에 이어 자체 차량 공유 플랫폼 메이븐을 출시하며 차량 공유 시장에 대한 야심을 드러냈다.

위와 같은 과감한 인수·합병 외에 지분 투자 방식도 자주 이용된다. 전통 기업이 공유 기업 플랫폼에 자금을 투자하고 지분을 인수함으로써 공유 경제 발전의 수익을 함께 누린다.

BMW가 투자한 저스트파크는 현재 세계 최대 주차 공간 공유 플랫폼으로, 약 50만 명의 회원을 보유하고 있다. BMW는 새로 출시하는 미니 시리즈에 주차장 검색에서 결제까지 한 번에 해결하는 저스트파크 모바일 앱을 장착해 운전사의 편의성을 높였다. GM은 자가용 P2P 공유 플랫폼 릴레이라이즈에 투자했다.

호텔 업계는 호텔과 숙박 공유 고객층이 완전히 분리될 것을 예상하고 새로운 시장을 개척하기 위해 숙박 공유 플랫폼에 투자하기 시작했다. 하얏트 호텔은 프리미엄 에어비앤비로 불리는 원파인스테이Onefinestay에 4000만 달러를 투자했고 싱가포르 애스콧Ascott 그룹은 중국 투자왕 지분을 매입했다. 하얏트와 같은 유명 글로벌 호텔 체인이 숙박 공유 사이트에 투자를 했다는 것은 호텔 업계가 숙박 공유 시장의 잠재력을 높이 평가했음을 보여 준다. 뉴욕에 있는 호텔 컨설팅 업체 로징 어드바이저스Lodging Advisors CEO 션 헤네시는 〈호텔 체인과 숙박 공유 기업의 제휴는 시간 문제였다. 다른 호텔들도 곧 하얏트를 뒤따를 것이다〉라고 말했다.

2015년, 의료 분야의 대표 공유 경제 플랫폼 밍이주다오가 푸싱의약(复星医药), 가오룽(高榕) 캐피탈, 전거(真格) 펀드로부터 6000만 위안 투자 유치에 성공했다고 발표했다. 여기에서 주목할 점은 푸싱의약이 밍이주다오를 통해 공유 경제 시장에 진출했다는 사실이다.

지분 투자든 인수 합병이든 결과적으로 전통 기업이 공유 경제 시장에서 발생하는 실질적인 이익에 주목하고 있음을 뜻한다. 특히 이 시장은 고객이 적극적으로 참여하고 소비한다는 점이 매우 매력적이다.

공유 경제는 인터넷을 이용해 산산이 흩어져 있는 사회 자원을 한곳에 정리해 증분 시장 비즈니스의 한계를 극복했다. 정보 비대칭 단절 상태에 놓여 있던 수많은 수요-공급 정보를 하나의 플랫폼에 동시 공개함으로써 수요자와 공급자가 직접 가장 이상적인 조건을 찾을 수 있게 했다. 조건이나 상황이 제각각이지만 규모가 커지면서 이용자의 만족도가 높아지고, 그럴수록 더 많은 사람이 모여들어 시장이 더욱 활발해졌다. 결과적으로 공유 경제는 사회 전반의 경제 효율을 높였다.

전통 기업은 규모화를 통해 수익을 극대화하는 규모 경제를 추구했지만 공유 경제의 규모는 효율적인 경제 활동의 수단이다. 공유 경제 플랫폼이 정보 비대칭의 벽을 낮췄고, 모바일 인터넷과 위치 기반 서비스 기술이 가장 가까운 상품 혹은 서비스를 빠르게 찾아 준다. 공유 경제 시스템에서는 수요자와 공급자가 빠르고 편리하고 효율적으로 거래를 진행할 수 있다. 모든 사람이 자신의 재능을 발휘해 서비스를 제공한다고 가정하면, 전 인류가 하나의 플랫폼으로 연결되어 각자의 재능을 최대한 발휘할 수 있다.

지금까지 언급한 방법 중 무엇을 선택할지는 각 전통 기업의 몫이다. 전진할 것인지, 후퇴할 것인지, 과감해야 할지, 신중해야 할지 등 상황에 따라 다양한 방법으로 공유 경제를 포용해야 한다. 전통 기업은 새로운 도전을 더 이상 미루지 말고 현재와 미래를 주도할 새로운 비즈니스 모델에 빨리 적응해 끊임없이 변화하는 시장에서 새로운 수익원을 찾아야 한다. 이것이 공유 경제를 맞이하는 전통 기업의 올바른 태도일 것이다.

23장
공유주의 신경제 실천

2016년 양회에 참석한 마화텅은 〈공유 경제가 경제 발전을 촉진할 새로운 성장 동력이 될 것이다〉라고 강조했다. 과학 기술 발전으로 생산력이 높아지면서 사회적 부가 빠르게 증가해 전 세계가 생산 과잉 문제에 봉착했다. 생산 과잉은 기업 부문에서 유휴 재고와 유휴 생산력, 개인 부분에서 유휴 자금, 유휴 물품, 인지 잉여와 같은 경제 잉여 자원이 쌓이는 결과를 낳았다. 공유 경제는 인터넷을 기반으로 대규모 경제 잉여를 활성화시켜 새로운 경제 효과를 창출했다.

〈대중 창업, 만인 혁신〉 흐름과 공유 경제는 어떤 조화를 이룰까?

1. 산업 생태계 자원 공유

창업 경제는 신경제의 일종이다. 제도적, 정책적, 전략적인 지원으로 경제 혁신의 가능성이 확보되어야 혁신 사업을 꿈꾸는 중소기업이 끊임없이 도전하고 발전할 수 있다. 1980년대 가장 영향력 있는 경영학자였던 피터 드러커는 창업 경제를 신경제로 정의하면서 〈혁신은 현대 경제 사회사에서 가장 중요하고, 가장 희망적인 사건이다〉라고 말했다.

〈창업 경제가 곧 신경제〉라는 공식은 1970년대 미국 경기 불황 시기의 창업 활동을 연구한 결과였다. 1973년~1975년, 세계 경제 위기로 달러 가치가 급락하면서 미국 경제와 달러화의 위상이 꺾였다. 미국 경제는 2년 연속 마이너스 성장을 기록하며 불안한 상황이 이어졌다. 드러커는 여기서 매우 흥미로운 사실을 발견했다. 1970년~1980년 동안 약 2000만 개 신규 일자리가 창출됐는데 대부분 소규모 혹은 신생 기업이었다. 불황의 늪이 깊었지만 창업 경제는 나날이 활기를 띠며 상승 곡선을 그렸다.

이 현상은 제2차 세계 대전 이후 경제 상황과 크게 달랐다. 1950년에서 1970년까지, 20년간 미국 사회에 공급된 신규 일자리 4개 중 3개를 대기업과 정부가 책임졌다. 그 사이 소규모 신생 기업은 수많은 실업자를 양산했다.

1980년대 레이건 정부가 출범하면서 공급학파가 주도하는 미국 경제 개혁이 시작됐다. 이 시기 미국 경제는 IT 산업 창업 붐에 힘입어 세계로 뻗어 나갔다. 마이크로소프트, 애플, 시스코 등 신생 IT 기업이 등장한 것도 바로 이때였다. 미국 IT 기업이 본격적으로 비상할 무렵 레이건 경제학이 막을 내렸다. 이후 미국 경제는 스태그플레이션에서 벗어나 경기가 상승하기 시작했다. 이 시기 미국 경제 지표는 매년 급상승했다.

오늘날, 창업 경제는 중국 경제 성장의 원동력이다. 중국 정부는 공급측 개혁을 통해 거시 경제 문제를 해결하고자 한다. 중국 창업 경제는 〈인터넷 플러스〉 정책을 원동력으로 삼아 강력한 흐름을 형성했다. 현재 중국 경제는 투자 주도에서 혁신 주도로 넘어가는 과도기로 창업 열기가 나날이 뜨거워지며 창업 경제 시대로 향하고 있다.

먼저 창업 경제 환경에서 중요한 역할을 담당하는 창업 공간에 대해 알아보자.

창업 공간 개념은 2015년 1월 28일 국무원 상무 회의에서 처음 등장했고, 이후 과학 기술부 등 국가 기관에서 관련 정책 및 실행 지침을 발표했다.

국무원이 발표한 「대중 창업 공간 발전 및 대중 혁신 창업 장려에 대한 지침」에서 〈창업 공간은 창업 시대 혁신 창업의 특징과 수요에 부합하고 시장 매커니즘, 전문 컨설팅, 자본 경로 등 창업 관련 통합 서비스를 편리하고 저렴하게 이용할 수 있는 개방형 혁신 창업 서비스 플랫폼이다〉라고 규정했다. 창업 공간은 창업자에게 작업 공간, 인터넷 공간, 커뮤니티 공간, 자원 공유 공간을 제공한다.

창업 공간은 기본적으로 창업 초기 기업, 창업 준비자, 기업의 혁신 부문을 상대로 자체 자원과 외부 지원 자원을 공유한다. 구체적으로 보면, 온오프라인 플랫폼을 통해 투자자와 미디어에 창업 활동을 적극 홍보하고 사무 공간, 소프트웨어 및 하드웨어 설비 지원 등 원스톱 통합 서비스를 제공해 창업자들이 상품 및 운영 모델 개발 등 핵심 업무에 집중할 수 있게 해준다.

창업 공간은 아이디어 단계부터 상품 개발, 조직 구성, 투자 유치, 마케팅 홍보까지 창업 전 과정을 지원하고 창업 초기 기업의 고충 해결에 도움을 준다.

2. 자원 공유 방법

텐센트 오픈 플랫폼은 〈2014 텐센트 글로벌 파트너 컨퍼런스Tencent Global Partner Conference〉에서 100억 위안을 투자해 창업 기업 100개를 지원하는 〈쌍백 계획〉을 발표했다. 이를 위해 텐센트 산하의 모든 핵심 플랫폼 자원을 총동원해 우수 창업 기업을 지원하는 성장 액셀러레이터 프로그램을 실시한다고 밝혔다. 텐센트 오픈 플랫폼의 최종 목표는 중국 최고의 창업 액셀러레이터다.

〈2015 텐센트 글로벌 파트너 컨퍼런스〉에서 텐센트 그룹 COO 런위신(任宇昕)은 〈지난 5년간 텐센트 오픈 플랫폼에 등록된 창업 기업이 400만 개가 넘는다〉라고 밝혔다. 2015년 4월, 텐센트 오픈 플랫폼에 참여한 협력 파트너의 수익 배당액이 100억 위안을 돌파했다. 어림잡아 억만장자 50여 명이 탄생한 셈이었다. 이 과정에서 우회 상장을 포함한 상장 기업 20개가 탄생했다.

텐센트 오픈 플랫폼 허우샤오난(侯曉楠) 대표는 〈초기 창업자는 투자 유치, 인재 모집, 전문 컨설팅, 브랜드 홍보 과정에서 큰 어려움을 겪는다. 우리는 이 문제를 해결하기 위해 네 가지 자원 공유 프로젝트-오픈 펀드, 오픈 팀, 오픈 클래스, 오픈 보이스를 실행하고 있다〉라고 소개했다.

먼저 창업 기업의 투자 유치 문제. 2015년 텐센트 오픈 플랫폼은 창업 투자 연합을 결성해 창업자와 투자자를 연결해 주는 오픈 펀드OPEN FUND 프로젝트를 시작했다. 〈오픈 펀드 투자 특별 강좌〉, 〈텐센트 오픈 데이〉 등 창업 투자 연합 플랫폼 프로젝트에 참여한 창업자 중 40퍼센트가 긍정적인 피드백을 받았다고 밝혔다. 텐센트 오픈 플랫폼은 창업 기업의 각 발전 단계에 맞춰 가장 잘 맞는 업계 최고의 엔젤 투자자 혹은 벤처 투자사를 연결함으로써 〈엔젤 투자, 인큐베이터 발전, 추가 투자〉로 이어지는 창업 투자 전 과정이 원활하게 진행될 수 있게 한다.

다음으로 창업 기업이라면 반드시 인재난을 겪기 마련이다. 그래서 텐센트 오픈 플랫폼은 창업 기업과 고급 인재가 플랫폼을 통해 직접 교류하며 의견을 나눌 수 있는 인재 자원 공유 프로젝트 오픈 팀OPEN TEAM을 만들었다. 텐센트 내부 및 외부 파트너사 인재 정보를 모아 데이터베이스를 구축하고, 2주에 한 번꼴로 각 지역 오프라인 플랫폼에서 오프라인 교류 행사를 진행했다. 텐센트 대학, 텐센트 인사 관리부, BAT 이직 준비 모임, 구직 구인 사이트, 헤드헌트사 등과 제휴해 인재 정보를 공유했다. 사업 프로젝트가 우수한 창업 기업 위주로 직접 면접을 통해 꼭 필요한 인재를 선발할 수 있도록 했다. 이외에 난지취안(南极圈), 즈롄자오핀(智联招聘) 등 인력 관리 기구와 협력해 창업 단계에 맞춘 인재 파견 서비스를 진행한다.

세 번째, 창업 컨설팅 자원 공유. 텐센트 오픈 플랫폼은 창업자의 창업 지식과 업무 능력 향상을 위해 다각적이고 전방위적인 교육 서비스 오픈 클래스OPEN CLASS를 실시했다. 오픈 클래스는 단기간(보통 2~3일) 안에 상품, 기술, 운영, 마케팅과 관련된 전문 지식을 습득해 초기 창업자의 자질과 전문성을 높이는 것이 목적이다. 이를 위해 텐센트 대학, 텐센트 앱스토어, 광뎬퉁(广点通), 텐센트 클라우드, 텐센트 맵 등과 제휴해 텐센트 전문가 집단을 조직해 상품 매커니즘, 기술, 운영 방식, 마케팅 등 텐센트 핵심 기술을 전수한다. 또한 업계 유명 창업 컨설팅 전문가 및 기업과 제휴해 창업자들의 다양한 지식 욕구를 충족시키고 있다. 특히 창장(长江) 경영 대학원, 난지취안, 유미왕(优米网) 등 차별화된 고급 전문 지식 집단과 연계해 보다 수준 높은 교육을 제공한다. 이외에 엔젤 투자에 성공하고 성장 속도가 빠른 창업 기업을 선별해 3~6개월 간 장기 심화 교육 프로젝트 오픈 클럽을 실시했다.

네 번째, 마케팅 홍보 자원 공유. 창업 기업에 브랜드 노출, 대중 홍보 서비스를 제공하는 오픈 보이스OPEN VOICE 프로젝트를 진행한다. 오픈 보이스의 목표는 창업 기업이 브랜드 출시와 동시에 마케팅 능력을 확보하는 데 있다. 마케팅 루트를 확보해 자체 마케팅 능력을 활용해 미디어, 투자자, 구직자에게 브랜드를 각인시킴으로써 유동 자원을 확보한다. 미디어 서비스는 크게 창업 투자 미디어 노출과 마케팅 기관 홍보로 나뉜다. 텐센트 오픈 플랫폼은 제휴를 맺은 과학 기술 미디어 테크웹TechWeb, 테크투 IPO, 례윈(猎云), 촹제(创界), 테크써Techsir, 하드웨어 전문 미디어 레이펑(雷锋), 레이커지(雷科技), O2O 미디어 이어우(亿欧), 음악 영상 전문 미디어 3분 비디오(三分微视), 단제촹예(蛋解创业) 등 창업 투자 미디어에 창업 기업의 인터뷰 기사를 내보낸다. 제휴 마케팅 기관에는 카이간(开干), 후쉬치다오(胡说七道), 커우다이좐자(口袋专家), 자쑤후이(加速会), 창업최전선(创业最前线), 신즈바이뤠(新知百略) 등이 있으며 창업 기업을 대신해 가격과 종류별 상품 패키지, 외부 인재, 기사 원고 작성, 미디어 투고, 광고 기획, 광고 배포, 뉴미디어 홍보 등을 진행한다.

창업 공간은 잉여 자원을 활성화시켜 창업 경제 촉진 활동에 대한 지방 정부의 관심과 지원을 이끌어 냈다. 2016년 1월 6일, 텐센트 창업 공간 시범 기지를 정식 오픈하고 귀빈들과 함께 시범 기지의 상징인 큐브에 불을 밝혔다. 이날 〈신호탄(第一弹)〉, 〈이젠루구(衣见如故)〉, 〈독립일(独立日)〉 등 6개 창업 프로젝트가 시범 기지에 첫 입주하는 창업 기업으로 선발되어 가장 먼저 창업 기지 사무실에 입성했다.

상하이 시 양푸(杨浦) 구 우자오창(五角场) 중심지에 위치한 시범 기지는 텐센트와 상하이 시 양푸 구 인민 정부가 공동 건설했다. 총면적 5만 제곱미터에 달하는 대규모 산업 단지로 조성된 시범 기지는 세 번에 걸쳐 순차적으로 건설되며 완공은 2016년 연말로 계획했다. 텐센트 창업 공간은 상품 매커니즘, 창업 실무 등 텐센트 창업 17년 노하우를 상하이 창업 기업과 공유해 3년 안에 우수 인큐베이터 기업 50~100개를 육성한다고 발표했다. 특히 우수한 인터넷 사업 프로젝트를 집중 육성해 상하이 인터넷 산업 발전을 촉진할 계획이다.

3. 공유 조직 생태계 재구성

공유 경제는 인터넷 플러스와 전통 산업의 결합이 낳은 혁신의 결과물이다. 공유 경제는 인터넷 플러스 첨단 기술을 이용해 저렴하고 효율적인 방법으로 사회의 모든 경제 잉여 자원을 연결함으로써 수많은 유휴 자원을 활성화시키고 새로운 가치를 부여했다. 이 중 고효율, 저비용이 바로 공유 경제의 핵심이다. 공유 경제 기업은 자체 플랫폼을 통한 수요-공급 연결 이외에 디디와 아이다추처럼 위챗[1] 기업 계정을 활용하는 사례가 매우 많다.

• 디디콰이처 사례

디디콰이처는 플랫폼에 등록된 대량의 기사 정보를 토대로 승객 수요를 신속하게 분배한다. 시간, 장소, 구체적인 조건을 파악해 기사와 고객에게 최대한 빠르고 정확한 피드백을 해야 한다.

디디콰이처는 위챗 기업 계정에 앞서 QQ 그룹, 위챗 그룹, 메일, 앱 등을 활용해 피드백을 전달했다. 초반에는 이런 단편적인 정보 전달 방식이 그런대로 통했지만 규모가 커지면서 여러 가지 문제점이 드러났다.

1 중국명 웨이신(微信). 텐센트가 운영하는 중국 최대 모바일 메신저 ― 옮긴이주.

디디콰이처는 기업 계정을 기반으로 기사들이 디디 앱 사용법과 도시 교통 상황에 빨리 적응하도록 돕는 디디커탕(滴滴课堂) 프로그램을 개발했다. 이외에 푸리좐취(福利专区), 런궁커푸(人工客服) 앱을 활용해 기사 간의 명확한 의사소통을 도왔다. 이들 앱은 푸시 오픈율이 40퍼센트를 넘겨 사실상 온종일 온라인 소통이 가능하다.

현재 디디콰이처 기업 계정을 이용하는 기사가 점점 늘어나고 있다. 디디콰이처는 자체 정보 관리 시스템과 기업 계정을 접목해 인스턴트 메신저, 정보 공유, 공문 전달, 주문 관리, 교육, 고객 서비스 등 다양한 기능을 선보였고, 앞으로 셀프 조회 기능을 추가할 계획이다. 디디콰이처는 이 경험을 토대로 자체 플랫폼의 기능을 강화해 더욱 저렴하고 효율적인 서비스를 제공하고 있다.

• 아이다추 사례

전문 쉐프 출장 요리 서비스를 제공하는 아이다추는 요리사와 소통하고 이들을 관리할 앱 클라이언트를 만들고 싶었지만, 클라이언트 유지 및 개발 전문 인력 고용에 매년 수십만 위안이 들어가는 점이 문제였다. 그래서 아이다추는 독립적으로 앱을 운영하는 비용의 10분의 1로 이용할 수 있는 위챗 기업 계정을 선택했다.

기업 계정으로 요리사와 고객을 연결한 아이다추는 고객 주문이 등록되면 시스템이 자동으로 요리사를 연결하거나 고객이 직접 선택한 요리사에게 푸쉬 알림으로 주문 내용을 전달한다. 아이다추는 기업 계정을 통해 요리 서비스 및 주문 수량 등 관련 데이터를 분석해 서비스 품질을 업그레이드 하고 새로운 서비스를 개발한다. 위챗 네비게이션 기능은 요리사가 고객 집을 방문할 때 길잡이 역할을 한다. 인스턴트 메신저 기능은 요리사와 고객이 완벽하게 소통할 수 있도록 영상, 음성, 문자 서비스를 제공한다. 이를 통해 서비스 품질과 고객 만족도를 크게 높였다.

공유 경제 기업이 아닌 일반 온라인 쇼핑몰에서도 비슷한 사례를 찾아볼 수 있다. 가전 기업 메이디(美的)는 기업 계정을 기반으로 소매 플랫폼을 연결시켜 유통 과정을 대폭 축소함으로써 기존 온오프라인 유통의 고비용 문제를 해결했다.

소매 플랫폼에 입점한 판매상은 기업 계정을 통해 판매원을 모집하고 관리하며, 판매원은 기업 계정을 이용해 상품 추천과 질의응답 등 거래에 필요한 1대1 서비스를 진행한다. 소매 플랫폼에서 활동하는 판매원은 전문적이고 개성적인 이미지를 만들어 모바일과 자신의 오프라인 점포를 연결시키고 주문 검색, 택배 조회, 고용 상황 등 모든 관리는 기업 계정을 이용한다.

최종적으로 기업 계정을 통해 판매원의 영업 진입 문턱이 낮아지고 1대1 서비스를 통해 고객 체험 만족도는 크게 향상된다.

기업 내외부 운영 관리 시스템을 연결해 주는 위챗 기업 계정은 2014년 9월에 서비스를 시작하자마자 큰 호응을 얻으며 급성장했다. 2015년 11월 기준 위챗 기업 계정 등록 기업 수 60만, 이용 고객 수 1000만, 1일 액티브 유저 200만, 1일 유통 정보량 200만 건을 기록하며 대표적인 모바일 앱 포털로 자리 잡았다.

텐센트 연구원은 「인터넷 플러스의 조직 생태계 재구성 — 위챗 기업 계정 백서」에서 기업 계정의 발전 배경을 언급했다. 위챗 기업 계정은 먼저 기업의 IT 시스템 재구성을 유도한다. 각기 독립된 소프트웨어 플랫폼에 간편하게 접근할 수 있는 동일한 포털을 제공한다. 위챗의 뛰어난 커뮤니케이션 기능을 활용해 상호 교류가 강화된 실행 시나리오로 현실과 가상을 오가는 기업 내외부 시스템을 자연스럽게 연결한다. 이 소규모 시스템 변화는 인터넷 플러스가 추구하는 조직 시스템의 작은 혁명이자 관리 시스템의 혁신이다. 이는 기업 계정이 공유 경제 시대에 더욱 주목받는 이유이기도 하다.

위챗 기업 계정은 위챗 기업 회원이 대규모 위챗 생태계에 존재하는 컨텐츠 자원과 관계 자원을 최대한 활용하도록 돕는 지렛대와 같다. 복잡한 사무 교류 과정을 자동 분석·정리함으로써 기업, 직원, 업스트림·다운스트림 기업, IT 시스템을 서로 연결해 주는 모바일 앱 포털을 완성하고 인터넷 플러스 시대의 새로운 기업 생태 시스템을 구축하는 것이 목표다.

위챗 기업 계정은 기존의 독립 기업 앱과 확실히 차별화된다. 일단 기능적인 면에서 대외적으로 개방된 고급 인터페이스로 대규모 외부 소프트웨어를 활용해 고객 선택의 폭을 넓혔다. 다음으로 사무 교류 흐름에 발맞춰 기존의 기업 단위 IT 시장에서 벗어나 기업 내외부 관계망을 연결함으로써 기업이 자체 모바일 순환 생태 시스템을 조성할 수 있도록 돕는다.

기업 계정은 서비스 계정, 구독 계정과 달리 실제 교류 관계를 확인할 수 있기 때문에 권한이 많고 선택의 폭이 넓다.

1) 밀착형 관계망

기업 회원을 상대로 하는 위챗 기업 계정은 기업 내부 소통 및 내부와 외부 관계자 소통을 강화하는 데 주력한다. 이러한 소통 수요는 실재하는 밀착형 관계를 지원하기 위함이다. 이 때문에 기업 계정은 구독 계정, 서비스 계정과 차별화되는 특별한 설정 기능이 있다. 예를 들어 기업 계정은 연결 대상 범위를 제한하고 설정 범위 안에서 소통 수요 대상을 구별해 정보 내용, 전달 방향, 발송 횟수 등을 자유롭게 조합할 수 있다. 이 기능은 정보를 정확한 시간에, 정확한 루트로, 정확한 대상에게 전달하는 것이 목적이며 사무 교류 과정에서 빈번하게 이용된다.

기업 계정에 등록하면 관리 권한이 높아지고 다양한 앱 인터페이스 지원을 받을 수 있다. 이런 기능은 기업 계정에 등록한 기업과 사업 단위가 위챗의 대규모 교류 생태 시스템을 활용해 단계 구분이 명확하고 긴밀하게 연결된 소규모 관계망을 효율적으로 관리하도록 지원한다. 이 소규모 밀착형 관계망의 대상은 주로 해당 기업의 직원이고, 공급사와 고객 등 긴밀한 협조가 필요한 대상도 포함된다.

2) 기능형 생태계

위챗 기업 계정은 위챗의 강력한 장점이자 기본인 지불, 음성, 영상 기능을 집대성한 결과물이다. 이 기능은 기업 계정을 통해 끊임없이 변화 발전하고 있다.

이 기능은 특히 밀착형 관계망에서 다양하게 활용된다. 지불 기능을 예로 들면, 고객이 기업과 거래할 때 기업 계정을 통해 지불하거나 기업 계좌에 입금할 수 있다. 기업은 기업 계정의 정확한 정보 전달 기능에 기초한 웨이신훙바오(微信红包), 웨이신좐장(微信转账) 서비스를 이용해 관계망 내 지불 수요를 해결한다.

위챗 기업 계정은 서드파티 소프트웨어 개발자에게 소프트웨어 개발 키트를 공개한다. 서드파티 개발자는 위챗 원천 이미지, 음성 등 기능 통합을 개별 앱에 담아 더욱 실용적이고 사용하기 편리한 기업 계정 사무 소프트웨어 생태 시스템을 만들 수 있다.

다시 말해, 위챗 기업 계정은 끊임없이 변화 발전하고 경쟁하는 생태 시스템이다. 사용자 관점에서 보면, 위챗 기업 계정은 없는 것이 없는 초대형 도구함이다. 사용자는 다양하고 늘 새로워지는 도구를 필요에 따라 골라 쓰면 된다. 위챗 기업 계정 플랫폼은 완벽에 가까운 기업 솔루션이라고 말할 수 있다.

3) 기업 계정, 기업 서비스 그 이상

위챗 기업 계정의 대상은 기업만이 아니다. 학교, 기관, 비영리 협회, 공익 단체, 온라인 커뮤니티 등 긴밀한 연계가 필요한 조직이나 단체는 모두 위챗 기업 계정을 신청할 수 있다.

신청이 완료되면 조직 구성원은 친구 추가가 안 된 같은 조직 구성원의 위챗 아이디를 검색해 소통할 수 있다. 또한 조직 내부 각 시스템이 통합 포털을 통해 하나로 연결된다.

4) 조직 생태계 연결

사무 교류는 매우 긴밀해야 하는 필수 소통이기 때문에 자연스럽게 위챗 기업 계정 사무 서비스의 중심이 되어 기업 내외부 관련 플랫폼을 연결한다.

초기의 단순한 형태에 다양한 기능이 추가되며 내외부 자원을 심층적으로 통합한다. 사무와 사교의 통합으로 시작된 위챗 기업 계정은 가벼운 메인 포털이다. 그러나 이 메인 포털에 접속하는 순간 복잡하고 다소 묵직한 사무 기능을 만나게 된다.

범용에서 개별로, 맞춤형 기업 소프트웨어 시스템을 지향한다. 포털 내부는 기업 계정을 통해 나날이 풍요로워지는 서드파티 개발 생태계다.

위챗 기업 계정과 관련된 개발 서비스사는 기업 계정 고객에게 모듈화 기능 패키지를 제공하고 여러 고객의 다양한 수요에 따른 주문형 개발을 진행한다. 고객은 기업 업무 방식과 수요에 따라 자사에 가장 적합한 사무 소프트웨어 패키지를 구입한다.

인터넷 플러스 시대의 조직 단체 관리는 위챗 기업 관리를 이용해 밀착형 관계의 교류를 강화하고 자체 플랫폼에 긴밀한 관계를 유지해야 할 외부 대상과 커뮤니티 네트워크를 구축하는 것이 이상적이다. 이를 통해 충분한 교류와 소통이 이뤄지고 이 과정에서 쌓인 데이터를 분석해 끊임없이 새로운 가치를 만들고 업그레이드해야 한다. 플랫폼형 혹은 생태 시스템형으로 조직된 모든 기업과 단체는 빅데이터를 충분히 활용해야 한다.

4. 모든 것을 연결하는 커넥터

2015년, 텐센트는 〈앞으로 텐센트는 커넥터와 콘텐츠 두 가지 사업에만 집중한다〉라는 미래 기업 발전 방향을 발표했다.

커넥터란 곧 모든 가능성을 의미한다. 텐센트는 위챗과 QQ를 통해 사람과 사람, 사람과 서비스, 사람과 설비를 연결하는 커넥터 역할에 주력해 왔다. 텐센트 자체는 특정 비즈니스 논리에 개입할 여력이 없지만 텐센트 생태계에 참여한 파트너사에 투자하는 방법으로 기존 산업 구조에 묶인 각 업계와 기업을 연결해 주는 훌륭한 커넥터 역할을 수행하고 있다.

텐센트는 최근 공유 경제 여러 분야에 진출했다. 20여 년의 발전 과정을 거친 텐센트는 명실상부 중국 최대 종합 인터넷 서비스 기업으로 우

표 23-1. 각 분야의 공유 경제 플랫폼

공유 경제 분야	투자기업	내용
차량 공유	디디추싱	차량 공유 선두 기업, 대표적인 유니콘 기업.
	리프트	미국 차량 공유 분야 2위 기업. 누적 투자 유치액 10억 달러 돌파.
공간 공유	텐센트 창업 공간	프리랜서 분야. 중국 최대 창업 플랫폼.
자본 공유	런런다이	중국 최초 P2P 신용 대출 서비스 플랫폼, 서비스 지역 2,000개 돌파.
중고 거래	58 좐좐	58 그룹 산하 개인 유휴 물품 중고 거래 플랫폼, 상품 정보 300만 개, 일일 거래액 560만 위안 돌파.
	런런처	중고차 거래 플랫폼, 준유니콘 기업, 〈2014년 중국 인터넷 10대 O2O 기업〉 선정.
	톈톈파이처 (天天拍车)	중고차 온라인 경매 플랫폼. 판매자 방문 차량 검사-모바일 경매, 수속 대행 등 원스톱 서비스를 제공한다.
크라우드 소싱 물류	물류 QQ 훠처방 (物流QQ货车帮)	전문 물류 택배 모바일 앱. 물류QQ는 수요자측(화물 주인), 훠처방은 공급자(기사) 서비스를 지칭함.
	런런콰이디	프리랜서 분야. 2013년에 창업한 중국 최초 크라우드 소싱 물류 기업.
	G7훠윈런 (G7货运人)	대규모 물류 화물 운송 전문, 차고 주변 인맥을 중심으로 시작된 온라인 운송력 구매 플랫폼.
P2P 서비스	룽창 e다이시	O2O 세탁 서비스를 제공하는 준유니콘 기업. 샤오e 관리사가 세탁물을 방문 수거함.
의료 공유	과하오왕(挂号网)	중국 온라인 의료 서비스 플랫폼. 유니콘 기업.
	먀오서우이성 (妙手医生)	온라인 건강 관리 모바일 앱. 환자-의사 질의응답, 의약품 배달, 건강 관리 서비스 제공.
교육 공유	펑쾅라오스 (疯狂老师)	O2O 초중고 과외 공급 플랫폼. 투자 유치 성공.
1인 미디어	위챗	프리랜서, 인스턴트 메시지 무료앱. 회원 수 6억 명 돌파. 인스턴트 메신저, 모바일 결제, 기업 계정 등 다양한 서비스 제공.
	히말라야 FM	UGC[2]가 주를 이루는 오디오 공유 플랫폼. 2014년 이후 중국 최대 규모.
	더우위 TV (斗鱼TV)	탄막[3] 생중계 공유 플랫폼. 게임 중계가 주를 이루고 스포츠 중계, 예능 오락 방송도 있다. 투자 유치 성공.
	치어 FM (企鹅FM)	프리랜서, 신개념 인터넷 방송국 앱. 온라인으로 소설, 음악, 신문, 연예계 가십을 청취한다.

뚝 섰다. 또한 투자자로서 장점을 극대화하고 미래를 내다보는 투자로 IT 산업 발전에 크게 이바지했다. 공유 경제는 인터넷 혁신을 촉진할 중요한 전환점이므로 우리는 앞으로 더 많은 투자자와 협력해 미래 산업 발전을 주도할 것이다.

2 사용자 창작 콘텐츠 — 옮긴이주.
3 화면 하단의 간단한 자막이 아닌 화면을 가득 채우는 글씨들 — 옮긴이주.

6부

관리 편

보이지 않는 손

공유 경제가 세계를 휩쓴 데는 보이지 않는 손, 정부의 역할이 컸다.

현재 각국 정부는 공유 경제가 촉발한 새로운 소비 트랜드에 대처하기 위해 각국 상황에 맞는 정책을 실행하고 있다. 공유 경제가 세계로 뻗어 나가며 지역 불균형 등의 문제를 야기했지만 각국 정책의 궁극적인 목표는 고도의 일관성을 나타낸다. 바로 공유 경제 발전 촉진이다.

앞서 살펴본 내용을 종합하면 현재 세계 공유 경제 정책의 펀더멘털[1]을 가늠할 수 있다. 즉 〈공유 경제 발전 촉진〉이라는 목표하에 차별성과 동질성에 기초한 정책을 통해 해당 지역 혹은 국가의 공유 경제를 싹 틔우고 지속적으로 발전시키기 위한 성장 동력을 제공할 수 있느냐의 문제다. 공유 경제 발전을 촉진할 중심점이 정책의 차별성과 동질성을 명확히 드러내야 한다.

먼저 펀더멘털 분석 방법을 살펴보자. 여기에서는 국가 전략, 상세 장려 정책, 관리 감독의 세 가지 측면에서 분석해 보겠다.

1 기초 경제 여건. 한 나라의 경제가 얼마나 건강한지를 나타내는 말 — 옮긴이주.

첫째, 국가 전략 부분. 펀더멘털에는 공유 경제에 대한 정부의 태도가 명확히 드러난다. 거시 경제 전략은 종종 관련 지역, 국가 경제, 정치 이익과 밀접한 관계가 있다. 특히 관련 분야의 발전 상황이 큰 영향을 끼친다. 따라서 거시 경제 전략을 분석하면 해당 지역 혹은 국가의 공유 경제 발전 상황을 가늠할 수 있다. 현재 세계 주요 국가는 적극적으로 공유 경제에 대응하기 위한 콤비네이션 블로[2] 전략을 구상하고 있다.

둘째, 상세 장려 정책 부분. 해당 지역 혹은 국가 정부가 구체적인 문제를 처리하는 구체적인 방법으로 차별성과 동질성을 겸비해야 한다. 해당 지역 및 국가 상황을 명확히 파악하고 분석해 지역 및 국가별 특징을 구체적으로 구현해야 한다. 이 분석 자료는 정책 결정권자가 확인하고 참고할 수 있도록 해야 한다.

셋째, 관리 감독 부분. 관리 감독 문제는 새로운 경제 형태가 등장할 때마다 늘 많은 논란을 야기했다. 정부는 관리 감독 범위와 방법에 대해 충분히 연구해야 한다. 현재 공유 경제 관리 감독은 다각적인 접근을 통한 시너지 효과를 지향한다.

2 Combination blow. 좌우 타격을 세 개 이상 연속해서 치는 권투 용어로, 여기에서는 여러 가지 정책을 동시 실행해 효과를 높인다는 의미로 사용된다 — 옮긴이주.

24장
해외 정책 사례

1. 국가 전략

국가 전략 측면에서 지역 및 국가 정책을 살펴보면 대다수 정부가 적극적으로 공유 경제 발전을 지지하는 상황임을 알 수 있다. 단일 디지털 시장 단일 전략을 내세운 유럽 연합은 공유 경제가 가져온 기회를 이용해 디지털 경제 시대의 선두 탈환을 꿈꾼다. 미국의 거시 전략은 기존의 우세한 실력을 바탕으로 공유 경제 발전을 적극 보호한다는 내용이다. 한국, 일본 등 주요 국가도 공유 경제 발전을 보호하고 지원할 방법을 적극적으로 모색하고 있다.

1) 적극적인 전략 배치 — 콤비네이션 블로 전략

지금 유럽, 한국, 일본 등 세계 주요 국가는 적극적으로 공유 경제 전략 배치에 나섰다. 장기 비전, 전략 포지션 등 다각적인 방법으로 콤비네이션 블로 전략을 모색하고 있다.

먼저 전략 포지션 부분을 살펴보면, 공유 경제는 유럽 연합의 유럽 단일 시장 계획에서 매우 중요한 위치를 차지하고 있다. 특히 유럽 전체 자본 및 인력 자원 자유 유동에 큰 영향을 끼쳐 유럽 연합의 단일 디지털 시장 전략에 큰 도움이 된다. 공유 경제는 전략 배치 면에서도 매우 중요하다. 2015년 유럽 의회, 유럽 위원회 등 유럽 연합 핵심 기구에서 잇따라 공유 경제 발전을 지지하는 중요 보고서를 발표했다. 예를 들어 2015년 12월 유럽 의회가 〈디지털 시장 전략에 대한 입장〉에서 공유 경제 발전을 적극 지지한다고 밝혔다.

유럽 국가 중 영국은 특별히 공유 경제의 중요성을 높이 평가했다. 2014년 영국 정부는 〈세계 공유 경제 허브 구축〉이라는 야심 찬 계획을 발표했다. 얼마 뒤 2015년 3월, 영국 기업 혁신 기술부가 공유 경제 부양 정책을 발표했다. 공유 경제에 대한 영국 정부의 태도는 야심 차다는 표현만으로는 부족하다. 영국은 공유 경제가 제2의 대항해 시대를 열어 주길 바라는 모양새다. 그 옛날 대항해 시대에 세계 경제를 주름잡았던 대영 제국의 영광을 재현하고 싶은 것이다. 전략의 규모와 방향을 통해 영국 정부가 공유 경제를 얼마나 중요시하는지 잘 알 수 있다.

각국의 주요 전략 조치를 살펴보면 공유 경제를 시간 계획에 포함시키고 있다. 2016년 유럽 위원회는 〈유럽 공유 경제 의사 일정〉을 통해 공유 경제 발전 가이드라인을 발표했다. 〈유럽 5개년 계획〉으로부터 유추해 볼 때 이 가이드라인은 공유 경제에 대한 기대와 희망을 담은 동시에 유럽 공유 경제가 가야할 길이 아직 멀다는 현실을 반영했다. 공유 경제는 향후 경제 발전에서 매우 중요한 역할을 담당할 것이고 어떤 위기 상황에서도 지역 경제를 활성화하는 데 도움이 될 것이다. 미국의 여러 공유 경제 기업이 이미 성숙 단계에 접어든 데 비해 유럽 공유 경제는 아직 부족한 점이 많다. 후발 주자로서 미국을 뛰어넘으려면 전략적인 뒷받침이 꼭 필요한 상황이다.

공유 경제 전략적 시간 계획은 유럽만의 전유물이 아니다. 한국 정부도 공유 경제 발전을 위한 상세 계획을 실행하고 있다. 2015년 12월, 한국 기획 재정부가 공유 경제를 제도권에 편입시킨다고 발표했다. 곧이어 발표한 〈2016년 경제 정책 방향〉 중에 공유 경제 관련 정책이 포함됐다. 2016년 2월 17일 청와대가 주최한 제9회 무역 투자 진흥 회의에서 공유 경제를 포함한 4대 신산업 시장 개척 방안을 발표했다. 그리고 2016년 부산과 제주도 등에서 공유 경제 〈규제 프리존〉을 시범 실시하고 있다. 2017년에는 숙박업 관련 법규를 전면 수정해 숙박 공유 사업을 합법화할 계획이다.

일본에서도 유사한 계획이 진행됐다. 일본 총무성이 발표한 「2015년 정보 통신 백서」의 〈바이오, 정보 통신 기술의 미래〉 부분에 공유 경제가 포함됐다. 이와 함께 현대 정보화 시대의 공유 경제가 이미 글로벌 혁신의 출발점임을 강조했다. 일본은 정보 기술과 소셜 미디어의 결합을 한층 발전시켜 건전한 신용 시스템을 구축함으로써 잠재 공유 경제 시장을 발굴할 계획이다.

위에 언급한 국가는 모두 공유 경제를 경제 핵심 전략으로 삼아 적극적으로 실행 방법을 모색해 공유 경제 발전을 촉진하고 있다. 이를 통해 공유 경제 흐름을 타고 새로운 기회를 잡아 다가올 디지털 시대를 선도하길 바란다.

각 국가의 구체적인 사례를 살펴보면, 공유 경제가 발전 궤도에 올라 어느 정도 성과를 내고 있지만 결과만 놓고 따지자면 미국에서 탄생한 우버와 에어비앤비처럼 세계적인 영향력을 행사하는 사례는 아직 없다. 즉, 미국 이외 국가의 공유 경제는 무한한 가능성을 보여 줬지만 아직

〈보이지 않는 손〉의 힘이 절실한 상황이다. 각국 정부는 다각적인 모색으로 콤비네이션 블로 전략을 수립해 가장 적합한 방법으로 공유 경제를 발전시켜야 한다.

2) 대응 전략 — 안정 및 보호 발전

미국의 대응 전략은 공유 경제 시장 발전을 최우선으로 하는 다른 국가들과 분명히 다르다. 그 차이점을 가장 극명하게 보여 주는 사례는 미국 무역 위원회가 강조한 공유 경제의 기본 정신이다. 〈혁신을 방해하지 않는 것이 곧 소비자를 보호하는 길이며 새로운 비즈니스 관리 감독에도 도움이 된다.〉 미국의 전략 목표는 기초 지원을 통한 안정적인 시장 발전이다. 현재 세계 공유 경제 시장을 선도하는 기업 대부분이 미국 회사이기 때문에 미국의 전략 포지션은 적극 장려에서 안정과 보호로 돌아섰다.

미국의 전략 포지션은 다른 지역이나 국가에 비해 조금 약한 느낌이지만 실상은 그렇지 않다. 미국 공유 경제 발전 단계는 다른 지역이나 국가와 확실히 다르기 때문이다. 우버와 에어비앤비 등 공유 경제 대표 기업의 발전 과정을 통해 미국 공유 경제의 발전 방향을 추측해 볼 수 있다. 미국 공유 경제는 시장 경쟁을 기본으로 수많은 기업이 치열한 경쟁을 벌여 이미 글로벌 우수 기업을 배출했다. 따라서 지금 미국 공유 경제 시장에 필요한 발전 전략은 보호와 모방이다. 〈시장〉이라는 보이지 않는 손이 자유 경쟁 법칙을 이용해 이미 공유 경제 발전으로 가는 길을 개척했다. 향후 미국 공유 경제의 대응 전략은 안정적인 보호 입장에서 발전의 걸림돌을 해결하고 보편적인 문제에서 비롯되는 위기 상황을 예방하는 수준으로 예측된다.

각국 정부는 국내 공유 경제 발전 단계를 정확히 파악해 현재 상황에 맞는 전략을 수립해야 한다. 물론 모든 전략에는 보편적인 공통점이 존재한다. 적극 장려든 보호 발전이든 그 출발점은 자국 공유 경제 발전 촉진이다. 따라서 모든 상세 전략 조치는 이 보편적인 기본에 충실해야 한다.

2. 구체적인 장려 정책

구체적인 장려 정책은 각국 정부가 공유 경제 발전 촉진을 위해 채택한 효율적이고 보편 타당한 세부 조치다. 물론 일부 조치는 각국 상황을 반영해 특수성을 띠기도 한다. 또한 같은 조치라도 실제 실행 과정에서 차이점을 드러내기도 한다. 보편성 조치든 특수성 조치든, 목표는 결국 〈공유 경제 발전 촉진〉, 그 하나다.

여기에서는 대표적인 5개 장려 정책에 대해 집중 분석하겠다. 이 5개 장려 정책은 공유 경제에 대한 공통 인식을 바탕으로 올림픽 오륜 마크처럼 단단히 연결되어 실험적인 태도로 더 효율적인 방법을 모색한다. 이 5개 장려 정책은 단계별로 조화롭게 실행해 공유 경제 발전 촉진 효과를 높이고 궁극적으로 국가 경제 발전과 대중의 이익을 동시에 실현하는 것이 목적이다.

1) 적극적인 시장 조사 연구

공유 경제는 분야별 특징이 뚜렷한 만큼 먼저 정확한 상황을 파악해 적합한 조치를 취하는 것이 중요하다. 이 부분에 대해서는 모든 국가의 인식이 일치한다.

2013년 유럽 경제 사회 위원회EESC가 〈공유 경제 발전 토론〉 공청회를 개최했고 곧이어 의미 있는 성과가 나타났다. 공유 경제 업계를 전담할 〈유럽 공유 경제 연합〉이 조직된 것이다. 이 조직이 맡은 핵심 임무는 시장 연구, 관련 정책 제정을 위한 회원국 다자회의를 개최하고 업계별 정책을 건의하는 것이다.

영국은 〈세계 공유 경제 허브 구축〉 계획을 발표하고 곧바로 실행에 착수했다. 2014년 9월 영국 상무부는 전담 연구팀을 조직해 전방위적으로 공유 경제 시장을 분석했다. 이 분석 자료를 바탕으로 공유 경제가 영국 경제 발전에 미칠 영향, 전통 산업이 직면할 위기 상황, 공유 경제 분야별 관련 법규, 소비자 권익 보호 등을 연구한다.

미국은 주로 연방 무역 위원회가 공유 경제를 연구한다. 2015년, 연방 무역 위원회가 미국 유명 대학의 분야별 전문가를 초빙해 공유 경제에 대한 학계의 의견을 수렴하는 토론회를 개최했다. 지방 정부도 미국 도시 연맹과 연계해 공유 경제 현황을 조사하고 도시별 발전 단계에 맞는 효율적인 대책을 모색하고 있다.

한국도 정부가 주도적으로 공유 경제를 연구하고 있다. 한국 기획 재정부는 차량 공유, 숙박 공유 등 산업 형태가 명확한 분야를 우선 대상으로 시범 지역을 선정하고 관리 감독 규정을 개정하는 등 공유 경제를 적극 장려했다. 기획 재정부는 자체 연구 외에 다른 관련 기관에서도 공유 경제를 연구하도록 했다. 2015년 11월, 기획 재정부와 한국 개발 연구원이 함께 〈공유 경제의 확산: 쟁점과 해법〉을 주제로 토론회를 개최했다. 한국 및 해외 공유 경제 전문가가 참가해 숙박, 차량, 금융 등 분야별 공유 경제 발전 현황에 대해 다양한 의견을 나눴다.

앞서 언급했듯 공유 경제는 기존 산업 시스템과 확연히 다른 독특한 모델이다. 효율적인 발전 촉진을 위해서는 사전에 공유 경제에 대해 충분히 연구 분석한 후에 정책을 제정해야 한다. 조사 연구가 선행되지 않은 정책은 무의미하다. 물론 업계 전문가, 학자, 정부 기관의 전통 산업 경험도 무시할 수 없으며 가능한 다양한 관점과 의견이 필요하다.

2) 정부 관리 혁신과 대중 참여 장려

공유 경제 발전은 대중의 삶과 직결된다. 예를 들어 차량 공유 플랫폼은 합리적인 가격으로 더욱 편리한 서비스를 가능하게 하기 때문에 국민의 운송 서비스 만족도를 크게 높였다. 따라서 공유 경제에 대한 대중의 의견을 파악하는 일은 참여 민주주의 관점에서 볼 때 매우 중요한 일이다. 유럽과 미국은 이 부분에 적극 동의한다.

유럽 연합은 2015년 9월에 공청회를 개최했고, 2016년 3월에 그 결과를 온라인상에 발표했다. 여기에는 공유 경제 플랫폼, 기존 법규에 대한 대중의 의견, 개인 정보 보호 등이 포함됐다.

미국은 주로 연방 무역 위원회에서 대중의 의견을 수렴한다. 연방 무역 위원회가 제공하는 인터넷 피드백 자료를 통해 공유 경제에 대한 대중의 의견을 파악한다. 다른 정부 기관도 공청회 형식으로 대중의 의견을 청취한다. 주로 공유 경제 발전을 추진하는 과정에서 그것이 국가 경제와 대중에게 어떤 영향을 미칠 것인지에 대한 내용이다.

공유 경제는 누구나 참여 가능하기 때문에 공공의 성격이 매우 강하다. 따라서 공유 경제를 정확히 이해하려면 대중의 의견을 반드시 참고해야 하고 정책 수립 과정에서 대중의 참여권을 보장해야 한다. 공유 경제를 충분히 보고, 듣고, 묻고, 연구해야 정확한 대책을 세울 수 있다.

3) 분야별 협회 발전 장려

공유 경제는 결국 시장 경제의 산물이다. 업계별 협회의 자율 관리는 공유 경제 장점과 특징을 극대화해 공유 경제 발전에 도움이 된다. 이 부분에서 단연 눈에 띄는 성과를 올린 국가는 영국과 유럽 연합이다.

유럽 연합이 2013년에 설립한 유럽 공유 경제 연합은 언론 홍보, 시장 조사 연구, 공개 토론회 등 다양한 활동으로 공유 경제 촉진 효과를 높이기 위해 노력해 왔다.

2015년 3월, 영국 정부가 공유 경제 부양 정책을 발표하고 상무부가 영국에서 가장 영향력 있는 공유 경제 기업 20개를 모아 공유 경제 업계를 대표하는 단체인 SEUK(Sharing Economy UK)를 조직했다. SEUK가 지향하는 목표는 세 가지다. 첫째, 공유 경제를 선도한다. 기존 언론과 뉴미디어에 일관된 목소리로 대응하며 공유 경제의 장점을 널리 알린다. 공유 경제가 주류 비즈니스 모델로, 영국이 세계 공유 경제 허브로 성장할 수 있도록 정부 기관과 긴밀히 협력하고 입법 기관을 설득한다. 둘째, 기준을 마련한다. 공유 경제에 대한 신뢰 유지, 직원 교육, 안전거래 보장과 관련해 영국의 모든 공유 경제 기업을 상대로 명확하고 가치 있는 기준과 행동 원칙이 필요하다. 셋째, 대책을 모색한다. SEUK는 연구 프로젝트를 지원하고 모범 성공 사례를 정리해 모든 공유 경제 기업이 겪는 공통 문제를 잘 해결할 수 있도록 돕는다.

〈봄이 되어 강물이 따뜻해지면 오리가 먼저 안다〉라는 옛말이 있다. 직접 경험해 본 사람이 확실히 알 수 있다는 의미다. 협회는 업계 제일선에서 업계 상황을 정확히 파악하고 자율성을 강화해 업계의 이익을 극대화시켜야 한다. 공유 경제는 결국 시장 결제의 산물이다. 협회의 자율 관리는 공유 경제 장점과 특징을 극대화해 공유 경제 발전에 도움이 된다.

4) 시범 도시 발전

세계적으로 공유 경제에 대한 인식이 아직 부족하기 때문에 이론 연구와 함께 실천을 통해 공유 경제를 배울 기회를 제공해야 한다. 그래서 각국 정부는 공유 경제 시범 도시를 선정해 공유 경제 운영 및 관리 감독 방법을 테스트하고 있다.

유럽 연합은 각국의 공유 경제 시범 시행을 장려하고 이를 통해 공유 경제가 더욱 확산되기를 바란다. 이에 따라 각국의 시범 도시 사업이 줄을 잇고 있다. 2016년 2월 2일, 네덜란드 암스테르담이 공유 경제 도시 리스트에 이름을 올렸다. 창업 기업, 지역 커뮤니티 센터, 도서관 등 다양한 주체가 참여해 지식, 자산, 기술을 공유하고 있다. 이외에 유럽 연합 시장단 협약EU Covenant of Mayors과 유럽 스마트 도시 혁신 파트너십 European Innovation Partnership on Smart Cities 등 도시 간 플랫폼 시스템을 구축해 각 도시의 공유 경제 경험을 한데 모아 교류한다.

영국 정부는 공유 경제가 혁신적인 방법으로 각 도시의 사회 및 경제 문제의 해결을 돕고 지역 발전을 촉진할 것으로 기대한다. 이에 2015년~ 2016년, 리즈와 그레이터 맨체스터를 시범 공유 도시로 선정해 교통, 숙박, 사회 보장 등의 분야에서 공유 경제를 실행하고 있다. 특히 리즈 시는 시 정부 주도로 유휴 공간과 설비, 주민의 특기와 기술을 포함해 모든 자산과 서비스를 공유하는 플랫폼을 만들었다.

미국은 국가 도시 연맹이 도시간 협력을 주도하고 있다. 여러 도시의 공유 경제 발전 현황과 정보를 공유해 서로 참고하고 교훈으로 삼는다.

일본 정부는 2016년 1월, 도쿄 오타구를 전략 특구로 지정하고 에어비앤비를 합법화했다. 오타구 주민은 누구나 여행객에게 주택을 임대할 수 있다.

각국 정부는 공유 경제라는 새로운 시스템을 받아들이기 위해 일단 〈시범 특구〉를 통해 관련 정보를 습득하는 방법을 선택했다. 이 방법은 시대 흐름을 놓치지 않는 동시에 혹시 모를 부정적인 영향이나 위기를 제한된 범위 안에서 제어할 수 있다.

5) 소프트 로

법률은 매우 엄격한 과정을 거쳐 제정되기 때문에 효력이 높고 강제성이 강하다. 그러나 수정 보완이 어려워 현실과 동떨어진 경우가 많다. 그래서 새로운 시스템이 등장했을 때 강제적인 조치가 통하지 않는 경우가 많아 소프트 로soft law를 적용한다. 유럽 연합이 새로운 시스템 공유 경제에 대해 소프트 로 관리를 선택한 것은 매우 현명한 판단이었다.

유럽 연합은 심사숙고를 거쳐 곧 시행할 공유 경제 정책을 조례나 법규 명령이 아니라 지침 형태로 정했다. 여기에는 두 가지 이유가 있다. 첫째, 현재 공유 경제는 급성장기에 있어 완성 단계까지는 아직 갈 길이 멀다. 다시 말해 공유 경제는 끊임없이 변화할 것이다. 둘째, 공유 경제 등장은 기존 경제 시스템에 큰 영향을 끼친다. 만약 조례나 법규 명령 형태를 취하면 법적 효력은 매우 높겠지만 조정이나 우회의 여지가 전혀 없기 때문에, 끊임없이 변화하는 다양한 공유 경제 수요를 수용하지 못하고 획일적인 잣대로 단칼에 쳐내 결국 기존 경제 시스템으로 회귀하게 만든다.

그러나 지침 형태는 최저 기준을 제시하는 정도로 지역 및 국가 상황에 맞춰 탄력적으로 운용할 수 있다. 예를 들어 2015년 9월, 유럽 연합 공유 경제 공청회에서 유럽 위원회가 〈공청회 결과를 발표하기에 앞서 에어비앤비와 우버 등 공유 경제 기업을 제재하는 법률 제정 계획을 무효화하겠다〉고 밝혔다.

현재 영국 정부가 시행하고 있는 정책은 모두 성문화된 법률에 따른 규제가 아닌 지침형 장려 정책이다. 특히 영국은 정부가 앞장서 공유 경제를 실천하고 있다. 예를 들어 2015년 가을부터 영국 공무원들은 공무 수행 중 공유 경제 교통과 숙박 서비스를 이용할 수 있게 됐다. 또한 2015년 봄, 영국 국세청과 관세청이 디지털 플랫폼을 통해 유휴 사무 용품, 사무 가구, IT 설비를 공유하는 시범 사업을 시작했다. 다른 시범 사업과 마찬가지로 관련 분야 발전을 촉진하는 동시에 안전 거래 등 공유 경제 문제가 발생할 경우 작은 범위 안에서 컨트롤이 가능하기 때문에 소트프 로 관리를 충분히 테스트해 볼 수 있다.

위에 살펴본 5개 장려 정책의 출발점은 공유 경제 발전 촉진이며 모든 단계가 긴밀하게 연결되어 있다. 이 방법은 일반적인 사물 및 시스템 발전 법칙과 유사하다. 먼저 인식 단계를 거쳐 실천하고, 실천 과정에서 얻은 정보를 토대로 인식을 수정하고 올바른 방향으로 실천을 유도하는 지침을 완성한다. 이 5개 장려 정책을 탄력적으로 이용하면 공유 경제 발전 효과를 극대화할 수 있다.

3. 관리 감독

일반적으로 관리 감독이란 강제성을 띠는 특정 대상에 대한 통제와 단속을 의미한다. 그러나 관점을 바꿔 보면 특정 대상에 대한 대응 전략으로 볼 수도 있다. 여기에서는 지역 및 국가의 관리 감독 대응 전략, 즉 후자 관점으로 시장 진입, 소비자 보호, 사업자 보호에 대해 구체적으로 이야기해 보겠다.

1) 시장 진입

공유 경제 시장 진입과 관련해 미국과 유럽 연합은 동일하게 〈최저 기준〉 전략을 적용하고 있다. 최저 기준 전략이란 공유 경제 활동에 기준선을 만들고 선 위에 해당하는 활동을 모두 허용하는 것이다. 이 전략은 제재보다 허용의 범위가 크기 때문에 장려 효과가 크다.

유럽 연합은 공유 경제 진입 절차와 관련해 두 가지 조치를 취했다. 첫째, 공유 경제 기업을 플랫폼 기업으로 분류해 공유 경제 발전을 저해하는 법률 논쟁의 불씨를 제거했다. 예를 들어 차량 공유 기업과 기사의 관계를 고용 관계로 볼 것인가에 대한 문제들이다. 둘째, 「유럽 연합 서비스업 지침EU Services Directive」을 공유 경제에 적용해 기존 법률에서 요구하는 시장 진입 장벽 문제를 해결했다. 예를 들어 유럽 연합은 모든 회원국에 공유 경제의 서비스 시장 자유 진입 보장 및 차별 대우 금지를 요구했다. 특히 다른 지역이나 국가로 서비스 범위를 확대할 때 독립 지점을 설치할 필요가 없고 다른 국가 시장에 진출할 때 따로 사업 승인을 받을 필요가 없다.

미국의 최저 기준 전략은 주로 지방 정부가 주도했다. 콜로라도 주지사 존 히컨루퍼는 차량 공유 서비스 운영을 합법적인 사업으로 승인했다. 캘리포니아 공공사업 위원회CPU: California Public Utilities Commission는 새로운 법률 시스템을 마련해 차량 공유 기업이 캘리포니아 주에서 합법적으로 운영할 수 있게 했다. 오스틴, 시애틀, 워싱턴 시 정부도 차량 공유 기업 운영을 승인하는 정책을 발표했다. 이러한 조치는 실제 운영상의 걸림돌을 대부분 제거해 공유 경제 발전에 날개를 달아 줬다.

시장 진입은 기업 활동의 최우선 과제다. 시장 진입 장벽이 너무 높으면 경쟁하는 기업 수가 크게 줄 수밖에 없다. 현재 공유 경제 발전 단계에서 가장 중요한 걸림돌이 바로 시장 진입 문제다. 다행히 주요 국가 및 지역 정부가 기존 시장 시스템이 공유 경제 발전을 저해한다는 사실을 인식해 공유 경제를 수용할 수 있도록 관련 제도 개선 방안을 모색하고 있다.

2) 소비자 보호

공유 경제는 태생적으로 안전 문제를 안고 있다. 특히 소비자의 안전을 위협하는 문제인 만큼 대중의 관심이 집중됐다. 유럽 연합과 미국은 이 문제를 해결하기 위해 플랫폼과 관련 사업자에 대한 관리를 강화했다.

유럽 연합은 중개 플랫폼 관리 감독 조례 지침을 바탕으로 공유 경제 보험 발전을 독려했다. 공유 경제 이용자를 위한 최소한의 안전과 서비스 품질에 대한 기준을 마련함으로써 소비자가 안심하고 공유 활동에 참여할 수 있도록 했다.

차량 공유 분야에서 관리 감독 방법으로 소비자 보호를 강화한 영국과 미국의 사례는 본받을 만하다. 영국은 「개인 임대차 법안」에 공유 경제 서비스 차량을 포함시켜 차량의 운행 연수, 정기 점검 등 상세 규정을 마련했다. 그리고 차량 공유 플랫폼과 운영자에 대한 관리도 강화했다. 운영 플랫폼에 서비스 품질을 유지하고 파산 등 부정적인 이미지를 만들지 말고 운영 관리자 자격을 심사하도록 요구했다. 또한 기사의 나이, 운전 경력, 건강 상태, 교통 위반 기록, 범죄 기록을 미리 파악해 기사 조건을 강화했다. 시카고 시 정부도 이와 비슷한 조치를 취했다. 공유 차량 내부에 기사의 나이, 관련 면허, 범죄 기록 유무, 면허 취소 기록 여부, 플랫폼 교육 이수 상황 등을 기록한 알림판을 설치하도록 했다. 차량 공유 플랫폼은 기사 정보를 공개해야 하고 장애인도 이용에 불편이 없도록 조치를 취해야 한다. 캘리포니아 주의 온라인 차량 공유 플랫폼 관리는 소비자 권익 보호를 목표로 차량, 인력, 플랫폼 관리를 동시에 진행한다. 이를 위해 CPUC는 교통 네트워크 기업TNC: Transportation Network Company(차량을 소유하지 않은 차량 공유 기업)이라는 기업 분류를 만들었다. 캘리포니아 주에서는 이 분야 허가증만 있으면 차량 공유 플랫폼을 운영할 수 있고 자가용도 가입이 가능하다. TNC는 소비자 안전을 보장하기 위해 나이, 면허, 교육 이수 상황, 이력 조회, 면허 기록, 보험 등의 요건을 갖추고 TNC 심사를 통과한 기사와 차량만 서비스를 제공하도록 했다.

공유 경제 소비자 보호의 핵심은 역시 안전이다. 현재 주요 국가가 채택한 관리 감독 방법은 간접적인 사전 감독이다. 인력과 플랫폼 규범화를 통해 서비스와 상품의 질을 보장함으로써 소비자를 보호한다. 기존의 광범위하고 모호한 안전 개념에서 벗어나 구체적인 제도 설계를 통해 현실적인 안전 문제를 해결함으로써 공유 경제 발전 촉진 효과를 높였다.

3) 사업자 보호

사업자 관리 감독과 함께 사업자의 이익을 보장하는 일도 공유 경제 정책 수립에서 매우 중요한 부분이다. 사업자 이익 보장 정책은 보험 제도와 세금 우대가 대표적이다.

유럽 연합은 공유 경제 보험 발전 촉진 정책을 가장 먼저 실행했다. 영국과 미국은 차량 공유 플랫폼에 보험을 제공하도록 요구하고 있는데 특히 시카고는 이를 의무화했다. 교통 사고가 발생하면 기사에게 보상금이 지급된다. 또한 기사 과실로 배상금 지급 관련 소송을 진행하는 경우, 보험을 통해 배상금을 선지급할 수 있어야 한다. 보험은 차량 공유 기사에게 중요한 보호막이다.

향후 경제 발전은 대규모 셀프 고용 노동자를 양산할 것이다. 미국은 셀프 고용 납세자를 대상으로 개인 소득세 감면 정책을 실시하고 있다. 타이완은 셀프 고용자 사회 보험을 정부가 제도적으로 보완해 준다. 이런 제도는 공유 경제 종사자가 다른 분야의 노동자와 동등한 권리와 이익을 보장받을 수 있게 해준다.

공유 경제 관리 감독의 본질은 시장 진입, 소비자 보호, 사업자 이익 보장 등 다각적인 접근으로 시너지 효과를 발생시켜 공유 경제 발전에 날개를 달아 주는 것이다. 공유 경제 발전 단계와 상관없이 모든 공유 경제 활동이 기존 경제 사회 체제하에서 정상적으로 운영되도록 예상 가능한 문제의 핵심을 파악해 발전의 걸림돌을 최대한 제거해야 한다.

25장
중국의 대응 조치

1. 거시적인 정책 배경

중국 정부는 2015년 9월 26일, 국무원 중앙 문건 53호「대중 창업 만인 혁신을 지원하는 관련 플랫폼 발전 촉진에 대한 지침」에서 처음으로 공유 경제 개념을 언급했다. 이 문건은 〈세계 공유 경제 급성장 흐름에 발맞춰 중국은 공유 경제 발전을 통해 새로운 경제 성장력을 배양하고 이 발전 기회를 이용해 경제 사회 발전을 위한 에너지를 한곳에 집중시켜야 한다. 또한 분산된 사회 유휴 자원을 통합하고 활용하는 공유 경제의 신개념 비즈니스 모델을 발전시켜 혁신 창업을 활성화해야 한다〉라고 강조했다.

2015년 10월 29일, 제18기 오중전회에서 한층 심화된 제안이 등장했다. 〈중국은 지속적인 혁신을 위해 인터넷 강국 전략, 인터넷 플러스 행동 계획, 공유 경제 발전 전략을 실행해야 한다.〉 또한 공유 경제 발전은 인터넷과 경제 사회의 조화로운 통합 기능을 인정받아「중앙 정부 국민 경제와 사회 발전에 관한 135계획 수립에 관한 건의」에 포함됐다.

2015년 11월 19일, 국무원은 중앙 문건 66호 「신소비의 주도적 역할 극대화를 통한 신공급, 신에너지 육성 가속화에 대한 지침 의견」을 통해 〈중국은 건전한 공유 경제 발전을 지향한다. 신기술 응용, 개별화 생산 방식, 스마트 그리드와 마이크로그리드[1] 등 새로운 기반 시설 건설, 인터넷 플러스 확대, 사용권 단기 임대 등 공유 경제 모델 발전에 도움이 되는 제도를 종합적으로 개편함으로써 제도적으로 신흥 산업 발전을 지원한다〉라고 밝혔다.

2016년 3월 5일, 리커창 총리가 「정부 업무 보고」에서 〈중국은 공유 경제 발전을 135 계획의 핵심 전략으로 삼아 신기술, 신산업, 신사업 성장을 가속화한다. 경제 구조 혁신, 공유 플랫폼 건설, 하이테크 산업과 신흥 서비스업 등 신산업 단지 조성을 통해 공유 경제의 성장 동력 효과를 강화한다〉라고 강조했다. 이외에 〈사회 전반에 잠재해 있는 창업 혁신 가능성 활성화〉를 2016년 정부 핵심 전략으로 삼는다고 밝혔다. 그 구체적인 내용은 다음과 같다. 〈혁신 발전 전략을 통해 경제와 과학 기술의 융합을 촉진하고 전반적인 실물 경제 자질 및 경쟁력을 강화한다. 《대중 창업, 만인 혁신》과 인터넷 플러스를 통해 대중의 지혜가 더욱 강력한 힘을 발휘하도록 한다. 대중 창업, 크라우드 소싱, 대중 서포트, 크라우드 펀딩 플랫폼을 건설하고 여러 기업, 학계, 연구 기관, 창업자 모임 등 다자간 협력을 통한 신개념 창업 혁신 매커니즘을 추구해야 한다. 공유 경제 발전을 지원해 사회 자원의 이용률을 높임으로써 더 많은 사람이 공유 경제에 참여해 이익을 실현하도록 유도한다.〉

1 스마트 그리드Smart Grid는 기존 전력망에 IT 기술을 접목해 전력 공급자와 소비자가 실시간 정보를 교환함으로써 에너지 효율을 최적화하는 지능형 전력망. 마이크로그리드Microgrid는 소규모 독립형 전력망으로 주로 신재생 에너지원을 이용한다 — 옮긴이주.

2015년 국무원 중앙 문건 53호에서 처음 언급된 〈공유 경제 발전〉은 2016년 「정부 업무 보고」에서 〈공유 경제 발전 촉진 및 지원〉으로 발전했다. 중앙 정부는 2015년에 〈공유 경제를 중국 경제 발전의 새로운 성장 동력으로 육성해야 한다〉라는 명확한 인식을 드러냈고, 2016년에 〈공유 경제가 인터넷 플러스 계획, 혁신 발전 전략, 전반적인 실물 경제 자질 및 경쟁력 강화에 긍정적인 효과를 미친다〉라는 한층 심화된 의견을 제시했다. 이는 공유 경제가 주요 국가 발전 전략으로 발전했음을 의미한다.

2. 지방 정부의 대응 조치

현재 여러 지방 정부가 공유 경제 발전 촉진 정책을 주요 미래 전략에 포함시켰다. 주로 시장 진입 관리 감독과 전반적인 제도 개선에 주력해 공유 경제가 급성장할 수 있는 유연한 제도적 기반을 조성했다.

1) 통합 혁신 시장 진입 장려

공유 경제 발전에서 말하는 시장 진입 관리 감독은 주로 새로 진입한 시장 주체와 새로 등장한 거래 객체에 대한 관리 감독이다.

현재 지방 정부가 실행 중인 공유 경제 발전을 위한 지침형 정책과 그 인식을 살펴보면, 공유 경제 발전을 통해 산업 구조 전환을 촉진하고 창업 혁신을 장려해 새로운 경제 성장점을 육성하는 것이 그 목적임을 알 수 있다. 따라서 시장 주체에 대한 관리 감독은 기존 관리 감독 시스템을 기본으로 새로운 혁신 수요를 끼워 맞추는 수준이다. 대다수 지방 정부가 공유 경제 발전과 인터넷 플러스 정책을 동시에 추진하고 있다. 공유 경제의 장점과 에너지를 극대화해 그 발전 가능성을 확대함으로써 인터넷과 경제 사회의 조화로운 통합 발전을 촉진한다는 계획이다. 예를 들면 클라우드 컴퓨팅, 빅데이터, 사물 인터넷, 모바일 인터넷 발전이 신흥 제조업, 신흥 농업, 신흥 서비스업과 결합해 전자 상거래, 산업 인터넷, 인터넷 금융의 건전한 발전을 촉진하도록 한다. 이들 지방 정부는 공유 경제 모델을 인터넷 사유 기반의 신기술 및 신지식으로 규정하고 이것이 전통 산업의 구조 전환, 경제 사회의 잠재 가능성 발굴 등 사회 전반에 긍정적인 영향을 끼칠 것으로 기대한다. 예를 들어 베이징 시 정부는 인터넷 기반의 산업 구조 및 비즈니스 모델 혁신을 추진하고, 난징 시는 경제 사회 각 분야가 인터넷 기반의 신패러다임, 신기술, 신모델과 조화롭게 결합해 새로운 경제 성장 가능성을 활성화한다는 계획이다.

일부 지방 정부의 관점은 조금 더 구체적이다. 공유 경제가 다양한 자원의 사용권 단기 임대 방식으로 나타난다는 데 초점을 맞춰 새로운 거래 객체에 대해 탄력적인 관리 감독을 적용하고 이에 상응하는 시장 진입 기준을 마련했다. 허베이와 안후이 성정부와 다롄 시 정부의 경제 관련 정책은 모두 공유 경제의 핵심을 〈사용권 단기 임대〉로 인식하고 있다. 간쑤 성정부와 우시 시 정부가 발표한 공유 경제 발전 정책의 핵심은 〈분산된 사회 유휴 자원의 통합 이용〉이다. 우시 시 정부는 「우시 국민경제와 사회 발전에 관한 135 계획 요강」에서 〈공유 경제는 모든 사람과 조직 간 생산 자원, 상품, 유통 채널, 거래 혹은 소비 과정 중의 상품과 서비스를 공유하는 것〉이라고 정의했다. 여기에는 사용권과 사회 유휴 자원 임대 활동, 유형의 생산 자원과 상품, 무형의 유통 경로와 서비스, 적체된 생산 자원과 상품, 거래 및 소비 과정에 유통 중인 상품과 서비스 등을 모두 포함한다.

일부 지방 정부는 핵심 분야를 우선 지원하는 정책을 실행하고 있다. 주로 시민 생활과 밀접한 서비스업 분야가 그 대상이다. 푸젠 성정부는 시설 임대, 차량 공유, 여행 및 숙박 공유 분야의 새로운 서비스 형태와 인터넷 플러스 정책에 따른 신업무 육성에 주력한다. 우시 시 정부는 〈공유 경제 신영역 개척〉을 목표로 물류 택배, 가사 서비스, 교육, 혁신 미디어, 임대 서비스를 집중 지원한다. 위에 언급된 분야에서 거래되는 기계 설비, 교통수단, 주택, 여행 서비스 등의 경제 객체는 대부분 시장 진입 관리 감독 제도에 편입됐다. 각 지방 정부는 〈이미 한 번 거래되어 분배 완료된 자원을 어떻게 두 번 혹은 그 이상 충분히 다시 거래되도록 할 것인가〉와 관련해 시장 진입 제도를 적절히 조절해야 한다.

2) 창업 혁신 지원과 소비 구조 업그레이드

공유 경제가 발전하려면 분산된 유휴 자원을 한데 모아야 한다. 그리고 거시 경제 정책에 따라 대중이 소유한 사회 자원을 생산 부분에 투입하도록 유도하고 소비자가 이런 상품 공급원과 상품을 받아들이도록 권장해 건강한 생산 소비 선순환을 만들어야 한다. 이를 위해 각 지방 정부는 대중의 창업 혁신과 소비 구조 업그레이드를 적극 지원하고 있다.

구체적으로 말하면, 대중이 지혜를 모아 다 같이 윈윈하고 내 손의 유휴 자원을 공유할 수 있도록 유도해 〈대중 창업, 만인 혁신〉을 촉진한다. 간쑤 성정부는 대중의 힘을 최대한 활용해 분산된 사회 유휴 자원을 통합 이용할 수 있는 공유 경제 모델을 추진할 계획이다. 사회 서비스 전자상거래 플랫폼, 온오프라인을 연동한 지식 콘텐츠 크라우드 소싱, 지식 통합 공유 플랫폼 등 새로운 비즈니스 모델이 그 대상이다.

대규모 소비자가 공유 경제 시대의 새로운 소비 방식과 공유 경제의 건전한 발전을 위한 경제 선순환 시스템을 받아들일 수 있느냐가 중요한 관건이다. 이에 각 지방 정부는 소비 업그레이드와 중고가(中高價) 소비 촉진을 공유 경제 발전의 주요 목표로 삼았다. 그리고 이 목표를 실현하기 위한 주요 전략은 공유 경제를 이용한 생산 공급 구조의 최적화, 공급-수요의 효율적인 연결이다. 궁극적으로 광범위한 대중이 참여해 모두가 윈윈하는 서비스 생태계를 구축하고 온라인 서비스 소비 영역을 더욱 확대할 계획이다.

3) 제도 마련과 관리 감독 방향

각 지방 정부는 공유 경제 발전 과정에 필요한 시장 질서 관리 감독 역할을 직접 담당하고 있다. 공유 경제 성장을 위한 제도, 산업 모델 혁신 강화를 위한 제도적 기반을 마련해야 한다. 정부 관리 감독과 시장 시스템의 경계를 구분하되 역할을 최소화해야 한다. 예를 들어 허베이 성 정부는 하부의 각 책임 기관에 신기술 응용, 개별화 생산 방식, 스마트 그리드와 마이크로그리드 등 새로운 기반 시설 건설, 인터넷 플러스 확대, 사용권 단기 임대 등 공유 경제 모델 발전에 도움이 되는 제도를 완벽하게 개선하도록 요구했다.

우시 시 정부는 건전한 업계 기준과 제도 규정을 수립하고 신용 중심의 새로운 시장 관리 감독 시스템을 구축하고 유연한 정책 환경을 조성한다고 발표했다. 온라인 정보 안전 시스템 개선을 통한 건전한 온라인 공유 플랫폼 운영은 공유 경제 발전에 큰 도움이 된다. 건전한 업계 기준으로 공유 경제 발전을 관리 감독하면 각 분야의 경제 주체가 정부 정책 방향을 충분히 예측할 수 있기 때문에 공유 경제 참여자의 투자 및 소비 확대를 유도할 수 있다. 정부는 온라인 정보 안전 시스템을 개선하고 정부의 시장 질서 관리 감독 역할을 인터넷 통신 안전 등 핵심 사회 질서 유지로 제한해야 시장 거래 비용 절감과 신용 시스템 건설에 도움이 된다.

우시 시 정부가 발표한 신용 중심의 새로운 시장 관리 감독 시스템은 공권력을 이용한 정부의 시장 질서 강제 개입을 최소화하는 대신 시장 신용 시스템 건설을 촉진해 시장이 자율적으로 시기 적절하고 효율적인 방법으로 시장 질서를 관리 감독하도록 하는 것이다.

3. 시장 관리 감독 문제

중앙과 지방 정부가 발표한 다양한 공유 경제 발전 지원 정책은 내용과 형식 면에서 상당한 자유를 부여했다. 그러나 실제 발전 과정에서 많은 문제점이 발생했다. 특히 시장 관리에 대한 법 적용 부분의 문제가 크다. 구체적으로 공유 경제 시장 진입 과정의 걸림돌, 소비자 권익 보호와 사업자 이익 보호 제도를 적용하는 문제다.

1) 시장 진입

합리적인 시장 진입 시스템 설계는 공유 경제 발전의 중요한 전제 조건이다. 그러나 현행 시장 진입 시스템은 공유 경제의 다양한 비즈니스 형태에 적합하지 않다. 공유 경제는 소셜 플랫폼을 통해 수요와 공급 간 정보 비대칭을 타파함으로써 기존 유통 경로를 벗어난 자원 혹은 자원의 부가 기능이 다시 경제 순환 시스템에 진입해 두 번 혹은 그 이상 거래되는 방식이다. 이미 한 번 거래된 자원의 시장 재진입은 기존 시장 진입 규칙에 직간접적인 영향을 끼친다. 특히 독점 영업권을 행사하는 산업 분야는 충격이 더 크다.

운송 분야를 예로 들어 보자. 공유 경제가 등장하기 전까지 자가용은 개인 용도로만 사용됐다. 그러나 차량 공유 서비스 등장 이후, 기존 시장 진입 규칙에 부합하지 않는 자가용이 공유 플랫폼을 통해 다양한 운송 수요를 만족시키자 독점 영업권을 가진 택시 업계가 직격탄을 맞았다. 현재 자가용의 차량 공유 서비스 허용을 두고 찬성과 반대 양측이 목소리를 높이고 있다. 찬성 측은 차량 공유의 시장 진입에 대해 〈법률상에 금지 조항이 없으므로 금지할 수 없다〉라고 말한다. 또한 기술과 시장 발전에 따른 객관적 사회 수요를 존중해 운송 자원을 효율적으로 분배하는 차량 공유를 인정해야 한다고 강조한다. 한편 반대 측은 자가용 영업을 합법화하면 택시 업계의 시장 진입 기준이 무력해지고 기존 택시 업계의 독점 영업 제도가 실효성을 잃어 택시 업계의 시장 질서가 무너질 것이라고 경고한다.

택시 업계 사례는 정책 실행 과정 중 시장 진입 관리 감독에 대한 극명하게 다른 의견과 태도가 나타날 수 있음을 보여 줬다. 2015년 10월 10일, 중국 교통부가 「온라인 차량 예약 서비스 관리 임시 방안(의견 수렴용)」를 발표하고 공개적으로 사회 각계의 의견을 수렴했다. 이 의견서는 온라인 예약 임대 차량(공유 차량)을 택시 운송 범위에 포함시키고 시범적으로 택시 업계 시장 진입 기준에 맞춰 차량을 관리한다고 밝혔다. 자가용 영업자는 서비스 소재지에 고정 영업소를 설치하고 지점 등록을 해야 한다. 또한 영업 지역 관할 도로 운송 관리 감독 기구에 사전 승인을 받아야 한다. 이 의견서 발표 이전에 상하이와 이우에서 시범적으로 차량 공유 합법화를 실행한 바 있다. 상하이 시 정부는 중국 지방 정부 최초로 디디추싱에 〈차량 예약 플랫폼〉 영업 허가증을 발부했고 정부가 플랫폼을 관리하고, 플랫폼이 차량과 기사를 관리하는 관리 감독을 실행하고 있다.

2) 소비자 보호

소비자 권익 보호 관련 제도 개선은 거래 안전을 보장해 공유 경제 발전 과정에 긍정적인 영향을 끼친다. 공유 경제에 참여하는 소비자 권익 보호에 가장 효과적인 방법은 인터넷 기반 신용 조회 시스템이다. 공유 경제는 낯선 개인과 개인이 자원을 교환하는 일이므로 공급자와 수요자는 계약 이행에 대한 신뢰를 바탕으로 거래를 진행한다. 따라서 신용 시스템은 공유 경제 규범화 발전의 필수 전제 조건이며 공유 경제 시장에서 소비자 권익을 보호하는 제1방어선이다. 공유 플랫폼은 거래 양측의 이력과 계약이행 경력을 조사하고 평가하는 완전한 신용 조회 시스템을 만들어 소비자를 보호해야 한다.

현재 중국에서 가장 완전한 신용 조회 시스템은 인민 은행 신용 조회 센터가 주축이 된 금융 신용 조회 시스템, 비즈니스 신용 조회 시스템, 각 행정 분야(경찰, 상공업, 국세청, 세관 등)의 관리 감독용 신용 조회 시스템 등이지만 이 정보는 공유 플랫폼에 제공되지 않는다. 따라서 대다수 공유 플랫폼의 신용 조회 정보는 기업 운영 과정에서 누적된 자체 자료에만 의존하기 때문에 거래 전에 소비자에게 미리 위험을 인지시키기에는 한계가 있다.

3) 사업자 보호

공유 경제는 여러 가지 새로운 노동 관계를 탄생시켰다. 따라서 공유 경제가 지속 발전하려면 공유 경제 종사자 보호 관련 제도가 완비돼야 한다. 공유 경제는 공급-수요 정보를 제공해 대규모 일자리와 취업 기회를 창출했다. 특히 공급자-수요자 쌍방 평가 시스템을 통해 취업 평등을 실현해 인간의 근로 의욕과 창의력을 자극함으로써 창업을 선택하는 사람이 점점 많아졌다. 온라인 플랫폼을 통해 자신의 지식과 기술로 서비스를 제공하고 수익을 얻는 새로운 형태의 셀프 고용 노동자가 탄생했다. 그러나 이들 공유 경제 종사자의 권익 보호는 아직 갈 길이 멀다.

4. 세계 공유 경제 정책 경향

현재 주요 국가의 공유 경제 핵심 정책을 분석한 결과 미래 정책 방향을 다음과 같이 예측할 수 있다.

첫째, 공유 경제 발전을 핵심 국가 전략으로 삼는 국가가 더 많아질 것이다. 〈공유 경제 발전〉을 명확히 언급한 제18기 오중전회 공문은 중국 당국 최초의 결의안으로 공유 경제가 정식으로 국가 전략 계획으로 채택됐음을 증명했다. 유럽 연합, 미국, 영국, 프랑스, 한국, 일본 등도 공유 경제 발전을 주요 국가 전략으로 채택하고 다양한 부양 정책을 발표했다. 『3차 산업 혁명』의 저자 제러미 리프킨이 언급한 미래 사회 3대 예측 중 〈협력 공유 경제가 글로벌 대기업의 비즈니스 방식을 무너뜨릴 것이다〉라는 내용이 있다. 이 예측의 실현 가능성이 높아지면서 공유 경제 관련 정책을 실행하는 국가가 더 많아지고 대다수 국가가 산업 구조 개혁과 공유 경제 발전을 통한 국가 경제 발전을 주요 국가 전략으로 채택할 것이다.

둘째, 공유 경제 발전에 부응하는 관리 감독 체계 혁신과 법률 규정의 개선 일어날 것이다. 현재 공유 경제는 운송과 숙박에서 다양한 분야로 확대되고 있다. 그러나 공유 경제 기업의 선두 주자 우버와 에어비앤비는 세계 곳곳에서 시장 진입 및 안전 기준 문제로 많은 어려움을 겪고 있다. 특히 우버는 플랫폼 및 기사의 영업 자격 및 면허와 안전 문제가 논란이 되어 수차례 단속과 제재의 대상이 됐고 심지어 영업 금지 처분을 받기도 했다. 에어비앤비는 미국의 여러 주에서 세금 문제로 논란의 중심에 섰다. 이처럼 공유 경제 모델이 기존 시스템과 충돌하는 이유는 크게 두 가지가 있다. 하나는 신흥 산업에 대한 정부의 관리 감독 체계가 시대에 뒤떨어져 있기 때문이다. 다른 하나는 기존 법률의 시장 진입 조건 및 준법 요구, 노동자 보호 관련에 대한 규정이 공유 경제 발전의 시장 진입과 발전에 큰 걸림돌이 되기 때문이다. 따라서 각국은 공유 경제 발전을 촉진하려면 관리 감독 체계 혁신과 법률 규정 개선은 선택이 아닌 필수가 될 것이다.

셋째, 단일 관리 감독에서 협력 정비로 나아갈 것이다. 각국의 공유 경제 관리 감독은 단일 시스템에서 협력 정비 형태로 바뀌고 있다. 관리 감독과 정비는 의미상 비슷해 보이지만, 여기에서는 명확한 차이가 있다. 관리 감독은 일방적인 정부 행위에만 초점이 맞춰 있지만 온라인 플랫폼에 기반한 공유 경제는 다양한 주체를 모두 아우른다. 따라서 정부의 최저 기준 관리뿐 아니라 기업과 업계의 자율, 소비자 의식 향상, 대중 참여, 사회 시스템 관리 등 다양한 요소가 결합되어야 한다. 단순히 정부 역할만 강조하는 관리 감독과 달리 협력 정비는 시장의 역할을 강조한다. 공유 경제는 충분한 시장 경쟁이 관리 감독 효과를 발생시킨다고 본다. 따라서 기존 사업 형태에 적용하던 관리 감독 규정을 공유 경제에 적용하는 건 바람직하지 않다. 공유 경제 확대 발전을 위해서는 협력 정비 방식이 필수 조건이 될 것이다. 자격과 안전에 대한 최저 기준과 함께 공유 경제 혁신 발전을 위한 자유로운 공간도 필요하다. 정부 개입은 시장 실패 상황으로 제한하는 것이 좋다. 플랫폼이 자체 규정에 따라 효율적으로 위기를 통제하고 관리하도록 맡긴다.

넷째, 빠른 시일 내에 새로운 노동 관계에 대한 제도가 마련될 것이다. 노동자 권익 문제는 공유 경제 플랫폼이 직면한 중요한 문제 중 하나이다. 2015년 6월, 미국 캘리포니아 주 노동 위원회가 〈우버 기사는 우버의 고용인이다〉라고 인정하며 독립 계약직 노동자라는 우버의 주장에 반대했다. 중국은 「온라인 차량 예약 서비스 관리 임시 방안(의견 수렴용)」 18조에서 〈차량 공유 플랫폼과 여기에 가입한 기사는 노동 계약을 체결해야 한다〉라고 규정했다. 그러나 이 규정은 큰 논란을 야기했다. 현실적으로 공유 플랫폼, 공유 제공자, 공유 수요자의 관계는 고용주가 고용인과 노동 계약을 체결하고 고용인은 소비자에게 서비스를 제공할 의무를 이행해야 하는 기존 산업 구조의 고용주, 고용인, 소비자 관계와 크게 다르다. 만약 기존 노동 관계를 공유 경제 플랫폼에 적용한다면 공유 경제 플랫폼이 기존 산업 형태로 회귀해 공유 경제 발전의 토대가 사라질 것이다. 예를 들어 기사 100만 명을 보유한 차량 공유 플랫폼이 모든 기사와 노동 계약을 체결해야 한다면 그 즉시 세계에서 직원이 가장 많은 기업이 될 것이다. 대규모 일자리를 창출하는 것으로 유명한 글로벌 인터넷 기업 아마존도 10만 명을 넘지 않는다. 강제적으로 노동자 권익을 보장하는 이 규정은 막대한 운영 비용을 발생시키기 때문에 창업 기업에 치명적일 수밖에 없다. 따라서 각국 정부가 공유 경제 발전을 촉진하려면 새로운 노동 관계를 모색하는 것이 급선무이다.

5. 제안과 대책

위에 언급한 미래 정책 방향을 토대로 중국이 가야 할 길을 찾으려 한다. 우리 연구원은 조사 연구 자료를 토대로 다양한 방법을 모색 중인데, 현시점의 결론은 다음과 같다.

첫째, 거시적인 정책 관점이 관리 감독에서 협력 정비로 바뀌어야 한다. 중국 공유 경제가 더욱 발전하려면 이에 상응하는 새로운 정부의 관리 감독 사고 체계가 필요하다. 단순히 정부 역할만 강조하는 관리 감독과 달리 협력 정비는 시장의 역할을 강조한다. 공유 경제는 충분한 시장 경쟁이 관리 감독 효과를 발생시킨다고 본다. 따라서 관리 감독 당국은 시장 참여자의 의견을 충분히 수렴해 정책 입법 시 과학적이고 민주적인 공개 입법을 지향해야 한다. 시장의 주류 사고를 반영해 공유 경제에 대해 포용, 지원, 장려 입장을 취하고 장기적인 안목으로 공유 경제가 중국의 경제 발전과 산업 구조 전환에 미칠 영향을 고려해야 한다.

업계별 세부 정책 및 시행 계획은 기본적으로 네거티브 리스트 시스템[2]이 바람직하다. 지금까지 중국 중앙 및 지방 정부는 거시 전략 목표인 인터넷 플러스 및 공유 경제 발전을 위한 다양한 정책과 실행 계획을 발표했다. 그러나 교통, 숙박, 노동 서비스, 소매, 금융 등 공유 경제 활동이 활발한 분야에 실질적인 도움이 될 만한 정책은 많지 않다. 예를 들어 관리 감독 문제가 가장 많은 운송 업계의 발전을 유지하려면 현실적인 정책과 기준을 적용해 공유 경제 네거티브 리스트를 마련해야 한다. 허용

2 수입은 자유화시키고 예외적으로 수입 제한 또는 금지 품목을 열거하는 형식의 상품 품목표를 말하며, 반면 수입 제한 또는 금지되지만 수입이 자유화된 품목만을 열거한 상품 품목표를 포지티브 리스트라 한다 — 옮긴이주.

기준을 명확히 구분해 네거티브 리스트에 해당하지 않는 분야에서는 공유 경제 기업이 시장 진입 조건, 노동 관계 문제에 얽매이지 않도록 자유를 최대한 보장해야 한다.

둘째, 관련 제도 수정 보완에 힘써야 한다. 공유 경제를 빠르고 건강하게 발전시키려면 관련 제도의 지원이 필요하다. 공유 경제 관련 제도는 두 가지 측면에서 살펴볼 수 있다.

먼저 공청회, 소프트 로 등 유연한 방법을 활용해 신용 조회 시스템을 비롯한 관련 제도를 개선해야 한다. 공유 경제는 신용을 바탕으로 이뤄지기 때문에 그 사회의 신용도를 보여 주는 거울이라고 할 수 있다. 공유 경제에서 신용은 일종의 자산이다. 수요와 공급 양측은 상호 신뢰를 바탕으로 공유 활동에 참여해 거래를 완성한다. 따라서 신용 조회 시장을 발전시켜 하루 빨리 사회 신용 조회 시스템을 구축하고, 여러 신용 정보 플랫폼을 빠짐없이 연결해 정보 고립에서 벗어나야 한다. 신용 기록, 위험 예고, 위법 및 위약 행위와 관련된 정보 자원을 온라인에 공개 및 공유하고 플랫폼 운영자는 적극적으로 신용 정보를 조사해 인증 서비스를 제공해야 한다.

다음으로 사회 보장 및 복지 시스템을 개선해 공유 경제 종사자에게 사회 보험, 복지 혜택, 취업 안내 서비스를 제공하고 구직자가 기술, 경험, 수익을 향상시킬 수 있도록 지원해야 한다. 공유 경제 플랫폼과 보험 회사가 함께 배상 펀드나 보험 상품을 개발하도록 지원한다. 또한 지적 재산권 보호 제도를 개선하고 자본 시장이 공유 경제에 투자하도록 유도하고 업계별 자율 조직 구성을 장려해 중국 공유 경제가 튼튼하게 뿌리 내리고 더 크게 발전하도록 도와야 한다.

셋째, 관리 감독 방법을 개혁해야 한다. 중국 정부의 관리 감독 사고 체계는 오랜 고정 관념에 빠져 있다.

관리 감독과 정비는 의미상 비슷해 보이지만, 여기에서는 명확한 차이가 있다. 관리 감독은 일방적인 정부 행위에만 초점이 맞춰 있지만 인터넷에 기반한 정비는 다양한 주체를 모두 아우른다. 정부 관리뿐 아니라 기업 참여, 업계의 자율성, 소비자 의식 향상 등 다양한 요소가 결합되어야 한다. 단순히 정부 역할만 강조하는 관리 감독과 달리 협력 정비는 시장의 역할을 강조한다. 충분한 시장 경쟁에서 관리 감독 효과가 발생하기 때문이다.

관리 감독의 핵심은 차별화와 적정성이다. 차별화는 감독 주체에게 감독 대상의 특징과 구체적인 문제에 대한 상세한 분석을 요구한다. 특히 새로운 비즈니스 모델 및 운영 방식은 전통 산업과 크게 다르기 때문에 기존 관리 감독 시스템에 억지로 끼워 맞추려 하면 안 된다. 새로운 방법을 찾기 위해 혁신을 장려하고 시행착오를 받아들일 수 있어야 한다. 적정성은 감독 권력이 겸손함과 신중함을 유지하면서 시장 규율이 혁신을 관리하도록 맡겨 둘 필요가 있다는 의미다.

안전 문제는 합리적인 기준에 따라 해결해야 한다. 새로운 비즈니스 모델과 업무 방식을 내세운 공유 경제에는 여러 가지 안전 문제가 존재하는데 공허한 담론은 더 이상 의미가 없다. 보다 구체적이고 명확한 방향이 필요하다. 일단 공유 경제의 비즈니스 혁신이 전통 산업 모델보다 안전 문제가 더 크고 심각한지 따져 봐야 한다. 둘째 새로운 산업의 안전 문제가 적절한 제도로 해결 가능한 것인지 생각해 봐야 한다.

넷째, 다양한 방법으로 개별 주체의 능력을 강화한다. 공유 경제의 핵심 주체는 개인이다. 플랫폼이 중심 역할을 하는 것처럼 보이지만 이는 표면적인 현상일 뿐이다. 공유 경제의 미래는 개인의 지식, 기술, 신용 강화에 달렸다. 따라서 정부는 다양한 방법으로 개별 주체 능력을 강화할 수 있는 정책을 마련해야 한다. 먼저 저작권, 상표권, 특허권 등 지적 재산권 제도를 강화해 공유 경제에 참여하는 개인의 무형 자산을 보호해야 한다. 다음으로 개인이 기업 등 전통 산업 조직의 구속에서 벗어날 수 있도록 한다. 마지막으로 온라인 교육을 확대해 디지털 정보 격차를 해소해 전국민 공유 경제 시대를 열어야 한다.

다섯째, 공유 경제에 필요한 기초 설비 건설을 서둘러야 한다. 더 많은 사람이 공유 경제 플랫폼에 참여해 혜택을 누릴 수 있도록 광대역 기초 설비 건설을 확대해 인터넷 품질은 높이고 비용은 낮춰야 한다. 공유 경제 시범 도시를 실시해 도시 단위 통합 공유 플랫폼을 구축한다. 도시의 모든 개인 및 공공 자산을 통합해 공급과 수요의 효율적인 연결을 실현한다. 정부 조달 방법에 공유 경제 모델을 포함시켜 정부가 솔선수범해 공유 경제를 실천하고 각 지방 정부와 기관이 비즈니스 여행과 업무 시간 이동 중에 숙박 공유와 차량 공유 서비스를 이용하도록 독려해야 한다.

7부

흐름 편

모든 것을 공유한다

공유 경제의 미래는 많은 연구자들의 관심 대상이다.

우리가 예상하는 공유 경제 발전 흐름은 다음과 같다.

공유 경제는 현재 개인 단위 중심의 개인 유휴 자산 공유 단계에 있다. 개인이 공유 플랫폼을 통해 유휴 자원을 공유하는 방식이다. 운송과 숙박 서비스 분야를 시작으로 지금은 거의 모든 개인 서비스 분야로 확대됐다. 이에 따라 서비스업이 중국 경제의 새로운 성장 동력으로 떠오를 것이다. 공유 경제는 서비스업뿐 아니라 에너지, 농업 분야에 진입하면서 〈남는 건 뭐든 공유한다〉라는 공유주의 이상을 실현하고 있다.

공유 경제는 향후 3~5년 안에 기업 단위 중심의 기업 유휴 자산 공유 단계에 접어들 것이다. 여러 기업의 유휴 자산과 시설을 통합해 공유한다. 이를 통해 잉여 생산 문제를 해결하고 생산 개혁을 촉진하게 될 것이다.

다시 5~10년 후에는 공공 유휴 자원 공유 단계에 진입할 것이다. 이 부분은 정부가 주도하는 공공 서비스 자원의 개방 및 공유 형태로 이미 싹을 틔웠다. 정부 조달 서비스 공유, 정부 유휴 자원 공유, 공공 교통 공유 방식이 등장했다.

다시 10~20년 후에는 도시 전체의 유휴 자원을 공유하는 단계에 진입할 것이다. 이 단계는 현재 세계 여러 도시에서 시범 실행 중이다. 정부가 총괄 기획해 도시 전체 유휴 자원과 공유 주체를 통합하는 방식이다. 공공 서비스를 공유하고 업계별 공유 기업 분포를 통합 정리한다.

지금 세계 주요 국가는 공유 경제 발전을 중요 국가 전략으로 삼아 적극적인 지원 정책을 실행하고 있다. 미국은 공유 경제 발전의 리더인 만큼 세계에서 창업 활동이 가장 활발한 나라고 정부도 이를 지지하고 있다. 영국 정부는 2014년 〈세계 공유 경제 허브 구축〉을 목표로 공유 경제 발전 계획을 발표했다. 한국 정부도 시장 규제를 완화하고 공유 경제 시범 도시 계획을 실행하고 있다.

26장
개인 공유 혁신

공유 경제 물결은 불과 3~5년 사이에 중국 전역을 휩쓸었다. 차량 공유, 공간 공유, 음식 공유, 자본 공유, 중고 거래, 크라우드 소싱 물류, 전문 기술 및 노동 서비스, 의료 공유, 교육 공유, 1인 미디어 등 10개 주류 분야와 30개 하위 분야로 형성했다. 각 분야마다 기존 시스템을 뒤엎는 혁신적인 비즈니스 모델을 탄생시켰다.

세계의 공유 경제 상황을 살펴보면 주요 열 개 분야 이외의 다양한 서비스 영역에서 혁신이 일어나고 있다. 또한 농업이나 에너지 산업 분야에서도 공유 경제의 불씨가 타오르기 시작했다. 공유 경제는 탈중심화를 강조하며 모든 개인을 생산 판매 부분에 참여시킨다. 개인은 비록 가장 작은 경제 주체지만, 많은 수가 모이면 강력한 거울 효과를 발휘할 수도 있다.

공유 경제는 새로운 사회 생산 구조를 기반으로 다양한 업종에서 뿌리내리고 있다.

1. 혁신적인 공유 서비스

1) 하이테크 설비 임대

킷스플릿Kitsplit은 하이테크 장비 임대 서비스 시장에서 창업 기회를 찾았다. 제조사, 스튜디오, 개인 누구든 장비 단기 대여에 참여할 수 있다. 킷스플릿에서 대여할 수 있는 상품은 카메라가 가장 많고 다른 고가 장비도 있다. 일부 카메라, 드론 등 고가 장비 중에는 100만 달러가 넘는 것들도 있다. DJI 팬텀 드론은 하루 150달러, 영화 촬영 카메라 레드스칼렛X는 395달러, 구글 글라스는 30달러에 빌릴 수 있다. 킷스플릿은 적은 비용으로 고가 장비 단기 대여 수요를 만족시키며 빠르게 성장했다. 이 플랫폼은 메인 화면에 장비 소유자 소개 코너를 마련하는 등 기존 소셜 커뮤니티처럼 회원 간 교류를 강화했다. 또한 거래 협의 보장, 소셜 계정 연동 시스템을 구축해 고가 장비를 위한 안전장치를 마련했다.

2) 증시 상장한 교과서 대여 플랫폼

도서 대여계의 넷플릭스라 불리는 체그Chegg는 교과서 대여 서비스로 증시 상장에 성공한 미국의 대표적인 공유 경제 기업이다. 2003년 당시 대학생이던 창업자 3명은 체그의 전신인 체그포스트Cheggpost를 창업했고 2007년 이후 현재 명칭을 사용 중이다.

미국 대학생은 교과서 구입에 많은 시간과 노력과 비용을 소모하는 것으로 유명하다. 미국은 저작권료가 높은 탓에 1인당 한 학기 교재 구입비가 평균 1,000달러에 달한다. 학생들은 학기가 끝나 사용 가치가 사라진 교과서를 중고 서점에 되팔거나 주변에 필요로 하는 학생에게 넘겨줬다.

체그 플랫폼에 가입하면 책값의 50퍼센트 비용으로 한 학기 동안 책을 빌릴 수 있다. 학기가 끝나면 우편으로 반납한다. 공급자는 매몰 비용을 수익으로 전환시킬 수 있고, 수요자는 교과서 구매 비용을 절약할 수 있다. 체그의 성공은 미국 교과서 시장의 빈틈을 정확히 짚어 낸 덕분이다. 체그는 2008년부터 급성장했다. 2008년 1000만 달러였던 매출이 2010년 1억 5000만 달러를 기록했고 2013년에 상장했다.

이후 체그는 꾸준히 서비스 영역을 확대했다. 단순 교과서 대여 서비스만이 아니라 이를 기반으로 디지털 학습, 실습 취업, 학생 정보 센터 등 원스톱 학생 서비스 플랫폼으로 발전했다.

3) 창고 서비스

해외에는 로커 서비스가 보편화된 곳이 많다. 그러나 대부분 B2C형태이기 때문에 이용료가 비싸고 위치 선택의 폭이 좁았다. 루스트Roost는 이 점에 착안해 C2C 창고 서비스를 시작했다. 유휴 물품 보관 시 공간이 부족하면 이웃의 유휴 공간인 지하실, 차고, 다락방 등을 빌려 보관하는 시스템이다. 루스트는 지역과 공간 규모를 고려해 적합한 보관 장소를 찾아 준다. 보관 방법은 두 가지가 있다. 하나는 수시로 물건을 꺼내 쓸 수 있도록 열쇠를 제공하는 것이고, 다른 하나는 48시간 전에 공간 주인에게 물건을 꺼내야 한다고 통보하는 방식이다.

낯선 사람 집에 물건을 맡기는 것에 대한 거부감을 줄이고 물품의 안전을 보장하기 위해 개인 이력, 평가 정보, 신용 등급 등 공간 제공자의 일부 신상 정보를 플랫폼에 공개한다. 또한 물품 훼손 및 분실에 대비해 양측 동의하에 보험 합의서를 체결한다. 이외에 루스트는 거래 과정과 비용 결제 부분에 적극적으로 개입해 조정 역할을 한다.

루스트를 통해 개인 유휴 공간 이용률이 크게 올라갔다. 사람이 살 수 없는 공간도 창고로 대여해 수익을 올릴 수 있다.

4) 와이파이로 돈 벌기

가상 자원인 와아파이 공유는 이미 해외에서 보편화된 방식이다. 2007년 유럽에 등장한 소셜형 와이파이 공유 플랫폼 폰Fon은 2013년 미국 시장에까지 진출했다. 2015년에 창업한 그리기Griggi도 폰과 같은 방식으로 와이파이 공유 서비스를 제공한다.

누구든 폰에서 만든 와이파이 공유기 포네라Fonera를 구입하면 폰 공공 핫스팟 운영자가 될 수 있다.

내 집에서 사용하는 와이파이의 일부 대역폭을 할당해서 폰 회원끼리 무료로 공유한다. 비회원도 비용을 지불하면 폰 와이파이를 사용할 수 있는데 이때 발생하는 수익을 플랫폼과 모든 회원이 공유한다. 폰은 자체 계산 시스템 등을 갖춰 와이파이 네트워크 가상 운영자 역할을 수행한다.

중국으로 눈을 돌려 보자. 중국 인터넷 정보 센터에서 발표한 「중국 인터넷 발전 상황 통계 보고」에 따르면 2015년 6월 기준 중국 인터넷 인구는 6억 6800만 명, 모바일 인터넷 인구는 5억 9400만 명이다. 이 중 83.2퍼센트가 와이파이로 인터넷에 접속한 경험이 있다고 응답했다. 사무실과 공공장소에서 와이파이를 이용한 비율은 각각 44.6퍼센트와 42.4퍼센트로 나타나 와이파이가 주요 인터넷 접속 방식이 됐음을 알 수 있다. 중국에는 현재 핑안(平安) 와이파이 파트너, 와이파이 완넝야오스(万能钥匙) 등 와이파이 핫스팟 공유 앱이 운영되고 있다.

5) 개인 수공업자의 새로운 판로

2005년 미국에서 창업한 핸드 메이드 쇼핑몰 엣시가 2015년 4월 증시 상장에 성공하면서 기업 가치 35억 달러를 기록했다. 2015년까지 엣시를 이용한 판매자는 140만 명, 구매자는 980만 명에 달한다. 엣시는 〈우리는 단순한 시장이 아니라 예술가, 수집가, 크리에이터, 아이디어와 실천이 교류하는 대규모 커뮤니티다〉라고 자신을 소개한다. 엣시에 참여한 판매자는 대부분 투잡족이거나 프리랜서다.

엣시와 대형 온라인 쇼핑몰의 가장 큰 차이는 개인 수공업자가 직접 만든 한정 수량 핸드메이드 제품만 판매한다는 점이다. 그렇기 때문에 고품질 수요를 만족시킬 수 있다. 엣시의 모든 상품은 디자이너가 직접 디자인해 제작하고 서명을 남긴다. 대량 생산 제품은 절대 엣시에 발을 들일 수 없다. 이 규칙은 공허한 이론이 아니라 엣시 안에서 그대로 실현됐다. 엣시는 플랫폼에 등록된 핸드메이드 제품의 역사, 제조업자, 원료, 제작 과정을 꼼꼼히 심사했다. 만약 판매자가 직접 제작하지 않고 공장에서 대리 생산한 제품이라면 등록을 거부당한다. 엣시는 정보의 사실 여부를 심사하는 전문팀을 조직해 핸드 메이드 제품 특유의 권리를 보장했다.

디자이너 입장에서 엣시는 매우 훌륭한 비즈니스 파트너다. 엣시는 디자이너의 창의성을 존중하고 그 가치를 인정해 주기 때문이다.

2. 농업 공유

최신 비즈니스 모델 공유 경제가 세상에서 가장 오래된 산업인 농업과 만났다. 공유 경제의 농업 개혁은 이제 시작이다.

1) 수자원 공유

미국 캘리포니아 주는 첨단 기술과 오락 산업으로 유명한 도시다. 그리고 또 하나, 농장 8만 개가 밀집해 연간 농업 생산액 464억 달러를 기록한 농업 발달 지역이기도 하다. 미국 전체 야채 생산량의 3분의 1, 과일 및 견과류 생산량의 3분의 2가 캘리포니아 주에서 생산된다. 그러나 캘리포니아 주는 전체적으로 매우 건조한 가뭄 지역이다. 가뭄 조절에 실패할 경우 농산물 가격 급등, 농업 경쟁력 하락, 심각한 환경 문제를 야기한다.

연방 법률과 캘리포니아 주 지방 법률은 모든 개인, 단체, 기관의 수자원 저장을 엄격히 금지하고 있다. 농민은 등록, 신청, 허가로 이어지는 합법적인 절차를 거쳐 일정량의 수자원을 사용할 수 있다. 그런데 캘리포니아 법률에 〈허가받은 수자원을 모두 사용하지 않을 경우 행정 처분한다〉라는 규정이 있다. 이 규정 때문에 행정 처분을 피하기 위해 수자원을 낭비하는 농민이 적지 않았다.

이 점에 착안한 스윔SWIIM은 미국 농업부, 콜로라도 주립 대학교, 유타 주립 대학교와 협력해 5년간 심도 깊은 연구 개발을 거쳐 농민들이 인터넷 플랫폼을 통해 남는 수자원을 공유하는 시스템을 만들었다. 이 시스템은 일단 농민들이 할당받은 수자원을 효율적으로 관리하도록 지원한다. 개별 농장의 특정 상황에 따른 맞춤형 관개 기술 및 농작물 솔루션을 제공한다. 농민은 이 시스템을 이용해 수자원을 절약하고 남는 수자원을 다른 농민에게 되팔아 부가 수입을 얻을 수 있다.

스윔 CEO 캐빈 프랑스는 〈농민 입장에서 수자원은 매우 중요한 자산이다. 우리는 수자원을 절약하려는 농민의 의견을 존중해 수자원 낭비를 막는 동시에 수자원에 대한 농민의 권리를 보장하겠다〉라고 강조했다.

스윔 서비스는 콜로라도 주에서 시작해 곧 캘리포니아를 포함한 미국 전역으로 확대됐다. 스윔과 서부 재배자 협회Western Growers Association

는 협정서를 체결하고 일단 캘리포니아 일부 지역에서 시범 운영을 시작했다.

2) 유휴 농업 설비 공유

전문 농업 기술 혁신 플랫폼 팜링크Farmlink가 2015년 머시너리링크MachineryLink를 통해 온라인 농업 장비 공유 프로젝트를 시작했다.

미국 농업부의 2012년 자료에 따르면, 미국 농민이 보유한 기계 장비 규모는 약 2000억 달러에 달한다. 그러나 농업 생산이 특정 계절에 집중되어 농업 장비의 유휴 시간이 매우 길다. 다음 생산 시즌이 돌아올 때까지 대다수 농업 장비가 방치된다.

그러나 최근 벌크 상품 가격 하락과 농장 수익 감소가 이어지고 있다. 2015년 8월 미국 농업부 발표 자료에 따르면 2015년 농장 수익이 583억 달러로 2006년 이래 최저치를 기록했다. 이에 농민들은 대형 고가 장비를 이용할 때 경제성과 효율성을 꼼꼼히 따지기 시작했다. 직접 장비를 소유할 경우, 구입과 유지 보수에 막대한 비용이 들어가기 때문이다.

팜링크 담당자 제프 데마는 〈머시너리링크는 농업계의 에어비앤비다. 농약 분무기 사용 기간은 1년에 60일이 채 되지 않지만 꼭 필요하기 때문에 비싸더라도 투자할 수밖에 없다. 공유 경제 모델은 유휴 장비를 통해 농장 수익을 올려 주기 때문에 농업계 전반의 현금 유동성과 투자 기회를 높여 준다〉라고 말했다.

머시너리링크는 지역별 기후에 따른 농업 성수기와 비수기 차이를 이용해 수백 킬로미터 떨어진 농장 간에 유휴 장비를 공유할 수 있도록 돕는다. 이를 위해 장비 공유에 가장 큰 걸림돌인 대형 장비 운송 서비스를 함께 제공한다.

플랫폼 운영 과정은 아주 간단하다. 장비 소유자가 대여할 장비의 사진과 정보를 플랫폼에 등록한다. 다른 농민이 기간을 설정해 장비 임대를 신청하면 소유자가 승인 혹은 거절 의사를 표명한다. 소유자가 승인하면 플랫폼이 예약, 운송, 비용 계산 등의 절차를 진행한다. 소유자가 가격을 설정하고 일단 거래가 성사되면 소유자와 임차인이 공동 부담으로 플랫폼 측에 거래 가격의 15퍼센트를 수수료로 지불한다.

농업 장비 공유는 유럽에도 등장했다. 2015년 세르비아에서 유럽 농업 공유 경제 시장을 겨냥한 아그리셰어스Agrishares가 창업됐다. 기본적으로 온라인 플랫폼을 통해 장비 임대 수요와 장비 소유자의 유휴 자원을 연결해 준다. 또한 물리적 자산이나 기계 외에 다른 물적 자산이나 인력도 공유한다.

농업 장비 공유를 통해 임차인은 꼭 필요한 장비를 저렴한 비용으로 부담 없이 이용하고 임대인은 자산을 융통적으로 활용해 부가 수익과 현금 유동성을 높일 수 있다. 기존의 농업 장비와 기타 자원의 이용률을 극대화함으로써 효율적으로 수요와 공급 양측의 비용 부담을 낮췄다. 팜링크 제프 데마는 농업 공유 경제에 대해 〈농업 분야에서 생산력 향상 기회는 무궁무진하다〉라고 강조했다.

3. 이웃 간 전력 공유

공유 경제 모델은 에너지 부분에서도 다양한 시도와 혁신을 불러일으켰다. 유럽의 경우 전기 자동차 충전기 공유가 보편화돼 있다. 각 가정이 보유한 충전기를 사회적으로 공유해 충전 불편 문제를 해소했다. 이외에도 에너지 공유를 실천하는 기업이 점점 많아지고 있다.

2015년 4월 미국 보스턴에서 창업한 옐로하Yeloha는 태양 에너지 공유를 실현했다. 옐로하 사업 모델은 선 호스트sun host와 선 파트너sun partner 연결이다. 선 호스트는 햇볕이 잘 드는 지붕을 옐로하에 내주고 옐로하는 여기에 태양 에너지 패널을 설치한다. 여기에서 생산된 태양 에너지는 공공 전력 네트워크에 전송되고 계량기가 에너지량을 측정한다. 선 호스트는 내 집에서 생산된 태양 에너지를 무료로 사용하고 남는 에너지를 선 파트너와 공유한다. 선 파트너는 옐로하를 통해 태양 에너지를 구입할 수 있다. 옐로하 태양 에너지 패널의 개당 일 년 사용료는 65달러이며 연간 336킬로와트 전력을 생산한다. 만약 월평균 전기 요금이 120달러인 가정이라면 패널 20개를 구입해야 연간 전력 소비를 충당할 수 있다. 패널 20개 가격이 1,300달러이므로 12달 동안 120달러를 지불하는 것과 비교하면 약 10퍼센트 비용 절감 효과가 있다.

옐로하 서비스는 미국 여러 도시로 확산되어 많은 미국인을 태양 에너지 시장에 편입시켰다. 옐로하 창업자 아미트 로스너는 〈미친 것처럼 들리겠지만 우리는 전 세계에 태양 에너지 패널을 퍼뜨릴 것이다. 태양 에너지를 안 쓸 이유가 없다〉라고 말했다.

미국 에너지국 산하 국가 신재생 에너지 연구소NREL: National Renewable Energy Laboratory는 현재 C2C 태양 에너지 공유는 태양 에너지 시장의 아주 작은 부분에 불과하지만 이 비즈니스 모델의 발전 가능성이 매우 크다고 내다봤다. 현재 미국은 다양한 정책과 법률에 기초해 태양 에너지 공유를 적극 직원하고 있다. 특히 공공사업 부문에서 큰 관심을 보이고 있다. 앞으로 옐로하는 〈우리는 모두 같은 태양 아래 살고 있다〉라는 구호 아래, 가정집 지붕에서 공공장소로 패널 설치를 확대할 계획이다.

네덜란드의 반데브론Vanderbron은 옐로하와 다른 운영 방식을 선택했다. 반데브론은 구매자가 공공 전력 네트워크를 통하지 않고 발전기를 설치한 독립 발전소에서 직접 전력을 구매하도록 했다. 현재 이 플랫폼에 등록된 12개 독립 발전소는 2만여 가정에 공급할 수 있는 전력을 생산하고 있다. 반데브론의 초기 창업 목표는 공공 전력 회사를 통하지 않고 독립 풍력 발전소를 보유한 농장주와 소비자를 직접 연결하는 것이었다. 네덜란드 북부 농장주 캐딕 부부가 소유한 발전기는 약 600가구가 사용할 만큼의 전력을 생산한다. 캐딕 부부는 잉여 전력 정보를 반데브론 플랫폼에 등록했다. 캐딕 부부가 정한 가격은 만약 1킬로와트에 28센트인데, 누군가 이 가격을 합리적이라고 생각한다면 플랫폼에서 직접 구매할 수 있다. 반데브론은 거래 과정에 개입하거나 수수료를 부과하지 않는다. 거래 가격은 오롯이 판매자와 구매자의 협의로 정해지며 플랫폼은 자체 기준에 부합하는 판매자를 모집해 월단위로 가입비를 받는다.

4. 세계 3D 프린터 공유

3D 프린팅이 대표적인 제조업 공유 경제 방식으로 떠올랐다. 3D 프린터 설비 위주의 소규모 공장과 수백만 소규모 제작자를 한데 모아 글로벌 협력 공유 시스템을 탄생시켰다.

2013년 네덜란드 암스테르담에서 3D 허브스3D Hubs가 탄생했다. 3D 허브스는 3D 프린터 공유 서비스 플랫폼으로 3D 프린터 소유주와 수요자를 연결해 글로벌 3D 프린터 공유 네트워크를 만드는 것이 목표다. 현재 3D 허브스는 세계적으로 2만 7,500개 3D 프린팅 서비스 지점을 확보함으로써 16킬로미터 범위 안에서 서비스 받을 수 있는 인구가 세계 인구의 15퍼센트에 해당하는 150개 국가 10억 명에 이른다. 이 중에는 중국 도시도 포함되어 있다.

3D 허브스 운영 과정은 아주 간단하다. 고객이 직접 3D 프린팅 디자인을 업로드하고 재료를 선택하고 필요에 따라 이용 가능한 로컬 디바이스를 선택하고 제품수령지점을 지정하고 결제하면 된다. 3D 프린터 소유주는 주문을 받고 제품을 만들어 고객에게 발송한다.

3D 허브스는 집중형 3D 프린팅 서비스 기업 셰이프웨이스와 달리 지역 분산형이기 때문에 제품 배송 속도가 빠르다. 3D 허브스 측은 〈우리는 정말 빠르다. 주문 접수에서 제품 배송까지 걸리는 시간은 평균 1.2일이다. 경쟁사 셰이프웨이스는 재료 준비에만 일주일이 소요되고 특수 재료는 그 이상이 걸리기도 한다〉라고 강조한다.

3D 허브스의 발전은 계속 이어졌다. 2015년 10월에 출시한 3D 허브 HD 서비스는 산업용 3D 프린팅에 초점을 맞춰 다양한 수요를 만족시켰다. 중국에서도 지역 분산형 3D 프린터 서비스와 관련된 창업 기업이 등장하고 있다.

3D 프린팅은 미래 제조업의 중요한 발전 방향 중 하나다. 정보 기술 리서치 기업 가트너Gartner는 세계 3D 프린팅 시장이 2015년 16억 달러에서 2018년 134억 달러로 커지면서 연평균 성장률 103.1퍼센트를 기록할 것이라고 예측했다.

공유 경제 개념을 도입한 분산형 3D 프린팅 서비스는 3D 프린터 이용률을 높여 공급자가 장비 원가를 회수하고 감가상각 비용 증가 속도를 늦춰 준다. 수요자 입장에서는 주문 과정에서 가까운 곳에 있는 장비를 선택할 수 있어 제작 과정을 보다 투명하게 관리할 수 있다.

2013년, 미국 오바마 대통령이 국정 자문 연설에서 3D 프린팅 기술의 중요성을 언급하면서 3D 프린팅이 크게 주목받은 바 있다. 〈미국 제조업 취업 인구는 10년 간 감소 추세를 보이다가 지난 3년 동안 50만 명이 증가했다. 이러한 발전 추세는 정말 반가운 일이다. 정부는 작년 오하이오 주 영스타운에 제조 혁신 센터를 세웠다. 문 닫은 공장과 빈 창고 자리에 일류 실험실이 탄생했다. 앞으로 이곳에 많은 사람이 모여 3D 프린팅 기술을 연구할 것이며 3D 프린팅은 제조업에 새로운 혁명을 일으킬 것이다. 물론 이 혁명은 다른 곳에서도 실현될 것이다.〉

27장
기업 공유의 새바람

공유 경제가 탄생시킨 새로운 비즈니스 기회는 C2C를 휩쓸고 이제 B2B로 향하고 있다. 분야를 초월해 사무 공간에서 유휴 기계 설비까지 다양한 B2B 영역에 공유 경제 방식이 등장했다. 기업 유휴 자원 공유는 공간과 생산 라인 설비 등 유형 자산, 생산력과 마케팅 등 무형 자산을 모두 포함한다. 기업 공유는 생산 과정의 협력과 공유를 통한 윈윈 전략이다. 공급 측은 유휴 자산을 이용해 부가 수입을 올리고 수요 측은 구매 대신 임대로 생산 및 운영 비용을 낮출 수 있다. 이와 같은 기업의 가상 운영은 더욱 확대될 것이다.

예전에도 복사기와 불도저 등 유형 자산 위주의 기업 간 장비 임대가 존재했다. 여기에서 말하는 새로운 기회란 기업이 유휴 설비와 생산력을 임대하는 업무로 유무형 자산의 이용률을 높이는 것이 목적이다. 과거에는 유휴 생산 설비로 새로운 수익을 창출하려면 판매 처분하는 수밖에 없었지만 공유 경제 등장의 이후 선택의 폭이 넓어졌다.

공유 경제에서 플랫폼 운영사는 자산을 소유할 필요가 전혀 없다. 무한대에 가까운 사회 유휴 자원을 끌어 모아 다양한 수요를 만족시킬 수 있기 때문이다. 기업이 제공하는 서비스는 한계 비용이 매우 낮으며 거래 횟수가 증가할수록 한계 비용은 0에 수렴한다.

예를 들어 어떤 기업이 분기별 영업 상황이 좋지 않을 때 부담 없이 임시직 규모를 줄이거나 설비 구입 계획을 축소할 수 있다. 기업 입장에서 공유 경제는 수요에 따라 서비스와 자원을 조절해 불필요한 낭비를 막아주는 시스템이다. 정확히 필요한 비용만 지불하고 업무 효율을 높여 장점에 집중하고 나머지는 아웃소싱으로 해결한다.

공유 경제의 소자본 특징은 많은 기업의 참여를 유도하는 동시에 여러 가지 장점을 발휘한다. 빠르게 시장을 선점하고, 시장 수요에 맞춰 유연하게 공급을 조절해 자본 수익률을 극대화한다.

개념적인 면에서 볼 때 산업 B2B 모델은 이전에도 존재했다. 본질적으로 B2B 모델은 모든 제조 하청과 디자인, 유지 보수 등 아웃소싱에 기본으로 깔려 있는 개념이다.

C2C 공유 경제에서 개인 간 신뢰가 중요한 전제였다면 생산력과 설비를 공유하는 B2B 공유 경제는 품질과 최종 사용자 경험이 중요하다.

현재 기업 간 공유 경제는 이미 기업 가치 사슬 각 단계에 깊숙이 침투했다. 매입 단계에서 구매 대신 임대 방법을 택하고, 생산 단계에서 공장 생산 라인을 임대하고, 출하 단계에서 운송력과 창고를 공유하고, 마케팅 단계에서 각종 홍보 활동을 공유하고, 사무실과 특허를 공유한다. 또한 비즈니스 여행 형태로 C2C 영역에까지 영향을 미치고 있다.

1. 생산 설비 공유

2012년 초에 창업한 기업 간 공유 플랫폼 플루브2Floow2는 건축, 운송, 농림업 관련 기업 운영에 필연적으로 나타날 수밖에 없는 유휴 기계에 주목해 기업들끼리 편리하게 기계 및 인력을 임대할 수 있는 서비스를 제공한다. 플루브2는 여러 공급 사슬 단계에 침투해 기업의 운영 효율을 높여 줬다.

플루브2는 창업 초기에 네덜란드와 독일 기업의 중형 장비 공유에 주력했다. 현재 플루브2 플랫폼에 등록된 제품은 2만 5,000개가 넘고 서비스 지역도 빠르게 확대되고 있다.

플루브2에 참여한 공급 기업은 유휴 기계 이용률을 높여 매몰 비용을 수익으로 전환할 수 있다. 수요 기업은 필요한 기계를 저렴하게 임대함으로써 기계 구입 및 유지에 들어가는 자금을 절약할 수 있다.

플루브2는 기업 간 직거래이기 때문에 전문 임대 기업보다 비용이 저렴해 기업 생산 원가 절감에 도움이 된다. 덕분에 창업 초기 기업은 시장 진입 장벽이 낮아지고 과도한 설비 투자 없이 핵심 업무에만 집중 투자할 수 있다.

플루브2 CEO 윌 로벤은 다음과 같이 말했다. 〈오랫동안 중장비 생산업에 종사하면서 기업 고객이 새로 구입하는 그 기계 장비가 근처 다른 공장에 방치돼 있다는 사실을 알게 됐다. 즉 생산 자원과 기업 자금이 동시에 낭비되고 있었다. 그래서 인터넷으로 공급과 수요를 한데 모았다. 플루브2의 목표는 다음 세 가지 문제 해결이다. 첫째, 장비 공급 기업의 수익 증대. 둘째, 장비 수요 기업이 구매 대신 임대로 투자 비용을 절감하도록 한다. 셋째, 세계 자원 낭비 감소. 플루브2는 2012년 창업 이후 많은 국가와 미디어로부터 주목받았고 건축과 농업 관련 기업이 계속해서 우리 플랫폼에 가입하고 있다.〉

2. 의료 설비 공유

의료 설비 분야의 우버로 불리는 코힐로는 2012년에 창업했다. CEO 마크 슬로터Mark Slaughter는 최소 침습 로봇[1] 및 복강경 수술 장비 판매 경력이 있다. 이때의 경험으로 값비싼 의료 장비 중 상당수가 병원 한쪽 구석에 방치돼 있음을 알았다.

코힐로는 광범위하게 흩어져 있는 병원들이 MRI, CT 등 값비싼 의료 기기를 공유할 수 있는 플랫폼이다. 코힐로는 병원이 유휴 임상 자원을 활용해 수익을 올리도록 각 병원에 등록된 설비를 추적할 수 있는 집중 관리 클라우드 플랫폼을 제공한다. 병원 임상 운영팀은 이 플랫폼을 통해 간단히 필요한 기기를 검색하고 예약한다. 플랫폼은 기기의 안전한 운송을 책임지고 기기의 데이터 분석 자료도 제공한다. 덕분에 병원은 설비와 자금을 효율적으로 조정해 더 많은 임상 수요를 만족시킬 수 있다. 나아가 의료계 전체 의료 설비 이용률을 극대화함으로써 임상 의사에 대한 충분한 기술 지원을 통해 최종적으로 환자의 만족도를 높일 수 있다.

코힐로 홈페이지에는 다음과 같은 기업 사명이 적혀 있다. 〈우리는 이용률이 극히 낮은 주변의 수많은 의료 장비에 주목했다. 기존 위생 보건 시스템에서 의료 장비 구입 및 임대에 지출하는 비용이 수천만 달러에 달하지만 평균 이용률이 42퍼센트에 그쳐 여전히 유휴 비율이 높다는 사실을 알 수 있다. 최신 척추 외과 수술대에 먼지가 뽀얗게 내려앉은 병원이 있는가 하면, 어떤 병원은 장비가 부족해 수술을 취소하거나 환자를 내보내야 한다. 우리의 솔루션은 기술 플랫폼과 물류 지원을 결합해

1 수술 부위를 최소화하는 최소 침습 수술minimally invasive surgeries용 로봇 — 옮긴이주.

의료 장비를 적재적소에 공급하는 것이다. 흔히 우리 방식을 공유 경제 혹은 협력 소비라고 말한다. 무엇이라 부르든 상관없다. 중요한 것은 모든 환자에게 가장 뛰어난 의료 기술을 제공하는 것, 이것이 바로 우리의 사명이다.〉

3. 건축 설비 공유

2013년 샌프란시스코에서 창업한 야드 클럽Yard Club은 독립 사업자 간 기계 설비 임대 서비스를 지원한다. 건축 설비 임대 시장이 이미 400억 달러 규모를 형성했지만 야드 클럽은 보다 완벽한 온라인 플랫폼을 목표로 도전에 나섰다.

독립 건축업자는 장비 구입 때문에 초기 투자 비용이 높지만 장비를 얼마나 많이 사용할지는 예측하기 힘들다. 독립 건축업은 수요가 일정치 않아 일 년에 몇 달만 일하는 경우도 많다. 그래서 굴착기, 불도저 같은 건축 중장비 중 상당수가 유휴 상태로 방치된다.

야드 클럽은 독립 건축업자와 건설 회사가 소유한 장비의 가치를 극대화해 사용률을 높인다. 건축업자는 야드 클럽을 통해 자신의 유휴 장비를 빌려주고, 갖고 있지 않은 장비를 다른 사람에게 빌릴 수도 있다. 야드 클럽측은 〈우리는 공유 경제가 다양한 C2C 분야에서 성공하는 모습을 지켜봤다. 그리고 공유 경제는 B2B 분야에서 더 큰 파급력을 발생시키라 확신한다. 특히 건축, 농업, 제조업 등 초기 중대형 설비 투자가 필요한 분야에서〉라고 밝혔다.

2015년 중장비 제조사 캐터필러Caterpillar가 야드 클럽에 전략 투자한다고 발표했다. 캐터필러 혁신 부문 부총재는 〈P2P 기술이 교통과 숙박

업계를 개혁했듯 야드 클럽은 건축 설비 업계에 혁신적인 솔루션을 제공했다. 우리는 우리의 고객이 소유권을 공유해 우리 제품의 효율을 높이고 운영 비용을 절감하길 바란다〉라고 밝혔다.

이처럼 건축 설비 제조사 역시 공유 경제를 통해 고객과의 관계를 강화하길 바란다. 중장비 이용률 향상과 설비 사용 비용의 절감은 다른 전통 업계의 혁신과 다르지 않음을 보여 준다.

4. 물류 업계 공유 플랫폼

창고와 운송은 물류 업계의 양대 핵심 요소다. 물류 업계는 시기별 수요 편차가 크기 때문에 오래전부터 공유 방식이 존재했다. 예를 들어 수확철에 농민들이 창고를 빌리거나 과수 업자가 트럭 단위로 운송·판매하는 경우다. 여기에서 다룰 B2B 운송 및 창고 임대는 온라인 플랫폼을 기반으로 하는 공유 경제 모델이다.

1) 운송력 공유

화물 업계의 우버라는 별칭을 얻은 카고매틱Cargomatic은 화물 운송업체와 검증된 화물차 기사를 연결해 준다. 카고매틱은 화물을 많이 싣지 않고 운행하는 화물차가 많고, 화물차를 구하기 힘들어하는 업체가 많고 화물 추적이 어렵다는 문제를 해결하기 위해 탄생했다.

화물 운송 업체가 플랫폼에 화물 내용, 출발지, 목적지, 원하는 도착 시간을 등록하면 플랫폼이 가격을 제시한다. 화물 운송 업체가 이 가격을 받아들이면 주문이 완료되고 기사들이 확인할 수 있도록 공개된다. 화물차 기사는 공간 여유 상황, 목적지 방향이 일치하는 주문을 선택한다. 카고매틱을 이용하면 기사는 화물차 유휴 공간을 충분히 활용하고 업체는 실시간으로 화물 위치를 확인할 수 있다.

현재 카고매틱 서비스는 샌프란시스코, 로스앤젤레스, 뉴욕에 한정돼 있다. 업무 포지셔닝이 단거리 화물 운송이기 때문에 장거리 운송은 취급하지 않는다. 카고매틱은 운송 서비스 품질 보장을 위해 보험, 화물 운송 면허 등 확실한 자격 요건을 갖춘 화물 운송 업체에 소속된 기사에게만 플랫폼 진입을 허용했다.

이 방식은 화물차 기사가 부가 수익을 올릴 수 있게 하고 업계 전반에 걸쳐 운송 효율을 높여 준다. 최근 중국에도 이와 비슷한 사례가 속속 등장하고 있다.

2) 창고 공간 공유

물류 창고 부분에도 B2B 공유 경제 모델이 도입됐다. B2B 창고 자원 공유 플랫폼 플렉스FLEXE는 〈시대 흐름에 따라 기업과 업무 형태는 빠르게 변하지만 창고 시스템은 크게 변하지 않았다. 창고 공간이 부족한 기업과 창고 공간이 남아도는 기업이 여전히 공존한다. 우리는 에어비앤비와 우버가 그랬듯 유휴 창고 공급자와 급하게 창고가 필요한 수요자를 연결한다〉라고 기업 목표를 밝혔다.

플렉스는 45개 분야와 관련된 200여 개 창고를 공유한다. 플랫폼에 등록된 40만 개 짐칸 면적은 1000만 에이커에 달한다. 창고 수요자는 급하게 창고가 필요할 때 플렉스 플랫폼에서 편리하고 효율적으로 적당한 창고를 찾아 문제를 해결한다. 창고 공급자는 속성과 규모 등 창고 정보를 등록하고 플랫폼에서 제공한 가격표에 따라 간단하게 거래를 진행한다. 저렴한 거래 비용으로 창고 이용률을 높여 부가 수익을 올린다.

5. 마케팅 공유

영국 상무부 조사 연구 결과에 따르면 B2B는 향후 공유 경제 발전의 주요 특징 중 하나다. 기업들이 연합해 마케팅과 홍보 활동을 함께 하도록 돕는 온라인 플랫폼 브랜드 개더링은 네트워크 및 고객 공유를 통해 기업의 마케팅 비용을 절감시켜 준다.

브랜드 개더링은 창업 초기 기업이 무료로 새로운 고객을 확보해 판매량을 증가시키도록 돕는 것이 목적이다. 창업 초기 기업은 막대한 비용을 투입해야 하는 기존의 광고 시스템을 이용할 수 없으므로 비용을 줄이면서도 마케팅 효과를 높일 수 있는 협력 마케팅을 통해 자신의 브랜드를 알려야 한다.

브랜드 개더링의 신규 브랜드 마케팅은 대략 다음과 같은 단계로 진행된다.

첫째, 협력 파트너를 찾는다. 브랜드 매칭 도구로 회원 정보를 분석해 타겟 고객과 포지셔닝이 유사한 브랜드 협력 상대를 검색한다. 회원이 직접 다른 브랜드의 최근 활동 계획을 열람해 내 브랜드 홍보 활동에 적합한 상대를 찾기도 한다.

둘째, 잠재 파트너와 교류한다. 프로포절 빌더 도구로 잠재 파트너가 공개한 활동 계획에 피드백을 남기거나 직접 연락해 협력 의사와 내 마케팅 계획을 잠재 파트너에게 전달한다.

셋째, 협력을 시작한다. 양측이 협력해 구체적인 활동을 시작하면 브랜드 개더링에 요청해 콘트롤 패널 도구를 이용할 수 있다. 콘트롤 패널은 홍보 활동 추적, 활동 계획 조정, 마케팅 방식 등을 돕는다.

6. 특허 공유

지적 재산권, 인재, 브랜드가 세계 총 기업 가치에서 차지하는 비중이 약 80퍼센트에 달한다. 미국에서 특허 신청을 가장 많이 한 기업은 BMW, 삼성, 캐논, 소니, 마이크로소프트 등인데 2013년에만 2만 1,000건이 넘는다. 그러나 자본의 한계로 제품 생산에서 시장 출시로 이어지는 특허는 극히 일부일 뿐이다.

전통 산업의 대표 기업인 제너럴 일렉트릭은 크라우드 소싱 기업 퀄키와 합작해 퀄키 발명가가 제너럴 일렉트릭의 특허와 기술을 이용해 새로운 아이디어 상품을 만드는 온라인 커뮤니티 발명 공유를 진행했다. 이 합작을 통해 움직임, 소리, 빛을 추적하는 홈 오토 시스템, 스마트 원격 제어 시스템, 피벗Pivot 변형 멀티탭 등의 아이디어 제품이 탄생했다.

7. 비즈니스 여행 시장

비즈니스 여행 시장은 공유 경제 모델에 새로운 방향을 제시했다. 2014년, 공유 경제 대표 기업 우버와 에어비앤비가 본격적으로 비즈니스 여행 시장에 진출했다. 기업 입장에서 출장 비용을 산정할 때 단순한 잠자리용 숙박뿐 아니라 출장 직원의 취향과 사무 환경과 편의성도 고려해야 한다.

미국 미네소타 주 트래블 리더스 그룹Travel Leaders Group이 발표한 최신 조사 자료에 따르면 공유 경제 서비스를 이용하는 비즈니스 여행자가 빠르게 늘어나고 있다. 여행 대리점의 40퍼센트가 〈최근 많은 고객이 획일화된 스탠다드룸이 아닌 차별화된 숙박 업체에 큰 관심을 보이고 있다〉라고 답했다. 또한 여행 대리점의 3분의 2는 〈고객으로부터 맞춤형 픽업 서비스를 요청받았다〉라고 응답했다.

2014년 우버는 『포춘』이 선정한 100대 기업 중 70퍼센트가 이용 중인 출장 관리 솔루션 전문 기업 컨커Concur와 합작해 기업 고객 전담 차량 서비스 비즈니스 우버Uber for Business를 출시했다. 기업이 우버에 가입하면 소속 직원은 개인 계정 외에 업무 계정이 하나 더 생긴다. 업무 중에는 업무 계정으로 우버를 이용하는데, 업무 계정이 컨커 계정과 연결되어 자동으로 택시비를 결제하고 회사 관리 프로그램에 정보를 전달한다. 직원이 일단 택시비를 결제하고 회사에 청구하는 번거로움이 사라졌다.

같은 해, 에어비앤비도 컨커와 합작해 비즈니스 여행 서비스 분야에 진출했다. 이 서비스는 출장 고객에게 출장 목적에 부합하는 숙박을 추천하고 출장 관련 서비스 일체를 제공한다. 예를 들어 와이파이 제공 여부를 필터링하고 숙박 요금 수준 등 기업의 요구 사항을 반영한다.

이들 기업 제휴는 확실한 윈윈을 실현했다. 비즈니스 여행자는 획일화된 비즈니스 호텔에서 벗어나 여행 목적에 따라 더욱 편리하고 차별화된 숙소를 선택할 수 있고, 에어비앤비 공급자는 대규모 신규 수요군을 얻었다.

중국에서는 디디가 2015년 초반에 디디 기업판를 출시했다. 서비스 개시 반년 만에 5,011개 기업이 가입했고 서비스 이용 건수가 60만 건을 돌파했다. 디디 기업판 이용자들은 택시비를 결제하고 월말에 영수증을 제출해야 하는 불편함이 사라져 매우 만족해 했다.

씨트립 비즈니스 여행 담당자는 비즈니스 여행 관리 시스템에 대해 이렇게 말했다. 〈공유 경제가 중국 비즈니스 여행 관리 시스템 시장에 진출하려면 세 가지 조건, 즉 정책 보완, 기술 발전, 고객 수요 조건이 만족되어야 한다. 현재 가장 큰 걸림돌은 정부 정책이다. 중국의 공유 경제 법률 정책은 아직 탐색 단계인 탓에 영수증 미발행 등 적법 문제를 먼저 해결해야 한다. 기술 발전 부분은 기본적으로 큰 문제는 아니다. 공유 경제 방식이 비즈니스 출장자에게 확실히 효율적이고 편리한 서비스를 제공하지만 비즈니스 출장 관리 시스템의 최종 선택은 기업의 몫이다. 이 세 가지 조건이 충족되면 중국 비즈니스 출장 관리 시장은 공유 경제의 새로운 총아로 떠오를 것이다.〉

B2B 공유 경제는 비즈니스 모델을 혁신적으로 변화시켰다. 기업은 더 이상 모든 생산력을 소유하지 않는다. 또한 소수 대형 공급상에만 의존하지 않고 시시각각 변하는 수요에 대응하기 위해 여러 소형 공급상의 자원을 이용한다. 가상 기업 방식으로 업무와 운영 방면에서 다각적인 협력이 진행되고 있다. 현재 B2B 공유 경제 시장은 플루브2 등 몇몇 선두 기업이 이끌고 있으나, 앞으로 기업 수가 급증하고 업무 및 서비스 형태가 더욱 다양해질 전망이다. B2B 공유 경제 발전으로 유무형을 따지지 않고 기업의 모든 자산을 공유하게 될 것이다. 창업 활동 확대로 기업 수가 증가하고 기업 간 공유 자원이 늘어나는 추세이므로 B2B 공유 경제의 미래는 더욱 밝다.

플루브2 창업자 킴 쇼아는 이런 의견을 피력했다. 〈공유 경제는 미래 경제 사회의 중요 구성요소가 될 것이다. 앞으로 자산 공유 없이 발전할 수 있는 기업은 없을 것이다. 플루브2는 모든 기업에 이익을 주는 동시에 기업과 개인을 초월해 사회 전체 결속력을 강화함으로써 다중 가치를 실현할 것이다.〉

28장
공공 공유

공공 공유는 우리 주변 가까이에 이미 존재하고 있다. 차이쉰 미디어 그룹(财讯传媒集团) 대표 돤잉차오(段永朝)가 그 대표적인 사례를 소개했다. 〈상하이에 400여 개 대학, 기업, 연구소가 보유한 7,000여 개의 대형 과학 기기 설비를 한데 모아 공개 공유하고, 과학 기계 정보, 검측 테스트 등의 서비스를 제공하는 플랫폼이 있다.〉 이 플랫폼에 가입해 대형 기기 설비를 사회와 공유하는 기업이나 단체는 「상하이 시 대형 과학 기기 설비 공유 촉진 규정」에 따라 공유 서비스 자금 지원을 받을 수 있다.

이 플랫폼의 정식 명칭은 상하이 연구 개발 공공 서비스 플랫폼SGST: Shanghai Science and Technology Innovation Resources Center으로 수년째 성공적으로 운영되고 있다. 상하이 소재 중소기업이라면 이 플랫폼에 등록된 대형 기기 설비를 사용해 과학 혁신 프로젝트를 진행하고 비용이 발생할 경우 시 정부로부터 자금을 지원받을 수 있다.

공공 자원 공유의 전형적인 사례인 SGST는 「상하이 시 과학 교육 도시 건립을 위한 전략 행동 요강」의 주요 프로젝트 중 하나로 시작됐다. 이 플랫폼의 자원 공유 범위는 주로 연구 개발 중심의 정보와 네트워크 등 현대 기술을 기반으로 구축한 개방형 과학 기술 기초 설비와 공공 서비스 시스템이다. 구체적으로 과학 데이터 공유, 과학 문헌 서비스, 기계 설비 공동 사용, 자원 내역 보장, 공동 실험, 전문 기술 서비스, 업계 검측 서비스, 기술 이전 서비스, 창업 인큐베이터 서비스, 운영 전략 지원의 10개 부분으로 조직되어 있다.

도시 건설 관점에서 볼 때 공공 공유는 글로벌 도시 경쟁력을 강화하는 데 큰 도움이 된다.

정부 및 도시 공공 서비스 분야의 공유 경제 발전은 아직 더디지만 정부가 이미 행동에 나선 만큼 곧 빠르게 확대될 것이다. 정부 조달 시스템 혁신, 정부 기관 유휴 자원 공유, 도시 공공 서비스 자원 공유 등 공유 경제가 개인과 기업을 거쳐 도시 전체로 확산되는 공유 도시 건설에 한 걸음 더 가까워졌다.

1. 정부 조달 부분

중국 정부는 단계적으로 관용차 시스템을 개혁하고 있다. 2015년 11월말 관련 통계에 따르면 중국 27개 지방 정부가 관용차 개혁 방안을 통과시키고 총 73만 9,000대 차량을 줄였다. 개혁 방안 통과 전 규모가 163만 3,000대였으니 약 45.22퍼센트가 감소한 것이다.

또한 지방 정부는 국가 정책에 호응해 에너지 절약, 탄소 배출 감소, 경제 효율 제고 목표를 달성하기 위해 모바일 인터넷에서 해법을 모색하고 있다. 특히 공유 경제 모델은 관용차 시스템에 획기적인 해법을 제시했다. 공유 경제 플랫폼으로 기존 국가 시스템과 서비스를 대체한 사례는 이미 수없이 많다.

먼저 2010년 영국 크로이던 의회가 집카와 제휴해 관용 차량 규모를 대폭 축소했다. 근무 시간에는 공무 수행 전용이지만 근무 외 시간에는 지역 주민도 이용할 수 있다.

미국 댈러스 시 정부는 차량 공유 플랫폼 집카, 주차 공간 공유 플랫폼 파크미ParkMe, 온라인 결제 플랫폼 페이바이폰PayByPhone과의 제휴를 적극적으로 추진했다. 이 세 기업은 서로의 물리적 자원, 사용자, 데이터를 공유해 댈러스 시민에게 최적화된 스마트 운송 서비스를 제공했다.

2015년 6월 29일, 디디가 디디 기업판을 기초로 정부 기관 고객의 특별한 수요에 맞춘 디디 정부판 서비스를 출시했다. 디디 정부판 서비스는 관용 차량을 줄인 정부 기관의 운송 수요를 담당했다. 결제 시스템은 부문별 합산 청구와 개별 지불 방식을 결합했다. 정부 기관 고객은 직접 관리자 페이지에 접속해 부문과 직급에 따라 차종, 시간 등 이용 권한을 차등 적용할 수 있다. 지방 정부의 관용차 개혁으로 기관에서 이탈한 차량은 디디에 흡수되어 기관 운송 수요를 우선 담당하고 남는 시간에 일반 수요에도 참여했다.

수년째 관용차 개혁을 추진하며 〈중국 관용차 개혁의 1인자〉라는 별칭을 얻은 후베이성 통계국 예칭(葉青) 부국장은 한 매체 인터뷰에서 〈원래 정부 기관 차량에 배치됐던 기사가 디디에 가입해 좐처 기사가 되면 기관 주문과 일반 주문을 모두 담당할 수 있다. 기사들은 재취업 문제가 해결되고 더 높은 수입을 올릴 수도 있다〉라고 말했다.

디디뿐 아니라 중국 관용차 시장의 규모와 발전 가능성에 주목한 여러 차량 공유 기업이 경쟁적으로 이 시장에 뛰어들었다. 2015년 국가 재정부 발표 자료에 따르면, 중앙 정부 삼공경비[1] 재정 지출 예산 규모가 63억 1600만 위안이었는데 이 중 공무 차량 구매 및 유지비가 절반 이상인 34억 5900만 위안을 기록했다. 이렇게 큰 관용차 수요는 빠르게 시장을 확대해 가는 차량 공유 플랫폼에게 대단히 매력적일 수밖에 없다.

2015년 이다오융처와 인민 디지털이 합작해 관용차 서비스 플랫폼을 출시했다. 초기에는 『인민일보』 디지털 미디어와 연계된 400여 개 중앙 정부 기관과 베이징 시 정부와 당 기관을 중심으로 했으나 점차 3선 도시 정부와 당 기관으로 확대됐다. 장기적인 최종 목표는 최하위 지역 단위 관용차 서비스까지 흡수하는 것이다. 인민 디지털 미디어가 차량 공유 플랫폼의 역할을 더함으로써 각 산하 기관 직원들은 공무 수행 시 개별 모바일 단말기로 간편하게 차량을 호출할 수 있게 됐다.

관용차 개혁은 차량 공유 플랫폼과의 제휴가 관건이다. 관용차 개혁과 차량 공유 시장 발전에 도움을 줌으로써 정부 기관과 플랫폼 양측이 윈윈해야 한다.

정부는 운송 부문뿐 아니라 숙박 부문에서도 공유 경제 방식을 받아들였다. 올림픽과 에어비앤비의 만남이 대표적이다. 2016년 리우 올림픽 총본부에서 리우 올림픽 조직 위원장 카를로스 아서 누즈만과 에어비앤비 공동 창업자 조 게비아가 대안 숙소 공급 공식 파트너 계약을 체결했다. 이 자리에서 카를로스 조직 위원장은 이렇게 말했다. 〈세계 각국의 여행자를 맞이하기 위한 숙박 공급 증가 전략으로 에어비앤비를 선택한 것은 최상의 결정이었다. 우리는 에어비앤비가 리우에서 확실한 공급 능력을 보여 줄 것이라고 확신한다. 또한 에어비앤비의 이색 숙소 컨셉이 리우와 올림픽을 경험하려는 관광객에게 수치로 환산할 수 없는 특별한 경험을 선물할 것이다. 약 100여 개 국가의 관광객이 자국 선수를 응원

1 공무 해외 출장비, 공무 접대비, 공무 차량 구매 및 유지비. 최근 공무원 예산 낭비의 주범으로 지목돼 비난의 대상이 되고 있다 — 옮긴이주.

하기 위해 리우를 찾을 것으로 예상되는 가운데 에어비앤비와 파트너십을 맺게 되어 매우 기쁘다.〉

2. 정부 유휴 자원 공유

정부 기관은 자체 시스템 개혁을 통해 정부 유휴 자원을 공유하기 시작했다. 영국 정부는 정부 사무 자원 공유 강화를 위해 2015년 봄부터 국세청과 관세청이 디지털 플랫폼을 통해 유휴 사무 용품, 사무 가구, IT 설비를 공유하는 시범 사업을 시작했다.

이외에 정부 공유 경제에서 비즈니스 기회를 포착한 인터넷 기업이 제3자 자격으로 정부 유휴 자원 공유 및 유동성 증가를 위한 서비스를 제공하고 있다. 『거버먼트 테크놀로지』는 미국 미시건 주에서 창업한 뮤니렌트MuniRent가 과학 기술을 이용해 정부 능력을 향상시켰다고 보도했다. 뮤니렌트는 시 정부 간 설비 임대 등 정부 기관에 효율성을 높인 경제 기초 설비를 제공함으로써 다른 공유 경제 플랫폼과 마찬가지로 이용자가 편리하고 저렴한 서비스를 누리도록 했다.

뮤니렌트 CEO 앨런 몬드는 〈우리는 공유 경제 발전에 적극 동참하던 중 더 큰 가능성을 발견했다. 그래서 공유 경제의 새로운 영역인 정부 협력 모델에 도전한다〉라고 말했다. 앨런은 미시건 주 공공사업 부문 담당자 30여 명과 직접 면담하면서 뮤니렌트 사업의 시장 가능성을 발견했다.

어느 도시에나 유휴 자원이 있기 마련이고 이웃 도시는 이 유휴 자원을 임대해 시간과 비용을 절약할 수 있다. 대도시는 중대형 설비의 사용률을 높이고 중소도시는 부족한 설비를 간편하게 임대해 사용할 수 있다.

뮤니렌트는 연방 재난 관리청 물자 분류 기준을 벤치마킹해 설비 목록 등록 시스템을 구축했다. 국가 표준 물자 분류 네임을 이용함으로써 공공사업 부문 담당자가 보다 쉽게 원하는 설비를 찾을 수 있다. 이 방법은 다급한 상황일 때 더욱 효과적이다.

뮤니렌트 가입은 기본적으로 무료이고 거래 성사 시 설비 공급자에게 수익의 10~20퍼센트를 수수료로 부과한다. 대신 플랫폼은 임대 계약서, 영수증 발행, 수표 발송 등 거래 및 관리에 필요한 백그라운드 서비스를 제공한다. 정부 기관 이용자 중 공급자 측은 설비를 등록하기만 하면 되고, 수요자 측은 설비를 이용한 후 반납만 잘 하면 된다.

정부 간 협력은 단순히 설비 임대에 그치지 않는다. 만약 설비 임대뿐이라면 아웃소싱으로 비용을 더 낮출 수도 있다. 그래서 뮤니렌트는 서비스의 범위를 온라인 고용으로 확대했다. 이와 관련해 알란은 〈환경 미화원과 청소 설비를 임대하고 싶은 시 정부가 있다면 뮤니렌트를 이용하면 된다. 미시건 주 첼시 시 정부가 대표적인 사례다〉라고 말했다.

3. 공공 설비 공유

도시 공공 설비란 도시 생존과 발전에 꼭 필요한 공학적 기초 설비로서 에너지 시스템, 교통 시스템, 통신 시스템 등 경제 활동 및 기타 사회 활동의 순조로운 진행을 돕는 기반 시설을 가리킨다.

현재 세계 각국 정부의 도시 공공 설비 공유 촉진 전략은 주로 데이터 공유와 교통 공유로 시작해 다른 분야로 확산되는 추세다.

정부가 할 수 있는 가장 간단하면서 효과적인 공유 활동은 정부의 데이터베이스를 공개하는 것이다. 데이터 동기화 솔루션 전략은 정부가 보다 효율적으로 시민 공공 서비스를 실행하는 데 도움을 준다. 현재 여러 국가와 지방 정부가 오픈 데이터 프로젝트를 실행하고 있다.

미국은 연방 정부 정보화 책임관CIO이 주도해 정부 데이터베이스 플랫폼(data.gov)을 개발했다. 이 플랫폼은 약 10만 개의 데이터베이스를 보유하고 있다. 시민은 레이텍, 태그, 데이터베이스 분류, 주제, 데이터 제공 기관, 구성 유형, 출판사명 등 다양한 방법으로 데이터를 검색할 수 있다. 각종 데이터와 정보를 공개 및 공유함으로써 모든 개인과 단체가 필요한 데이터를 확보해 대중의 혁신 능력을 강화할 수 있다.

프랑스 렌과 파리 시 정부가 2010년 10월과 2011년 1월에 각각 오픈 데이터 포털을 구축한 것을 시작으로 프랑스 각 지방 정부가 잇따라 데이터를 공개했다. 2015년 공유 시범 도시로 지정된 영국 맨체스터 시 정부도 데이터 동기화 솔루션 프로젝트를 실행하고 있다. 한국 정부도 사회 경제적 가치가 높은 서울시 공공 데이터를 시민에게 무료로 공개했다.

도시 공공 설비와 공유 경제의 결합이 가장 두드러진 부분은 역시 운송 부문이다.

정부는 핀처, 좐처, 공공 자전거 공유 확산을 촉진해 도시 도로 교통 체증과 공기 오염 감소, 자가용 구매 및 유지에 필요한 비용 감소, 주차 수요 감소 및 전용 주차장 확보, 차 없는 사람들의 이동 효율을 높이고, 공공 교통과 보행 및 자전거 등 대체 교통수단 이용률을 높일 계획이다. 이 솔루션은 운송 공유를 통해 사용자와 도시 전체의 경제, 시간, 공공 위생과 환경 비용을 낮추는 것이 목적이다.

세계 각국 정부는 다양한 정책을 발표해 운송 공유 발전을 촉진하고 있다.[2]

1) 운송 공유 발전을 위한 기준 범위, 비용 할인, 무료 주차 제공

주차장 확보와 편리한 주차 위치는 차량 공유 참여자들의 주요 동기다. 그러나 차량 공유 기업은 주차 수요 밀집 지역에 주차 공간을 확보하기 힘든 탓에 서비스를 확대하는 데 큰 어려움을 겪는다. 따라서 공유 차량이 주차장을 더 많이 확보하도록 함으로써 차량 공유 참여도를 높일 수 있다.

도시 정부는 주차 시간 무제한, 공유 차량 주차장 증설, 무료 주차, 주차 할인, 주차증 발급, 주차 규정 통일(〈공유 차량은 모든 도로에서 반납할 수 있다〉와 같은), 주택의 주차 공간 공유 허용 등 다양한 정책으로 공유 차량의 주차 편의성을 높여야 한다. 미국 워싱턴 시는 2005년에 차량 공유 기업에 도로변 주차 공간을 제공했다. 이후 경매 방식으로 3개 차량 공유 기업에 84곳 주차장을 넘겨 30만 달러 수입을 올렸다. 2013년 샌프란시스코 도로변 공유 차량 주차장이 확대된 것은 샌프란시스코 교통국이 제안한 차량 공유 정책의 일환이었다. 차량 공유 수요가 밀집한 도심 주차장을 차량 공유 기업에 제공하는 이유는 차량 공유 서비스를 가시화해 접촉 기회를 늘리기 위함이다. 또한 도로변 시 정부 주차장을 차량 공유 기업 주차장으로 제공하고 주차비를 할인해 준다.

2) 합리적인 공유 차량용 지방세율과 보조금

시카고, 보스턴, 포틀랜드 시는 공유 차량 세율 인하로 큰 성공을 거뒀다. 이들 도시는 법규상 공유 차량과 기존 렌터카를 확실히 구분 적용했다.

2 Shareable and the Sustainable Economies Law Center, *Policies for Shareable Cities* 참고.

파리 시 정부는 볼로레Bolloré 그룹과 공공 서비스 협의서를 체결했다. 이 협의서에 따라 볼로레는 오토리브 프로젝트에 제공하는 공유 전기차에 대해 보험 등 유지 보수 비용으로 매년 대당 3,000유로를 부담한다. 그리고 시 정부는 볼로레가 성공적으로 프로젝트를 진행할 수 있도록 사전 자금 400만 유로를 지원했다.

3) 공유 차량에 도로법 지원

지난 몇 년 사이 워싱턴, 휴스턴, 시애틀과 다인 탑승 차량 전용 도로를 중심으로 자연스럽게 차량 공유가 확산됐다. 다인 탑승 차량 전용 도로는 특히 러시아워 시간대에 큰 빛을 발한다. 샌프란시스코-오클랜드 베이 브리지는 미국에서도 교통 체증으로 유명하다. 이에 시 정부는 도로변과 고속 도로 진입로 부근 등에 카풀 정류소를 만들고 표지판을 세워 시간과 비용을 절약할 수 있는 차량 공유 시스템을 적극 지원했다. 이 외에 다인 탑승 차량 전용 도로를 따라 곳곳에 차량 공유를 이용하는 사람들의 승하차 및 환승 편의를 위해 정류장을 만들었다.

세계 공공 공유가 데이터 공유, 교통 공유에서 다른 공공 설비 분야로 빠르게 확산되면서 다양한 관련 정부 조치가 등장했다. 가장 흔한 방법은 정부와 기업이 협력해 공공 교통수단, 공공 도서관, 공공 옷장 등 시민이 공유할 가치 있는 공공 시설을 만드는 것이다. 이 방법은 공익에 대한 정부의 관심을 증명하며 시민 생활을 더욱 편리하고 효율적으로 만들어 준다. 독일은 거리 곳곳에 공공 도서관, 공공 옷장, 기부함, 공공 물품함 등 공유형 거리 공익 활동 시설을 설치했다.

공유 경제가 끊임없이 변화하고 발전하면서 공유 경제 방식을 받아들이는 각국 정부의 적극성이 점차 강해지는 추세다. 정부 자원의 개방과 공유, 도시 공공 시설 공유는 이미 보편적인 흐름이 됐고 앞으로 더 많은 국가가 이 흐름에 동참해 공유 경제 발전과 확대를 견인할 것이다.

29장
공유 도시 건설

공유 경제는 다양한 사회 응용 서비스를 탄생시켰고 많은 사람들이 이상적인 공유 도시를 꿈꾸기 시작했다. 1800년대까지만 해도 세계 인구의 도시 거주 비율은 3퍼센트에 불과했다. 현재 이 비율은 50퍼센트로 상승했고 2050년에는 70퍼센트에 육박할 것으로 예상된다.

인류는 경제 수요 증가와 기술 향상에 기초해 주택, 운송 등 생활 수요를 만족시킬 새롭고 융통성 있는 다양한 방법을 만들어 냈다. 과거에는 개개인이 자동차를 구매하고 값비싼 도시 주차 공간을 확보해야 했지만 지금은 차량 공유 서비스를 이용해 주차 문제까지 해결함으로써 도시 기초 설비 및 환경 부담이 크게 줄었다. 숙박 시장에서도 호텔 대신 단기 주택 임대를 선택하는 사람이 점점 많아지고 있다. 이 두 부분만 보더라도 공유 경제가 도시 생활에 막대한 영향을 끼쳤음을 알 수 있다. 도시 공간 재설계, 취업 기회 창출, 범죄 발생율 감소, 교통 관리, 공공 자원 공유 등 다양한 분야에서 더 큰 변화가 예상된다.

사실 최초의 도시 건설 목적이 바로 공유였다. 공유는 도시 번영, 혁신, 교류를 촉진시키는 강력한 에너지였다. 그러나 시간이 지날수록 한정된 자원에 대한 압박이 심해졌고 최근에 이르러 공유 경제가 등장했다.

공유 도시 발전은 두 방향 동시 전략이 필요하다. 하나는 교통, 숙박, 개인 자산 및 지식 등의 자원을 공유하기 위한 공유 네트워크 건설이다. 다른 하나는 기존 공공시설의 공유 능력과 개인 유휴 자원 이용률을 높이기 위해 시민의 적극적인 참여를 독려하는 것이다.

서울과 암스테르담은 대표적인 공유 도시로 손꼽힌다. 두 도시는 공공 설비, 업종 배치, 규정 제도를 자체적으로 계획해 다양한 공유 경제 모델이 운영되도록 돕고 공유 경제 관련 정책을 수립해 무료 급식, 취업, 주택, 교통 분야 공유 경제를 적극 지원함으로써 지역 커뮤니티 경제를 발전시키고 도시 공유 능력을 강화했다. 이들 공유 도시는 차량 공유를 확대해 교통 체증과 배기가스 배출량을 감소시키고 시민들은 임시 일자리를 통해 부수입을 올린다. 사무실 및 기타 공간 등 유휴 자산을 충분히 이용하고, 서로 지식과 기술을 전수하고, 유휴 시간을 활용해 타인에게 도움을 주고, 여러 가지 자원을 공유해 비용을 절약한다. 공유 경제는 도시 전체를 거대한 플랫폼으로 변화시켰다. 이 플랫폼은 더 많은 취업 기회와 더 발달한 스마트 과학 기술을 제공해 시민의 삶을 더 건강하게 해준다.

비영리 온라인 미디어 플랫폼 셰어러블Shareable은 현재 세계 곳곳에서 공유 도시 네트워크가 건설되고 있다고 전했다. 2013년 10월과 12월 사이, 50여 개 국가가 자원 공유 프로젝트를 시작했고 2015년 기준 100여 개 도시에서 웅대한 공유 도시 프로젝트를 실행하고 있다.

공유 경제는 국가 정책 제정에 막대한 영향을 끼쳤다. 공유 경제는 기존 도시 및 시장 계획과 관리 감독 체계의 기본 가설을 뒤엎었다. 우리는 오랫동안 주택, 비지니스, 산업, 농업 등 업종을 엄격히 분리하고 가정을 기본 경제 단위로 삼아야 한다고 생각해 왔다. 공유, 교환, 대등한 거래를 통해 모든 개인과 일이 하나로 연결됐다. 도시 정부는 기초 설비, 서비스, 우대 정책, 법률 등 다양한 방법을 합리적으로 조정해 공유 경제 발전 촉진을 위한 주도적인 역할을 담당하고 있다.

현재 많은 국가와 지방 정부가 적극적으로 공유 도시 건설을 주도하고 있지만 상당수는 공유 경제의 가치와 존재를 정확히 알지 못한다. 이 때문에 일부 정부는 이미 공유 경제 발전 계획을 실시하면서도 그 결과를 의심하며 불안해하고 있다. 어떻든 정부 부문의 참여는 그 자체만으로 공유 도시 건설에 큰 영향을 끼친다.

어떻게 공유 경제를 운영할 것인지에 대한 구체적인 조치를 위해서는 각 도시별로 관련 위원회를 조직해 공유 도시 건설 및 확대를 위한 다양한 기회를 모색해야 한다. 공유 경제 방식의 공공 서비스, 혁신, 대중 참여 방식을 연구하고 공간과 토지 등 정부 유휴 자산을 공유할 수 있는 새로운 길을 마련해야 한다. 시민이 공유할 기초 설비는 늘리고 주민, 지역사회, 기업 중심으로 함께 공유 활동에 참여하고 격려할 수 있는 시스템을 마련해 공유 도시 범위를 지속적으로 확대해 간다.

정부 기관과 정책 담당자는 관련 법규와 관리 감독 조치를 서둘러 마련해야 한다. 소유권에 기초한 기존 법률의 틀에서 벗어나 기업, 소비자, 공급자, 교환 거래 참여자의 안전한 공유 활동을 보장하는 시스템이 필요하다. 정부는 여러 분야의 데이터와 의견을 수렴해 도시 전체의 일반 소비 및 자원 소비 현황을 정확히 파악한 후 공유 경제 발전에 유리한 환경을 조성해 새로운 비즈니스 모델이 안정적으로 운영될 수 있는 건전한 기반을 마련해야 한다.

현재 영국, 미국, 한국, 네덜란드, 이탈리아에서 실행 중인 공유 도시 시범 프로젝트를 구체적으로 소개하겠다.

1. 영국의 시범 도시

영국 정부는 2014년에 〈세계 공유 경제 허브〉를 목표로 공유 경제 발전 계획을 수립했다. 곧이어 2015년~2016년 리즈와 그레이터 맨체스터를 시범 도시로 선정했다. 각 지역의 특성에 따라 리즈는 운송 공유에, 맨체스터는 건강 및 사회 보장 사업 분야에 주력했다. 이외에 런던에서도 스마트 도시를 목표로 공유 경제 각 분야에서 다양한 정책을 시도하고 있다.

1) 리즈

잉글랜드 웨스트요크셔 주에 위치한 리즈는 산업 혁명 이후 영국의 대표적인 제조업 중심지였으나 이후 경제 중심지로 변신했다. 현재는 서비스업 비율이 70퍼센트를 차지하는 경제 도시다. 특히 비즈니스와 금융 발전이 두드러져 영국 도시 중 경제 발전 수준이 높은 곳으로 손꼽힌다.

리즈 시는 공유 도시의 가능성을 실험하기 위해 일련의 정책을 실행했는데 주로 공유 운송과 전통 운송 방식을 결합하는 조치였다. 여기에는 현지 차량 공유 앱, 자전거 공유 앱, 버스·기차·택시 관련 앱이 모두 포함됐다. 이외에 기차 이용에서 제초기 대여까지 시민 생활에 필요한 설비 공유와 관련 기술을 제공하는 플랫폼을 구축해 시 의회가 직접 운영한다. 구체적인 내용은 다음과 같다.[1]

1 BIS, 「공유 경제 독립 조사에 대한 정부 대응 방안」 참고.

① 새로운 모바일 앱과 운송 공유 시스템을 개발했다. 승객이 모든 운송 수단을 연계 이용할 수 있도록 버스, 기차, 공유 차량, 택시, 자전거 서비스를 빈틈없이 연결했다.

② 공유 차량 기사가 시 정부 관용차 수요를 담당하고 기차역 주차장 등 공유 차량 주정차 공간을 더 많이 확보했다.

③ 리즈 시와 웨스트요크셔 주 전문가들이 모여 커클리스Kirklees 의회를 결성하고 블룸버그 자선 재단Bloomberg Philanthropies의 지원을 받았다. 커클리스 의회는 현재 새로운 공공 자산과 공공 서비스 제공 방법을 연구하고 있다. 현지 주민이 제초기나 트랙터 운전 기술 등 미개발 자원과 유휴 공간 및 설비를 충분히 이용할 수 있는 환경을 만드는 것이 목적이다.

2) 그레이터 맨체스터

맨체스터의 대표 산업은 금융이고 비즈니스, 산업, 문화, 교통의 중심지이기도 하다. 맨체스터가 속한 그레이터 맨체스터 주는 영국에서도 경제 수준이 높은 지역이다.

맨체스터 공유 경제는 건강 및 사회 보장 서비스 분야에 주력했다. IT 기술을 기반으로 사회 자원을 활성화해 주민과 서비스 공급자를 효율적으로 연결했다. 구체적인 내용은 다음과 같다.[2]

① 건강과 사회 보장 분야에 주력한다. 자원 봉사와 지역 사회 센터를 통해 지역 사회 역할을 강화해 주민 수요를 만족시킨다. 기존 건강과 사회 보장 서비스 기반에 지역 사회의 대응력을 강화해 사회 고립 등 사회

2 BIS, 「공유 경제 독립 조사에 대한 정부 대응 방안」 참고.

문제를 근원적으로 해결한다.

② 그레이터 맨체스터는 개인과 지역 사회의 관계성에 깊이 주목했다. 사회 자산을 충분히 이용해 지역 사회 센터 및 관련 소기업을 발전시키고 신기술 이용, 가치 교환, 자원 봉사 통합을 추진한다.

③ 정부 데이터 공유를 동기화한다. 데이터 공유 동기화의 목적은 지방 정부가 오픈 데이터를 이용해 시민들에게 효율적인 공공 서비스를 제공하는 것이다. 또한 정부 부문과 기타 공공 기관이 일률적인 기준에 따라 서로 데이터를 주고받고 중소기업이 정부의 오픈 데이터를 이용해 제품 및 서비스를 발전시킬 수 있도록 한다.

④ 응용 혁신을 장려한다. 공공 부문, 기업, 사회 단체가 신규 등록된 오픈 데이터를 이용하도록 적극 장려한다. 이를 통해 개발한 모든 응용 프로그램은 참고 자료로 삼은 데이터베이스와 자동 연결되어 데이터의 이용 가치를 극대화한다.

3) 런던

런던은 과도한 도시 확장으로 심각한 자산 및 자원 압박 문제에 직면했다. 일반적으로 공유 경제는 긴축 재정 상황에서 빠르게 발전한다. 혁신적인 민간 비즈니스 모델에 정부의 공유 경제 지원이 더해져 시너지 효과가 발생했다.

현재 런던 시민의 자가용 보유율은 매우 낮은 수준에서 계속 하락하는 반면 자전거 공유 서비스 지표는 매우 성공적으로 나타났다. 또한 임대료 수준이 워낙 높은 탓에 주택, 사무실, 공공 건축을 충분히 이용해야 한다.

런던 시민은 에어비앤비, 러브 홈 스왑Love Home Swap, 짚카, 해슬, 테스크래빗 등 다양한 공유 경제 플랫폼을 이용하고 있는데 특히 런던 동부 테크시티에서 가장 성공적이었다.

그레이터 런던 정부는 〈공유 경제 등대 프로젝트〉로 명명된 독창적인 테스트를 실시했다. 2015년, 이 계획은 유럽 위원회로부터 약 2500만 유로를 후원 받았다. 여기에는 〈누구나 대규모 데이터를 이용해 도시, 지역사회, 서비스업 운영 방식을 혁신할 수 있도록 새로운 데이터 공유 모델을 구축한다. 나아가 공공 데이터 공유 플랫폼을 구축해 도시 간 데이터 공유를 촉진한다〉 등 공유 경제 각 분야에 대한 구체적인 조치 내용이 담겼다.

2. 미국 공유 도시 결의안

2013년 6월, 미국 시장 협의회에서 에드윈 리 샌프란시스코 시장, 마이클 블룸버그 뉴욕 시장 등 15개 도시 시장이 공동으로 공유 도시 건설 계획을 발의했다. 이들은 공유 도시가 공유 경제 발전에 매우 효과적이지만 구제도와 법규가 그 발전을 가로막고 있다는 데 동의했다. 그리고 최종적으로 〈공유 도시 지원 정책〉 87호 결의안을 통과시켰다. 이 결의안은 공유 경제의 중요성과 여기에서 파생되는 혁신과 기회를 정식으로 인정했다.

이 결의안은 경제 불황이 미국 각 도시에 대규모 실업자를 양산했다고 지적했다. 그동안 생산력이 급증했지만 대다수 미국인의 임금과 수입은 오랫동안 제자리였다. 지난 30년간 미국 경제 성장률은 연평균 2.66퍼센트를 기록했으나 미국 중산층 가계 수입 증가율은 연평균 0.36퍼센트에 그쳤다. 또한 사회와 고립된 채 살아가는 미국인이 1985년 대비 2배 증가했고 고령화 인구도 빠르게 증가했다. 도시와 지방 모두 지역 사회 및 이웃 교류가 크게 줄었다.

공유 경제는 물품과 서비스의 교환, 가치, 혁신 방법을 재정의했다. 사람들은 물품과 서비스를 소유하는 대신 개인 간 거래를 선택했다. 충분히 이용하지 못한 자산을 공유 경제 시장에 공급하고 거래를 통해 자산의 가치를 극대화했다. 공유 경제는 사람들에게 취업, 주택, 교통, 식품 환경 개선을 위한 새로운 길을 제시했다. 여기에서 가정과 기업이 부가 수입을 얻어 지역 사회 생산 재투자 효과가 발생한다.

지금까지 도시 정부는 공유 경제 발전을 위해 많은 자원을 투입했다. 다양한 공유 방식을 통해 지역 사회 주민, 이웃, 동료 간 관계를 강화함으로써 도시의 경제 및 환경 부담을 탄력적으로 조절할 수 있다. 과거 수십 년 동안 여러 도시에서 다양한 실험을 통해 공유 경제 운영 모델을 보완했다. 자동차와 자전거 공유, 연합 사무실, 협력 소비, 주택 교환 및 공유, 툴 라이브러리 등이 대중의 환영 속에 큰 성공을 거뒀다. 이러한 방식을 통해 대중은 기존에 허락되지 않았던 물품과 공간을 체험할 수 있게 됐다. 새로운 기술 플랫폼과 커뮤니티 기술 덕분에 우리는 낯선 사람과 유휴 물품을 공유하며 다양한 거래와 교류를 경험하고 있다. 현재 공유 경제 기업은 혁신과 취업 기회를 촉진하는 일등 공신이자 경기 불황 시대의 새로운 경제 성장점으로 자리 잡았다.

공유 경제는 도시 모든 분야에 두루 영향을 끼쳤다. 경제 성장, 도시화, 운송, 범죄 발생율 감소, 도시 공간 설계, 취업 기회 창출, 공공 서비스 제공 등 기존 도시 운영 시스템의 한계를 보완했다. 이에 미국 시장 협의회는 공유 경제를 더욱 발전시키기 위해 다음의 결의안을 통과시켰다.

① 시민이 공유 경제와 그것이 공공 부문과 개인 및 기업에 어떤 이익을 주는지 보다 명확히 이해할 수 있도록 더욱 명확하고 표준화된 방법

으로 공유 경제의 영향력을 평가한다.

② 기존 법규 중 공유 경제 발전에 걸림돌이 되는 내용이 있는지 철저히 검토하고 보완 솔루션을 마련한다.

③ 이미 효과가 검증된 공유 시스템을 적극 지원한다. 특히 정부 자산을 공개해 일반 대중이 정부 유휴 자산을 충분히 이용하도록 한다.

뉴욕, 샌프란시스코 등 대표적인 미국 공유 도시는 이미 이 결의안을 이해하고 있다. 그 구체적인 내용은 다음과 같다.

1) 뉴욕

뉴욕은 과학 기술 집약 도시로 오랫동안 창업과 투자의 요람이었다. 그리고 공유 경제 흐름에 맞춰 명실상부 미국 동부 공유 경제 중심지로 발전해 수많은 공유 경제 창업 기업을 탄생시켰다. 시티바이크Citibike, 트러스트클라우드Trustcloud, 크르브Krrb, 어플리코Applico, 아이고보노Igobono, 잇위드 등이 대표적인 사례다. 이 중 시티바이크는 뉴욕 시가 운영하는 자전거 공유 시스템으로 2014년 기준 600대 자전거를 보유했다. 시티바이크 이용자는 맨해튼과 브루클린의 322개 정류소에서 편리하게 대여 및 반납할 수 있다. 시티바이크 누적 이용 건수는 1320만을 돌파했고 2017년 뉴욕 시 자전거 보유 대수는 2007년의 3배에 달할 것으로 예상된다. 또한 2001년과 비교해 뉴욕 자전거 사고율이 72퍼센트 감소했다.

뉴욕 시는 최근 관련 정책을 통한 정부의 직접 지원과 사회 단체 조직을 통한 간접 지원 등 다양한 공유 도시 시범 정책을 테스트하고 있다.

시 정부는 퀸즈 지역에 기업 인큐베이터를 설립하고 식품 관련 창업 기업을 육성했다. 24시간 운영하는 이곳에는 창업자 100여 명이 열심히 사업에 몰두하고 있다. 최근 2년간 퀸즈 기업 인큐베이터가 창출한 경제 가치는 약 500만 달러다.

뉴욕 시는 공유 주택을 장기 지원하고 있다. 1974년에 설립된 도시 주택 지원 위원회Urban Homesteading Assistance Board를 통해 1,600가구의 공유 주택 서비스를 지원했다. 이 위원회는 뉴욕 시와 장기 계약을 체결해 공유 주택 사업에 참여하는 시민에게 자금과 기술 지원, 법률 자문, 건축 계획, 관리 교육을 제공했다.

최근 등장한 비영리 사회 서비스 조직 가정 생활 센터CFL: Center for Family Life는 선셋파크, 브루클린 등 이민자가 많은 지역에 노동자 협동 조합을 육성했다. 2012년 뉴욕 시의회는 CFL에 14만 7,000달러를 지원해 또 다른 지역에서 비영리 협동 조합을 육성하도록 했다.

뉴욕 홈케어 협동조합은 1985년 이후 취업 기회가 부족하고 고용이 불안한 저소득층의 만성 질환 환자, 장애인, 노인을 위한 홈케어 서비스를 제공하고 있다. 여기에서 약 2,000개 일자리가 창출됐다.

뉴욕 브롱크스 고등학교는 그린 노동자 협동 조합과 합작해 중고등학생 대상 공유 연구소를 설립했다. 이 연구소는 학생이 제안한 학교와 관련된 우수한 공유 사업 의견을 적극 반영했다.[3]

2) 샌프란시스코

샌프란시스코가 미국 공유 경제 중심지가 된 데는 실리콘 밸리의 영향이 컸을 것이다. 세계적인 공유 경제 기업인 우버, 에어비앤비, 리프트, 시티 카셰어City CarShare, 사이언스 익스체인지Science Exchange, 피스틀

3 Shareable & The Sustainable Economies Law Center, *Policies for Shareable Cities* 참고.

리Feastly, 핏맙Fitmob, 유데미Udemy 등이 샌프란시스코에서 탄생했다. 우버, 에어비앤비, 리프트, 시티 카셰어 등 비교적 익숙한 기업 외에 다양한 분야의 공유 기업이 포진해 있다. 과학 협력 플랫폼 사이언스 익스체인지는 과학자들이 이 플랫폼을 통해 세계 최고의 실험실을 사용할 수 있도록 연결해 준다. 샌프란시스코에 위치한 바이오테크 기업 온코시너지OncoSynergy는 사이언스 익스체인지를 통해 회사 소유 실험실을 외부에 대여하고 있다. 특히 에볼라 바이러스 치료제 테스트 치료를 진행한 바 있다. 현지 음식 공유 플랫폼 피스틀리는 샌프란시스코가 서비스가 가장 활발한 지역이라고 밝혔다.

샌프란시스코는 공유 경제 기업 자체의 역량이 뛰어나지만 완벽한 공유 도시로 거듭나려면 정부의 지원이 병행돼야 한다. 2012년 샌프란시스코 시 정부는 미국에서 최초로 공유 경제 연구팀을 조직해 공유 경제의 경제 효과와 창업 기업 지원에 대한 정책 연구를 시작했다. 2013년 7월 15일, 샌프란시스코 시장 에드윈 리가 차량 공유 기업 리프트의 창립일을 기념하는 〈리프트 데이〉를 선언했다. 이외에도 샌프란시스코 시 정부는 색다른 공유 경제 촉진 이벤트를 시행했다. 예를 들어 2013년 8월, 샌프란시스코 교통 환경 위원회가 정기 점검을 위해 오클랜드 베이 브리지를 폐쇄하는 노동절 기간 동안 시민들에게 카풀 서비스 앱 카르마Carma를 이용하라고 적극 홍보했다. 이외에 샌프란시스코 정부가 최근 시행한 공유 경제 발전 및 공유 도시 건설 관련 조치는 다음과 같다.

① 2013년 7월 1일, 샌프란시스코 시 정부는 공유 차량 주차장 사용권을 6개월 연장하는 차량 공유 서비스 지원 계획을 발표했다.

② 다양한 차량 공유 발전 계획을 수립했다. 도시 계획 중 건물 신축 시 공유 차량 주차 공간을 의무 제공하도록 했다. 비주거 지역의 경우,

전체 면적의 5퍼센트를 차량 공유 기업이나 기타 차량 공유 협력 프로젝트에 제공해야 한다.

③ 새로운 토지 개념 〈주변 농업〉을 만들어 택지 지구, 상업 지구, 산업 지구 주변에 농업 경작을 허용했다. 1에이커 이하 면적에서 생산한 농산물을 지역 사회 소규모 정원, 농업, 원예 시장, 농업 시장에 판매 및 기부할 수 있다.

④ 2009년 당시 시장이었던 개빈 뉴섬이 공터, 지붕, 테라스, 분리대 등 시의 모든 유휴 토지를 화원 혹은 농장으로 개조한다고 발표했다.

⑤ 사무실 및 유형 자원을 공유했다. 2012년, 샌프란시스코 경제 및 노동력 발전 부문과 환경 및 경제 권리 부문에서 유휴 사무실을 공유했다.[4]

샌프란시스코 시 정부는 공유 경제 발전을 지지하는 동시에 정당한 기업 경쟁과 소비자 권익 보호에도 힘썼다. 2014년 경제 및 노동력 발전 부문은 〈업종 초월 혁신〉을 강조하면서 〈공유 경제의 가치를 높이 평가하지만 정부는 소비자 권익과 신기술 발전을 균형적으로 발전시켜야 할 책임이 있다〉라고 말했다. 예를 들어 차량 공유 발전과 함께 택시 업계의 경쟁 및 질서 유지도 중요하다는 입장이다. 또한 2014년 에어비앤비 합법화 과정에서 관련 규정을 제정해 소비자와 숙박업계 경쟁자의 권리를 보장했다.

3. 한국 — 〈공유 도시 서울〉 선언

최근 서울시는 인터넷 시대 공유 도시의 청사진을 제시했다. 서울 시

4 Shareable & The Sustainable Economies Law Center, *Policies for Shareable Cities* 참고.

정부가 운영하는 〈공유허브〉 공식 사이트 목록을 보면 전국적으로 시간, 공간, 기술, 물품, 정보 등 다양한 공유 경제 서비스가 제공되고 있음을 알 수 있다. 서울시가 꿈꾸는 미래는 전형적인 공유 도시의 이상향이다. 공공 부문이 개인 공유 경제 비즈니스 영역에 진출하고 정부와 공공 기관이 적극적으로 공유 경제 발전을 지원하는 방식이다.

서울시는 2012년 9월 20일 〈공유 도시 서울〉을 선언하고 「서울특별시 공유 촉진 조례」를 발표했다. 이 조례에는 시민 생활과 밀접한 분야의 도시 공공 사업 확대와 공유 도시 기초 건설과 관련된 정책이 포함됐다. 서울시는 〈공유 도시〉가 사회 혁신의 해답이라고 생각한다. 이를 통해 자원 낭비를 감소시키고 서울시 전역에 퍼져 있는 경제, 사회, 환경 문제의 답을 찾아 새로운 경제 기회를 얻을 수 있기를 기대한다.

과거 도시 정책은 대부분 도로, 주차장, 학교, 도서관 등 공유 도시 기초 시설에 집중됐으나 앞으로는 공간, 물질, 기술 등 유휴 자원의 이용률을 높이는 설비 구축이 중심이 될 것이다. 동시에 민간 부문의 요구를 존중하고 공공 자원을 대중에게 개방한다.

서울시는 〈공유 도시 서울〉을 실현하기 위해 다음과 같은 조치를 취했다.

1) 공유 도시 오픈 데이터 플랫폼

서울시는 2013년 6월 26일 〈공유허브〉[5] 공식 사이트를 오픈하고 공유 기업과 공유 도시 관련 정보를 제공했다. 공유 도시를 검색해야 할 때, 이 사이트에 접속하면 모든 관련 정보를 쉽게 찾을 수 있다. 공유 경제

5 http://sharehub.kr 참고.

활동에 참여하기는 더욱 쉽다.

또한 〈공유허브〉 사이트는 국내외 공유 경제 단체와 기업, 미디어와 사회 각 분야의 소식을 총망라해 관련 기관을 연결하고 지원하는 역할을 수행한다.

2) 공유 단체와 공유 기업 지원

서울시는 민간 공유 단체와 공유 기업에 대한 대중의 신뢰를 높이기 위해 〈공유 단체·공유 기업 지정〉 제도를 실시했다. 2015년 9월 기준 서울시가 지정한 공유 단체 및 기업은 총 63개였다. 이들 단체 및 기업은 서울시 공식 공유 도시 BI(Brand Identity)를 사용할 수 있다. 서울시는 이들 기업이 널리 알려지도록 홍보 활동을 지원하고 시 정부 산하 관련 부문과의 협력을 장려한다.

서울시는 공유 경제 창업 프로젝트에 참여한 예비 창업자에게 사무 공간, 자문, 활동비 등 다양한 지원을 이어갔다. 이미 63개 공유 기업 단체와 기업에 4억 7000만원을 지원했다.

3) 시민 참여 확대

법조인, 언론인, 기업인, 비영리 사단 법인, 과학 연구 기관, 경제 전문가, 사회 복지 전문가, 그리고 교통 부문과 혁신 사업 부문의 국장급 공무원으로 구성된 〈서울특별시 공유 촉진 위원회〉의 주요 임무는 공유 경제 발전 촉진을 위한 정책을 제안하고 〈공유 단체 및 공유 기업 지정〉을 심의하는 것이다.

〈공유 도시 서울〉을 상징하는 BI와 슬로건은 시민 참여를 독려한 공모전을 통해 탄생했다. BI는 〈공유 도시 서울〉이라는 글자에 수학 기호

〈÷〉와 〈+〉를 끼워 넣어 〈나눌수록 이익이 커진다〉는 공유 경제의 기본 개념을 강조했다. 〈천만 가지 공유, 천만 가지 행복〉이라는 슬로건은 공유를 통해 시민의 삶이 풍요로워진다는 의미를 담았다. BI와 슬로건은 서울시가 주최한 공모전에서 다양한 응모작을 제치고 대상을 수상한 작품이다.

서울시는 시민들을 공유 도시 건설에 참여시키기 위해 다양한 이벤트를 마련했다. 2013년 1~4월, 서울시는 공유 기업 위즈돔wisdome과 손잡고 시민들에게 공유 도시와 공유 경제를 정확히 이해하고 공유 경제 참여 방법을 배울 수 있는 강연 프로그램 〈서울, 공유 경제를 만나다〉를 진행했다. 이 강연에 참여한 시민은 1,207명이었다. 2014년 4월, 서울시는 공동 책장 프로젝트 〈공유서가〉를 시작했다. 지하철 안에서 책을 읽는 플래시몹 〈책 읽는 지하철〉은 박원순 서울 시장이 참여하면서 유명해졌다. 2013년 8월, 서울시가 개최한 공유 도시 박람회에 1만 명 이상이 참관했다. 같은 해 10월과 11월에 공유 기업 집밥, 위즈돔 등이 참여한 시민 공유 체험 행사를 열어 현장에서 여러 공유 기업의 특별한 서비스를 체험한 시민들로부터 큰 호응을 얻었다.

2015년 9월 기준 서울시는 10여 개의 도시 자원 공유 프로젝트를 실행했다. 그리고 2016년에도 관련 프로젝트를 지속적으로 추진한다고 밝혔다. 특히 에어비앤비, 우버와 같은 O2O 기업 및 서비스 육성에 주력하고 이를 위해 관련 법률을 수정해 공유 경제 발전 및 공유 도시 건설을 위한 제도적 기반을 공고히 다질 계획이다. 불안한 미래와 경제 위기가 지속되는 상황이지만 서울시는 공유 경제 발전 촉진을 통해 사회 번영과 경제 회복력이 강화된다고 판단했다. 이것은 도시를 책임지는 정책 결정권자와 도시 계획자가 반드시 고려해야 할 문제다.

4. 네덜란드 — 유럽 최초 공유 도시

셰어엔엘ShareNL은 네덜란드 대표 공유 경제 플랫폼이다. 2013년 11월, 셰어엔엘 공식 사이트에 〈암스테르담을 유럽 최초 공유 도시로 만들겠다. 모든 시민은 지속 가능한 상품, 서비스, 지식을 누리며 더욱 풍요롭고 행복해질 수 있다〉라는 새로운 사명이 추가됐다. 셰어엔엘은 이 이상을 실현하기 위해 〈미국 15개 도시 시장들이 그랬던 것처럼 암스테르담 시장 에버하르트 반 더 란이 공유 도시 계획 결의안을 통과시키도록 만들겠다〉라는 새로운 목표를 설정했다.

왜 하필 암스테르담에 이런 조직이 등장했을까? 네덜란드, 특히 암스테르담은 공유 경제 발전 과정에서 많은 것을 얻었다. 네덜란드 현지 공유 경제 창업 기업은 빠르게 성장해 주변국으로 서비스 범위를 확대했다. 충분한 자금 투자가 이어졌고 주요 업종의 대기업과 관련 기관이 공유 경제를 주목했다. 각계각층에서 공유 경제의 뜨거운 열기에 동참하면서 네덜란드 공유 경제는 황금시대를 맞이했다.

민간 단체, 업계 조직, 암스테르담 시 정부가 동시에 공유 도시 건설에 나섰다. 암스테르담 시 정부가 차량 공유 서비스를 적극 지원하면서 이 분야에서 많은 경험을 쌓았다. 또한 세계 곳곳에서 논란과 분쟁을 일으키고 있는 공유 경제 선두 기업 에어비앤비를 열린 마음으로 받아들였다. 암스테르담 시 정부는 에어비앤비를 이렇게 평가했다. 〈휴가 단기 임대는 자유를 지향하고 적극적으로 세계와 소통하려는 암스테르담 도시 이념과 부합한다. 에어비앤비는 기존 주택을 충분히 이용해 여행자 숙박 수요를 만족시킨다. 특히 여행자에게 다양한 선택의 기회를 주고 현지 여행 시장을 활성화시킨다는 것이 큰 장점이다. 또한 점점 인기를 더해

표 29-1. 서울시가 실행하는 11개 도시 자원 공유 프로젝트

	공유 프로젝트	서비스 내용
1	차량 공유	정부가 민간 기업과 제휴해 공영 주차장 전용 주차 공간을 제공하고 주차비를 할인해 준다. 시민 누구나 스마트폰이나 인터넷을 이용해 예약한 후 가까운 주차장에서 이용할 수 있다. 서울 나눔카는 약 2,000대가 운행 중이다.
2	공유 서가	300가구 이상 아파트에 의무적으로 설치되어 있는 작은 도서관을 중심으로 공유 서가를 설치해 주민과 공유하고 있다. 현재 58개소가 운영 중이다.
3	공구 도서관	공구 도서관 운영을 원하는 지역에 정부가 운영비를 보조한다. 공구 도서관은 캐리어, 수리 공구 등 어쩌다 한 번 사용하는 유휴 물품을 지역 주민에게 대여한다. 현재 81개소가 운영 중이다.
4	아동복 공유	75개 공유 기업과 사회 단체가 참여해 아동복 8만여 점을 공유한다.
5	주차장 공유	정부와 기초 단체가 협력해 주차장 공유 모델을 개발했다. 현재 3,000여 개 주차 공간을 공유하고 있다.
6	공공시설 및 유휴 공간 공유	공공 기관 회의실, 교회 등 비어 있는 시간이 많은 공간을 시민들에게 저렴한 가격으로 대여해 준다. 현재 1,007개 장소가 오픈되어 있다.
7	세대 공감 주거 공유	집에 남는 빈방이 있는 어르신과 방이 필요한 청년을 연결해 준다. 청년은 무료 혹은 저렴하게 거주하는 대신 어르신에게 장보기, 외출 동행, 청소 등 생활 서비스를 제공한다.
8	외국인 관광 민박업 활성화	일반 주택에서 외국인 관광객에게 유료 숙식을 제공한다. 정부 관광 부문에서 여행객과 집주인을 연결해 준다. 현재 도시 민박 이용률은 17.7퍼센트다.
9	공공 와이파이	서울시 통신 네트워크와 설비를 공유해 무료 공공 와이파이존을 확대했다. 주요 거리와 공원 등 473개소에 1,998개 접속 장치를 설치했다.
10	열린 데이터 광장	사회 경제적 가치가 있는 공공 데이터를 무료로 공유한다.
11	서울 사진 아카이브	사진 공유 전용 플랫폼을 구축해 누구나 플랫폼에 등록된 사진을 자유롭게 사용할 수 있고, 내 사진을 타인과 공유할 수도 있다(콘텐츠 공개 허가 협의서를 작성하고 따로 사용 금지 표시가 없다면 자유롭게 사용할 수 있다). 현재 등록된 사진은 약 24만 점.

가는 커뮤니티 미디어를 적극 활용해 암스테르담에서 현지인처럼 살아 보고 싶은 여행자의 특별한 수요를 만족시킬 수 있다.〉

셰어엔엘은 창립 초기부터 암스테르담 시 정부에 수차례 공유 경제 발전 제안서를 전달하며 정부로부터 주목받았다. 암스테르담 시 정부는 콜라보레이티브 랩스, 셰어러블 등 여러 전문 기관의 자문과 도움을 받아 2015년 2월에 정식으로 〈암스테르담 공유 도시〉 계획을 발표했다. 이 계획에 따라 공유 경제 기업, 공유 경제 업계 조직, 대학 기관, 정부 기관 전문가들이 힘을 모아 유럽 최초 공유 도시 건설 및 2030년까지 콜라보레이티브 소셜 구축이라는 목표를 향해 함께 노력하기로 했다.

2016년 2월, 셰어엔엘 자료에 따르면 암스테르담 시민 84퍼센트가 도구 대여, 차량 공유, 공간 공유, 서비스 공유, 음식 공유 등 다양한 공유 활동에 참여하는 것으로 나타났다. 현재 암스테르담에서 진행 중인 대표적인 공유 도시 프로젝트는 다음과 같다.

① 차량 공유: 이 프로젝트는 도시 아이들의 놀이 공간을 점령한 심각한 주차 문제를 해결하기 위해 시작됐다.

② 공간 공유: 도시 도서관 프로젝트는 시민들에게 연구 및 토론 공간을 제공한다. 셰어링 타워The Sharing Tower 프로젝트는 비슷한 관심과 목적을 가진 임차인과 임대인을 연결해 공간을 공유하도록 해준다.

③ 물품 공유: 물품 대여 플랫폼 피어바이를 통해 이웃 간 교류를 장려한다.

5. 이탈리아 밀라노 — 공유 박람회

2014년 12월, 이탈리아 제2의 도시 밀라노 시의회가 〈공유 도시 밀라노〉 결의안을 통과시켰다. 이 결의안은 소유를 대신한 공유 개념에 적극 동의하며 밀라노 공유 경제 발전을 위한 지침을 마련했다. 관련 기업, 무역 협회, 소비자 단체 등이 다함께 힘을 모아 밀라노를 공유 경제 개념을 정식 인정하고 관련 정책을 시행하는 이탈리아 최초 공유 도시로 만들겠다는 계획이다. 밀라노는 2016년 11월 16일과 18일 사이에 〈공유 도시〉를 주제로 2016년 유럽 도시 포럼을 개최했다.

밀라노는 이미 운송, 공간, 정보, 정부 자원 등 다양한 분양에서 공유 경험을 쌓았다. 특히 학자와 도시 계획자 등으로 위원회를 조직해 2013년부터 지금까지 공유 박람회Sharexpo를 개최하고 있다. 밀라노는 박람회를 계기로 공유 경제 모델을 도시 운영에 적극 활용하고 공유 경제 발전을 촉진하기 위해 협력형 서비스 발전을 가로막는 기존 법률 규정을 수정했다. 밀라노 시 정부 경제 발전 책임자 크리스티나 타자니는 박람회 사전 인터뷰에서 이렇게 말했다. 〈밀라노 박람회는 물품과 서비스 재이용(공유 경제) 플랫폼이 얼마나 효과적인지 테스트하는 커다란 실험장이 될 것이다. 지금 시 정부는 공유 경제 기업의 박람회 참가 신청을 받고 있다. 많은 공유 경제 기업이 박람회를 계기로 한 단계 도약할 것이다.〉

관련 보도에 따르면, 박람회 전야에 공유 박람회 위원회가 시민 리서치 결과를 발표했는데 이탈리아인의 4분의 3이 주택 공유 서비스를 희망한다고 답했다. 그만큼 공유 경제에 대한 인식 수준이 높고 기대가 크다는 사실을 알 수 있다.

박람회 기간 동안 밀라노 교통은 새로운 공유 조치를 시행했다. 2015년 5월 블룸버그 보도에 따르면, 밀라노에는 5개 차량 공유 기업이 운영하는 총 1,800대의 공유 차량이 있다. 또한 밀라노는 유럽에서 4번째로 규모가 큰 자전거 공유 시스템을 운영 중이다. 밀라노 자전거 공유 시스템은 약 3,600대 자전거를 보유하고 있으며 사용자 수가 3만 1,000명에 달하는 세계 12위 규모다. 그리고 밀라노 시 정부는 세계 박람회를 계기로 전기차 공유 서비스를 시작했다. 이탈리아 차량 공유 기업 CSG와 셰어엔고Share'ngo가 연합해 전기차 공유 서비스를 시작하면서 밀라노도 전기차 공유 도시에 합류했다.

공유 박람회 기간 동안 많은 밀라노 기업이 공간 공유 활동에 참여해 박람회 공간 공급을 지원했다. 기업은 사무 공간을 공유했고 레스토랑은 요리 서비스를 공유했다. 관련 보도에 따르면, 밀라노 시내 서점 오픈Open은 박람회 사전 홍보 활동 등을 위한 40여 개 공간을 제공해 한 달 동안 약 60개 활동을 지원했다. 차이나타운에 마련된 상품 전시장 프레소Presso는 공공 객실 콘셉트로 운영된다. 누구나 자유롭게 출입하고 매장에 진열된 상품을 사용할 수 있다. 또한 이 매장은 개인에게 모임 혹은 파티 장소를 제공하기도 한다. 이 모든 서비스가 무료로 제공되고 매장은 상품을 전시한 기업으로부터 전시 비용을 받는다. 밀라노 시 정부는 박람회 이후에도 이런 형태의 공간 공유를 지속적으로 이어 갈 계획이다. 이를 위해 150만 유로를 투자해 5개 공간을 확보했고 이 중 2개는 공유 경제 관련 업무나 연구에 특화된 〈공유 경제 특구〉로 운영한다고 밝혔다.

밀라노 공유 박람회는 공유 경제가 이상적인 도시 관리 모델임을 전 세계에 증명하는 일종의 〈공유 경제 훈련장〉이다.

공유 경제는 시민 단체, 기업, 공공 부문의 협력하에 공공 자원을 효과적으로 이용함으로써 사회 복지 효과를 극대화한다. 이 개념은 향후 도시 발전 계획의 필수 조건이 될 것이다.

공유 도시는 개인과 공공 부분을 막론하고 도시의 모든 자원을 규합한 매우 흥미로운 집합체다. 공유 도시가 성공하려면 네트워크 연결, 오픈 데이터, 유휴 공공 토지 등 모든 방면의 공공 자원을 효과적으로 운영할 수 있는 시스템이 보장되어야 한다.

공유 도시는 더 많은 시민을 공유 경제에 참여시켜 공유가 원래 도시의 기능임을 깨닫게 해줄 것이다. 누구나 지역 사회를 통해 자원, 가치, 지식을 공유할 기회를 얻을 수 있다. 도시의 모든 활동과 시민 교류 정보를 한데 모아 정리한 다양한 오픈 자원 네트워크는 거의 모든 종류의 물건을 교환할 수 있는 매개체다. 분산형 네트워크는 개인 참여자의 모든 힘을 모아 새로운 사회적 부를 창출했다. 과거에는 매우 힘들거나 비용이 많이 들어가는 일이었지만 인터넷 시대에서는 쉬운 일이 됐다. 자원 이용 효율을 극대화함으로써 오염원 배출을 감소시키고 각종 운영 및 관리 비용을 절약할 수 있다.

영국의 사회 혁신 재단 네스타는 크게 8가지 부분에서 공유 도시 건설 방법을 제시했다. 첫째, 공유 경제가 기존 경제 질서를 파괴하지 않도록 관리 규정을 규범화해야 한다. 둘째, 공유 도시 건설의 의의를 널리 알린다. 셋째, 구매 및 운영 과정에서 공유 경제 모델을 활용하고 적극적으로 혁신에 참여한다. 넷째, 공유 경제 기업에 더 많은 기회를 줘야 한다. 다섯째, 공유 도시 건설에 필요한 기술 및 기업에 투자해야 한다. 여섯째, 온라인과 오프라인을 잇는 O2O를 활성화한다. 일곱째, 혁신과 공유 경제의 잠재력을 극대화한다. 여덟째, 데이터를 충분히 이용해 더 큰 공공 가치를 창출한다.

오래전 시장 경제가 세계 경제의 새로운 장을 열었다면 공유 경제는 완전히 새로운 책을 펼치는 셈이다. 이 새 책에는 모든 주체, 모든 도시, 모든 국가, 모든 영역이 빠짐없이 담겨 있다.

이번 장에서 알아본 공유 경제 발전 흐름을 다시 정리해 보자. 공유 경제에 참여하는 경제 주체가 점점 다양해졌다. C2C 공유에서 B2B 자원 및 설비 공유로, 다시 정부 간 공공 서비스 공유로 확대됐고 최종적으로 도시 전체를 아우르는 공유 도시가 등장했다. 공유 경제는 미국에서 발원해 유럽으로, 아시아로, 오세아니아 등으로 빠르게 퍼져 나갔다. 공유 경제 창업 기업은 몇몇 과학 기술 발달 도시에서 탄생해 거대한 발전 흐름과 공유 개념 확산에 따라 세계로 뻗어 나갔다. 공유 도시를 품는 도시는 점점 더 많아질 것이다. 공유 범위는 전방위로 확대되고 있다. 차량과 숙박 공유에서 시작해 농업, 제조업 등 각종 산업을 망라하고 최종적으로 남는 건 뭐든 공유하는 시대가 됐다. 공유 경제는 21세기 경제의 중심이 될 것이다.

부록

국가별 공유 경제 정책 보고

한국 공유 경제 정책 보고[1]

1. 정책 개괄

1) 국가 입법

한국에 국가 차원에서 제정한 공유 경제 관련 법률은 아직 없다. 한국 정부는 현재 관련 법률 제정에 박차를 가하고 있다.

2015년 12월, 한국 기획 재정부가 처음으로 공유 경제를 제도권에 편입시켜 관리한다고 발표했다.

2) 지방 입법

경기도, 서울시, 부산시, 성남시, 전주시 등 일부 지방 정부가 공유 경제 관련 규정을 발표했다. 자세한 내용은 다음 표와 같다.[2]

한국은 아직 전국적인 공유 경제 법률 제도를 마련하지 못했지만 일

1 http://blog.naver.com/cc_korea/220548675920 참고.
2 http://www.law.go.kr/main.html 참고.

순서	발표 시기	규정 명칭
1	2014. 11. 10	성남시 공유 경제 촉진 조례
2	2014. 12. 30	부산광역시 해운대구 공유 경제 활성화 조례
3	2014. 12. 31	경기도 공유 경제 활성화에 관한 조례
4	2015. 1. 1	부산광역시 공유 경제 촉진 조례
5	2015. 1. 29	서울특별시 공유 촉진 조례 시행 규칙
6	2015. 3. 16	성남시 공유 경제 촉진 조례 시행 규칙
7	2015. 10. 8	서울특별시 공유 촉진 조례
8	2015. 10. 8	전주시 공유 경제 촉진 조례
9	2015. 11. 4	부산광역시 북구 공유 경제 활성화 조례
10	2015. 12. 21	부산광역시 남구 공유 경제 활성화 조례
11	2016. 1. 7	부산광역시 영도구 공유 경제 활성화 조례

부 지방 정부가 앞장서 공유 경제 촉진 및 활성화 조례를 발표했다. 위에 언급한 조례는 공유 경제 활동에 대한 대략적인 지침 의견일 뿐, 아직 상세한 내용까지 완성된 것은 아니다.

3) 공유 경제에 대한 사회 각계의 인식과 관점

공유 경제에 대한 찬성과 반대 의견이 팽팽하게 맞서고 있다. 찬성 측은 공유 경제가 새로운 형태의 혁신 사업을 탄생시켰다고 평가했고 반대 측은 기존 산업 질서를 파괴하고 범죄에 악용될 우려가 크다고 말한다.

공유 경제 찬반 의견에 대한 관점의 차이는 다음 표와 같다.

한국은 아직 공유 경제에 대한 인식이 높지 않고 확실히 뿌리내리지 못한 터라 극복해야 할 문제가 많다. 대략적인 문제 내용은 다음과 같다.

① 지하 경제로 변질될 가능성이 있다. 공유 경제가 완전한 시스템을 갖추지 못한 터라 세금 납부와 가격 책정 과정이 비정상적으로 운영될

관점	찬성 측	반대 측
사회 법질서	새로운 사회 질서 탄생 우선	불법 만연으로 통제력 상실 우려
분배	새로운 계층 소득 증가 효과	기존 사업자 소득 보장 우선
소비자 대 공급자	결과적으로 소비자 이익이 향상된다.	공급자 이익 침해 우려. 소비자 이익 증가가 우선이 아니다.
산업과 경제	새로운 산업이 발전하면 일자리 창출에 도움이 된다.	전통 산업이 위축되어 생산량이 감소하고 일자리도 줄어든다.
효율적인 자원 분배	결과적으로 자원 분배의 효율성을 높인다.	자원 분배 효과는 확실하지 않다.

수 있다. 이런 부작용을 막기 위해 관련 규정 및 제도 마련이 시급하다.

② 전통 산업 방식을 따르던 자영업자와 일부 노동자가 큰 경제적 위기에 처할 수 있다. 우버, 에어비앤비가 대자본을 앞세워 시장을 장악한다면 택시 기사, 숙박 업주와 같은 전형적인 소규모 사업자는 버틸 방법이 없다.

③ 〈공유〉라는 명칭 자체에 문제가 있다. 〈공유〉란 원래 금전적인 이익을 추구하지 않는 평등한 관점에서 출발하는 개념이기 때문에 비즈니스에 어울리지 않는다.

이외에도 기존 사업자와의 형평성 문제, 세금 문제, 범죄에 악용될 우려 등 여러 가지 문제가 있다. 그럼에도 불구하고 다채롭고 창의적인 아이디어를 지지하며 하루 빨리 완전한 제도를 마련해 새로운 흐름을 받아들여야 한다는 목소리가 힘을 얻어 가고 있다.

4) 반대 정책

한국 산업 통상 자원부는 기획 재정부와 달리 공유 경제 확산이 산업 생산성에 긍정적인 영향을 끼치지 못한다고 판단해 정책 지원은 하지 않기로 했다. 산업 정책을 총괄하는 정부 기관이 공유 경제에 부정적인 입장을 표명한 것이다. 산업 통상 자원부는 정책적으로 지원할 경우 득보다 실이 많다고 내다봤다. 경제 성장 둔화, 화폐 유통량 감소 상황에서 등장한 공유 경제가 저성장 시대 진입의 상징이라고 생각했다. 따라서 의도적으로 장려하는 것보다 시장 자율에 맡겨야 한다는 입장이다.

5) 법원 판례

2015년 9월, 한국 법원은 세계 최대 숙박 공유 기업 에어비앤비가 불법이라는 판결을 내려 뜨거운 논쟁을 일으켰다. 한국에서 숙박 사업을 하려면 관할 정부의 허가를 받아야 한다. 이 규정에 따라 에어비앤비에 등록해 손님을 받은 일부 회원이 벌금 처분을 받았다. 2013년 1월에 한국에 진출한 에어비앤비는 1년 만에 회원 20만 명을 돌파하며 빠르게 성장했다. 그러나 이 법원 판결을 통해 에어비앤비와 기존 산업 질서의 충돌이 수면 위로 떠올랐다.

공유 경제 차량 공유 대표 기업 우버의 상황도 크게 다르지 않았다. 우버와 제휴해 차량과 기사를 제공하기로 한 렌터카 회사가 벌금 처분을 받았다. 또한 위치 기반 서비스로 사업을 하는 경우 사전 신고를 해야 하는데 우버는 이를 지키지 않아 고발당했다. 결국 한국 우버는 택시 회사와 제휴한 〈우버 택시〉와 프리미엄 택시 〈우버 블랙〉만을 제한 운영 중이다.

2. 정책 분석

1) 공유 경제 정책의 촉진 작용

2015년 11월 19일~20일 한국 개발 연구원과 기획 재정부가 공동으로 〈공유 경제의 확산: 쟁점과 해법〉을 주제로 토론회를 개최했다. 이 토론회에는 OECD와 유럽 연합 등 국제 조직, 샌프란시스코 시 정부, 글로벌 공유 기업 관계자 및 전문가가 참여해 숙박, 차량, 금융, 재능 공유 등 분야별 발전 형황 및 주요 쟁점에 대한 의견을 나눴다. 토론회 강연자들은 정책 및 실무 경험을 공유하고 한국 공유 경제를 안정적으로 확대할 방법, 이를 위한 문제 해결과 정책 제정에 대해 열띤 토론을 벌였다.

한국 개발 연구원 황순주 연구 위원은 공유 경제의 경제적 효과를 분석해 〈공급자 규모에 따른 차등 규제〉와 〈공급자가 자율적으로 정한 거래 규모에 상응하는 법규 적용〉을 제안했다. 황 연구 위원은 이 방법이 서비스 공급자 과소 신고, 정책 관리 비용 증가 등의 위험이 있지만, 이 의무를 공유 서비스 제공 플랫폼에 위임하면 위험 부담을 줄일 수 있다고 덧붙였다. 이외에 공급자의 사회 위험을 줄이기 위해 공유 서비스 플랫폼이 책임 보험과 자체 규정을 마련해야 한다는 의견도 있었다. 또한 이화령 연구 위원은 저성장 시대의 대안으로 언급되는 공유 경제가 기존 산업 구조와 기업을 대체한다기보다 보완적인 역할을 할 것이라고 밝혔다.

2) 흐름 예측

공유 경제가 급성장한 국가의 선례를 살펴보면, 공유 활동에 참여한 사람들이 기분 좋게 타인과 관계를 맺는다는 공통점이 있다. 이것이 공유 경제와 임대 사업의 가장 큰 차이점이다. 한번 공유를 경험하고 다시 참여하게 되는 사람 대다수는 그 이유를 낯선 사람을 알아 가며 교류하는 과정이 즐거웠기 때문이라고 답했다. 그러나 한국에서는 이런 문화가 낯설다. 따라서 공유 경제를 발전시키려면 먼저 사회 신용 시스템을 개선하고 기업은 피해 예방 대책을 마련해야 한다.

공유 경제 발전 초기에는 국가의 제도적 지원이 꼭 필요하다. 공유 경제의 기본은 P2P이므로 개인 간 자유로운 거래가 가능해야 공유 경제가 활성화된다. 그러나 한국은 개인 간 차량 공유를 불법으로 규정해 공유 활동을 제도적으로 억압하고 있다.

공유 경제는 기본적으로 비영리 인식이 뒷받침되어야 한다. 공유 경제는 지속적인 공유 활동을 통해 경제 부가 가치를 발생시킨다. 공유 경제 기업의 비즈니스는 환경 보호와 경제 이익 두 가지 목적을 동시에 추구해야 한다. 여기에 편리한 서비스가 더해져야 고객 참여가 이어지는 선순환 효과가 나타난다.

경제 동향 연구 재단 이사장 제러미 리프킨은 2015년 10월 19일 대전 컨벤션 센터에서 열린 〈2015 세계 과학 정상 회의〉에서 〈공유 경제는 자본주의의 한계를 극복할 돌파구며 이를 전 세계적으로 확산시키는 데 한국이 주도적인 등대 역할을 할 수 있다〉라고 강조했다.

3. 결론

머지않아 한국에서도 공유 경제가 보편화될 것이다. 한국인의 몸속에는 〈정〉이라는 문화 DNA가 있다. 공유 경제는 〈정〉의 일종이다. 내가 가진 것을 공유하는 것은 정을 나누는 한국의 문화와 매우 닮았다. 인간미를 나누는 과정은 환경 등 사회 문제 해결에 도움을 주어 공유 경제의 이상 실현에 도움이 된다.

일본 공유 경제 정책 보고

공유 경제는 자원 이용률 극대화와 환경 보호 효과를 앞세워 급성장하고 있다.
일본 공유 경제가 머지않은 미래에 영미권 국가에 필적할 수 있기를 바란다.
— 하세가와 가쿠(長谷川岳), 총무 대신 정무관

1. 정부 지원 정책

일본 에어비앤비는 각종 규제 정책에도 불구하고 2013년 일본 진출 이후 거래량이 매년 300퍼센트 가까이 증가하며 폭발적으로 성장했다. 에어비앤비 공식 플랫폼 통계 자료에 따르면 2014년 7월부터 2015년 6월까지 일본에서 에어비앤비를 이용한 외국인은 52만 명으로 전년 동기 대비 500퍼센트 증가했다. 이로 인한 경제 효과는 약 2200억 엔으로 추정됐다.

일본 에어비앤비의 폭발적인 성장은 방대한 시장 수요 덕분이다. 정확히 말하자면 외국인 관광객 증가에 따른 숙박 수요 증가다. 일본의 외국인 관광객은 2012년 800만 명에서 2015년 1900만 명으로 증가했고 2020년에는 최소 3000만 명에 이를 것으로 예상된다. 2015년 720만 명이었던 숙박 수요는 2020년 1700만 명으로 예상된다. 현재 도쿄 지역 숙박업 예약률은 평균 90퍼센트에 육박한다. 도쿄 올림픽이 열리는 2020년에는 숙박 수요가 정점에 달할 것으로 보인다. 최근 일본 정부는 관광객들의 숙박 문제에 대한 해법을 모색하기 시작하면서 에어비앤비에 주목하고 있다.

일본 정부가 공유 경제 발전 촉진을 위해 시행한 정책 중 단연 최고는 〈여관업법〉 개정이다. 2015년 12월 7일 도쿄 오타 구의회가 민박업을 허용하는 조례안을 정식으로 통과시켰다.[1] 일본 정부는 2016년 1월부터 도쿄 오타 구를 전략 특구로 지정한다고 발표했다. 에어비앤비를 합법화해 일반 주택도 돈을 받고 여행객에게 숙박을 제공할 수 있게 됐다. 대신 여러 가지 조건을 충족시켜야 한다. 체류 일수가 7일 이상인 여행객이 대상이며 집주인은 사전에 민박업 운영 사실을 이웃에 알려야 한다. 여행객의 안전을 위해 정부가 직접 방문해 민박 시설을 점검할 경우 이에 응해야 한다. 조례안에서 정한 최소 면적 기준은 25제곱미터이며 주방, 욕실, 화장실 시설을 갖추고 외국어 서비스를 무료로 제공해야 한다. 일본인들은 정부가 에어비앤비에 대한 규제를 완화하고 적용 범위를 전국적으로 확대하길 기대한다.

이러한 정책을 기반으로 에어비앤비, 토마레루Tomareru 등 민박 서비스 기업이 전보다 빠르게 발전해 대중에게 더욱 편리한 서비스와 높은 경제 이익을 제공할 것이다.

2015년 10월 20일 국가 전략 특구 자문 회의[2]에서 아베 신조(安倍晋三) 총리가 〈도로 운송법은 차량 공유를 무조건 금지하지 않을 것이다. 차주와 기사가 관리비를 공동 부담하는 시스템 정리 등 기존 규제를 완화할 것이다〉라고 강조했다. 그러나 일본 정부는 우버에 대해 여전히 강경한 입장이다. 기본적으로 우버 수요와 에어비앤비 수요에 대한 관점

1 http://asahichinese.com/article/travel/news/AJ201512080015 참고.

2 http://japan.kantei.go.jp/97_abe/actions/201510/20article1.html 참고.

이 크게 다르다. 후자는 이미 눈앞의 현실로 나타난 절박한 수요지만 우버 수요는 상대적으로 급하지 않다는 입장이다. 또한 기존 일본 택시가 뛰어난 서비스와 안전한 운행으로 워낙 유명해 큰 불만이 없었다. 그러나 외국인 입장에서는 우버의 영문 인터페이스가 훨씬 편리하다. 일본 정부가 결국 우버를 합법화하겠지만 그 진행은 빠르지 않을 것으로 보인다.

2016년 1월 22일, 190회 국회에서 아베 총리가 〈관광 입국〉 전략 목표를 발표했다.[3] 〈우리의 다음 목표는 관광객 3000만 명, 아니 그보다 더 높아야 한다. 비자 발급 완화, 여관업법 규제 완화 확대 등 전략적인 조치를 실행할 것이다.〉

일본 총무성이 발표한 「2015년 정보 통신 백서」의 〈바이오, 정보 통신 기술의 미래〉 부분에 공유 경제가 포함됐다. 이와 함께 현대 정보화 시대의 공유 경제가 이미 글로벌 혁신의 출발점임을 강조했다. 백서 내용에 따르면 공유 경제 서비스 참여에 긍정적인 일본인은 30퍼센트 수준이고 나머지는 인터넷 거래의 안전성과 신용 시스템에 우려 입장을 표명했다. 이에 일본 정부는 정보 기술과 소셜 미디어 결합을 한층 발전시켜 건전한 신용 시스템을 구축함으로써 잠재 공유 경제 시장을 발굴한다는 계획이다.[4]

일본 후생 노동성도 주택 공유를 촉진하기 위해 최소 면적 제한 규정 수치를 낮추는 방안을 검토하는 등 법률 개선에 박차를 가하고 있다.

3 http://www.kantei.go.jp/cn/97_abe/statement/201601/1215803_11145.html 참고.

4 http://www.soumu.go.jp/johotsusintokei/whitepaper/ja/h27/html/nc242110.html 참고.

2. 국민의 호응

일본 공유 경제는 시장 상황과 일본 특유의 접대 문화가 더해져 대중의 호응이 점점 커지고 있다.

1) 농촌 지역 활성화 효과[5]

우버는 대중교통이 부족한 농촌 지역, 특히 자녀들이 대도시로 떠나 홀로 거주하는 노인들에게 편리한 운송 서비스를 제공한다. 에어비앤비는 새로운 지역에서 특별한 관광을 경험하게 해준다.

일본 나라현 아스카무라 160개 가정이 역사 탐방 현장 학습 형태로 방문하는 일본과 해외 유학생을 반갑게 맞이하고 있다. 아스카무라는 유구한 역사를 지녔지만 여행업이 발달하지 않아 여관이 부족한 탓에 많은 관광객을 수용하지 못했다. 마침 유행하는 민박 방법으로 숙박 부족 문제를 해결했다. 일본의 대표적인 관광지 오카나와 현에서도 민박이 유행하고 있다.

일본 오카야마 현 쓰야마 시에 거주하는 유카는 3년째 에어비앤비에 빈방을 등록해 관광객을 받고 있다. 지금까지 45차례 유럽, 오스트레일리아 관광객을 맞이했다. 쓰야마 시는 유명 관광지가 아니지만 마을 주민들은 유카의 민박을 적극 지지하며 〈손님을 대접하다〉라는 의미인 〈오모테나스〉라는 조직을 결성했다. 오모테나스는 관광객을 대상으로 기모노 체험, 모내기 체험 행사를 진행했다. 유카는 민박업을 계기로 마을 전체가 문화 교육 활동을 즐기고 있다고 말했다.

5 http://asia.nikkei.com/Business/Trends/Japan-s-countryside-may-have-its-savior 참고.

2) 소비 패턴 변화와 일본 문화 발전 효과[6]

일본 작가 미우라 아츠시(三浦展)는 2012년 출간한 『제4소비 시대』[7]에서 근대를 네 개의 소비 시대로 분류했다.

① 제1소비 시대: 러일 전쟁~제2차 세계 대전 이전. 대도시 중산층이 형성되어 서구 유명 브랜드를 소비하기 시작한다.

② 제2소비 시대: 제2차 세계 대전 이후~석유 파동: 산업 발전과 대량 생산으로 각종 가전제품과 자동차 등 대량 소비가 진행된 경제 급성장 시대.

③ 제3소비 시대: 석유 파동~2004년. 저성장 시대 진입으로 계층 혹은 개인 특성에 따른 소비 차별화.

④ 제4소비 시대: 2005년~2034년. 장기 경기 침체로 소박한 생활을 추구하는 사람들이 많아진다. 또한 물질이 아닌 인간 관계에서 삶의 만족을 찾기 시작한다.

일본의 소비 패턴 변화는 〈국가 중심에서 가정 중심으로, 다시 개인 중심에서 사회 중심으로〉의 가치관 변화와 맞아 떨어진다. 일본의 제4소비 사회 현상은 영미 사회 공유 경제 흐름과 일맥상통한다. 미우라 아츠시는 동일본 대지진을 일본 사회의 가장 큰 전환점으로 꼽았다. 동일본 대지진을 겪은 일본인은 물질적으로 아무리 풍요로워도 안정적인 삶이 보장되지 않는다는 사실을 깨달았다. 또한 일본 국민은 대지진 직후 아직 정부가 나서지 못했을 때 스스로 서로를 도우며 구조 활동을 벌이는 훌륭한 시민 의식을 보여 줬다.

이런 사회의식은 공유주의와 검소하고 간소한 일본 전통문화가 다시

6 http://www.storm.mg/article/50341 참고.

7 第四の消費 つながりを生み出す社会へ, 2012, 朝日新聞出版 — 옮긴이주.

주목받기 시작했음을 뜻한다. 서구 브랜드에 맹목적으로 열광하는 대신 일본 브랜드에 동조하는 젊은이가 늘어나고 지역 특산 수공 제품이 인기를 끌고 전원생활과 전통 풍속이 주목받고 있다. 이런 분위기가 이어져 소비 과정에서도 인간관계와 감정적인 만족을 추구하는 경향이 강해졌다.

미우라 아츠시는 이와 관련해 두 가지 사례를 언급했다. 첫 번째는 1950년대에 건축되어 최근 보수 및 개조 작업을 거친 타마다이라 주택단지다. 이곳 주민 중 상당수는 대학생을 포함한 젊은 세대다. 주민들이 모여 텃밭을 가꾸고 다양한 주민교류 활동을 진행한다. 이곳 공동체는 고령화와 은둔형 외톨이를 만들지 않기 위해 노력한다. 두 번째 사례는 지역 주민 활동을 위해 공간을 제공하는 가고시마 시의 미쓰코시 백화점이다. 이곳에서는 주민들을 위한 영화 상영, 자퇴생을 위한 배움의 공간, 요리 강습 등 다양한 활동이 벌어진다. 덕분에 미쓰코시 백화점은 주민들의 삶을 풍요롭게 만드는 지역 문화 센터 이미지를 만들었다.

무엇보다 주목할 점은 일본 사회의 수준 높은 신용 시스템이다. 일본에서는 렌터카나 공유 차량이 파손되는 경우가 많지 않고 숙박 공유 시 도난 사건도 거의 없다. 이것은 확실히 일본 국민성과 관계가 깊다. 일본인들은 어려서부터 철저한 신용 교육을 받기 때문에 성인이 된 후에도 비교적 수준 높은 도덕성을 유지한다.

3) 대중과 정부를 연결하는 협회의 역할

2015년 12월 14일 일본 공유 경제 발전의 이정표를 세울 사단 법인 협회 셰어링 이코노미 협회Sharing Economy Association, Japan[8]가 탄생했다. 이 협회는 관련 기업의 상호 협력을 통해 공유 경제 발전 효과를 높였다.

2016년 3월 9일, 이 협회는 여관업법 개정을 위한 〈공개 의견 수렴 의견서〉[9]를 발표했고 2016년 4월 1일부로 시행에 들어갔다.

3. 일본 공유 경제 전망

최근 세계적으로 일본 경제에 대한 관심이 높아지면서 다양한 의견이 쏟아졌다. 거시적인 관점에서 보면 일본 경제는 확실히 심각한 경기 침체 상황에 빠져 있다. 공유 경제는 민간 비즈니스 모델에 기초해 불황의 늪에 빠진 국민의 삶에 활력을 불어넣었다. 수입, 감정, 인간관계 등에서 삶의 만족도를 높여 줬다. 공유 경제는 P2P, C2C 요소가 강하기 때문에 모든 사회 구성원, 특히 소비 습관에 깊은 영향을 준다. 일본은 공유 경제 발전을 통해 유휴 자원을 최대한 활용해 환경 보호 효과를 높일 계획이다. 공유 경제를 통해 사람들의 소비 패턴이 점점 소박해지고 자연과의 조화를 추구하면서 조화로운 사회 건설 및 사회 신용 체계 강화 효과가 나타나고 있다.

공유 경제 발전에 대한 일본 정부의 태도는 조금 특별하다. 미국과 유럽 국가는 〈선 개방, 후 제도 개선〉이지만 일본은 정반대다. 미국과 유럽 국가의 공유 경제 발전 곡선은 대체로 직선 형태이나 일본의 경우 특이하게 〈S〉 형태다. 한 단계 한 단계, 한 분야 한 분야씩 조심스럽게 개방하고 있기 때문에 큰 위기나 문제는 없을 것으로 예상된다.

기본적으로 일본 정부는 공유 경제 발전을 찬성하는 입장이다. 여기에 뛰어난 IT 기술과 훌륭한 국민성이 더해져 일본 공유 경제는 꾸준히

8 https://sharing-economy.jp 참고.

9 https://sharing-economy.jp/news/20160309 참고.

발전할 것이다. 특히 자원 공유에 대한 관심이 점점 뜨거워지고 있다. 일본 공유 경제의 발걸음은 아직 더딘 편이지만 가까운 시일 안에 급성장하며 대규모 사회·경제적 가치를 만들어 낼 것이다.

영국 공유 경제 정책 보고

공유 경제는 무한한 경제 잠재력을 지녔다.
영국이 세계 공유 경제의 중심이자 최전선에서 샌프란시스코와 어깨를
나란히 할 하이테크 창업 기업의 발원지로 우뚝 서리라 기대한다.
— 매슈 행콕, 영국 기업 혁신 기술부 장관

공유 경제의 거대한 발전 흐름과 잠재력을 직시한 영국 정부는 2014년 〈세계 공유 경제 허브〉[1]라는 야심찬 계획을 발표했다. 곧이어 적극적인 지원 정책을 발표하며 공유 경제 발전을 촉진했다.

1. 지원 정책 시행

2014년 9월, 영국 상무부가 데비 워스코 조사팀에게 영국 공유 경제를 평가하는 독립 조사에 착수하도록 했다. 여기에는 공유 경제가 영국 국가 경제에 어떤 이익을 줄 것인지, 전통 산업에 어떤 위기를 초래할 것인지를 비롯해 소비자 권익 보호 등 정책 법규가 모두 포함됐다. 이 독립 조사는 〈세계 공유 경제 허브〉로 가는 길을 방해할 문제점을 찾아내 〈세계 공유 경제 허브〉 계획을 완수하기 위한 로드맵을 작성하는 것이 목표였다.[2]

1 https://www.gov.uk/government/news/move-to-make-uk-global-centrefor-sharing-economy 참고.

2. 지원 정책 주요 내용

영국 정부는 지원 정책을 크게 두 부분으로 나눴다. 하나는 일반 지원 정책이고 나머지는 세부 시장 발전을 위한 구체적인 대책이다. 먼저 일반 지원 정책의 구체적인 내용은 아래와 같다.

첫째, 공유 시범 도시를 선정했다. 영국 정부는 공유 경제가 혁신적인 방법으로 각 도시의 사회 경제 문제 해결을 돕고 지역 발전을 촉진할 것으로 기대한다. 이에 2015년부터 2016년까지 리즈와 그레이터 맨체스터를 시범 공유 도시로 선정해 교통, 숙박, 사회 보장 분야를 집중 지원했다. 특히 리즈 시는 유휴 공간과 설비, 주민의 특기와 기술을 포함해 모든 자산과 서비스를 공유하는 플랫폼을 만들었다.

둘째, 데이터 수집 통계 시스템을 구축했다. 공유 경제는 전례 없는 형태인 데다 발전 속도가 매우 빨라 통계 및 평가 작업이 쉽지 않다. 영국 정부는 혁신 연구소와 통계청이 협력해 영국 공유 경제 발전 규모와 국가 경제에 미치는 영향에 대한 통계 평가 자료를 만들도록 했다. 또한 통계청은 해외 데이터 기관과 협력해 공유 경제 세부 시장별 발전 가능성 보고서를 작성했다.

셋째, 정부의 신원 확인 시스템과 범죄 기록 시스템을 공개했다. 신용 시스템은 공유 경제 온라인 거래의 초석이다. 이에 영국 정부는 은행, 이동 통신사 등과 협의해 공유 경제 플랫폼을 통한 개인 경제 내용까지 정부의 신원 확인 시스템(GOV.UK Verify)에 포함시킨다. 또한 공유 경제

2 https://www.gov.uk/government/uploads/system/uploads/attachment_data/file/378291/bis-14-1227-unlocking-the-sharing-economy-an-independent-review.pdf 참고.

플랫폼에 범죄 기록 조회 서비스를 제공해 인터넷으로 쉽고 간편하며 저렴한 비용으로 이용할 수 있도록 했다.

넷째, 정부 조달 부문에 공유 경제를 도입해 정부 자산 공유 방법을 모색했다. 공유 경제 도입과 함께 정부 조달 방법을 개혁하고 공유 경제 적용 범위를 점차 넓혀 가고 있다. 2015년 가을부터 영국 공무원들은 공무 수행 중 공유 경제 교통과 숙박 서비스를 이용할 수 있게 됐다. 또한 정부의 사무 자원 이용률을 높이기 위해 2015년 봄부터 영국 국세청과 관세청이 디지털 플랫폼을 통해 유휴 사무 용품, 사무 가구, IT 설비를 공유하는 시범 사업을 시작했다.

다섯째, 사회 구성원 간 정보 격차를 줄이고 보험을 장려했다. 공유 경제는 인터넷 기술이 중요한 기반인데, 2015년 기준 영국 인구의 20퍼센트 — 대부분 노인층 — 가 인터넷을 사용하지 못하는 것으로 나타났다. 영국 정부는 2016년까지 이 수치를 25퍼센트 감소시켜 더 많은 영국인이 공유 경제의 혜택을 누리도록 했다. 또한 영국 정부는 보험 회사가 공유 경제 관련 보험 서비스를 개발하도록 장려했다. 이에 영국 보험 협회가 세계 최초로 공유 경제 보험 가이드라인을 발표했다.

여섯째, 납세 제도를 간소화했다. 영국 국세청과 관세청은 정부 공식 사이트에 〈공유 경제 납세 가이드라인〉을 발표하고 세금 계산 앱을 개발해 공유 경제 참여자들이 본인이 내야 할 세금 액수를 쉽고 빠르게 계산할 수 있도록 했다. 그리고 유튜브와 트위터 등 인터넷 매체를 이용해 공유 경제 납세 제도를 적극적으로 홍보했다.

이외에 숙박 공유, 기술 및 시간 공유, 운송 공유 등 분야별 세부 정책도 마련됐다. 숙박 공유 분야는 정책적으로 민박과 호텔업을 정확히 구분하고 여러 가지 혜택을 주어 숙박 공유를 장려했다. 예를 들어 연간 임대료 수입이 4,250파운드 이하인 경우 세금을 면제해 줬다. 한편 2015년 런던 교통국은 런던 차량 공유 합법화를 발표했다.

3. 정책 평가

영국 공유 경제 참여자, 시장, 대표 기업의 규모를 따져 보면 미국 로스엔젤레스 시의 규모에도 훨씬 못 미친다. 무엇보다 미국은 공유 경제 기업의 시조이자 공룡 기업으로 발전한 에어비앤비와 우버를 탄생시켰다. 그러나 공유 경제의 가능성을 높이 평가한 영국 정부는 적극적인 정책 지원을 바탕으로 강력한 추월 의지를 드러내고 〈세계 공유 경제 허브〉를 향해 전력 질주하고 있다. 영국 정부의 관련 정책을 종합해 보면 다음과 같은 특징이 있다.

첫째, 명확한 목표와 체계적인 정책. 프랑스, 독일, 스페인 등 대다수 서유럽 국가가 아직 숙박 공유와 차량 공유 관련 가이드라인이 없어 끊임없는 논란에 휩싸여 있는 사이, 영국은 벌써 저만치 앞서가고 있다. 〈세계 공유 경제 허브〉는 명확하고 구체적이고 수치화가 가능한 현실적인 목표다. 참여자와 시장 규모, 창업 기업과 대표 기업 발전 상황을 수치화해 정부 목표 진행 상황을 점검하고 평가할 수 있다. 영국 정부는 체계적이고 점진적인 정책을 실행해 공유 경제 발전을 저해할 문제점을 효과적으로 해결할 계획이다. 전반적인 공유 경제 발전을 위한 정층 계획top level design을 수립하고 시범 도시, 데이터 수집, 신용 시스템, 보험 서비스 개발, 정부 조달 및 납세 시스템 개선 작업을 착실히 진행 중이다. 동시에 시장의 구체적인 문제를 해결할 세부 대책을 마련했다. 예를 들어 개인 간 숙박 공유 장려 방법과 차량 공유 합법화 문제 등이다. 영국 정부는 2015년부터 공유 경제 관련 예산을 편성해 공유 경제 신기술과 새로운 비즈니스 모델 발전에 자금을 지원하고 있다.

둘째, 업계 협회 발전 장려. 영국 공유 경제 발전은 정부의 정책 지원에 업계 협회의 보조 역할이 더해진 결과다. 2015년 3월 영국 정부가 공유 경제 부양 정책을 발표하고 상무부가 영국에서 가장 영향력 있는 공유 경제 기업 20개를 모아 공유 경제 업계를 대표하는 단체인 SEUK를 조직했다. SEUK가 지향하는 목표는 세 가지다. 첫째, 공유 경제를 선도한다. 기존 언론과 뉴미디어에 일관된 목소리로 대응하며 공유 경제의 장점을 널리 알린다. 공유 경제가 주류 비즈니스 모델로, 영국이 공유 경제 글로벌 허브로 성장할 수 있도록 정부 기관과 긴밀히 협력하고 입법 기관을 설득한다. 둘째, 기준을 마련한다. 공유 경제에 대한 신뢰 유지, 직원 교육, 안전 거래 보장과 관련해 영국의 모든 공유 경제 기업을 상대로 명확하고 가치 있는 기준과 행동 원칙이 필요하다. 셋째, 대책을 모색한다. SEUK는 연구 프로젝트를 지원하고 모범 성공 사례를 정리해 모든 공유 경제 기업이 겪는 공통 문제를 잘 해결할 수 있도록 돕는다.

셋째, 공유 경제 발전에 대한 정부의 강력한 의지. 영국 정부는 무엇보다 소비자 권익 보호가 가장 중요하다고 판단했다. 그래서 전통 산업과 공유 경제가 충돌할 때 일방적으로 전통 기업을 보호하지 않았다. 특히 공유 경제는 기술 발전, 자원 부족, 비즈니스 모델 혁신이 결합된 미래 경제 발전의 주류이므로 전통 기업이 새로운 기회를 놓치지 말고 개혁의 기회로 삼아야 한다는 입장이다. 그래서 영국 정부는 새로운 산업 발전의 기회인 공유 경제 발전을 적극 지지했고 각종 정책의 방향성도 매우 명확했다. 특히 주목할 점은 정책 설계자가 공유 경제 이해 당사자라는 사실이다. 영국 공유 경제 장려 정책의 기초가 된 독립 연구 보고서는 공유 경제 참여자가 작성했다. 독립 연구 보고서 「공유 경제를 풀다」를 작성한 데비 워스코는 숙박 공유 기업 러브 홈 스왑의 창업자이자 CEO이며 영국 공유 경제업 협회인 SEUK의 초대 회장이었다. 영국 기업 혁신기술부 장관 매튜 행콕은 독립 연구 보고서 머리말에서 영국 정부의 입장을 분명히 밝혔다. 〈다른 국가와 시장이 소비자 선택 권리를 축소하고 대중이 효과적으로 자산을 활용할 자유를 제한할 때 영국은 이 새롭고 혁명적인 비즈니스 모델을 받아들여 더 치열한 경쟁을 통해 소비자에게 더 많은 이익을 줄 것이다. 영국의 목표는 세계 공유 경제 허브로 도약해 세계 공유 경제 발전을 선도하는 것이다.〉

프랑스 공유 경제 정책 보고[1]

1. 프랑스 공유 경제 발전 현황

프랑스는 오래전부터 개인 간 물품 및 서비스 교환을 보편적으로 실천해 왔다. 프랑스 국민의 3분의 2가 이미 중고 거래를 경험했기 때문에 공유 경제 발전을 위한 훌륭한 시장 기초가 마련된 셈이다. 최근 몇 년 프랑스 사회의 소비관도 소유에서 사용으로 빠르게 이동 중이다. 프랑스 공유 경제는 이런 변화를 바탕으로 급성장했다. 지난 1년, 관련 통계를 참고하면 프랑스 공유 경제가 체계적인 발전 과정을 거치며 무한한 성장 잠재력을 드러내기 시작했음을 알 수 있다.

프랑스 경제 산업 디지털부는 2015년 정부 공식 보고서 「공유 경제의 도전과 전망」을 발표했다. 이 보고서는 프랑스, 미국, 스페인을 공유 경제 선진 3국으로 꼽으며 프랑스의 여러 기업이 업계 선두에 있다고 밝혔다. 운송 부문에서 유럽 최대 카풀 서비스 플랫폼으로 자리 잡은 블라블

1 http://www.entreprises.gouv.fr/etudes-et-statistiques/enjeuxet-perspectives-la-consommation-collaborative 참고.

라카는 프랑스를 넘어 세계로 뻗어 나가고 있다. 식품 부문의 비즈잇VizEat과 라뤼쉬키디위[2]도 프랑스를 포함한 여러 국가 소비자에게 다양한 솔류션을 제공한다. 금융 부분에서는 크라우드 펀딩 플랫폼 윌륄Ulule이 2014년 기준 전년 대비 100퍼센트 이상 성장했다.

프랑스 공유 경제 기업의 79퍼센트가 2008년 이후에 창업했고, 창업한 지 3년이 채 안 된 기업이 50퍼센트나 된다. 주요 서비스 분야는 의류, 식품, 주택 임대, 운송, 오락, 구매, 서비스, 금융, 교통 및 창고 등이다. 이 중 금융, 주택 임대, 운송 부문은 시장 규모도 크고 경쟁이 매우 치열하다. 식품과 구매 부문은 B2B 시장이다. 서비스와 의류 시장은 이제 시작하는 단계고 오락과 교통 창고 부문은 상대적으로 규모가 작다.

2014년 1분기 기준, 월평균 방문자 수가 가장 많은 10대 공유 기업은 다음과 같다. 블라블라카(운송), 어 리틀 마켓A Little Market(구매), 엣시(구매), 델캉프Delcampe(수집), 에어비앤비(숙박), 비드드레싱Videdressing(의류), 라뤼쉬키디위(식품), 비아고고Viagogo(오락), 베스티에 콜렉티브Vestiaire Collective(의류), 제패스Zepass(오락).

2. 공유 경제 발전을 촉진한 거시적 요소와 미시적 요소

거시적 측면은 역시 경제 위기에서 출발한다. 2007년과 2008년의 금융 위기에 이은 경제 위기로 프랑스의 가계 수입과 구매력은 동반 하락했다. 가정마다 지출을 줄이고 부가 수입이 필요한 상황에서 공유 경제가 싹텄다. 여기에 과학 기술 발전, 특히 디지털 툴, IT, 전자 상거래 발전

2 La ruche qui dit oui, 글로벌 공식 명칭은 푸드 어셈블리The Food Assembly — 옮긴이주.

이 더해져 폭발적인 성장이 시작됐다. 취업 시장 불경기와 높은 실업률로 다양하고 개성 있는 경제 활동이 증가하면서 취업 시장 구조가 근본적으로 바뀌었다. 물품과 서비스 공유 및 거래에 참여하는 사람이 점점 늘어나고 있다.

프랑스 정부는 공유 경제 관련 법률 규정과 세금 정책을 마련해 공유 경제 발전과 규제를 동시에 조절하고 있다.

미시적인 측면에서는 프랑스인의 소비 습관에 주목할 필요가 있다. 공유 경제 참여 여부와 상관없이 대다수 프랑스인들이 공유 소비 방식에 대해 긍정적으로 생각한다. 이 소비 방식이 구매력 감소로 이어져 산업 생산 및 발전에 부정적인 영향을 끼치기도 하지만 사회 교류, 자원 공유, 환경 보호 등 긍정적인 사회 가치 창출에 크게 기여한다. 공유 경제 발전 과정 중 소비자가 가장 우려하는 부분은 인터넷 거래 안전 보장과 신용 시스템이다.

3. 공유 경제 정책의 문제점

1) 공유 경제 기업과 전통 기업의 경쟁 관계

공유 경제 기업은 C2C를 기반으로 물품 서비스를 공급하는 개인과 이를 소비하려는 또 다른 개인을 직접 연결한다. 이 방식은 B2C를 기반으로 한 전통 소비 방식에 큰 위기를 초래했다. 공유 경제의 성공은 자유로운 거래, 신속함, 비물질화, 개인 구매력 극대화에 기인했다. 이 새로운 소비 방식은 새로운 거래와 기회를 창출한 경제 혁신이지만 여러 가지 문제점을 낳았다.

가장 큰 문제는 온라인 거래 플랫폼이 관련 업계의 현행 법률, 시장 규칙, 납세 제도 등 각종 사회 제도로부터 자유롭기 때문에 기존 사업자보다 낮은 가격으로 물품과 서비스를 제공할 수 있다는 사실이다. 파리 협동조합 슈퍼마켓 라루브La Louve는 비영리 조직 운영 모델을 이용한다. 일자리 대부분을 조합원 자원봉사로 해결하기 때문에 기존 슈퍼마켓보다 물건 가격이 저렴하다. 반면 라루브 운영 과정 중 노동법이나 식품 위생법에 저촉되는 부분이 있으나 제재 대상이 아니라는 점이 문제다. 공유 소비 방식은 개인을 아마추어 공급자로 변화시켰다. 이 때문에 전문 공급자의 입지가 좁아져 인터넷 거래 플랫폼의 경우 비전문화 경향이 커졌다.

공유 경제 기업은 대부분 그들의 서비스가 해당 업계의 기존 사업자가 해결하지 못한 부분을 보완하는 역할일 뿐 경쟁 관계가 아니라고 생각한다. 공유 경제 기업과 전통 기업의 관계는 해당 업계의 다양한 요소를 종합적으로 분석해 봐야 알 수 있다. 현재는 불필요한 마찰을 피하기 위해 정부가 각기 다른 기업 입장을 참고해 명확한 기준을 제시해야 한다.

2) 공유 경제 입법은 범국가적으로

현재 디지털 플랫폼에 적용하는 법률은 2000년 6월 8일 유럽 연합이 발표한 IT 기업 및 전자 상거래 서비스 지침령 〈2000/31/C호〉를 기초로 2004년 6월 21일에 실행 발표한 〈디지털 경제법〉이다.

공유 소비는 여러 가지 법적 문제를 야기하는데 그중 일부는 현행 민법과 소비법 규정과 관련이 있다. 크라우드 펀딩 플랫폼은 특별법의 관리를 받지만 나머지 공유 경제 관련 규정은 소비 플랫폼 발전 속도를 따라가지 못해 크게 뒤처져 있다. 디지털 경제 활동이 국경을 초월하기 때문에 소비자 권익과 데이터 정보를 보호하고 공정한 경쟁을 보장하기 위해 개별 국가가 아닌 유럽 차원의 대책이 필요하다. 디지털 플랫폼은 물론 공유 소비 플랫폼에 대한 유럽 연합 입법을 서둘러야 한다.

3) 개인 정보 보호 문제

프랑스 공유 경제 발전 과정에서도 개인 정보 보호 문제가 대두됐다. 공유 경제 기업과 일부 전통 기업은 혁신을 방해하지 않는 선에서 공유 경제 소비자의 개인 정보 보호 및 알 권리에 대한 가이드라인의 필요성을 꾸준히 제기했다. 특히 빅데이터 관리, 개인 정보 안전 저장 공간 구축을 통해 개인 간 거래 안정을 보장해야 한다. 정부는 소비자가 관련 정보를 쉽게 접할 수 있는 루트를 만들고 공유 경제 각 참여 주체의 책임 범위를 명확히 제시해야 한다.

이상의 내용을 종합해 보면, 프랑스 공유 경제는 급성장 과정에서 적잖은 문제점을 야기했다. 이에 프랑스 정부는 공식 보고서를 통해 정부 입장 및 정책을 발표했다. 먼저 각 경제 활동 주체와 지역 발전 전략의 핵심 가치를 높일 수 있도록 공유 경제 기업의 역할을 강화한다. 물품과 서비스 공유 및 거래에 참여하는 사람들의 거래 안전과 알 권리를 보장한다. 각 경제 활동 주체에게 평등한 기회를 제공해 불필요한 경쟁 및 갈등을 피해야 한다. 공유 경제 현지화에 필요한 각종 지원 서비스를 제공한다. 공유 경제 기업과 전통 기업 간 소통 통로를 구축해 경제 주체 간 협력 효과를 높인다. 공유 경제 기업이 직업 기술 발전의 매개체 역할을 수행하도록 한다. 사회 및 환경 분야와 관련된 공유 기업에 자금을 지원한다.

유럽 연합 공유 경제 정책 보고

공유 경제는 부가 수익과 일자리 기회를 증가시키고 사회 교류를 강화하고
물품과 서비스를 더욱 저렴하게 이용할 수 있는 기회를 제공해 준다.
공유 경제는 소비자에게 매우 유익하다.
— 엘즈비에타 비엔코우스카, 내부 시장 및 소비자 보호 위원회

1. 유럽 연합 입법 과정

2013년 9월 유럽 경제 사회 위원회가 신비즈니스 모델 공유 경제가 유럽에 끼칠 영향을 주제로 공청회를 개최하고「협력 소비, 21세기 지속 가능한 비즈니스 모델」[1]이라는 의견서를 발표했다. 공청회 직후 경제 사회 위원회 주도로 공유 경제 업계를 전담할 〈유럽 공유 경제 연합〉을 설립했다. 이 조직의 설립 목표는 공유 경제 업계의 역량을 한데 모아 유럽 전체와 회원국의 공유 경제 정책 입법과 관련해 일관된 의견을 내는 것이다.

2015년 유럽 연합의 공유 경제 입법 추진에 힘이 실리기 시작했다. 2015년 9월 유럽 위원회가 혁신 지속, 공정한 경쟁, 소비자 권익 보호가 균형을 이루는 공유 경제 발전을 위한 공청회를 열었다. 같은 해 12월 유럽 의회가 공유 경제 논란에 종지부를 찍는「디지털 시장 전략에 대한 입

1 http://www.eesc.europa.eu/?i=portal.en.events-and-activities-built-inobsolescence-presentations.32540 참고.

장」을 발표하며 공유 경제 발전을 적극 지지한다고 밝혔다. 이 입장 발표가 있기까지 각국 의원들은 치열한 논쟁을 벌였으나 결국 유럽 의회의 모든 정당이 공유 경제 발전에 동의했다. 이 입장 발표는 공유 경제가 비즈니스 경쟁을 통해 소비자 이익을 높이고 취업 기회를 창출한다는 내용을 담았다. 따라서 유럽 위원회와 각 회원국은 기존 법률과 정책이 공유 경제 발전을 저해하지 않는지 검토해야 한다고 제안했다.

2016년 1월 유럽 위원회가 유럽 의회 입장 발표에 대한 동의를 표명하고 같은 해 3월 「공유 경제 지침」을 발표했다. 이 지침은 대략 여러 회원국의 각기 다른 상황을 충분히 고려하되 유럽 전체가 공유 경제 발전을 위한 일관된 조치를 취해야 한다는 내용을 담고 있다.

2. 주요 정책

유럽 위원회는 「공유 경제 지침」과 함께 구체적인 계획과 가이드라인을 담은 「유럽 공유 경제 의사 일정」도 발표했다. 「공유 경제 지침」은 기존 유럽 연합 법률과 공유 경제 발전을 위한 관리 감독 방식 간의 차이에 착안해 기존 유럽 연합 법률을 어떻게 공유 경제 발전에 적용해야 하는지에 대한 지침을 담았다. 유럽 경제학자들의 연구와 제안을 받아들여 현재 유럽 연합이 실시하고 있는 공유 경제 촉진 정책은 대략 다음의 네 가지로 나눌 수 있다.

첫째, 공유 경제 개념을 확산시켜 소비자 참여 의식을 높인다. 공유 경제 의식은 교육 시스템을 통해 향상시킬 수 있다. 초중등, 고등, 성인, 직업 교육 과정에서 공유 경제 개념과 원리를 교육해 더 많은 소비자에게 공유 경제의 장점을 알리고 적극적으로 공유 경제 활동에 참여하도록 유도한다.

둘째, 시장 진입 장벽을 철폐하고 안전 및 품질 기준을 확립한다. 이를 위해 「유럽 연합 서비스 지침」을 발표해 각국에 시장 진입 장벽 철폐와 행정 수속 간소화를 독려했다. 플랫폼 관리 감독 지침을 통해 공유 경제 보험 제도의 발전을 독려하고 안전과 품질을 위한 최저 기준을 확립해 소비자가 안심하고 P2P 공유 활동에 참여하도록 한다.

셋째, 각국의 시범 공유 도시 건설을 장려하고 도시 간 플랫폼을 연결해 경험을 공유하도록 한다. 2015년 영국이 리즈와 맨체스터를 시범 공유 도시로 선정했고 2016년 2월 2일 네덜란드 암스테르담이 공유 도시 계획에 동참했다. 암스테르담은 창업 기업, 지역 커뮤니티 센터, 도서관 등 다양한 주체가 참여해 지식, 자산, 기술을 공유하고 있다. 이외에 유럽 연합 시장단 협약과 유럽 스마트 도시 혁신 파트너십 등 도시 간 플랫폼 시스템을 구축해 각 도시의 공유 경제 경험을 한데 모아 교류한다.

넷째, 서비스 및 자금을 지원한다. 업계 시장 진입, 융자, 납세와 관련된 서비스를 통합한 원스톱 플랫폼을 구축해 공유 경제 기업의 운영비 절감에 도움을 준다. 이외에 〈유럽 연합 다년 예산 계획 2014~2020〉 등 정부 재정과 기타 펀드 프로그램을 통해 공유 경제 기업에 자금을 지원한다.

3. 정책 평가

공유 경제 발전 촉진은 이미 유럽 연합의 중점 사업으로 자리 잡았다. 〈유럽 연합 2020 전략 계획〉 중에 〈미래 상품과 서비스는 스마트, 지속 가능성, 포용성을 추구하며 취업 기회 증가, 자원 이용 효율 제고, 사회 경제 활성화 및 응집력 강화에 중점을 둔다〉라고 언급했다. 유럽 연합 전략 계획과 공유 경제 장려 정책을 종합하면 다음과 같은 특징을 발견할 수 있다.

첫째, 제도의 장벽을 철폐하고 공유 경제 발전에 유리한 법률 기초를 마련한다. 〈하루가 다르게 변화하고 발전하는 공유 경제에 현행 법률 규정을 어떻게 적용해야 할까〉는 각국 정부의 공통 고민이다. 이를 해결하기 위해 유럽 연합은 특별법 형태로 공유 경제 장려 정책을 발표하는 한편 현행 법률 규정과 공유 경제 발전에 유리한 관리 감독의 간극을 해소하기 위해 노력하고 있다. 유럽 연합은 공유 경제 발전을 단독 전략이 아니라 〈유럽 단일 시장 전략 계획〉의 일환으로 간주한다. 이에 따라 유럽 연합 공유 경제 관리 감독 및 장려 정책은 〈유럽 단일 시장 전략 계획〉을 기초로 두 가지 방향으로 전개된다. 첫 번째는 플랫폼 기업이다. 2015년 9월 유럽 위원회는 온라인 플랫폼 기업의 전반적인 연구 분석을 위한 공청회 〈플랫폼 기업의 사회, 경제적 역할〉을 개최했다. 이 공청회에서 가장 많이 언급된 내용이 바로 공유 경제였다. 공유 경제 기업을 플랫폼 기업 범위에 포함시켜 공유 경제 발전에 걸림돌이 되는 법률 논쟁을 근본적으로 해결하고자 했다. 예를 들어 차량 공유 기업과 기사의 고용 관계 여부에 대한 논쟁이다. 두 번째 방향은 서비스다. 공유 경제는 형태상 새로운 비즈니스 모델이지만 내용 면에서 보면 서비스업에 속한다. 유럽 연합은 공유 경제 발전 촉진을 유럽 단일 시장 전략에 포함시켜 「유럽 연합 서비스업 지침」 규정을 적용했다. 이로써 공유 경제 발전을 가로막는 기존 법률과 시장 진입 문제를 해결할 수 있다. 예를 들어 「유럽 연합 서비스업 지침」은 모든 회원국에 공유 경제의 서비스 시장 자유 진입 보장 및 차별 대우 금지를 요구했다. 특히 다른 지역이나 국가로 서비스 범위를 확대할 때 독립 지점을 설치할 필요가 없고 다른 국가 시장에 진출할 때 따로 사업 승인을 받을 필요가 없다.

둘째, 업계 협회의 선행 역할을 한다. 2013년 유럽 경제 사회 위원회가 〈공유 경제 발전 토론〉 공청회를 개최한 후 다양한 이익 주체로 구성된 유럽 최초 공유 경제 협회 〈유럽 공유 경제 연합〉을 발족시켰다. 이후 이 협회는 유럽 공유 경제 발전에 핵심적인 역할을 담당했다. 유럽 공유 경제 연합의 핵심 임무는 미디어 홍보, 시장 연구, 공공 변론, 회원군 다자 회의 개최, 유럽 위원회 자문 활동 참여, 업계별 정책 건의 등이다. 단일 디지털 시장 전략, 지속 가능한 소비와 생산 양식 계획 등 다양한 유럽 연합 발전 프로젝트에 참여해 공유 경제 발전을 도모한다. 한 가지 더 주목할 점은 유럽 의회와 유럽 위원회가 업계 협회의 의견을 존중한다는 사실이다. 이들은 자주 공청회를 개최해 공유 경제 참여자의 목소리에 귀를 기울인다.

셋째, 최저 기준을 마련하고 도전과 실천을 독려한다. 유럽 연합이 2016년 3월에 발표한 공유 경제 정책은 조례나 법령이 아닌 지침 형태였다. 이 현명한 선택은 아마도 심사숙고를 거친 결과였을 것이다. 현재 공유 경제는 급성장기에 있어 완성 단계까지는 아직 갈 길이 멀다. 다시 말해 공유 경제는 끊임없이 변화할 것이다. 또한 공유 경제 등장은 기존 경제 시스템에 큰 영향을 끼친다. 만약 조례나 법규 명령 형태를 취하면 법적 효력은 매우 높겠지만 조정이나 우회의 여지가 전혀 없기 때문에, 끊임없이 변화하는 다양한 공유 경제 수요를 수용하지 못하고 획일적인 잣대로 단칼에 쳐버려 결국 기존 경제 시스템으로 회귀하게 만든다. 지침 형태의 장점은 최저 기준 제시 수준으로 지역 및 국가 상황에 맞춰 탄력적으로 운용할 수 있다는 점이다. 예를 들어 2015년 9월 유럽 연합 공유 경제 공청회에서 유럽 위원회가 〈공청회 결과를 발표하기에 앞서 에어비앤비와 우버 등 공유 경제 기업을 제재하는 법률 제정 계획을 무효화하겠다〉고 밝혔다.

유럽 연합의 공유 경제 발전 장려 정책 실행 과정과 관점을 종합해 보자. 유럽 의회 전원 찬성으로 공유 경제 지원 계획을 통과시켰다. 공유 경제 최저 기준을 마련해 2016년 3월 각 회원국의 실천을 독려하는 공유 경제 지침을 발표했다. 이후 여러 국가의 우수 사례와 방법을 종합해 보다 발전된 새로운 정책을 마련할 계획이다.

미국 공유 경제 정책 보고

1. 미국식 관리 감독

미국 정부의 공유 경제 관리 감독에 대해 이야기하려면 먼저 미국의 행정 시스템을 이해해야 한다. 미국은 연방 정부, 주 정부, 지방 정부가 각자 관할 지역을 관리 감독할 권한을 가지고 있다. 현재 연방 정부 차원의 통합 입법, 관련 정책, 명확한 관리 감독에 대한 기준 제시는 없다. 다만 전반적으로 공유 경제를 지지한다는 입장을 표명하고 있다. 주 정부 및 지방 정부는 각자의 상황에 따라 법률과 규정이 크게 다르기 때문에 공유 경제에 대한 관점도 전혀 다르다. 2015년 미국 도시 연맹이 미국 대도시 서른 곳을 대상으로 공유 경제 조사를 진행했다. 이 중 관리 감독과 관련된 질문에서 54퍼센트는 아무런 조치도 취하지 않는다고 답했고, 30퍼센트는 기존 산업 관리 감독 기준을 동일하게 적용할 계획이라고 답했다.[1] 미국 연방 정부와 지방 정부의 공유 경제에 대한 입장은 다른

1 Nicole DuPuis and Brooks Rainwater:The Sharing Economy An Analysis of Current Sentiment Surrounding Homesharing and Ridesharing, National League of Cities. http://

것 같지만 사실 일관된 관점을 내포하고 있다.

먼저 연방 정부 입장을 보면, 연방 무역 위원회가 공유 경제 발전을 주시하고 있다. 연방 무역 위원회는 시장 경쟁 강화를 위해 독점 금지와 소비자 보호 등과 관련된 법률을 집행하는 기관이다. 아직 연방 무역 위원회가 실행하는 구체적인 공유 경제 관리 감독 조치는 없지만 현재 준비 작업을 진행 중이다.

첫째, 토론회를 개최했다. 약 1년의 준비 기간을 거쳐 2015년 6월 9일 스탠퍼드 대학교와 하버드 경영 대학원의 전문가를 초청해 시장 경쟁, 소비자 보호, 관리 감독에 대해 심도 깊은 의견을 나누는 〈공유 경제 의제: 플랫폼, 참여자, 관리 감독〉 토론회를 개최했다.[2] 연방 무역 위원회는 토론에 앞서 관리 감독 문제와 관련해 〈시장 경쟁과 시장 혁신을 독려하는 관리 감독〉이라는 기준을 제안했다. 즉, 수십 년째 적용해 온 현행 규정이 앞으로도 유효할 것인지를 판단하고자 했다.

둘째, 연방 정부의 취지를 전달했다. 연방 정부는 공유 경제 촉진 혹은 관리 감독에 대한 통합 입법 활동을 하지 않지만 지방 정부가 각 관할 지역 특성에 맞는 관리 감독 규정을 정할 때 연방 정부의 취지를 참고하길 원한다. 2014년 4월 연방 무역 위원회는 시카고 시 의회 라일리 의원을 통해 시카고 시 정부가 차량 공유 기업을 소프트웨어 기업 허가 조례에 포함시킨 것에 찬성한다는 의견을 전달했다. 동시에 조례 규정 중 납세 비율은 관련 플랫폼 발전에 저해가 되지 않도록 적당히 인하하도록 제안했다.[3]

www.nlc.org/Documents/Find%20City%20Solutions/City-Solutions-and-Applied-Research/Sharing%20Economy%20Brief.pdf 참고.

2 https://www.ftc.gov/news-events/events-calendar/2015/06/sharing-economyissues-facing-platforms-participants-regulators 참고.

셋째, 대중 사회에 연방 정부의 입장을 표명했다. 연방 무역 위원회 고위 임원은 적당한 공개 장소에서 내부 의견을 밝혀 왔다. 2015년 이디스 라미레즈 의장이 공식 기자 회견 중에 〈공유 경제는 거대한 수익을 창출한다. 우리는 관련 연구가 더욱 활발해져 공유 경제에 대한 대중의 이해 수준이 향상되길 바란다〉라고 말했다. 얼마 뒤 마리나 라오 정책 기획 실장이 영국 『파이낸셜 타임스』와의 인터뷰에서 〈새로운 비즈니스 모델의 창의성을 훼손하지 않는 범위에서 어떻게 이들을 제제할 것인지가 관건이다〉라고 말했다.[4]

넷째, 광범위한 대중 의견을 수렴했다. 연방 무역 위원회는 다양한 경로를 통해 미국 시민에게 공유 경제에 대한 입장을 표명해 달라고 요구하고 구체적인 피드백 소통 창구를 마련했다. 또한 관련 연구 토론회 결과를 공식 사이트에 공개해 대중과 소통했다. 연방 무역 위원회는 2015년에 두 차례 공유 경제에 대한 시민 의견을 수렴하고 이 중 일부 의견을 사이트에 공개했다.

그리고 이에 호응하는 지방 정부의 입장 표명이 이어졌다. 콜로라도 주지사 존 히켄루퍼가 차량 공유 플랫폼 운영을 허용하는 법률안에 서명했다. 캘리포니아 공공 사업 위원회는 새로운 법률 시스템을 마련해 차량 공유 기업이 캘리포니아 주에서 합법적으로 사업할 수 있게 했다. 오스틴, 시애틀, 워싱턴 시 정부도 차량 공유 기업 운영을 승인하는 정책을 발표했다. 오스틴과 샌프란시스코 시 정부는 숙박 공유 플랫폼 운영도 허용했다. 공유 경제 수요가 급증함에 따라 미국 지방 정부가 실무적인

3 https://www.ftc.gov/news-events/press-releases/2014/04/ftc-staff-submitscomments-chicago-city-council-proposed 참고.

4 http://www.ftchinese.com/story/001061960 참고.

조치를 마련한 것이다.[5]

현재 미국 연방 정부와 지방 정부의 입장은 연날리기에 비유할 수 있다. 지금은 줄을 잡아당길 때가 아니라 계속 줄을 풀어 연이 어디까지 올라갈 수 있는지 시험해 보는 것이다. 아직은 그 끝을 알 수 없는 상황이다.

2. 미국식 정책 평가 분석

유럽 연합이 공유 경제 발전을 촉진할 성문 정책 제정을 서두른 반면 미국은 이미 모든 구상을 마친 것처럼 상당히 여유로운 태도를 보였다. 왜 그럴까? 일단 미국 공유 경제는 이미 세계 1위를 달리고 있기 때문에 굳이 정부까지 나서서 장려할 필요가 없다. 그리고 미국 정부는 〈선 계획, 후 행동〉 경향이 강하다. 냉철한 심사숙고를 거쳐 공유 경제에 가장 적합한 정책을 마련한다. 미국식 정책 제정 과정에서 본받을 점을 정리해 보자.

첫째, 시장 선점 후 정책 제정. 공유 경제에 대한 미국 정부의 태도를 종합해 보면 일단 시장에 맡겨 자유롭게 발전하도록 내버려 둔다는 입장이다. 미국은 공유 경제가 성행한 지 이미 오래지만 연방 무역 위원회는 여전히 관련 정책이나 관리 감독 규정을 발표할 생각이 없다. 일단 시장이 공유 경제의 모든 것을 충분히 검증하도록 놔두고 시장과 지방 정부의 도전을 통해 현행 제도의 문제점을 파악할 것이다. 그리고 기존에 시

5 Nicole DuPuis and Brooks Rainwater:The Sharing Economy An Analysis of Current Sentiment Surrounding Homesharing and Ridesharing, National League of Cities. http://www.nlc.org/Documents/Find%20City%20Solutions/City-Solutions-and-Applied-Research/Sharing%20Economy%20Brief.pdf 참고.

행된 정책을 하나하나 검증하고 연구한 후 시민 의견을 충분히 반영해 과학적인 제도를 만들 것이다. 미국 시장이 검증한 공유 경제는 확실히 뛰어난 가치를 증명했다. 미국은 우버와 에어비앤비라는 걸출한 기업 외에 수많은 혁신 기업을 탄생시키며 공유 경제의 가치를 더욱 빛나게 만들었다. 최근 몇 년 공유 경제 플랫폼과 지방 정부 관리 감독 규정 사이의 갈등이 잦아지면서 연방 무역 위원회도 이 부분에 주목했다. 그리고 지금 이 문제에 초점을 맞춰 다양한 연구와 토론을 진행하고 있다.

둘째, 최저 기준에 대한 합의. 미국은 당장 공유 경제 관리 감독을 서두르지 않겠지만 그렇다고 모든 행위, 특히 질서를 어지럽히는 행위까지 허용한다는 뜻은 아니다. 연방 무역 위원회는 일단 언론과 지방 정부를 통해 기본적으로 공유 경제 발전을 지지한다고 밝혔다. 2008년 금융 위기 이후 미국 경제는 새로운 성장 동력이 필요했고 때마침 등장한 공유 경제가 그 역할을 수행했다. 따라서 공유 경제에 대한 태도는 시종일관 경제 회복의 촉매제였다. 미국 지방 정부의 정책은 공통적으로 최저 기준을 마련하는 정책을 마련했다. 예를 들어 캘리포니아 공공 사업 위원회는 새로운 법률 시스템을 마련해 차량 공유 기업이 캘리포니아 주에서 합법적으로 운영할 수 있게 했다. 그러나 여기에는 명확한 최저 기준이 존재했다. 즉 공유 경제 플랫폼 운영을 허용하되 소비자 이익을 침해하는 등 기준을 벗어나면 정부가 직접 제재에 나선다는 뜻이다. 결과적으로 제재보다는 발전 촉진 효과가 훨씬 컸다.

셋째, 지방 정부 테스트를 기다리는 중앙 정부. 연방 정부 법률은 강력한 집행으로 확실한 효과를 자랑하지만 개정이 매우 어렵다. 이 때문에 연방 정부는 정책 실행에 있어 신중에 신중을 기한다. 미국은 입법에 앞서 일단 일부 지역에서 충분히 테스트하고 해결법을 모색하도록 한 후,

그 자료를 바탕으로 연방 정부가 가장 이상적인 방법을 찾는다. 이때 연방 정부는 학계와 경제계를 비롯해 사회 각 분야의 의견을 충분히 수렴해 종합적으로 검토하고 분석해 최종 정책을 완성한다.

옮긴이 **양성희** 이화여자대학교 중어중문학과를 졸업하고 베이징 사범 대학교에서 수학했다. 2005년부터 『위장자』, 『란란의 아름다운 날』, 『해커 활약사』, 『마원』, 『다그치지 않는 마음』, 『도시를 읽다』, 『사랑을 배우다』, 『대국굴기』 등 50여 권을 번역했다. 중국어 번역 온라인 카페 〈저울〉을 운영하며 출판 기획 활동을 병행하고 있다.

공유 경제

발행일 **2018년 1월 20일 초판 1쇄**
2020년 4월 1일 초판 3쇄

지은이 **마화텅, 장샤오롱, 쑨이, 차이숑산**
옮긴이 **양성희**
발행인 **홍지웅 · 홍예빈**
발행처 **주식회사 열린책들**

경기도 파주시 문발로 253 파주출판도시
전화 **031-955-4000** 팩스 **031-955-4004**
www.openbooks.co.kr

ISBN 978-89-329-1870-9 03320

이 도서의 국립중앙도서관 출판예정도서목록(CIP)은 서지정보유통지원시스템 홈페이지(http://seoji.nl.go.kr)와 국가자료공동목록시스템(http://www.nl.go.kr/kolisnet)에서 이용하실 수 있습니다.(CIP제어번호 : CIP2018000125)